U0894653

珍藏本

纪念版

汉译世界学术名著丛书

艺术即经验

〔美〕约翰·杜威 著

高建平 译

商务印书馆
SINCE 1897 The Commercial Press

2017年·北京

John Dewey
ART AS EXPERIENCE
Perigee Books
are published by
The Berkley Publishing Group
A division of Penguin Putnam Inc.
根据美国企鹅普特南出版公司 1980 年版译出

汉译世界学术名著丛书
（120年纪念版·珍藏本）
出 版 说 明

2017年2月11日，商务印书馆迎来120岁的生日。120年前，商务印书馆前贤怀揣文化救国的理想，抱持“昌明教育，开启民智”的使命，立足本土，放眼寰宇，以出版为津梁，沟通中西，为中国、为世界提供最富智慧的思想文化成果。无论世事白云苍狗，潮流左右激荡，甚至战火硝烟弥漫，始终践行学术报国之志，无改初心。

迻译世界各国学术名著，即其一端。早在20世纪初年便出版《原富》《天演论》等影响至今的代表性著作，1950年代后更致力于外国哲学和社会科学经典的译介，及至1980年代，辑为“汉译世界学术名著丛书”，汇涓为流，蔚为大观。丛书自1981年开始出版，历时三十余年，迄今已推出七百种，是我国现代出版史上规模最大、最为重要的学术翻译工程。

丛书所选之书，立场观点不囿于一派，学科领域不限于一门，皆为文明开启以来，各时代、各国家、各民族的思想与文化精粹，代表着人类已经到达过的精神境界。丛书系统译介世界学术经典，引领时代思想，为本土原创学术的发展提供丰富的文化滋养，为推动中国现代学术和现代化进程做出了突出的贡献。

为纪念商务印书馆成立120周年，我们整体推出“汉译世界学术名著丛书”120年纪念版的珍藏本，寄望既利于文化积累，又便于研读查考，同时向长期支持丛书出版的译者、编者和读者致以敬意。

两甲子后的今天，商务印书馆又站在了一个新的历史时间节点上。我们不仅要铭记先辈的身影和足迹，更须让我们的步伐充满新的时代精神。这是商务人代代相传的事业，更是与国家和民族的命运始终紧密相连的事业。我们责无旁贷，必须做好我们这代人的传承与创造，让我们的努力和成果不仅凝聚成民族文化的记忆，还能成为后来人可以接续的事业。唯此，才能不负前贤，无愧来者。

商务印书馆编辑部

2017年10月

《带翅膀的胜利女神》，藏于卢浮宫

《普韦布洛印第安人陶器》，
巴恩斯基金会藏品

非洲布须曼人岩画

俄国冬宫博物院所藏西徐亚人金饰

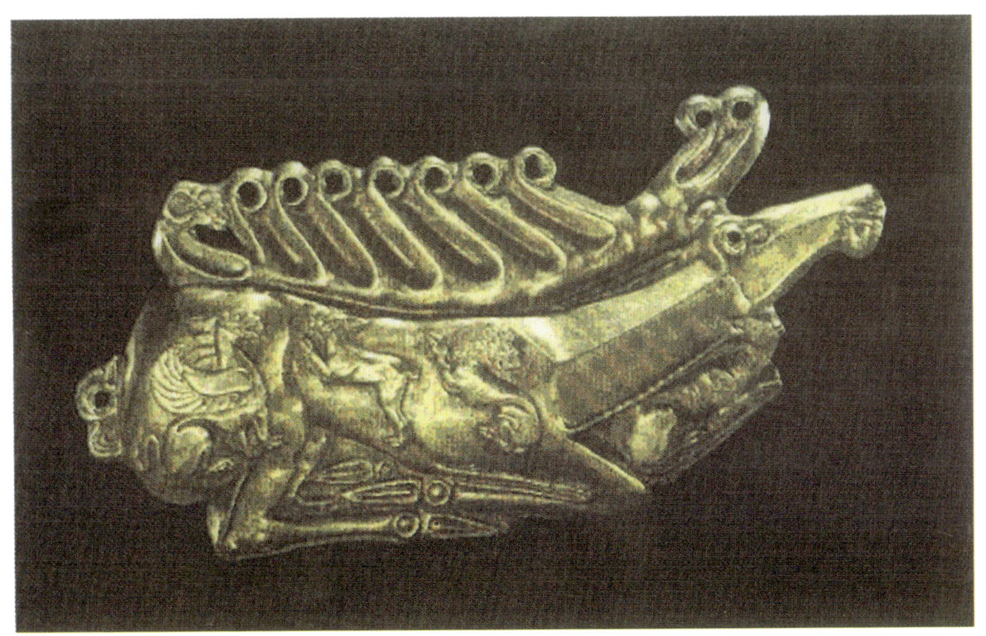

格列柯：《客西马尼园》，藏于伦敦英国国家博物馆

雷诺阿:《浴女》,藏于巴恩斯基金会

塞尚:《静物　桃》,藏于巴恩斯基金会

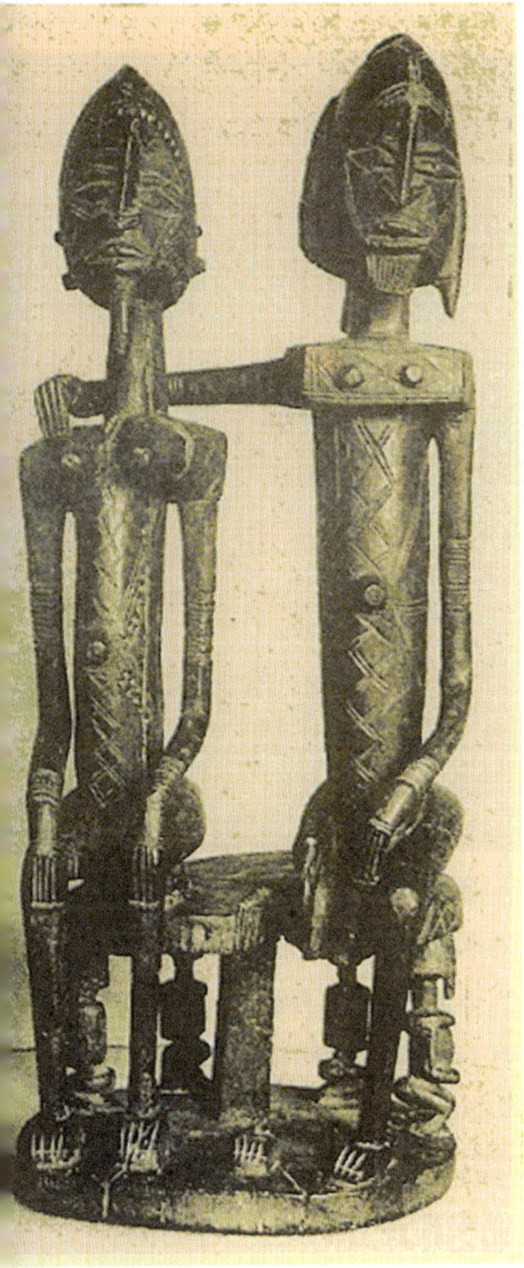

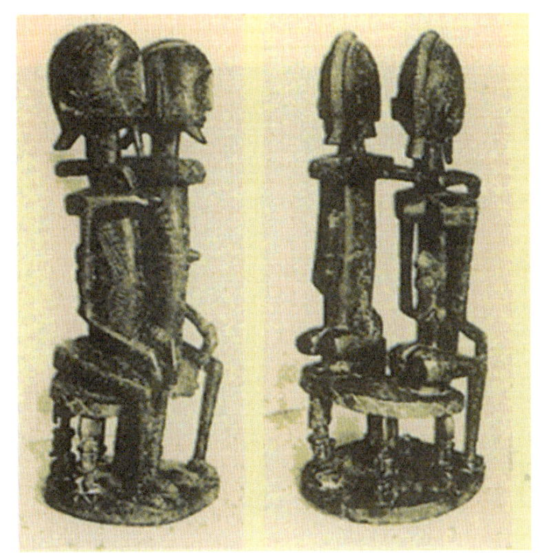

《黑人雕像》，藏于巴恩斯基金会

马蒂斯:《生之愉悦》,藏于巴恩斯基金会

译者前言

约翰·杜威，美国哲学家，生于1859年，逝于1952年，曾先后在密歇根大学和哥伦比亚大学执教。他一生著述甚丰。美国南伊利诺斯大学出版社分早期、中期、晚期出版了他的三个系列的文集，共有37卷，内容涉及哲学、教育学、心理学、逻辑学等学术领域。他的许多著作很早就被翻译成了中文。但是，中国学术界一般只是将杜威看成是一位实用主义哲学家和教育学家，对他的美学介绍不多。而在国外，特别是在最近一二十年里，杜威的美学受到广泛的重视。这本《艺术即经验》，是他的美学代表作。

一

在20世纪，杜威无论在中国还是在全世界都经历了一个受到广泛欢迎，普遍被冷落，又重新受到重视的过程。

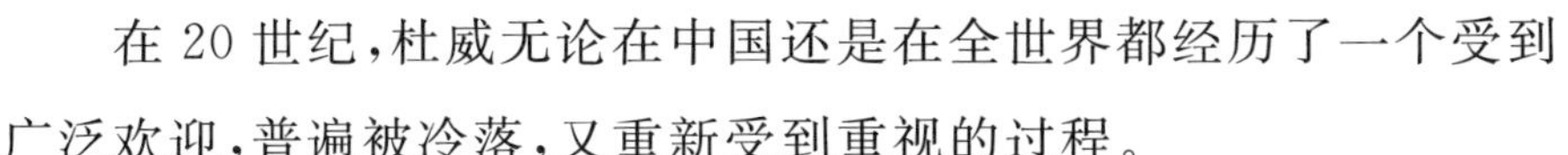

杜威曾于1919年到1921年间访问中国，在中国居住两年多，作了多次讲演，[*]受到中国知识界的热烈欢迎。但是，随着中国革命的向前发展，他那温和的、局部修补和渐进的立场，很快被当时

[*] 见《杜威五大讲演》，合肥：安徽教育出版社1999年。

迫切渴望一场社会巨变的中国人和激进的中国左翼知识界所抛弃。他的学生胡适，原本是新文化运动的积极倡导者，后来也与左翼知识界关系搞僵。

杜威在 1928 年曾访问苏联，回到美国后曾在报纸上连载访问观感《苏俄印象》，对当时的苏联社会颇有好感。苏联官方评价他是“民主和进步的哲学家”。然而，在此之后，随着苏联社会的变化，他的看法也有了改变。1937 年，杜威赴墨西哥主持调查了莫斯科当局对托洛茨基的指控，并发表了题为《无罪》的调查报告。斯大林领导下的苏联政府对此反应激烈，将他说成是“苏联人民凶恶的敌人”。

在东方世界否定杜威之时，20 世纪中叶的西方学术界对杜威的评价也有一个反复的过程。哈贝马斯说，“在整个 20 世纪 30 年代，杜威的哲学在美国在某种程度上已经处于从奥地利和德国进口的分析版科学哲学的下风。”此后，“在美国的一些大[哲学]系，相当时期内他是一条‘死狗’[ein toter Hund]。”* 人们开始迷恋海德格尔、阿多诺、卡尔纳普，杜威被遗忘了。

杜威的美学也遭遇了同样的命运。杜威的《艺术即经验》一书出版于 1934 年。用理查德·舒斯特曼的话说，实用主义美学始于这本书，又差不多“在他那里终结”**。舒斯特曼总结其原因时说：

---

* 哈贝马斯的这段话引自尤根·哈贝马斯所写的书评《论杜威的〈确定性的寻求〉》，童世骏译，引自约翰、杜威，《确定性的寻求》，傅统先译，上海：上海人民出版社 2005 年版，序言第 3 页。

** 理查德·舒斯特曼，《实用主义美学》，彭锋译，北京：商务印书馆 2002 年版，第 10 页。

"第一是由于杜威的政治观点倾向于左翼，而在麦卡锡时代的政治气氛下，这种左翼的观点不受欢迎。第二是杜威的艺术观点比较保守。他不欣赏后印象派以后的任何艺术流派，对先锋派艺术持贬斥的态度。第三是他的论述（由于不清晰）远没有像分析哲学那样在大学课堂里受到欢迎。"* 在20世纪中叶的美国，与同一时期的欧洲一样，分析美学大行其道。在分析美学家看来，杜威的美学是"自相矛盾的方法和未受训练的思辨的大杂烩。"**

到了20世纪后期，就像19世纪后期黑格尔那条"死狗"复活了一样，杜威的哲学和美学都引起了学界的广泛注意。在罗蒂出版于1979年的名著《哲学和自然之镜》中，杜威与维特根斯坦、海德格尔被共同列为"本世纪三位最重要的哲学家"。***

在美学上，杜威起着更为重要的作用。许多知名的美学家都将杜威的《艺术即经验》一书视为20世纪最重要的美学著作之一。**** 舒斯特曼认为，在英美美学传统中，没有一本书在涉及范围的广泛，论述细致和激情有力方面可与《艺术即经验》相比。这本书对于那种将艺术品看成是固定、自足而神圣不可侵犯之对象的传统美学观的冲击，预示了巴尔特、德里达和福柯等的后结构主

* 高建平等，《实用与桥梁：访理查德·舒斯特曼》，《哲学动态》2003年第9期，第17页。

** A. 伊森伯格（A. Isenberg），"分析哲学与艺术研究"（Analytical Philosophy and the Study of Art），见《美学与艺术批判杂志》(1987)第46期，第128页。

*** 理查德·罗蒂，《哲学和自然之镜》导论，李幼蒸译，北京：三联书店1987年版，第3页。

**** 例如，国际美学协会前主席阿诺德·贝林特（Arnold Berleant）和国际美学协会前秘书长柯提斯·卡特（Curtis Carter）都说，这本书是美国人所写的最好的一本美学著作。

义者的思想，并且，杜威的理论要比这些大陆哲学家更为健全，而不像他们那样走极端。*

二

杜威的思想，可以被理解为从一个概念开始，这个概念就是：live creature。有的中国学者将这个词翻译为"活的创造物"，以突出 creature 与 create 和 creator 等一类词之间的联系。杜威选用这个词，将人与动物包括在内。在西方人心目中，人与动物都是上帝所创造的，但是，由于中国没有创世说的文化背景，一提创造，人们所想到的只有人的创造。为避免误解，我决定还是译为"活的生物"。

从哲学史上看，人与动物之间的区别已经被强调得太久，太过分了。人们用理性、语言、意识等各种各样的词来说明人与动物的区别，而忽视了人与动物间共同的东西。有鉴于此，杜威提出，"为了把握审美经验的源泉，有必要求助于处于人的水平之下的动物的生活。"** 根据这一思路，他从动物身上找到了一种经验的直接性和整体性。他认为，在动物的活动中，"行动融入感觉，而感觉融入行动——构成了动物的优雅，这是人很难做到的。"*** 杜威还更为明确地说，"狗既不会迂腐也不会有学究气；这些东西只有过去

* 见舒斯特曼，"实用主义：杜威"，见《劳特里奇美学指南》，伦敦：劳特里奇出版社2001年，第103页。

** 见本书第18页(即中译本边码，下同)。

*** 见本书第19页。

在意识中与当下分隔开，过去被确定为模仿的模式，或经验的宝库时，才会出现。”* 因此，从动物的行为来看审美经验的起源，这是杜威的方法的一个重要出发点。这里的“过去”一词，指的是经验的保存。在《哲学的改造》一书中，杜威指出，动物不保存过去的经验，而人保存这种经验。** 然而，就针对当下事物形成经验这一点而言，人与动物是一致的。并且，我们可以从这种经验追溯审美经验的起源。

以“活的生物”为基石，杜威建立了他的一元论哲学。如果说，西方哲学从柏拉图开始，就出现了理念世界与物质世界的对立的话，那么，亚里士多德有形式与质料，圣奥古斯丁有上帝之城与人类之城，笛卡尔有精神与肉体，康德有本体与现象界，这些都表明，在几千年的欧洲哲学史上，二元论的哲学传统始终占据着主导地位。哲学家们将原本单一的世界划分成了精神与物质两个世界，又想出种种办法来实现两个世界之间的连结。杜威认为，各种各样的连结都是不成功的，要改造哲学，就要超越物质与精神的二元论，回到一个世界之中。

在上述种种二元论的哲学中，成为他最主要的理论挑战对象的，当然还是康德的理论。康德建立了主体与客体对立的理论体系，认为主体通过将范畴强加到客体之上而使知识成为可能。但是，人们所认识的只是客体的现象，处于现象背后的本体（noumenon）却是不可认识的。主体与客体这两个世界，只能相互连结，

* 见本书第19页。

** 见杜威，《哲学的改造》，许崇清译，北京：商务印书馆1958年版，第1—2页。

相互对应，而不能看成是一个连续的整体。

杜威早年受莫里斯的影响，接受了黑格尔哲学。黑格尔哲学运用理念外化为自然、社会，最后又回归精神的辩证运动来解释从自然、生物、人类，直到精神的历史发展，从而建立了一个无比巨大的一元论体系。在这个体系中，精神与物质的二元对立被统一到精神上来。杜威的早期著作中有着明显的黑格尔的烙印。后来，通过对达尔文思想的吸收，杜威开始走出黑格尔的思辨体系。正如罗蒂所说："杜威的独特成就在于，仍然足够黑格尔化，因此不把自然科学看作对于获得事物本质方面具有优先地位，同时又足够自然主义化，因此根据达尔文理论来考虑人类。"*

二元论的哲学总是将世界看成是对象，从而形成精神是主体，而物质是对象的二元对立关系。杜威要改变这种看法，将世界看成是人的环境。人与动物一样，只是一个"活的生物"而已。动物没有主客体意识，它们与自身的生活环境是结合在一起的。杜威用这种他称之为自然主义的视角来看待人，指出人与环境也具有这样的结合关系。人是环境的一部分，环境也是人的一部分。我们的皮肤不是隔离自我与环境的墙。我们的活动是在环境刺激下形成的，我们的思想也是环境的产物。人的活动表现为与环境中的其他力量的相互作用。更进一步说，人并不是置身于环境之外对环境进行思考的。当人置身于环境之外时，环境就变成了对象。然而，我们无法置身于环境之外，而只能处于环境之中。我们不是世间诸种力量相互作用的旁观者，而是参与者。

---

* 理查德·罗蒂，《哲学和自然之镜》，第8章注释8，见该书中译本第343页。

三

除了要恢复人与动物，有机体与自然之间的连续性之外，在美学上，杜威谈得更多的是恢复艺术与非艺术之间的连续性。在本书中，作者开门见山就明确指出，从事艺术哲学写作的人的一个重要任务是，"恢复作为艺术品的经验的精致与强烈的形式，与普遍承认的构成经验的日常事件、活动，以及苦难之间的连续性。"*

杜威所讲的艺术与非艺术之间的连续性的恢复，包括几个层次：第一是艺术品的经验与日常生活经验之间的连续性。我们并非只在接触艺术品时才产生经验，在日常生活中，经验是无处不在的。任何能够抓住我们的注意力，使我们发生兴趣，给我们提供愉悦的事件与情景，都能使我们产生经验。我们在街头看到了车祸，在电视上看到某地有一个爆炸性新闻，听到一则笑话，农村孩子跑十里、二十里去看火车，在城里工作和居住的人不远千里万里去旅游，所获得的都是经验。这些经验过去被认为与艺术经验毫不相干。艺术经验被当作是穿着礼服在音乐厅和剧院里正襟危坐听音乐和看戏，被看成是去博物馆和画廊观赏艺术名作，被局限于阅读文学名著。艺术理论的研究，只是从这些艺术经验出发，或者说，只是从公认的艺术作品出发。杜威认为，建立在这种认识基础上的艺术理论，是一种空中楼阁。这是艺术理论走向形式主义，变得苍白无力的原因。针对这种情况，他提出，"为了理解艺术产品的

* 见本书第 3 页。

意义，我们不得不暂时忘记它们，将它们放在一边，而求助于我们一般不看成是从属于审美的普通的力量与经验的条件。我们必须绕道而行，以达到一种艺术理论。”* 通过对艺术经验与日常生活经验之间的连续性的认识，他在探求一种新的艺术研究方法。

除了艺术与日常生活之间的连续性之外，杜威还进一步寻求高雅艺术与通俗艺术之间的连续性。我们今天看到的雅典帕台农神庙是一件伟大的艺术品，但它对于当时的雅典人来说，只是神庙。被我们奉为经典的许多古代艺术作品，在其产生之时，也都与当时人的生活有着密切联系。那些以大写字母 A 开头的“艺术”(Art)似乎具有某种被称为“灵韵”(aura)的精神性，被人们高高地供奉起来，放进了博物馆。大写字母开头的“艺术”(Art)，与小写字母开头的“艺术”(art)，即一些大众艺术区分了开来。这种区分是现代社会发展的结果。高雅艺术与通俗艺术区分之后，有教养者将自己的欣赏范围局限于前者，而人民大众则既由于缺乏财力、时间和教育水平，又由于觉得它苍白无力而去“寻找便宜而粗俗的物品”。** 由此，造成了高雅艺术与通俗艺术的分野。这种分化对艺术的发展来说，是具有灾难性的，前者失去了大众，后者则失去了品味。一方面，高雅艺术使普通人望而生畏，无法接近，不构成生活的一部分；另一方面，大众就只能求助于凶杀、色情的粗俗品来满足审美饥渴。杜威指出，原始人就不是如此：“文身、飘动的羽毛、华丽的长袍、闪光的金银玉石的装饰，构成了审美的艺术的内涵，并且，没有今天类似的集体裸露表演那样的粗俗性。”*** 原始艺

* 见本书第 3 页。

** 见本书第 6 页。

*** 同上。

术所具有的生气和力量，使现代艺术相形失色，原因在于，在那时，没有高雅艺术与通俗艺术的分野，艺术成为人的族群生活的一部分。有一个笑话："问：什么是经典的文学作品？答：是那些老师让学生读，学生不读，老师实际上也没读的作品。"也许，事实并没有发展到这个程度。但是，老师在课堂上要求学生读与他们自己实际上经常读的作品，美学家们在理论论述中所分析的作品与他们实际上经常接触与欣赏的作品之间，正在形成越来越大的差距，这确实是不争的事实。对此，杜威的回答是，看看原始人是怎样对待艺术的，看看原始艺术怎样在今天越来越受到人们的欢迎。杜威生活在 19 世纪末和 20 世纪的前期，他对许多先锋派的艺术持怀疑的态度，但是，对于原始艺术，他却给予了高度的评价。当然，我们无法回到原始时代，但重建高雅艺术与通俗艺术之间的连续性，却是我们所能够完成的任务。

杜威由此再进一步，试图建立一种美的艺术与实用的或技术的艺术之间的连续性。从中世纪的手工作坊中，一方面生长出现代的制造业，另一方面也生长出美的艺术。由于受审美无利害观点的影响，传统的看法是，只有那些不是为着实用目的而制造出来的制成品，才是艺术品。杜威认为，实用与否，不是区分是否是艺术的标志。他指出，"黑人雕塑家所做的偶像对他们的部落群体来说具有最高的实用价值，甚至比他们的长矛和衣服更加有用。但是，它们现在是美的艺术，在 20 世纪起着对已经变得陈腐的艺术进行革新的作用。它们是美的艺术的原因，正是在于这些匿名的艺术家们在生产过程中完美的生活与体验。"* 他所提出的艺术标准，在我们今

* 见本书第 26 页。

天看来颇具新意。他提出,美的艺术在生产过程中“使整个生命体具有活力”,使艺术家“在其中通过欣赏而拥有他的生活”。*

上面的这些论述显示出,杜威努力要建立一种回到日常生活的艺术理论。对于他来说,艺术不是无用的摆饰,不是有闲阶级的无病呻吟。在这里,他直截了当地将自己的主张称为工具主义。当然,他的工具主义,不能简单地理解为艺术在社会历史的发展中起着工具的作用。关于这一点,我们参考一下他关于艺术意义的论述,是有益的。杜威反对那种艺术不表达任何意义的说法,他以船上的旗帜为例,指出艺术也许没有船上旗帜所具有的向其他船只传达旗语信号的意义,但的确具有为跳舞而用来装饰甲板时所具有的意义。** 这就是说,杜威并不像一些艺术理论家那样,认为艺术没有意义,只有情感或形式。同时他又指出,艺术的意义,与词的意义不同。词是再现对象与行动的符号,代表着这些对象与行动。艺术的意义则是“在拥有所经验到的对象时直接呈现自身”。“就像花园的意义一样,这是直接经验所固有的”。*** 从这一思路出发,他认为,艺术是工具,但这个工具不是用于外在的目的。艺术的功能在于加强生活的经验,而不是提供某种指向外在事物的认识。

四

杜威将他的哲学称之为经验自然主义。经验是他的哲学的核

---

* 见本书第 27 页。

** 见本书第 83 页。

*** 同上。

心，也是他的美学的核心。本书的书名，如果直译的话，可译为“作为经验的艺术”。但我觉得，译为“艺术即经验”符合原作的意思。杜威对艺术作品与艺术产品作了区分，提出前者从经验的方面考察艺术，而后者脱离经验。因此，杜威讲连续性，讲联系，但是，所有的联系都是由经验，并在经验之中实现的。对他来说，“不作为经验的艺术”就不是考察的对象。

杜威的经验与此前的英国经验主义不同。对于英国经验主义者来说，世界是给定的事实，而哲学的任务是解释人关于世界的知识的源泉，经验主义者将这一源泉归于经验。与英国经验主义相对立的是欧洲大陆的理性主义，主张知识的源泉是理性。杜威哲学的对立面是主观与客观相对立的二元论。对于他来说，无论是英国经验主义者，还是大陆理论主义者都属于这种二元论。他提出，经验是超越这种二元论的关键概念。世界并不处于人的对立面，而只是人的环境而已。活的生物与环境之间的关系才是给定的事实。活的生物与环境接触产生了经验。这种经验中，既包括环境作用于活的生物所产生的“受”(undergo)，也包括活的生物作用于环境所产生的“做”(do)。因此，经验并不只有被动的一面，也有主动的一面。不仅如此，他还指出，经验是动态而非静态的。活的生物在与环境的相互作用中，不断处于平衡丧失和平衡恢复的过程之中。这种平衡的失与得的过程，就是活的生物与环境相互改造的过程。由此，环境成了属于活的生物的环境，而活的生物也适应了环境。在这种动态平衡的过程中，就产生了经验。这种经验既不是纯粹主观的，也不是纯粹客观的，它是人与环境相遇时出现的。更进一步说，只有经验才是第一性的。有了“经验”，才能对

经验进行反思。一切关于“自我”和“对象”的意识、思考和理论，都是第二性的，是在“经验”的基础上生长起来的。

从这种对经验的定义出发，杜威进一步提出了他的“一个经验”(an experience)的概念。经验有完整与不完整之分。日常生活的经验常常是零碎的、不完整的。在生活之流中，各种各样的经验在错综复杂地相互错杂，我们的注意力被不同的事件所吸引，我们的情感表现常常被打断和压抑，我们的某一项具体的活动不断受到其他活动的干扰。但是，人具有一种获得完整经验的内在需求。一块石头从山上滚下，不到山谷不会停。一件事没有做完，我们会总是想着它。一盘没有下完的棋，会让我们惦念不已。一句话没说完而被别人打断，会使人不快以至恼怒。有一个相声中说，一个戏迷边骑自行车边哼一段戏，自行车撞电线杆倒地他还接着哼，过路人去拉他，他要把戏哼完再起来。这也许可以成为“一个经验”的夸张的描绘。我们读小说读到紧要处不愿被打断，看戏看电影不愿只看一半，都基于获得“一个经验”的要求。由此，说书人在说到关键处时停下，要听众“欲知后事如何，且听下回分解”，则是利用听众对经验延续性的要求而实现不同时间获得的经验之间的连接。这样，听书人在一次听书活动中，既获得了“一个经验”，又没有获得完整的“一个经验”。他这次所获得的“一个经验”，是一个大的“一个经验”之中的小的“一个经验”。我们在读长篇小说、听系列演讲和看电视连续剧时的经验历程，也具有类似的模式。

“一个经验”就是一次圆满的经验。这种经验在生活中到处可见。一项工作圆满完成，一道数学题成功地解答出来，一次游戏玩

得很尽兴，一篇文章写完，都得到了“一个经验”。在生活之流中，不完整的经验不具有累积性，不给人以深刻印象，时过境迁，我们可能很快就会将它忘记了。但有时，我们会永远记住一些经验。这既可以是一次大难不死的经历，一次刻骨铭心的恋爱，也可以是一次聚会、一次旅游、一餐饭、一件事的处理，等等。这些经验不一定是正面的，使人兴奋、愉悦、陶醉，它也可能是反面的，使人感到痛苦、忧伤、悔恨。只要具有一种自身的整一性，从而具有意味，就成为“一个经验”。

“一个经验”给我们提供了一把理解“审美经验”的钥匙。过去的美学家都把“审美经验”看得很神秘。特别是英国经验主义者，常常利用“审美感官”来论证“审美经验”。这种“审美感官”在一些人如夏夫茨伯里和哈奇生那里被看成是一种“内在感官”(internal sense)，并将这种“内在感官”看成是独立的、与“外在感官”即我们通常所说的视听嗅味触感官并列的思想源泉。与这种观点不同，杜威致力于恢复审美经验与日常生活之间的连续性。对于他来说，我们只有五种感官，而没有什么第六感官，并不存在“内在感官”。只要经验获得完满发展，就成了“一个经验”。“一个经验”不一定就是“审美经验”，但它的确是具有审美性质的经验，而“审美经验”只是“一个经验”的集中与强化而已。审美经验也不是康德美学所强调的那样，其中没有实用的考虑，没有理智的概念。杜威写道，“审美的敌人既不是实践，也不是理智。它们是单调、目的不明而导致的懈怠，屈从于实践和理智行为中的惯例。”* 因此，具有整一性、丰富

* 见本书第 40 页。

性、积累性和最后的圆满性的经验，就具有了审美的特质。

五

“一个经验”从冲动开始，但冲动还不是“一个经验”。“一个经验”的形成，依赖于双重改变的过程。在这个过程中，一个活动转变为一个表现行动，而环境中的事物转变成了手段和媒介。在“一个经验”之中，凝聚了活的生物与环境的相互作用的结果。

杜威在这里区分了“刺激”(impulse)与“冲动”(impulsion)。前者是有机体特殊而专门化的对环境的反应，而后者是有机体作为整体对环境的适应。中文翻译也许不能准确地体现这一原义，因此必须特别加以说明。在汉语中，刺激表示一种从外向内的作用，如一个人在光与声的刺激下情绪发生变化，某人受了刺激，精神异常；而冲动表示一种从内向外的作用，如一个人受到欲望的驱使，一时冲动，做出某事。但杜威所说的却不是这个意思。他的意思是：“这是活的生物对食物的渴求，而不是吞咽时舌头与嘴唇的反应；作为整体的身体像植物的向日性一样趋向于光明，而不是眼睛追随着一束具体的光线”*。他解释道，前者是冲动，后者是刺激。由此看来，内在与外在，在这里是结合在一起的。“刺激”和“冲动”都既具有外在的因素，也具有内在的因素。杜威强调一种由内向外的运动，但又表示，这种运动的根源仍在于有机体对环境的适应。情感的表现，与这种运动有着密切的关系，也同样具有这

* 见本书第58页。

种整体性。

情感的表现，是美学研究中的一个老问题，从20世纪初到20世纪中叶，许多美学家都对此作过论述。因此，杜威的表现论，为这一古老的问题提出了新的视角。关于表现，我们对一些观点可能不会陌生。例如，列夫·托尔斯泰曾讲过要在心中唤起情感，并用动作、线条、色彩和声音来传达这种情感。这似乎暗示了一种情感传达说，即外在的材料只是在传达一种已经存在的情感。[*] 克罗齐的表现说，强调表现与直觉的统一，认为通过线条、色彩、声音和文字实现了表现，才成为真正的直觉。他否定外在的物质材料与表现有关，艺术作品从本质上说是一个精神的与想象的综合体，将印象融合成一个统一的整体而已。在他的心目中，物质材料只是传达已经实现的表现，而表现在真正的直觉中就已实现了。[**] 克莱夫·贝尔提出一切视觉艺术的共同性质是"有意味的形式"，一种"线、色的关系和组合"，"审美地感人的形式"。[***] 克莱夫·贝尔在设想形式与情感的对应关系，然而，二元论的哲学框架使他不能解释这种对应关系形成的原因。

与这些人的观点不同，杜威认为，表现需要两个条件，即内在的冲动和外在的阻力。它是被压出(express 即 press out)的，因此，依赖于被压的东西和压力的存在。不存在一种先在的情感，然

* 参见列夫·托尔斯泰，《什么是艺术?》，引自 Thomas E. Wartenberg, *The Nature of Art: An Anthology* (Beijing: Peking University Press, 2002), pp. 98—106。

** 克罗齐，《美学原理》，朱光潜译，北京：外国文学出版社1983年版，特别是第7—18页。

*** 克莱夫·贝尔，《艺术》，周金环、马钟元译，北京：中国文联出版公司1984年版，第4页。

后用符号将它记录下来。情感的表现过程,也同时就是产生过程。这是一种情感形成的“柠檬汁”理论。艺术家在艺术创作活动中产生情感,而不是传达已经产生的情感。艺术是在一种表现性动作中形成的。在表现性动作的发展之中,情感就像磁铁一样将合适的材料吸向自身。情感的直接发泄不是表现,只有在它“间接地被使用在寻找材料之上,并被赋予秩序,而不是被直接消耗时,才会被充实并向前推进”*。

不仅情感,而且思想也具有与材料结合的特点。杜威认为,人可以通过图像和声音来思维,语词并非是唯一的思想媒介。当然,语词是重要的思想媒介,但并非所有的意义都能通过词语得到表现。绘画和音乐由于其直接可见和可听的性质而能够表现一些独特的意义。当我们询问,绘画和音乐所表现的是什么意义时,我们是在要求一种从图像和声音的意义向语词意义的转换,而这本身就否定了图像和声音的意义的独特性。因此,艺术家是用形象来构思他们的作品的,这种形象同时也与艺术所使用的媒介,即实际的材料结合在一起。因此,这种思维,既是图像的思维,也是材料的思维。

杜威还进一步将表现中所出现的情感与形式的关系归结到表现性动作上来。他在书中有一段对素描的论述,对表现的这种特点作出了生动的论述。他说,“画(drawing)是抽出(draw *out*);是提取出题材必须对处于综合经验中的画家说的东西。此外,由于绘画是由相关的部分组成的整体,每一次对具体人物的刻画都被

---

* 见本书第 70 页。

‘引入’(be drawn *into*)一种与色彩、光、空间层次，以及次要部分安排等其他造型手段的相互加强的关系之中。”* 传说五代时的画家荆浩在《笔法记》中否定“画者华也”，而肯定“画者画也，度物象而取其真”，表达了类似的意思。在表现性动作之中，艺术创作的主客体之间的统一得以实现。

更为重要的是，杜威提出，艺术作品所表现的，并不是情感，而是带有情感的意义。他认为，情感与思想，与意义都是不可分开的。艺术所表现的，也不是“自我”。相反，并不存在一种先于表现的自我。我们是在与他人的交流中，逐渐学会表达意义的。我们学会了表达的方式，这些表达方式既塑造了我们的“自我”，也使我们能够“表现”。

六

对一个人的思想，可以从两个方面来评价。第一是看他与他的前人相比，有没有提出新的东西；第二是从今天的角度看，这个人的思想有无意义，可起什么作用。这两者在有的人身上是重合的，在有的人身上，则不重合。从这两个方面来看杜威，我们会得到一些有趣的结论。

杜威的确提供了许多前人没有提供的东西。在他之前，美学界受康德和黑格尔的影响。康德给 20 世纪初的西方美学界带来了二元论、形式主义，黑格尔给美学界带来了唯心主义精神。杜威

* 见本书第 92—93 页。

是这两种影响的挑战者。他反对克莱夫·贝尔的形式主义，反对克罗齐的唯心主义，将达尔文的自然主义精神带入到美学之中，为美学提供了一个新的支点。

杜威对今天的美学的意义，是在一个新的背景下形成的。20世纪的美国美学，取得了许多成就。在著名的美学家中，有我们所熟知的鲁道夫·阿恩海姆、苏珊·朗格、门罗·比厄斯利、乔治·迪基、阿瑟·丹托、纳尔逊·古德曼，等等，这个名单列举起来会很长。在这批人中，有深受康德哲学影响的阿恩海姆和朗格。阿恩海姆代表着格式塔心理学在美学上的发展，康德式主体为客体提供范畴的思想模式为这种心理学提供了理论基础。朗格关于情感符号的观点，是新康德主义在美学上的显现。至于比厄斯利等一批分析美学家们的思想，则是维特根斯坦思想的发展。维特根斯坦本来对美学持否定的态度，然而，分析美学正是在他们的思想基础上发展起来的。这种美学致力于对艺术批评所使用的概念进行分析。分析美学对康德美学和黑格尔美学都持批判的态度，但是，这种美学仍然继承了康德和黑格尔对学术分科和将艺术孤立化的做法。这些美学家们花了很多的精力来论证艺术的定义问题，认定艺术是人类的一种独特活动所产生的独特的产品，而忽视艺术生产与日常产品生产之间的联系。对于是否存在大写字母A开头的"艺术"(Art)问题，分析美学家们的态度是，只对这个已经被认定的事实进行分析。分析美学家们对批评所使用的术语进行分析，满足于将美学理解成元批评。分析美学家们还应对先锋派对艺术构成的挑战，思考怎样的艺术定义才能将这些艺术包括进去，从而使他们的理论跟上时代。由于这种美学的逻辑严密性，以及

这些美学家们对同时代艺术的亲和态度，使得分析美学一度成为在包括美国美学界在内的西方美学界占据着统治地位的美学。

只是到了20世纪末，分析美学在国际美学界的统治地位才受到来自一些方面的挑战。在这些挑战者中，有人从后现代主义的角度对精英性的艺术概念表示不满，有人从后殖民主义的角度开始对非西方美学传统进行阐释，也有人回到维特根斯坦的后期思想，寻找语言与生活的联系。在这种情况下，杜威的美学成为一个重要的思想资源。杜威美学不像受康德、黑格尔影响而产生的美学以及分析美学那样，从公认的艺术作品出发，而是要"绕道而行"，从"活的生物"出发，这就使美学建立在了一个新的基础之上。杜威美学的现实意义，正在于此。

七

本文当然无法对杜威的思想作一全面的介绍。这里只以杜威的美学为核心，对杜威思想做提要性的评述。一位名叫菲利普·M.策尔特纳的荷兰学者曾这样写道："杜威的哲学就是他的美学，而所有他在逻辑学、形而上学、认识论和心理学中的苦心经营，在他对审美和艺术的理解中被推向了顶点。"* 这位作者也许出于对杜威美学的偏爱才作出这一结论，但如果了解杜威的基本思想倾向的话，我们就会发现，这种说法中包含着一些深刻的道理。

* 菲利普·M.策尔特纳(Philip M. Zeltner)，《约翰·杜威的审美哲学》(*John Dewey's Aesthetic Philosophy*)(Amsterdam: B. R. Grüner, 1975)，第3页。

有一个问题，表面看来与我们所涉及的话题无关，但实际上对我们理解杜威起着非常关键的作用。这就是杜威对科学的态度。我们知道，杜威一生都非常关注科学的发展。在他的学术论述中，我们常常可以看到，他了解许多当时科学发展的最新成果，并对这些成果持欢迎的态度。在这些科学成果中，达尔文的进化论思想、心理学的最新发展，对他的哲学美学体系起了至关重要的作用。但是，杜威并不是一个科学主义者。他的哲学模式，并不是依据科学建立起来的。

罗蒂曾将哲学区分为三个阶段，指出从教父时代直到 17 世纪，“哲学”一词“指的是将古代智者（尤其是柏拉图和亚里士多德）的思想用于拓广和发展基督教的思想构架”。到了 17、18 世纪，“自然科学取代宗教成了思想生活的中心。由于思想生活俗世化了，一门称作‘哲学’的俗世学科的观念开始居于显赫地位，这门学科以自然科学为楷模，却能够为道德和政治思考设定条件。”这种思想的代表就是康德。现代哲学是在对康德的科学主义的批判过程中形成的。这种批判的特点就是用政治和文艺来取代科学，成为文化的中心。罗蒂认为，马克思选择了政治，而尼采选择了文艺，杜威选择了政治，而海德格尔选择了文艺。* 如果说，在美国大学的哲学系里，马克思与尼采没有对康德体系构成根本威胁的话，那么，对于罗蒂来说，重新回到杜威则成了挑战康德传统的新一轮努力。

杜威是否使他的哲学从属于政治，这也许是个可引起争议的

---

* 这里的罗蒂的话，请参见理查德·罗蒂，《哲学和自然之镜》中译本作者序，见该书第 11—14 页。

话题。至少，就我所读到的几本杜威的著作而言，他所做的更多的是使他的哲学从属于教育和美学。我们对罗蒂所谓的杜威选择政治，应该作宽泛的理解。实际上，他所关注的并非狭义的政治，而是整个社会的改造，而这一点实际上是与他的美学联系在一起的。

有人提出这样一些从学科谱系观点看不可理解的现象：杜威继承了席勒关于审美教育的思想，只是将席勒的贵族式的教育理念转换成了平民的教育理论而已。席勒是康德的信徒，但杜威却在反对康德的同时，接过了席勒思想的有益因素。通过教育来改造世界、改造人，从而达到一个美的世界，用这句话来概括杜威的理论意愿，也许离事实差得不太远。美学是杜威关于哲学改造的一部分，同时也是他关于社会改造和人的改造的一部分。

在本书的最后，杜威提出，“艺术的材料应从不管什么样的所有的源泉中汲取营养，艺术的产品应为所有的人所接受”。* 他提出了一个乌托邦：使艺术从文明的美容院变成文明本身。他满怀信心地相信艺术会繁盛，认为“艺术的繁盛是文化性质的最后尺度”，**艺术将与道德结合，而爱与想象力在其中起着重要的作用。这些内容都表明，假如杜威没有写出这本美学著作，他的全部思想体系将是不完整的。当他写出这本书以后，他的全部理论努力所达到的目标，他从改造哲学，改造教育，直到改造社会和人的全部思路，就清晰地显露了出来。

2005 年 2 月于北京西坝河

* 见本书第 344 页。

** 见本书第 345 页。

怀着感激之情

献　给

艾伯特·C. 巴恩斯

目　录

序　　言 vii

1931年冬春之际，我应邀到哈佛大学作了十次系列讲座。讲演的科目是艺术哲学，那些讲演是这本书的缘起。这个讲座是为纪念威廉·詹姆斯而设立的，我为这本书哪怕是间接地与这个杰出的名字联系在一起而感到莫大的荣幸。在进行这些讲演时，哈佛大学哲学系的同事们始终如一的友善和好客也给我留下了愉快的回忆。

有关这个科目，我在对我所受的影响做出说明时，感到有点为难。这种影响也许部分可从书中所提到或所引用的作者中显示出来。我阅读这一科目的书籍已经很多年了，英文书籍阅读面较为广泛，法文的少一点，德文的则更少一点。我从那些我现在已经无法回忆起来的源泉之中汲取了很多的东西。此外，某些作者对我的影响，要远比书中所提到的大得多。

说明那些直接向我提供帮助的人则比较容易。约瑟夫·拉特纳(Joseph Ratner)博士向我提供了一些有价值的资料出处。迈耶·夏皮罗(Meyer Schapiro)博士阅读了第十二章与第十三章，并提出建议供我自由地采用。欧文·埃德曼(Irwin Edman)阅读了本书的大部分手稿，他的建议和批评使我获益匪浅。悉尼·胡克(Sidney Hook)阅读了许多章，这些章现在的形式大都是与他讨论的结果；特别是论批评的那一章以及最后一章，就更是如此。viii 我最需要感谢的是A. C.巴恩斯(A. C. Barnes)。这本书曾逐章与他讨论过，但他对这些章的评论和批评仅只是他对我的帮助的很小的一部分。在好几年的时间中，我从与他的谈话中得到了许多教益，许多谈话都是在他那无与伦比的藏画前进行的。这些谈话与他的书都是我关于哲学美学的思考形成的主要因素。如果说这本书有什么优点的话，那都归功于巴恩斯基金会良好的教育工作。这一工作比起当代包括科学教育在内的各门学科的优秀教育工作来，都是具有开创性的。我为这本书能够成为这个基金会所产生的广泛影响的一部分而感到高兴。

感谢巴恩斯基金会允许我复制一些插图，感谢巴巴拉和威拉德·摩根为本书提供照片。

约翰·杜威

第一章　活的生物* 3

作为事物的过程中常常会有的具有讽刺意味的反常现象，美学理论的构成所依赖的艺术作品的存在成了关于它们的理论的障碍。其中的一个原因是，这些作品是外在地与物质地存在着的产品。在一般观念中，艺术品常被等同于存在于人的经验之外的建筑、书籍、绘画或塑像。由于实际的艺术品是这些产品运用经验并处于经验之中才能达到的东西，其结果并不容易为人们所理解。除此之外，这些产品中一部分的完善本身，它们由于拥有无可争议地受赞赏的长久历史而具有的特权，形成了一个阻碍新鲜洞察的成见。一旦某件艺术产品获得经典的地位，它就或多或少地与它的产生所依赖的人的状况，以及它在实际生活经验中所产生的对人的作用分离开来。

当艺术物品与产生时的条件和在经验中的运作分离开来时，就在其自身的周围筑起了一座墙，从而这些物品的、由审美理论所处理的一般意义变得几乎不可理解了。艺术被送到了一个单独的王国之中，与所有其他形式的人的努力、经历和成就的材料与目的

* 原文是 creature，兼指动物与人。有译者考虑到这个词与 create，creator 等同根词的关系，将它译为创造物。——译者

切断了联系。因此，从事写作艺术哲学的人，就被赋予了一个重要任务。这个任务是，恢复作为艺术品的经验的精致与强烈的形式，与普遍承认的构成经验的日常事件、活动，以及苦难之间的连续性。山峰不能没有支撑而浮在空中；它们也非只是被安放在地上。就所起的一个明显的作用而言，它们**就是**大地。弄清楚这一事实的各种含义，是地理学家与地质学家这些与地球的理论有关的人
4 的事。对艺术进行哲学研究的理论家，也要完成类似的任务。

如果有人愿意接受这一见解，那么甚至只要通过短暂的实验，他将看到随之而来的是初看上去令人惊讶的结论。为了理解艺术产品的意义，我们不得不暂时忘记它们，将它们放在一边，而求助于我们一般不看成是从属于审美的普通的力量与经验的条件。我们必须绕道而行，以达到一种艺术理论。这是由于理论固然与理解和洞察有关，但却并非没有赞赏的惊叹，以及称之为欣赏的情感爆发式刺激。很有可能，我们喜爱花的色彩和芬芳，却对植物没有任何理论知识。但如果一个人着手去**理解**植物开花，他必须寻找与决定植物生长的土壤、空气、水与阳光间的相互作用有关的东西。

一般人都同意，帕台农神庙是一件伟大的艺术品。然而，它仅仅在成为一个人的一个经验时，才在美学上具有地位。并且，如果一个人超出了他个人的欣赏范围，进而建构该建筑仅仅是其中一个成员的大的艺术王国的理论时，他就不得不在思考的某一阶段，转而注意忙乱的、争吵不休的、极端敏感的、带着认同一种公民宗教的公民感觉的雅典公民。他们并非将帕台农神庙当作一件艺术品，而是当作城市纪念物来建筑的。这座神庙只是他们的经验的

表现而已。对于他们来说，这一转向就像是人们需要这样的建筑，这个要求在该建筑上得到了实现一样；它不是寻求其目的的物质相关性的社会学家所进行的那种考察。要对体现在帕台农神庙上的审美经验进行理论化的人，必须在思想上意识到该神庙所介入其生活的人，即它的创造者和欣赏者，与我们的家人和街坊的共同之处。

为了以最根本的、为人们所认可的形式来**理解**美学，必须从它的最初状态开始；从抓住一个人的眼睛与耳朵的注意力，当他在看与听时激起他兴趣，向他提供愉悦的事件与情景开始：抓住大众的 5
情景——救火车呼啸而过；机器在地上挖掘巨大的洞；人蝇攀登塔尖；* 栖息在高高的屋檐上的人将火球扔出去再接住。如果一个人看到耍球者紧张而优美的表演是怎样影响观众，看到家庭主妇照看室内植物时的兴奋，以及她的先生照看屋前的绿地的专注，炉边的人看着炉里木柴燃烧和火焰腾起和煤炭坍塌时的情趣，他就会了解到，艺术是怎样以人的经验为源泉的。如果这些被问到他们行动的理由，他们无疑会回到理性的回答。支起燃烧的木柴的人会回答说，这样就可使火烧得更旺；但是，他无疑被眼前所发生的多样的戏剧性变化所迷住，并在想象中参与进去了。他不再是一个冷静的旁观者。柯尔律治关于诗的读者所说的话，就所有快乐地专注于其心灵与身体的活动的人而言，是正确的：“读者不仅

* 人蝇(human-fly)，冒险攀登闹市区的高楼，以期引人注目，产生轰动效应的人。1916 年 10 月 7 日，亨利·H. 加狄纳攀登了美国底特律的一座高楼，有 15 万人观看，美国总统称他为人蝇。近年来，由于受一电影的影响，这种人更常被称为“蜘蛛侠”(spiderman)。——译者

仅，或者并不主要是由好奇心的机械冲动，不由一种不止息的、到达最后解决的欲望，而是由过程本身的使人愉悦的活动所推动。”

聪明的技工投入到他的工作中，尽力将他的手工作品做好，并从中感到乐趣，对他的材料和工具具有真正的感情，这就是一种艺术的投入。无论是在工场里，还是在画室里，这样的工人与无能而粗心的笨蛋间都同样具有巨大的差别。一产品也许常常不能在使用它的人心里激发美感。但是，这个问题与其说是由工人，不如说常常是由他的产品将流向的市场的状况所造成的。如果状况与机会不同，那些过去的工匠所制作的东西在人的眼睛中的意义也就不同。

这种思想是如此无所不在，以至于“艺术”(Art)被人们高高地供奉起来。如果有人说他喜欢随意的娱乐，至少部分是由于其审美的性质时，他引起的是人们的反感而不是欢迎。那些对于普通人来说最具有活力的艺术(the arts)对于他来说，不是艺术：例如，电影*、爵士乐、连环漫画，以及报纸上的爱情、凶杀、警匪故
6 事。这是因为，当所承认的艺术被驱逐到博物馆和画廊之中时，对本身可使人快乐的经验的不可抑制的冲动就指向了这些由日常环境所提供的出路。许多对博物馆式艺术概念提出抗议的人，从其根源上讲也犯有来自同样的概念的错误。这是由于流行的观念将艺术与普通经验的对象和景象区分开来，许多理论家和批评家以持这个观点，甚至曾对这个观点详加说明而感到自豪。当所选择与区分出来的物品与一般行业的产品具有紧密联系之时，也正是

* 杜威这本书发表于 1934 年，在当时，电影还不被列为高雅艺术。——译者

对前者的欣赏最为通行和最为强烈之时。而当这些物体高高在上，被有教养者承认为美的艺术品之时，人民大众就觉得它苍白无力，他们出于审美饥渴就会去寻找便宜而粗俗的物品。

那些将美的艺术放置在高高的供奉台上的因素，并非来源于艺术的王国，它们的影响也并非仅限于艺术。对于许多人来说，一种混杂着敬畏与非现实性的灵韵（aura）包含了“精神性”与“理想性”，而与此相反，“质料”就成了一个受蔑视的术语，表示某种要辩解或道歉的东西。起作用的是那些不仅将美的艺术，而且将宗教排除在普通或社群生活之外的力量。艺术很难逃脱在历史上制造出如此众多现代生活和思想的错位与分裂的力量的影响。我们无须走遍天涯，也无须回到几千年前的过去，从不同的民族那里寻求证明，一切加强了直接生活感受的对象，都是欣赏的对象。文身、飘动的羽毛、华丽的长袍、闪光的金银玉石的装饰，构成了审美的艺术的内涵，并且，没有今天类似的集体裸露表演那样的粗俗性。室内用具、帐篷与屋子里的陈设、地上的垫子与毛毯、锅碗坛罐，以及长矛等等，都是精心制作而成，我们今天找到它们，将它们放在艺术博物馆的尊贵的位置。然而，在它们自己的时间与地点中，这些物品仅是用于日常生活过程的改善而已。它们不是被放到神龛之中，而是用来显示杰出的才能，表示群体或氏族的身份，对神崇 7
拜，宴饮与禁食，战斗，狩猎，以及所有显示生活之流节奏的东西。

舞蹈与哑剧这些戏剧艺术的源泉作为宗教仪式庆典的一部分而繁荣起来。弹奏拉紧的弦，敲打绷起的皮，吹动芦笛，就有了音乐艺术。甚至在洞穴中，人的住所装饰着彩色图画，这些画活生生地保存着与人的生活紧密相连的、对于动物的感觉经验。供奉神

的处所和方便同更高权力者交流的设施，人们都会精心打造。但在这种情况下，戏剧、音乐、绘画与建筑等艺术与剧院、画廊、博物馆之间并没有特别的联系。它们是一个组织起来的社群有意味生活的一部分。

在战争、祭神、集会表现出来的集体生活之中，不存在这些场所和活动所特有的东西与使这些东西具有色彩、优雅、尊贵的艺术之间的区分。绘画、雕塑有机地与建筑统一起来，而它们与建筑物所服务的社会目的也是一致的。器乐与歌唱是仪式与庆典不可分割的组成部分，在其中集体生活的意义得到了完满体现。戏剧是集体生活的传说与历史的生动再现。甚至在雅典时期，这些艺术仍不能从这种直接经验的背景中被割裂开，还保持着它们的重要特征。不仅是戏剧，雅典的体育活动也起着赞颂和强化种族与群体传统，教育人民，纪念光荣业绩，并加强公民的自豪感的作用。

在这种情况下，毫不奇怪，雅典的希腊人在思考艺术时，会形成艺术是再造或摹仿行动的思想。许多人反对这一想法。但是，这一理论的流行证明了美的艺术与日常生活的紧密联系；如果艺术与生活兴趣相距遥远的话，那么，任何人都不会产生这种想法。这一学说并非表示艺术是对象的精确复制，而是说艺术反映了与社会生活的主要制度联系在一起的情感与思想。柏拉图由于对这种联系具有强烈的感受，才产生出必须对诗人、戏剧家和音乐家进
8 行审查的想法。他说从多利安音乐到吕底亚音乐的转变是城邦衰亡的预兆，这也许是夸大其辞。但当时没有人会怀疑，音乐是社群的气质与制度的一个组成部分。“为艺术而艺术”的想法是人们无

法理解的。

那么，美的艺术分区化的观念的兴起必定有其历史的原因。我们今天将美的艺术品移入并存放的博物馆和画廊本身，就对那种将艺术隔离开来，而不是将之视为庙宇、广场及其他社会生活形式的伴随物的原因，作了部分说明。一本有教益的现代艺术史可以依据独特的现代博物馆和画廊制度的形成过程来写。在此我可以指出一些突出的事实。欧洲的绝大部分博物馆都是民族主义与帝国主义兴起的纪念馆。每一个首都都必须有自己的绘画、雕塑等物品的博物馆，它们部分是用来展示该国过去艺术的伟大，部分是展示该国君主在征服其他民族时的掠夺物，例如，拿破仑的战利品就存放在卢浮宫。它们证明了现代艺术隔离与民族主义和军国主义间的联系。无疑，这种联系有时服务于一个非常有用的目标；日本就是如此，这个国家在西方化的过程中，通过将庙宇国家化，保存了大量的艺术珍宝。

资本主义的生长，对于发展博物馆，使之成为艺术品的合适的家园，对于推进艺术与日常生活分离的思想，都起着强有力的作用。作为资本主义制度的重要副产品的新贵们（*nouveaux riches*），特别热衷于在自己的周围布置起艺术品，这些物品由于稀少而变得珍贵。一般说来，典型的收藏家是典型的资本家。他们为了证明自己在高等文化领域的良好地位而收集绘画、雕像，以及艺术的小摆饰，就像他们的股票和债券证明他们在经济界的地位一样。

不仅个人，而且社群和国家也将修建歌剧院、画廊和博物馆作为它们在文化上具有高尚趣味的证明。一个社群愿意将其收入花

费在赞助艺术上，就表明，该社群并非完全沉湎于物质财富。它建
9 立这些建筑物，并为这些建筑物收集藏品，就像当时人们修建大教堂一样。这些东西反映并建立了优越的文化地位，而它们与普通的生活的隔离反映出它们不是本土与自发的文化的事实。它们与某种“比你更神圣”（holier-than-thou）的态度相对应，这种态度并非表现为针对个人本身，而是针对吸引了一个社群绝大部分时间与精力的兴趣与职业。

现代工商业具有一种国际的范围。画廊与博物馆中的藏品见证着一种经济上的世界主义的增长。由于经济体系的原因，贸易与人口的流动性削弱或摧毁了艺术作品与这些艺术作品曾经是其自然表现的地方特性（*genius loci*）。由于艺术品在失去了它们的本土地位之时，取得了一种新的地位，即成为仅仅是美的艺术的一个标本，而不是别的什么东西。此外，这时艺术品像其他物品一样，是为着在市场上出售而生产的。有钱与有权的个人对艺术的赞助曾在许多情况下对促进艺术生产起过作用。也许许多野蛮的部落都有它们自己的梅塞纳斯*。但现在，甚至那种亲密的社会联系也在一种世界市场的非人格性中丧失了大半。过去由于其在社群生活中的地位而有效并有意义的物体，现在从它们起源时的条件中孤立出来。由于这个原因，它们也从普通的经验中分离开来，成为趣味的标志和特殊文化的证明。

由于工业状况的变化，艺术家被挤出了活跃着的兴趣的主流

---

* 梅塞纳斯（Gaius Maecenas，约公元前 70—前 8），罗马皇帝奥古斯都·屋大维的朋友和支持者，著名的文学赞助人，与维吉尔和贺拉斯有着深厚的友谊。——译者

之外。工业被机械化了，艺术家却不能机械性地为大规模生产而工作。他与正常的社会服务链结合得不那么紧密了。这时，出现了一种独特的审美“个人主义”。艺术家们发现，通过孤独地进行“自我表现”来从事自己的工作，是他们义不容辞的任务。为了不迎合经济力量的趋势，他们常常感到有必要将他们的分离性夸大到怪异的程度。相应地，艺术产品带上了某种更大程度的独立与秘奥的气氛。 10

这些力量的作用的集合，再加上现代社会中一般存在着的在生产者与消费者间形成鸿沟的状况，普通的经验与审美经验之间也形成了一个裂痕。作为这一裂痕的记录，我们最终，仿佛当作是正常状况一样，接受了一些艺术哲学，它们在没有别的生物栖身的区域生存着，在其中审美的静观性质不加论证地得到强调。价值的混淆进一步加强了这种分离。一些额外的东西，如收集、展览、拥有与展示的乐趣，都被装扮成审美价值。批评也受到影响。许多对珍宝的欣赏与对沉湎于艺术的超越之美的赞颂，并不怎么考虑具体的产生审美知觉能力。

然而，我的目的并非对艺术史进行经济学的阐释，更不是说经济状况或者总是，或者直接与知觉和欣赏相关，甚至可以解释单个的艺术作品。我想说的是，将艺术与对它们的欣赏放进自身的王国之中，使之孤立，与其他类型的经验分离开来的**各种理论**，并非是它们所研究的对象所决定的，而是由一些可列举的外在条件所决定的。这些条件仿佛是嵌入到制度与生活的习惯之中，由于不被意识到而具有更强烈的效果。于是，理论家们假定这些条件嵌入到物体的本性之中。但是，这些状况的影响并不局限于理论。

正如我所指出的，这深深地影响着生活实践，驱除作为幸福的必然组成部分的审美知觉，或者将它们降低到对短暂的快乐刺激的补偿的层次。

甚至对那些不赞同前面所说的话的读者来说，这里所作的陈述的含意对于确定问题的性质也是有益的：恢复审美经验与生活的正常过程间的连续性。对艺术及其在文明中的作用的理解既不能靠对它唱颂歌，也不能靠从一开始就专注于公认的伟大艺术品
11 而得到加深。理论所要达到的理解只有通过迂回才能实现；回到对普通或平常的东西的经验，发现这些经验中所拥有的审美性质。只有在审美已经被分区化了，或者只有当艺术作品已经被放在了一个独特的地位，而不是作为公认的普通经验之物时，理论才会从公认的艺术作品开始，并由此出发。甚至一个粗俗的经验，如果它真的是经验的话，也比一个已经从其他方式的经验分离开来的物体更加适合于提示审美经验的内在性质。循此提示我们能发现艺术作品是怎样发展与强调在日常欣赏之物中特别有价值之处。于是，我们就会看到，艺术产品来自于后者，来自日常经验得到完全表现之时，就像煤焦油经过特别处理就变成了染料一样。

许多关于艺术的理论已经存在了。要说明提出另一种关于审美的哲学的理由，就必须发现一个新的研究方法。在现有理论中进行结合与变换对喜欢这么做的人来说并不难。但是，我感到，现有理论的问题在于它们开始于一种现成的分区化的状况，或从一种出于与具体的经验对象联系而使之“精神化”的艺术观念出发。然而，取代这种精神化的并非是美的艺术作品的退化或庸俗的物质化，而是一种揭示这些作品使在普遍经验中所发现的性质理想

化的观念。如果艺术作品被置于受到普遍尊重的直接的人的语境之中，它们就会比鸽笼式艺术理论所赢得的普遍接受具有更广泛得多的吸引力。

一种从美的艺术与普通经验间已发现性质的联系出发的关于美的艺术的观念，将能够显示有助于从一般人类活动向具有艺术价值的事物的正常发展的因素与动力。它也将能够指出限制正常增长的条件。美学理论的论述者常常提出审美哲学是否能够帮助培养审美欣赏力的问题。这一问题是一般批评理论的一个分支，在我看来，如果它没有指出要寻找什么，没有指出要在具体的审美对象中找到什么的话，它就没有完美地实现其所有的功能。但是， 12
不管如何，这么说是站得住脚的：除非一种艺术哲学使我们知道艺术相对于其他经验形式的功能，除非它说明为什么这种功能实现得如此不充分，除非它表示功能能够充分实现的条件，一种艺术哲学就是无效的。

如果没有在实际上试图将艺术作品贬低成是为着商业目的而制造出来的物品的话，那么，对于一些人来说，将从普通的经验中出现艺术作品与原材料被加工成有价值的产品作比较，似乎就是没有价值的。然而，关键在于，过多的对于已完成作品的狂热赞颂本身无助于这些作品的产生和对它们的理解。不知道土壤、空气、湿度与种子的相互作用及其后果，我们也能欣赏花。但是，如果不考虑这种相互作用，我们就不能**理解**花——而理论恰恰就是理解。理论所要关注的是发现艺术作品的生产及它们在知觉中被欣赏的性质。物体的日常要素是怎样变成真正艺术性的要素的？我们日常对景色与情境的欣赏是怎样发展成特别具有审美性的满足的？

这些是理论所必须回答的问题。除非我们愿意在我们目前不认为是审美的经验中追根寻源，我们就不能找到答案。在发现了这些积极的种子之后，我们也许就能随着它们的生长线索而进入到最为完美精致的艺术形式之中。

众所周知，除了在偶然情况下，不管植物如何可爱，也不管我们如何喜爱它们，在不理解其因果条件的情况下，我们就不能控制它们的生长与开花。同样，不同于纯粹的个人欣赏，审美理解必须从在审美上可赞美的事物得以出现的土壤、空气与光线开始。并且，这些条件正是那些使得日常经验得以实现的条件与因素。我们越了解这一事实，就越会发现我们自己面临着的是问题而不是最终的解决。如果艺术与审美的性质藏于每一个正常的经验之中，我们又如何解释它们是怎样和为什么在一般情况下不显现出
13 来呢？为什么对于绝大多数人来说，艺术仿佛是从外部引入经验之中的，而审美似乎等同于某种故意为之的东西呢？

除非我们在使用“正常经验”时对这个概念的意义有一个清楚与连贯的想法，我们无法回答上述问题，也不能从日常经验中探寻艺术的发展。幸运的是，通向这一思考之路已经被打通并标明。经验的性质是由基本生活条件所决定的。尽管人不同于鸟兽，人与鸟兽却同样具有基本的生命功能，同样在生命过程的持续中作出基本的调节。由于具有同样的生命需要，人类从他们的动物祖先那里继承了呼吸、动作、视与听，以及他们用来协调感官与运动的大脑。这些他们用来维持自身存在的器官并非是由他们所独有，而是受惠于他们的远古动物祖先长期的努力与奋斗。

幸运的是，一个关于审美在经验中的位置的理论，在从最基本形式的经验出发时，无须在琐碎的细节中丧失其自身。只要勾画出大致的轮廓就足够了。第一个要考虑的是，生命是在一个环境中进行的；不仅仅是*在其中*，而且是由于它，并与它相互作用。生物的生命活动并不只是以它的皮肤为界；它皮下的器官是与处于它身体之外的东西联系的手段，并且，它为了生存，要通过调节、防卫以及征服来使自身适应这些外在的东西。在任何时刻，活的生物都面临来自于周围环境的危险，同时在任何时刻，它又必须从周围环境中吸取某物来满足自己的需要。一个生命体的经历与宿命就注定是要与其周围的环境，不是以外在的，而是以最为内在的方式作交换。

一只狗在吃食时低嚎，在慌张或孤独时大叫，在他的人类朋友回来时摇尾巴，这些都是包括人类与其所家养的动物在内的自然条件中的一种生活的含义的表现。每一个需要，比如说渴望获得新鲜空气与食物，都是一种至少是暂时缺乏与周围环境足够谐调 14
的表现。但这也是一种要求，一种深入到环境之中，补偿缺乏，通过建构至少是暂时的均衡来恢复谐调。生活本身是由这样一些阶段组成，有机体与周围事物的同步性失去又再次恢复——或者通过努力，或者通过幸运的偶然。并且，在一个生长着的生命中，这种恢复绝不仅仅是回到先前的状态，它在成功地经历了差异与抵制状态之后，使生命本身得到了丰富。如果有机体与环境间的间隙过大，这个生物就死亡了。如果它的活动没有为暂时的异化所加强，它就仅仅在维持。当一个暂时的冲突成为朝向有机体与其生存环境之间的更为广泛的平衡过渡时，生命就发展。

这些生物学的常识具有超出其自身的内涵;它们触及经验中审美性的根源。世界上充满着对生命漠视,甚至敌对的事物;生命所赖以维持的过程本身即倾向于使它脱离其环境。然而,如果生命持续并在持续中发展,即已存在着对于对立与冲突因素的克服;存在着使它们向由更有力而更有意义的生活所区分出来方面的转化。通过扩展(而不是通过矛盾与被动地适应)进行有机而有生命地调节的奇迹实际上发生了。在这里,通过节奏而达到的平衡与和谐初露端倪。均衡并非机械地而无生气地实现,而是来自于,并由于张力才得以实现。

在自然中,甚至在生命水平之下,也具有某种超过仅仅流动与变化的东西。每当一个稳定的,甚至是运动的,均衡实现之时,形式就出现了。变化环环相扣,并相互支撑。存在这种连贯之处就存在持续性。秩序并非从外部强加的,而是由能量在其中相互影响的和谐的相互关系所组成的。由于它是积极的(并非由于与正在进行的过程无关而呈任何静态),这种秩序独自发展着。它逐渐将多种多样的变化包容进其平衡的运动之中。

秩序只有在一个常受无秩序威胁的世界(在这个世界中,活的生物仅仅在利用其自身周围存在的秩序,并将这种秩序结合进自
15 身之内)中,才能受到赞赏。在像我们这样的一个世界之中,每一个获得感受性的活的生物,每当它发现周围存在着一个适合的秩序时,都带着一种和谐的感情对这种秩序作出反应。

只有当一个有机体在与它的环境分享有秩序的关系之时,才能保持一种对生命至关重要的稳定性。并且,只有这种分享出现在一段分裂与冲突之后,它才在自身之中具有类似于审美的巅峰经验的萌芽。

与环境相协调的丧失和统一的恢复这种周期性运动，不仅在人身上存在，而且进入到他的意识之中；它的状况是人借以形成目标的材料。情感是已实际发生的或即将出现的突变的意识符号。不谐调是机遇，它会导致反思。作为实现和谐的条件，恢复统一的欲望将单纯的情感转变为对对象的兴趣。随着这种和谐的实现，反思的材料结合进了作为其意义的对象。由于艺术家以一种特殊的方式关注统一得到实现时的经验，他并不避开抗拒与紧张的时刻。相反，他致力于研究这些时刻，不是为了它们本身，而是由于它们的潜力将一种统一而完整的经验带入生动的意识之中。与带有审美目的的人相反，科学研究者对问题，对所观察的与所思考的事物间的紧张关系所显示的情况感兴趣。当然，他关心问题的解决。但是，他并非以此为满足；他将已取得的解决仅作为进一步研究所需要立足的垫脚石，从而过渡到另一个问题。

因此，审美活动与理智活动之间的区别在于对活的生物与其周围环境间相互作用的持续节奏过程的强调之处不同。两者所强调的基本质料是一致的，一般形式也是一致的。那种认为艺术家不思考，而科学研究者则除思考以外什么也不做的奇怪的想法，是将进展节拍与着重点的不同转变为种类的不同。当想法不再仅仅是想法，而成为对象的整体意义之时，思想家也在审美了。艺术家 16
也有自己的问题，并且在工作时也思考。但是，他的思想更为直接地体现在对象之中。科学工作者相比之下更为远离其目的，用符号、语词与数学代号工作。艺术家以他工作用的媒介种类本身来思考，他的手段与他所制作的对象是如此接近，以至于使前者直接

融入后者之中。

有生命的动物无须将情感投射到所经验的对象之中。远在自然具有数学的性质，甚至在具有像色彩与色彩的形状等“第二”属性*的集合之前，自然就是和善的与可恶的，温和的与乖戾的，使人不快的与使人鼓舞的。甚至像长与短，坚实与空洞这样一些词，对于除了那些在理智上专门化的人以外的所有的人，都具有一种道德或情感上的含义。词典将告诉所有查词典的人，像甜与苦这样一些词的早期用法不是表示感觉性质本身，而是区分喜欢与不喜欢的东西。怎么可能不是这样呢？直接经验来自于自然与人的相互作用。在这种相互作用之中，人的能量积聚、释放、抑制、受阻、遂愿。欲望与实现，行动的冲动与这种冲动被抑制，循环往复，周而复始。

所有在旋风般变化中产生稳定性与秩序的相互作用，都是有节奏的。潮涨潮落，心脏的收缩与舒张：这些都是有规律的变化，这些变化在一个范围内进行。超过所规定的界限就是毁灭与死亡，然而，新秩序又正是从这里产生的。在一定比例范围内对变化的控制建立了一个空间的，而不仅仅是时间的模式：如海上的波浪，海滩上的沙波起伏，清淡与浓黑的云彩。缺的与满的、斗争与成就，实现了的越轨行为与此后的调整之间的对比，形成了在其中行动、感受与意义合一的戏剧性场面。结果是平衡与反平衡。它

* 这里的“第二”属性，采用了洛克对事物的“第一”属性与“第二”属性的区分。第一属性指广延、形体、运动与静止、数、坚实性；而第二属性指色彩、滋味、味道、声音，以及暖与冷，等等。第一属性为物质所固有，而第二属性只是对象所具有的在我们身上产生感觉效果的力量。——译者

们既不是静态的，也不是机械的。它们表达了一种由于通过克服抵抗去进行衡量所表现出来的强烈的力量。用有利的与不利力量将对象包围起来。

有两种可能的世界，审美经验不会在其中出现。在一个仅仅流动的世界中，变化将不会被积累；它不是朝向一个终极的运动。17
稳定性与休止将不存在。然而，同样真实的是，世界是完成了的，结束了的，没有中途停止与危机的痕迹，不提供任何作出决定的机会。在一切都已经完成之处，没有完满。我们带着愉悦设想涅槃和始终如一的极度的狂喜，仅仅是因为它们被投射到我们现存的紧张与矛盾背景之中。由于我们生活在其中的实际的世界是运动与到达顶点，中断与重新联合的结合，活的生物的经验可以具有审美的性质。活的存在物不断地与其周围的事物失去与重新建立平衡。从混乱过渡到和谐的时刻最具生命力。在一个完成了的世界中，睡与醒没有区别。在一个完全混乱的世界中，无法作出任何努力。在一个按照我们的模式建立的世界中，完成之时以其周期性出现的愉快的间隙，而强化了经验。

内在的和谐只是在通过某种手段来达到与环境的某种妥协时才能实现。如果这种和谐在没有“客观的”基础时出现，它就是虚幻的——在极端的情况下达到疯狂的程度。幸运的是，对于经验的多样性，妥协可以通过许多不同的方式达到——这些方式最终由选择性的兴趣决定。愉悦（pleasure）可以通过偶然接触与刺激而实现；在一个充满痛苦的世界上，这种愉悦并不受到蔑视。但是，幸福（happiness）和快乐（delight）的概念与愉悦则不可同日而语。通过一种完成，幸福与快乐触及我们存在的深处——一种包

括我们生存条件在内的完整存在的调节。在生命过程中，达到一个均衡期同时也就是与环境新关系的开始，这种关系带有通过斗争来实现新的调节潜在力量。达到顶点之时同时就是重新开始之时。任何将完满与和谐的时间延长到超过它的期限的企图，都构成了一种从世界退隐。因此，这表明一种活动的降低与丧失。但是，通过不安定与冲突的阶段，持续着对内在和谐的深层记忆，就像熔铸在石头上一样，对这种和谐的感受萦绕在生活之中。

18 绝大多数常人都意识到，在他们现在的生活与过去和将来之间常常出现裂痕。过去像一个负担一样压在他们身上；过去侵入现在，如后悔没有利用机会，希望后果得到改变。过去构成对现在的压迫，而不是信心十足地向前运动的资源宝库。但是，活的生物利用其过去；该生物甚至可以正视自己过去的愚蠢行为，以此作为对现在的警示。不是努力生活在过去所得到的成就之上，该生物让过去的成功来提示现在。每一个活着的经验的丰富性都可以归结为桑塔耶拿很好地概括的“静默的回响”(hushed reverberations)。*

对于具有充分活力的存在物而言，未来并非不祥的预兆，而是允诺；它像一个光环一样包围着现在。它由被感受为此时此地的可能性所组成。在真正的生活中，一切都重叠与融合。但是，在更

---

* “熟悉的花儿，听惯了的鸟鸣，忽明忽暗的天空，新耕过带着青草味的土地，分别与复杂多变的个性联系着，这样的事物是我们想象中母亲的语言，充满着对我们飞逝的童年时光的微妙而无法解脱的联想。假如没有仍活在我们心中，将我们的知觉变成爱的那些过去岁月的阳光与草地的话，我们今天从照耀在深深的草地上的阳光感到的欢乐，不过是疲倦的灵魂所获得的模糊的知觉而已。”引自乔治·艾略特《弗罗斯河上的磨坊》。

常见的情况下,我们存在于对未来可为我们带来什么的思虑之中,并在这一点上产生不同的意见。即使在没有如此过分顾虑之时,我们也不赞赏现在,因为我们使之从属于那些并不存在的东西。由于这种经常放弃现在而投向过去和未来,那种当下所完成的,将自己投入到对过去的回忆和对未来的期待的经验,逐渐构成了一种审美理想。只有过去停止使人苦恼,而对未来的期待不再使人忧烦,一个存在物才能完全地与他的环境结合,从而具有充分的活力。艺术带着独特的激情赞美这样的时刻,这时,过去加强了现在,而未来则激活了当下。

因此,为了把握审美经验的源泉,有必要求助于处于人的水平之下的动物的生活。当工作就是劳动,而思想引领我们从世界退
隐时,狐狸、狗与画眉的活动也许至少可以成为被我们这样分为几 19
部分的经验整体的提示与象征。活的动物完全是当下性的,以其全部的行动呈现出来:表现为它警惕的目光、锐利的嗅觉、突然竖起的耳朵。所有的感官都同样保持着警觉。你看,行动融入感觉,而感觉融入行动——构成了动物的优雅,这是人很难做到的。活的生物从过去所保留的,与它所期望于未来的,都作为现在的方向而起作用。狗既不会迂腐也不会有学究气;这些东西只有过去在意识中与当下分隔开,过去被确定为模仿的模式,或经验的宝库时,才会出现。被吸收进现在的过去保持下去;它继续向前推进。

野蛮人的生活在许多情况下是呆滞的。但是,当野蛮人在极为活跃之时,他对周围世界的观察力最为敏锐,他的精力最为集中。当他看到他周围的激动的事物时,他自己也被激动起来。他的观察既是行动的准备,也是对未来的预见。他在看与听时做到

全身心地投入，就像他在蹑手蹑脚地探听消息或悄悄地逃离仇敌一样。他的感官是直接的思想与行动的哨兵，而不像我们的感官那样，常常只是通道，经过它们，材料得以聚集和贮藏，以服务于久远的可能性。

因此，将艺术和审美知觉与经验的联系说成是降低它们的重要性与高贵性的说法，只是无知而已。经验在处于它是经验的程度之时，生命力得到了提高。不是表示封闭在个人自己的感受与感觉之中，而是表示积极而活跃的与世界的交流；其极致是表示自我与客体和事件的世界的完全相互渗透。不是表示服从于任意而无序的变化，而是向我们提供一种唯一的稳定性，它不是停滞，而是有节奏的、发展着的。由于经验是有机体在一个物的世界中斗争与成就的实现，它是艺术的萌芽。甚至最初步的形式中，它也包含着作为审美经验的令人愉快的知觉的允诺。

第二章　活的生物和“以太物”①* 20

为什么将高等的、理想的经验之物与其基本的生命之根联结起来的企图常常被看成是背离它们的本性，否定它们的价值？为什么当美的艺术的高等成果与日常生活，与我们同所有活着的生物所共有的生活联结起来时，人们就会感到反感？为什么生活被当成是一个低级趣味的事，或者最多不过是世俗感受之物，随时可以下降到色欲及粗恶残酷的水平？要完整地回答这个问题，就要写一部道德史，阐明导致蔑视身体，恐惧感官，将灵与肉对立起来的状况。

这一历史的一个方面与所讨论的问题密切相关，我们必须给予一定的注意。人类的制度性的生活是以非组织化为其标志的。这种无序常常被它所采取的静态等级区分的形式所掩盖，而这种

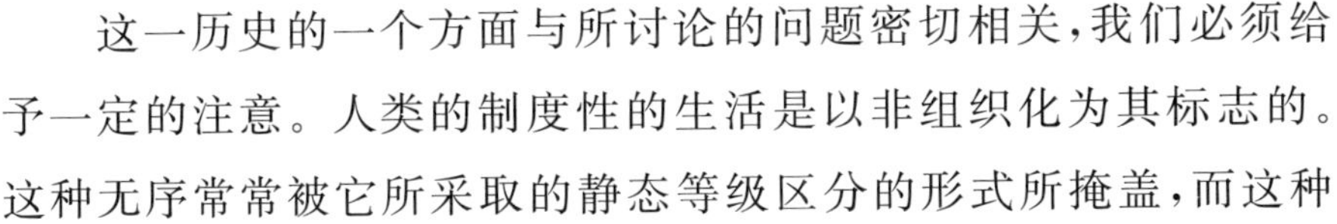

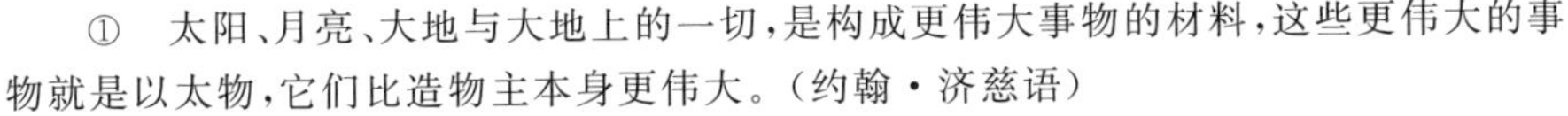

① 太阳、月亮、大地与大地上的一切，是构成更伟大事物的材料，这些更伟大的事物就是以太物，它们比造物主本身更伟大。（约翰·济慈语）

* “以太物”(ethereal things)一语来自“以太”(ether)，希腊人想象中的一种物质。德谟克利特认为，它是由微小精细的原子组成，是构成天上的诸种天体的材料。亚里士多德认为，“以太”是地、水、气、火这四种原素以外的第五种原素，太阳、月亮、行星与恒星，以及填补从我们到这种天体之间的透明的空间的东西，都是由以太构成的。在19世纪的物理学中，以太被设想为普遍存在的一种我们无法测量到的物质。在这里，作者引用济慈的诗来解说“以太物”，用来指在物理意义上存在的自然界。——译者

静态的划分只要固定，被广泛接受，不产生公开的冲突，就被当作是秩序本身。生活被分区化，而这种制度化的分区间有高下之分；其价值有世俗与精神之分，物欲与理想之分。通过一种制衡体系，利益形成外在的与机械的相互联系。由于宗教、道德、政治、商务各自有着自己的分区，使之各安其位，艺术也必须有自己独特而专属的领域。职业与利益的分区化，导致活动方式的分离，通常称之
21 为“实践”的活动与洞察活动分离了开来，想象与实际去做分离了开来，有重大意义的目标与工作分离了开来，情与思和做分离了开来。各自画地为牢。那些写作经验解剖的书的人，就假定这些区分是人的本性构造所固有的。

在现有经济与法律制度条件下，我们的许多经验中的确存在着这种分离。在许多人的生活中，只有在偶然情况下，理性中才充满着由对内在意义的深刻理解而产生的感受。由于机械的刺激物或刺激作用，我们体验到了感觉，却没有意识到存在于它们之中或在它们背后的现实：在许多的经验中，我们的不同感官并没有联合起来，说明一个共同而完整的故事。我们看却没有去感受；我们听，听到的却是二手的报告，说它是二手的，是因为它们没有为视觉所加强。我们触摸，但这种接触仍是肤浅的，因为它没有与那些进入表面之下的感觉融合在一起。我们利用感官激发激情，但没有满足洞见的旨趣，这不是由于旨趣没有潜藏于感官的活动中，而是由于我们屈从于强迫感官停留在表面的激动的生活条件。只有那些使用他们的心灵而没有身体的参与，那些通过控制别人的身体与劳动取代自己亲身活动的人，才具有这种特权。

在这种状况下，感官与肉体就获得了一个坏名声。然而，比起

职业的心理学家与哲学家来说,道德家对于感官与我们作为存在物的其他方面之间的密切关系,有着一个更为真实的感觉,尽管他的这种感觉遵循了一个将我们的生活与周围环境的关系的潜在事实颠倒的方向。近代以来,心理学家与哲学家沉湎于知识问题,将“感觉”当成仅仅是知识的因素。道德家知道,感觉与情感、冲动与口味是联系在一起的。因此,他谴责眼睛的欲望是灵魂向肉体投降的一部分。他将感官的与肉欲的等同起来,将肉欲的与淫荡的等同起来。他的道德理论是扭曲了的,但他至少意识到,眼睛并非只是一架不完善的望远镜,用以对关于远方物体的知识进行理性的接受。

“感觉”一词具有很宽泛的含义,如感受、感动、敏感、明智、感
伤,以及感官。它几乎包括了从仅仅是身体与情感的冲击到感觉 22
本身的一切——即呈现在直接经验前的事物的意义。当生命通过感觉器官出现之时,每一个术语表示一个有机生物的生命的一个真实的阶段与方面。但是,由于意义直接通过经验体现出来,它就是经验的意义,感觉成为表达感官的功能完全实现时的唯一的含义。五官是活的生物藉以直接参与他周围变动着的世界的器官。在这种参与中,这个世界上的各种各样精彩与辉煌以他经验到的性质对他实现。这一材料不能与行动对立起来,因为动力机制与“意愿”本身是这一参与藉以进行与指向的手段。这一材料也不能与“理智”相对立,因为心灵既是参与藉以通过感觉产生成果的手段,也是意义与价值藉以抽取、保存,并进一步服务于活的生物与其周围环境进行交流的手段。

经验是有机体与环境相互作用的结果、符号与回报,当这种相互作用达到极致时，就转化为参与和交流。由于感觉器官及其相连的动力机制是这种参与的手段，任何一次，并且每一次对这些感觉器官，不管是理论上的，还是实践上的贬低，都既是一种狭窄而沉闷的生活经验的原因，也是它的结果。所有心灵与身体，灵魂与物质，精神与肉体的对立，从根本上讲，都源于对生活会产生什么的恐惧。它们是收缩与退却的标志。因此，对人这种生物的器官、需要和本能冲动与其动物祖先间连续性的完全认识，并非必然意味着将人降到野兽的水平。相反，这使得为人的经验勾画了一个基本的大纲，并在此基础上树立人美好而独特的经验的上层结构成为可能。人的独特之处有可能使他降到动物的水平之下。这种
23 独特之处也使他有可能将感觉与冲动之间，脑、眼、耳之间的结合推进到新的、前所未有的高度。这在动物的生命中得到典型的表现，又在其中渗透着来自交流与特意表现出的意识到的意义。

人具有复杂而细致的区分能力。这一事实本身使人的存在的各要素间建立许多更为全面而精确的关系成为必要。区分与关系因此而成为可能，也因此而非常重要。但是，情况并非仅限于此。存在着更多的抵抗与关系紧张的机会，更多对实验与发明的依赖，因而更多的行动的新异性，更为广泛而深刻的洞察，以及感受程度的进一步增强。随着一有机体的复杂性的增加，它与周围环境的斗争与实现关系的节奏变得多样而持久，在其中包含着多种多样的亚节奏。生命的结构更为丰富了。它的实现就更为重要，也更为精妙。

空间因此而不再仅仅被理解为人们在其中漫游，时而在这里，时而在那里点缀着或是对人构成危险的事物，或是满足人的需要

的事物的某种虚空。它成了一个全面而封闭的场景，在其中人所从事的行动与获得的经历的多样性形成了秩序。时间不再是无穷无尽而始终如一的流水，也不再是像一些哲学家们所断言的那样，是许多瞬间的连续。它也是组织起来并起着组织作用的媒介，在其中，预期冲动节奏性涨落，前进与向后的运动，抵抗与中止，伴随着实现与完满。这是生长与成熟的安排——正如詹姆斯所说，我们在冬天开了一个头以后，在夏天学习滑冰。生长是在变化中进行组织的时间。它意味着，多样的变化系列在休止以后开始了，多样的完成系列成为新的发展过程的新起点。像土壤一样，心灵在休耕以后变得肥沃，接着就绽放出了新的花朵。

当一束电光照亮夜空时，物体一下子被认出了。但是，认出本身不只是时间上的一个点。它是一个漫长而缓慢的成熟过程达到
顶点。它是一个有序的时间经验的连续性在一个突然而突出的高 24
潮中的显现。如果将它孤立起来，就会像戏剧《哈姆雷特》中的一句台词或一个单词失去了语境一样没有任何意义。但是，“其余的，仅是宁静”*这句话通过在时间中的发展，成为戏剧的结束时，就充满着含义；突然看见一幅自然景色时，也是如此。出现在美的艺术中的形式，是将发展着的生活经验的每一个过程中所预示的与空间和时间的组织有关的东西表达清楚的技巧。

时机与场所充满着长期积聚的能量，尽管有着物质的限制与狭窄的地方局限。回到一处离开很久的童年故地，长期压抑着的

* “其余的，仅是宁静”(The rest is silence)，这是莎士比亚的悲剧《哈姆雷特》中哈姆雷特在临死前说的最后一句话。他完成了复仇的任务，又委托人将这一切告诉即将产生的新国王以后，说了这句话。——译者

关于此地的回忆与希望就释放了出来。与一个在本国时偶然认识的人在异国重逢，会产生极大的满足感，心潮激动难平。单纯的认出只是在我们的注意力集中在所认知的物或人以外之时才会出现。它标志着或者是被打断，或者是企图用所认知之物作为其目的的手段。看见和知觉大于认出。它并非根据与某物相分离的过去来辨认某物的现在。过去被带入现在，从而扩展与深化现在的内容。这勾画出从仅仅是外在时间上的连续性向生命秩序与经验组织的转化。辨认时点点头就过去了。或者说，这表示将一个过去的时刻孤立起来，表示将仅仅是所填入的经验中一个死去之点。将生命过程简化为仅仅是状况、事件、物体"如此这般"的前后关系，标志着作为有意识经验的生命的中止。以单个的、分立的形式实现的连续性是这种生命的本质。

因此，艺术由生命过程本身所预示。当内在的机体压力与外在的材料结合之时，鸟就筑巢，狸就筑坝。内在压力得到了实现，外在的材料变为一个满意的状态。我们也许会犹豫，是否要用"艺术"这个词，因为我们怀疑定向性意图的存在。但所有的深思熟虑，所有有意识的意图，都在曾通过自然能量相互作用而有机地活动的事物中生长出来。如果不是这样的话，艺术就将建筑在颤动的沙滩上，不，在流动的空气中。人的独特的贡献就在于对在自然
25 中所发现的各种关系的意识。通过意识，他将在自然中所发现的因果关系转化为手段与后果的关系。更确切地说，意识本身是这种变化的开端。原本仅仅是震惊的事物成了吁请；抵抗却变为某种可用来改变现存物质安排的东西；和顺的资质成为实行某个想法的力量。在这些运作中，机体的刺激成为意义的负载者，运动反

应变成表现与交流的工具；它们不再是运动与直接反应的手段。同时，机体的基质仍是活跃而深刻的基础。没有自然中的因果关系，构想和发明不可能出现。没有动物生命中的周期性冲突和实现过程的关系，经验中将没有设计和图式。没有从动物祖先中继承来的器官，思想与目的就没有实现的机制。原始的关于自然和动物生命的艺术是如此具有物质性，并且在其总轮廓上如此为人们有意的成果所效法，以致受神学影响的心灵将有意识的意图输入到自然的结构之中——正像人一样，由于具有许多与猿共有的活动，习惯于将后者想象成是在摹仿自己的动作。

艺术的存在是前面抽象地陈述的事实的具体证明。它证明，人在使用自然的材料和能量时，具有扩展他自己的生命的意图，他依照他自己的机体结构——脑、感觉器官，以及肌肉系统——而这么做。艺术是人能够有意识地，从而在意义层面上，恢复作为活的生物的标志的感觉、需要、冲动以及行动间联合的活的、具体的证明。意识的干预增加了选择与重新配置的规则和力量。因此，它以无穷无尽的方式改变着艺术。但是，它的干预最终导致了作为一种有意识思想的艺术**思想**——这是人类历史上最伟大的思维成果。

希腊艺术的多样与完美导致思想家们构建一个普遍化的艺术观念，并将此艺术理想投射到人的活动本身的组织上来——如苏 26
格拉底和柏拉图所构想的政治与道德的艺术。有关设计、计划、秩序、图式和目的的思想出现了，它们与使之得以实现的材料相关并相区别。那种将人看成是使用艺术的存在物的观念，既是构成人类与人类之外自然之区别，也是构成人类与自然联结之纽带的基

础。一旦艺术作为人的独特特征的观念被确认，那么，只要人类没有完全堕落到野蛮状态，不仅继续使用旧艺术，而且发明新艺术的可能性就会成为人类的指导性理想。尽管由于在艺术的力量被充分认识之前所建立的传统阻止人们对这一事实的认识，科学本身却是一个产生和使用其他艺术的核心艺术。[①]

在美的艺术与实用或技术的艺术之间，在习惯上，或从某种观点看必须作出区分。但是，这种必须作出区分的观点是外在于作品本身的。习惯上的区分是简单地依照对某种现存社会状况的接受而作出的。我认为黑人雕塑家所作的偶像对他们的部落群体来说具有最高的实用价值，甚至比他们的长矛和衣服更加有用。但是，它们现在是美的艺术，在20世纪起着对已经变得陈腐的艺术进行革新的作用。它们是美的艺术的原因，正是在于这些匿名的艺术家们在生产过程中完美的生活与体验。一个钓鱼者可以吃掉他的捕获物，却并不因此失去他在抛杆取乐时的审美满足。正是这种在制作或感知时所体验到的生活的完美程度，形成了是否是美的艺术的区分。是否此制品，如碗、地毯、长袍和武器等，被付诸实用，从**内在的角度**说，是没有什么关系的。遗憾的是，许多，也许
27 绝大多数现在生产出来的实用物品和器皿恰好并非是真正审美的。但是，这一事实并非由于“美的”与“有用的”之间的关系本身。只要在生产行动不能成为使整个生命体具有活力，不能使他在其

① 我在《经验与自然》一书的第九章“论经验、自然与艺术”中展开了这一思想。就这里的讨论而言，结论包含在下面的一段陈述中：“艺术作为充满着可能欣赏性拥有的意义的活动方式，是自然的最高实现，科学严格说来是将自然的事件引向这一愉快结局的侍女。”（见该书第358页）

中通过欣赏而拥有他的生活，该产品就缺少某种使它具有审美性的东西。不管它对于特殊的、有限的目的来说如何有用，它在最高的层次——直接而自由地对扩展与丰富生活作出贡献——上没有什么用处。将有用的与优美的隔断并最终形成尖锐对立的历史，也正是通过它许多生产成为延宕生命的形式，许多消费成为对别人的劳动的成果依附性欣赏的工业发展的历史。

通常存在着一种对艺术观念的敌意的反应，这种观念将此反应与一个活的生物在其环境中的活动联系了起来。对将美的艺术与正常的生活过程联系起来的敌意性，是一种感伤的，甚至是悲剧性的，对日常方式的生活的评论。只是在生活常常发展受阻、受挫，变得呆滞与沉重之时，正常生活过程与创造和欣赏审美的艺术作品之间内在对立的思想才会受到欢迎。毕竟，甚至在“精神”与“材料”相互分离并被置于相互对立的地位时，也必然存在着理想可以藉以体现与实现的条件——从根本上说，这是“物质”所表示的一切。因此，这种对立得到流行本身，就证明了一种广为传播的，也许是从处理自由思想的手段转化为压迫性负担，以及使理想在一种不确定而无根据的气氛中变成泛泛的欲求之力量的运作。

不仅艺术本身是物质与理想间实现了并因而可以实现结合之存在的最好证明，而且，我们手头就有着一些普遍性的理由支持这一观点。只要连续性是可能的，证明的负担就落在了那些赞同对
立和二元论的人身上。自然是人类的母亲，是人类的居住地，尽管 28
有时它是继母，是一个并不善待自己的家。文明延续和文化持续——并且有时向前发展——的事实，证明人类的希望和目的在

自然中找到了基础和支持。正如个体从胚胎到成熟的生长与发展是机体与环境相互作用的结果一样，文化并不是人们在虚空中，或仅仅是依靠人们自身作出努力的产物，而是长期地，累积性地与环境相互作用的产物。由艺术作品所激起的反应的深度，显示出它们与这种持续的经验作用之间的连续性。作品与它们所激起的反应，是与导向意外幸福结局的生活过程本身联系在一起的。

关于将审美因素吸收进自然，我引用一个在某种程度上是出现在成千上万人的身上，但由于是一位第一流的艺术家表述出来，因而更引人注目的例子，这位艺术家就是 W. H. 赫德森*。"当我看不见生机勃勃地生长着的草，听不见鸟鸣和各种乡间的声音时，我就感到活得不舒服。"他接着说，"……当我听人们说，他们没有发现世界和生活有趣，使人感到愉快，值得人们去爱，他们对于世界和生活的终结无动于衷，我就会想他们从未很好地活过，从未清楚地看看他想象成卑劣的世界，或者其中的任何东西——甚至连一片草叶也没有看到。"强烈的审美沉湎的神秘，非常类似于狂热的宗教信徒所说的与神交流的经验，激活了赫德森关于童年时代的生活的记忆。他谈到看到金合欢树的感觉。"月夜下松软的簇叶显出灰白色，比起别的树来，这一棵有着更强烈的生机，更意识到我和我的在场。……与一个人在一个超自然的存在物拜访之时所具有的感觉相似，他完全相信，这个存在物在他的面前，不说话也看不见，却密切地注视着他，预测他心灵中的每一个想法。"爱

* 赫德森(William Henry Hudson，1841—1922)，作家，生于阿根廷，1869 年迁居英国。曾写过一些描写自然和异国情调的传奇，在 20 世纪 20—30 年代的"回归自然"运动中具有很大的影响。主要代表作是《绿色公寓》。——译者

默生*常被人们看成是一个严谨的思想家。但正是成年的爱默生
说出了与上面所引的赫德森言论在精神上非常相似的话：“穿过一
片光秃的公共土地，浑身上下裹着雪和泥浆，在黄昏时分，浓云密
布的天空下，没有想到会出现特别的好运，我感到非常兴奋。我高 29
兴到快要害怕的程度。”

除了以生命体与其周围的环境的原始关系中所取得的，不能在独特的、理智的意识中恢复的素质在活动中的反应作为基础，我看不出有任何说明这种经验的多样性的方法（这种经验与每一个自发而非强制的审美反应具有同样的性质）。这种所提到的经验促使我们进一步考虑自然连续性的确证。对于直接感性经验中融入意义与价值的能力，并没有什么限制。从理论上讲，“理想”和“精神”会被认定为存在于这些意义与价值之中，或与这些意义与价值有关。赫德森童年回忆中所体现出的泛灵论线索的宗教经验，是一个层次上的经验的例证。并且，不管是以何种媒介出现的诗意的艺术，都与泛灵论有着紧密的关系。如果我们注意到建筑这一在许多方面都属于另一极的艺术的话，我们就会知道，这一也许最初是由像数学那样一些高度技术性的思考所构成的思想，是如何可以直接融合进感性的形式的。事物的可感觉到的表面，绝不仅仅是一个表面。人们可以仅仅根据表面就将岩石与薄薄的餐

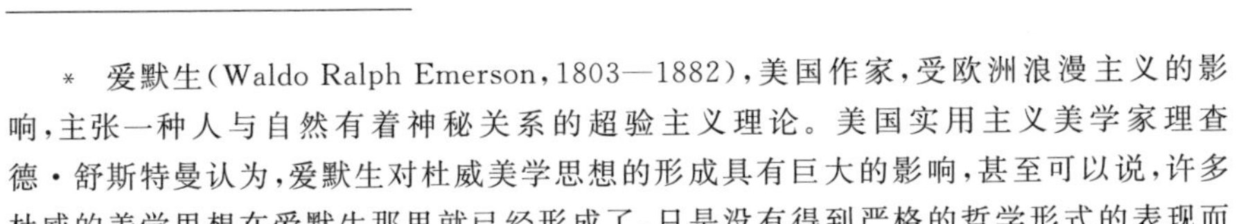

* 爱默生（Waldo Ralph Emerson，1803—1882），美国作家，受欧洲浪漫主义的影响，主张一种人与自然有着神秘关系的超验主义理论。美国实用主义美学家理查德·舒斯特曼认为，爱默生对杜威美学思想的形成具有巨大的影响，甚至可以说，许多杜威的美学思想在爱默生那里就已经形成了，只是没有得到严格的哲学形式的表现而已。——译者

巾纸区分开来，完全不需要触觉，因为对这两个对象抗拒整个肌肉系统压力的强度的感觉早已体现在视觉之中了。这一过程并非只是到达可以给予表面以意义的深度的其他感觉的性质得到体现为止。没有什么人们的联翩浮想和深邃洞察天生就不可能成为感觉的核心。

“符号”(symbol)一词既可用于指抽象思想，如数学符号，也指旗帜、十字架这样一些体现深刻的社会价值与历史信仰及神学教义的意义的符号。香火、彩色玻璃、看不见的钟发出的钟声、刺绣的长袍，伴随着人进入到一个神圣的境界。许多艺术的起源与原始仪式的联系随着人类学家对过去的探索而变得更为明显。只
30 有那些远离早期经验，以至于失去感觉的人，才会得出结论说，礼仪与仪式仅仅是为了得到雨、得子、求得好收成和打胜仗的技术性手段。当然，他们具有这种魔法式的意图，但是，尽管在实际上屡屡失败，他们还是会持续不断地去做，因为这些礼仪和仪式直接增强了生活经验。神话并非仅仅是原始人对科学的唯智主义的尝试。面对不熟悉的事实时的不安的心理，无疑对神话的形成有贡献。但是，故事、一个好的传奇线索的生长和演绎使人产生的兴奋，在当时起着重要的作用，正如这种兴奋在今天的民间神话学中起作用一样。不仅直接的感觉成分——情感也是一种感觉方式——倾向于吸收所有观念性质料，而且，除了身体机制所强制的特殊训练之外，它压制并消解了所有仅仅是唯智的东西。

将超自然性引入到信仰之中，以及太具有人性而易于转向超自然，就更像是关于艺术品产生的心理学，而不是进行科学与哲学解释的努力。它使情感变得强烈，强调打破常规的兴趣。如果超

自然只是，或主要是，在理性层次上控制人的思想，那么，相比之下，它就不那么重要了。神学与宇宙论抓住人的想象力，是因为它们伴随着庄严的行列、香火、刺绣的长袍、音乐、耀眼的彩色灯光，再加上令人惊叹并引起催眠式赞赏的故事。也就是说，它们必须通过直接诉诸感觉和感性的想象的方式接近人。绝大部分宗教都将它们的圣礼看成是艺术的最高境界，而最权威的信仰被披上最华丽、最壮观的外衣，给予眼睛与耳朵以直接的快感，从而激起大量悬虑、惊叹、敬畏的情感。今天，物理学家与天文学家的思想翱翔回应了对想象力满足的审美需要，而不是任何对理性阐释非情感的严格要求。

亨利·亚当斯*指出，中世纪神学是这样的一种构造，它与大教堂在建筑意图上是一致的构意图。一般说来，被普遍认为表现
了西方世界的基督信仰顶点的中世纪，是吸收了最高度精神化观 31
念的感性力量的显现。音乐、绘画、雕塑、建筑、戏剧和传奇小说是宗教的婢女，科学与学术也是如此。在教堂之外，艺术几乎不存在，而在教堂的仪式庆典中，艺术起作用的条件是提供最大限度可能的情感与想象的感召力。我不知道有什么能比向观众和听众宣布达到永恒的极乐与幸福的必要途径更能使他们沉醉于艺术的展现了。

下面一段佩特的话，值得在此引用。“中世纪的基督教部分是以感性的美为其开辟道路的，这一点为拉丁语的赞美诗作家深刻

---

* 亨利·亚当斯(Henry Adams，1838—1918)，美国著名历史学家，美国第二任总统约翰·亚当斯的曾孙，第六任总统 J. Q. 亚当斯的孙子。曾著有著名的自传《亨利·亚当斯的教育》一书。——译者

地感受到。**这些作家为表现一种道德或精神的情操而使用一百种感性的意象**。一种其发泄途径被封闭了的激情，会带来一种神经的紧张，在其中，可感的世界与一种辉煌和纾解结合成一体——所有红色都变成了血，所有水都变成了眼泪。因此，在所有中世纪的诗歌中，都有着一种癫狂的感官性，自然之物在其中起着一种奇特的妄诞作用。对于自然之物，中世纪的心灵有着一种深刻的感觉；但是，这种感觉并非客观的，并非真正逃脱到没有我们存在的世界之中。”

在自传体散文《屋里的孩子》之中，他将这一段所暗含的意义加以普遍化。他说：“在晚年，他接触到一些对人的知识中感性与观念成分比例，以及这些成分在知识中所占的部分作评估的哲学；并且，他的理智模式很少归结为抽象的思想，却更多地归结为感性的媒介或场合。”后者“在他的思想之屋中，成为任何对事物知觉的必要伴随物，足够真实以具有任何分量与估价……他变得越来越不能关心或思考灵魂问题，除非将灵魂看成处于实际身体之中；不能关心或思考任何世界，除非其中有水有树，有男人和女人看着，如此等等，并伸出真实的手”。将理想提升到直接感觉之上和之外，并非仅仅会使这种感觉变得苍白无力，而是与满怀色欲之心的阴谋家一样，起着使所有直接经验的事物变得贫乏和退化的作用。

32 在这一章的题目中，我冒昧地借用济慈的用语“以太物”，来表示许多哲学家和一些批评家认为由于其精神的、永恒的与普遍的性质而不能被感官所接受的意义与价值——因此而表示普遍的自然与精神的二元论。让我们再次引用他的话。艺术家也许看待“太阳、月亮、大地与大地上的一切，是构成更伟大事物的材料，这

个更伟大的事物就是以太物，它们比造物主本身更伟大”。在这里引用济慈时，我也考虑了他将艺术的态度与活的生物的态度等同这一事实；并且，他并非仅仅是在诗中含蓄地，而是在明确用语词所表现的思想中反映出这种观点。正如他在一封给他弟弟的信中所说：“人在绝大部分情况下，都是在同样的本能驱使之下，像鹰一样眼睛直盯着自己的目标。鹰需要配偶，人也是——看看鹰与人，他们从开始行动到有所获取，都用同一种方式。他们都要有一个窝巢，也都以同样的方式来建造它——他们以同样的方式取得食物。人这种高贵的动物为取乐而吸烟斗，而鹰则在云层中盘旋——这是他们在休闲时唯一的区别。这正是使得生活的娱乐适应于思辨的心灵的原因。我到田野里，看到鼬獾和田鼠在奔跑，它们去干什么？这些动物有自己的目的，它们的眼睛为这个目的而发亮。我在城里的建筑群中走，看到人们来去匆匆，他们要干什么？这种生物也有自己的目的，他们的眼睛也为此而发亮。……

“甚至在这里，尽管我在探究与我所能想象的十足的人科动物所共同具有的本能行为，无论怎么年轻，我却是在巨大的黑暗中央努力借着幽暗的微光漫无目的地写着，不感觉到任何论断、任何意见的影响。然而，我难道不可以因此而免除原罪吗？难道不可以有一种超等的存在物，对我欣赏鼬獾的警觉和鹿的焦虑时所具有的，尽管本能却很优美的态度感到愉悦吗？尽管一场街头的争吵令人讨厌，但其中展示出的能量却是好的；最普通的人在争吵时，都能表现出一种魅力。从一个超自然的存在物的角度看，我们的推理也许会取同样的调子——尽管会是错误的，但却是优美的。 33
诗正是由此组成的。也许会有推理，但当它们取本能的形式，如同

动物的形式与运动时，它们就是诗，它们就美好；它们就有优美。”

在另一封信中，他谈到莎士比亚是一个具有巨大的“否定性能力”的人；是一个“能够处于不确定、神秘、疑问的状态，没有急于追逐事实与理性”的人。他将莎士比亚的这方面特点与他自己的同时代人柯尔律治作了对比，后者在诗意的洞察被包围于朦胧之中时，会由于自己不能在理性上论证它而将它放弃；用济慈的话说，不满足于“半知识”。我想，同样的思想也包含在一段他写给贝利(Bailey)的信中。他写道，他“还从来没能看到某物怎样可以通过连续推理而获得确实的知识。……难道甚至连最伟大的哲学家不也是在排除众多障碍后才能达到他的目标吗”：这里所问的实际上不是推理者也必须信赖他的“直觉”，而是在他的直接感性与情感经验中，甚至在不顾冷静思考的反对的情况下，所想到的东西。他继续写道：“简单的想象的心灵也许会在持续地以这种突然性对于精神以出人意料的方式重复自身的沉默的工作中得到报答”——这句话包含着比许多论文更多的关于创造性思维的心理学。

尽管济慈的叙述具有高度的跳跃性，我们还是能从中看出两点意思。一是他相信，“推理”的起源类似于一个野生动物朝向自己目标的运动，可以成为自发的，“本能的”，并且，当这些运动成为本能之时，它们就是感性的、直接的，因而是诗的。另一点是，他相信，没有一种作为推理的“推理”，即排除了想象与感觉的推理，能够到达真理。甚至“最伟大的哲学家”在将自己的思想引导向结论时，也具有一种动物式的倾向性。他在想象的情感活动时进行选择与放弃。“理性”的极致不能获得完全的把握和一种自足的保证。它必定会落回到想象——落回到思想在充满情感的感觉中的

体现之上。

对于济慈在下面的诗句中所表述的意思，存在着许多争论：

> 美即真，真即美——那毕竟是所有
> 你知道的，也是所有你需要知道的， 34

争论还涉及他用散文体所作的同类陈述中所包含的意思——"想象所捕捉到的作为美的东西必定真"。人们在争论中往往忽视了济慈在其中写作，并赋予"真"这个术语意义的独特的传统。在这个传统中，"真"从来不表示关于事物的知性陈述的正确性，或者现在由于科学而流行起来的意义。它指的是人生活的智慧，尤其是"善与恶的学问"。并且，在济慈的心目中，与它具有特别关联的问题是，为善辩护，并依赖它，而不管其中充满着恶和毁灭。"哲学"是理性地回答这个问题的尝试。济慈相信，甚至哲学家也不能在不依赖想象的直觉的情况下处理这个问题。这种信念在他将"美"等同于"真"时得到了一种独立而肯定的陈述——一种正是在生命努力肯定其优越性的领域本身解决使人困惑的毁灭和死亡的问题的独特的真，这种真常常压在济慈的心头。人生活在一个猜想的、神秘的、不确定的世界中。"推理"必定无助于人——这当然是持神示必要性观点的人长期以来所教导的观点。济慈没有接受这一对理性的补充和替代。想象的洞察力就够了。"那毕竟是所有你知道的，也是所有你需要知道的。"关键的词是"毕竟"——那处于一个场景之中，在其中"急于追逐事实与理性"混淆和扭曲，而不是使我们清楚。正是在最强烈的审美知觉的时刻，济慈找到了他最

大的慰藉和最深刻的信念。这是在他的诗的最后所记载的事实。归根结底，存在着两种哲学。其中的一种接受生活与经验的全部不确定、神秘、疑问，以及半知识，并转而将这种经验运用于自身，以深化和强化其自身的性质——转向想象和艺术。这就是莎士比亚和济慈的哲学。

第三章　拥有一个经验 35

由于活的生物与环境条件的相互作用与生命过程本身息息相关，经验就不停息地出现着。在抵抗与冲突的条件下，这种相互作用所包含的自我与世界的方面和成分将经验规定为情感和思想，从而产生出有意识的意图。但是，所获得的经验常常是初步的。事物被经验到，但却没有构成**一个**经验。存在着心神不定的状态；我们所观察、所思考、所欲求、所得到的东西之间相互矛盾。我们的手扶上了犁，又缩了回来；我们开始，又停止，并不由于经验达到了它最初的目的，而是由于外在的干扰或内在的惰性。

与这些经验不同，我们在所经验到的物质走完其历程而达到完满时，就拥有了**一个**经验。只是在后来的后来，它才在经验的一般之流中实现内部整合，并与其他的经验区分开。一件作品以一种令人满意的方式完成；一个问题得到了解决；一个游戏玩结束了；一个情况，不管是吃一餐饭、玩一盘棋、进行一番谈话、写一本书，或者参加一场选战，都会是圆满发展，其结果是一个高潮，而不是一个中断。这一个经验是一个整体，其中带着它自身的个性化的性质以及自我满足。这是**一个**经验。

哲学家们，甚至经验哲学家们，在提到经验时，一般情况下都只泛泛而谈。然而，符合语言习惯的谈话都表示着这样一些经验，它们各自具有独特的特征，有其开头和结尾。这是由于生活也不是统一的，不间断地行进和流动。这就是历史，其中每一个都有着自己的情节，它自身的开端和向着终点运动，其中每一个都有着自
36 身独特的韵律性运动；每一个都有着自身不间断弥漫其中不可重复的性质。一段楼梯，尽管它是机械的，却是由个性化的阶梯构成的，而不是连续的上升，而一个斜面至少通过突然的中断而与其他物分离开来。

在此关键的意义上，经验是由一些我们情不自禁地称之为“真经验”的情景和事件决定的；在回忆这些情形时，我们说，“那是一个经验。”它也许非常重要——与一个曾非常亲密的人吵架，千钧一发之际逃脱一场大灾难。或者，可能是某种相比之下微小的事件——也许正是由于它微小，因而更说明它是一个经验。有人将在一家巴黎餐馆的一餐饭说成是“那是一个经验”。它可以是由于对食品所能达到的水平的长久记忆而显得突出。那么，一个人在横渡大西洋时经历到的暴风雨——体验到暴风雨似乎在发怒，在它本身中由于集中了暴风雨所可能有的样子而完成了它自身，并以它与此前和此后的暴风雨不同而突出地显示出来。

在这样的经验中，每个相继的部分都自由地流动到后续的部分，其间没有缝隙，没有未填的空白。与此同时，又不以牺牲各部分的自我确证为代价。与池塘不同，河在流动。但是，它的流动赋予其相持续部分的明确性和趣味要大于存在于池塘中同质的部分。在一个经验中，流动是从某物到某物。由于一部分导致另一部分，也由于这一部分是跟在此前的一部分之后，每一部分都自身获得一种独特性。持续的整体由于其相连的、强调其多种色彩的

阶段而被多样化。

由于不断的融合，当我们拥有**一个**经验之时，中间没有空洞，没有机械的结合，没有死点*。存在着休止，存在着静止之处，但这只是在强调和限定运动的性质。它们总结已进行的，防止其消散和无谓地失去。不断地加速会使人透不过气来，使其中的部分不能获得独特性。在一件艺术品中，不同的场和节出现融合，成为一个整体，但是，在这个过程中，各场和各节自身的特性却没有消除或失去——正如在一次亲切的谈话中，存在着意见的不断交换和混合，但是，每一个谈话者都不仅保持了他自身的特性，而且使 37
这种特性获得了比通常情况下更为清晰的显现。

一个经验具有一个整体，这个整体使它具有一个名称，**那**餐饭、那场暴风雨、那次友谊的破裂。这一整体的存在是由一个单一的、遍及整个经验的**性质**构成的，尽管其各组成部分千变万化。这一整体既不是情感的或实践的，也不是理智的，因为这些术语只是说出了一些可以在其内部思考的特征。在**关于**一个经验的论述中，我们必须利用这些阐释性的形容词。在一个经验发生**以后**在头脑中温习它之时，我们也许会发现一种，而不是另一种特性充分占据着统治地位，因而可以用它来表示作为一个整体的该经验。存在着一些吸引人的研究与思考，科学家和哲学家强调这些是“经验”。从最终的意义上讲，它们是理智的。但是，在实际发生时，它们也是情感的；有意志和目的存乎其间。然而，此经验并非这些不

* 死点（dead center），原指蒸汽机的连接杆与曲轴成一直线，从而无法加力的位置，这里指连续经验之中的中断点。——译者

同特征的总和；在经验中，这些特征失去了其独特性。没有思想家会勤勉地从事自己的工作，除非他被吸引，并从具有内在价值的总体经验得到回报。没有这些，他不会知道真正去思想什么，并会在对真正的思想与虚假的东西进行区分时完全不知所措。思维是以意之链持续的，但意形成链是因为它们远不只是分析心理学所说的意。它们是在情感上和实践上所区分的一种发展中的潜在性质的阶段；它们是其运动中的变异，不是像洛克和休谟所说的分离而独立的观念和印象，而是一种渗透和发展着的色调的微妙差异。

我们谈到得出或作出结论的一个思维的经验。该过程的理论表述常常运用这样的术语，以至于“结论”与每一个发展着的完整经验的完善阶段之间的相似性被有效地隐藏起来。这些表述显然以作为前提的命题与作为被印成文字的结论的命题之间的分离为
38 线索。这一印象来自于首先存在着两种独立而现成的实体，然后，它们被控制以产生第三种实体。实际上，在一个思维的经验中，只有在结论显示出来时，前提才出现。像观察一场暴风雨达到高潮，然后慢慢地消退那样的经验，是一个题材的持续运动。像暴风雨中的海洋一样，存在着一系列的风波；动议提出，在冲突中破产，或者被一种合力继续向前推。如果得到了一个结论，它也仅是一种预期和积累的运动，一个最终达到完成的运动。一个“结论”不是分离和独立的事物；它是一个运动的终点。

因此，**一个**思维的经验具有它自身的审美性质。它与那些被公认为是审美的经验在材料上不同。美的艺术的材料是由性质所构成的；那些具有理智结论的经验的材料是一些记号和符号，它们

没有自身的内在性质，但却代表着那些可以在另一个经验中从性质上体验到的事物。这种差别是巨大的。这是为什么严格的理智的艺术将永远也不会像音乐一样流行的原因之一。然而，经验本身具有令人满意的情感性质，因为它拥有内在的、通过有规则和有组织的运动而实现的完整性和完满性。艺术的结构也许会被直接感受到。就此而言，它是审美的。更为重要的是，不仅这一性质是进行智性研究与保持正直的重要动力，而且，除非通过这种性质来加以完善，没有智性的活动会是一个完整的事件（是**一个**经验）。没有它，思维就没有结果。简言之，审美不能与智性经验截然分开，因为后者要得到自身完满，就必须打上审美的印记。

同样的意思也适用于主要是实践性的行动过程，即由明显的行动所组成。可能会有行动中的高效率，但却不存在有意识的经验的情况。活动过于自动化，以至于不允许一种对于它是什么与它向哪儿发展的感觉。它到达了一个终点，但却没有到达一个意识中的结束与高潮。障碍被精明的技巧所克服，但这却无助于发展经验。还存在着一些行动时动摇、易变、不确定的人，就像古典 39 文学中的幽灵一样。在无目的性与机械性的高效率这两极之间，存在着一些行动的路线，在其中，通过连续性的行为，进行着一种增长着的意义的保留和积累，其终结被感到是一个过程的完成。像恺撒与拿破仑那样变成政治家的成功的政客与将军，都有几分表演者的才能。这本身不是艺术，但是，我想，这表明兴趣并非完全由于，也许并不主要由于结果本身（像仅仅考虑效率时那样），结果是一个过程的结果。存在着完成一个经验的兴趣。某个经验可能会对世界有害，人们不愿看到它的完成。但是，它却具有审美的

性质。

希腊人将好的行为与均衡、优雅、和谐，与漂亮的阿迦同*等同起来，是一个更为明显的存在于道德行动中的独特审美特性的例证。被看作是道德性而流行的一个巨大的缺陷是它的麻痹性质。它不是表示一种全心全意的行动，而是以一种对于责任要求勉强的、零打碎敲的退让形式出现。但是，这些描述也许仅仅在模糊这一事实，即任何实际的活动，假如它们是完整的，并且是在自身冲动的驱动下得到实现的话，都将具有审美性质。

如果我们想象一块向山下滚动的石头拥有一个经验，我们也许会得到一个一般化的描述。这一活动肯定是充分"实际的"。石头从某处开始，只要条件允许，就会持续地向着一个地点，向着一个静止的状态运动——那是结束。在这种外在的事实之上，我们可以加上这样的想法，石头带着欲求盼望最终的结果；它对途中所遇到的事物，对推动和阻碍其运动，从而影响其结果的条件感兴趣；它按照自己归结于这些条件的阻滞和帮助的功能来行事和感受；以及最后的终止与所有在此之前作为一种连续的运动的积累联系在一起。这样，这块石头就将拥有一个经验，一个带有审美性质的经验。

如果我们从这一想象性的例证转回到我们自己的经验上来，

---

* 漂亮的阿迦同（*kalon-agathon*）一语源自柏拉图《会饮篇》。阿迦同是一个美少年，悲剧作家，柏拉图所记载的这次有苏格拉底参加的著名的会饮，是在阿迦同家里，在阿迦同的悲剧得奖后举行的。阿迦同（*agathon*）一词在希腊语中又有"好人"的意思，*kalon* 一词的意思在希腊语中接近于现在的"漂亮"，因此，*kalon-agathon* 一语双关，同时有"漂亮好人"的含义。——译者

我们就会发现，我们的经验比起其他来，更接近石头的情况，更符合想象所提供的条件。我们的经验在绝大部分情况下都不关注一 40
个事件的前因后果。不存在着对于控制可被组织进发展中经验的关注性拒斥和选择的兴趣。事情发生了，但它们既不是被明确地包括在内，也不是被明确地排斥在外；我们在随波逐流。我们屈服于外在压力，我们逃避、妥协。有开始，有停止，但没有真正的开端和终结。一物取代另一物，却没有吸收它，并将它继续下去。存在着经验，但却松弛散漫，因而不是*一个*经验。不用说，这样的经验是麻痹性的。

因此，非审美性存在于两种限制之中。其一极是松散的连续性，并不开始于某一特别的地点，也不结束于——从某种意义上讲是中止于——某一特别的地点。其另一极是抑制、收缩，在那些相互只有机械性联系的部分间活动。这两种经验存在着多种多样的情况，它们在无意识之中被当作所有经验的规范。那么，当审美出现之时，就与已有的关于经验的形象形成鲜明的反差，以致不能将其特殊的性质与此形象的特征结合起来，审美没有了它的位置。对于经验的、主要是理智的和实践的说明想要证实，在拥有一个经验时，不存在这样的反差；但实际上正好相反，经验如果不具有审美的性质，就不可能是任何意义上的整体。

审美的敌人既不是实践，也不是理智。它们是单调；目的不明而导致的懈怠；屈从于实践和理智行为中的惯例。一方面是严格的禁欲、强迫服从、严守纪律，另一方面是放荡、无条理、漫无目的地放纵自己，都是在方向上正好背离了一个经验的整体。也许，正是部分出于这些考虑，才促使亚里士多德求助于“比例中项”来对

道德与审美的独特特征作出恰当的说明。在形式上,他是正确的。然而,“中项”与“比例”都不是自明的,也不能在一种先验的数学意
41 义上来接受它们。它们的特性属于一种具有向着其自身的完满发展运动的一个经验。

由于经验只有在活跃于其中的能量起了合适的作用时才中止,我强调了每一个完整的经验都朝向一个完成和终结运动的事实。这一能量循环的封闭性是与静止和**滞积**正相对立的。成熟与定型构成两极对立。斗争与冲突是痛苦的,但是,当它们被体验为发展一个经验的中介之时,当它们成为经验向前发展的成分,而不仅仅作为事件存在之时,本身却可被欣赏。正像我们后面会看到的,在每一个经验中,都有着一个所经历的,从更大的意义上讲是所感到的痛苦的成分。否则的话,将不会包容以前的经验。在任何重要的经验中,“包容”都不仅仅是将某物放在对以前所知物的意识之上。它与重构也许是痛苦的东西有关。必要的经历阶段本身令人愉快还是痛苦,这是由具体的条件所决定的。它对总体的审美性质无动于衷,更不用说,很少有强烈的审美经验完全是愉快的。它们固然不应被描绘成是令人愉悦的,但它们在施加于我们身上之时,却确实部分地与对愉悦的完整的知觉相一致。

我曾谈到,使一个经验变得完满和整一的审美性质是情感性的。这个说明也许会带来问题。我们乐于将情感想象成像我们用来称呼它们的词那样是简单而紧凑的事物。欢乐、悲伤、希望、恐惧、愤怒、好奇被当作各自都是某种已经成形的实体出现在人们面前,当作某种也许会持续或长或短时间的实体,而这种持续或这种增长和遭遇与其本性无关。实际上,当情感重要时,它们是一个运

动和变化中的复杂经验的性质。我说当它们**重要**时，是因为否则的话，它们就仅仅是婴儿被打扰后的吵闹而已。所有的情感都像是一出戏的特性，随着戏的发展，这些情感也在改变。常常有人说一见钟情。但是，他们所钟情的，并非是存在于那瞬间的某物。如果被压缩在瞬间之中，其中没有渴望和牵挂的任何空间的话，那么爱又从何谈起呢？情感的内在性通过人看戏和读小说的经验而显 42
示出来。它参与了情节的发展；而情节需要舞台，需要在空间中发展，需要在时间中展开。经验是情感性的，但是，在经验之中，并不存在一个独立的，称之为情感的东西。

同样，情感依附于运动过程中的事件和物体。它们除了作为生理学的例证外，绝不是私人的。甚至一个“无对象”的情感也要求某种处于它自身之外，又供它所依附的东西，因此，它很快就会产生一种缺乏某种真实性的错觉。情感赋予自我一种肯定性。但是，它是在事件朝向一个所想要的，或不喜欢的问题的运动中赋予这个自我的。我们在受到惊吓时立刻跳起来，在感到羞愧时立刻脸红。但是，在这种情况下，害怕和羞怯并非是情感状态。它们本身只是自动的反应。要成为情感的，它们必须是一个范围广泛而又时间长久的，与对象及其问题有关的情境的一部分。当发现或想到存在着一个必须对付或逃离的威胁物之时，惊吓的一跳就成了情感上的恐惧。当一个人在思想上将他的一个举动与其他人对他的不赞同反应联系起来时，脸红就成了羞愧的情感。

来自地球上遥远地方的物质的东西被物质性地运输，物质性地引起相互间的作用与反作用，构成新的物体。精神的奇迹在于，类似的东西在经验中发生，却没有物质的运输和装配过程。情感

是运动和黏合的力量。它选择适合的东西，再将所选来的东西涂上自己的色彩，因而赋予外表上完全不同的材料一个质的统一。因此，它在一个经验的多种多样的部分之中，并通过这些部分，提供了统一。当统一像这样被描绘时，经验就具有了审美的特征，尽管它主要不是一种审美经验。

两个人会面；一个是职位申请人，而另一个手中握有处置此事的权力。面谈也许是机械的，由一套问题和例行公事式地对问题
43 的回答组成。这两人会面中不存在经验，通过接受和拒绝，重复着已多次做过的事。事情的处理仿佛就像会计在记账一样。但是，一种相互作用也许在发生，在其中，一个新的经验发展着。我们应在哪儿找到这样一个经验的说明？不是在分类账目中，也不是在关于经济学、社会学，或者人事心理学的论文中，而是在戏剧和小说中。它的性质与含义只是通过艺术才表现出来，这是因为存在着一种经验的统一，它只能表现为一个经验。该**经验**具有充满着未定因素的材料，并通过相互关联的一系列多种多样的事件向着自身的完善运动。在申请者一边，主要的情感也许是起初的希望或沮丧，以及结束时的兴奋或失望。这些情感使得经验能够成为一个统一体。但是，随着面谈的继续，次要的情感逐渐形成，成为主要而基本的情感的变异。甚至连每一个态度与手势，每一个句子，几乎是每一个词，都有可能产生不止一种基本情感强度上的波动，即产生性质的色彩和浓淡上的变化。雇主通过他自己的情感反应看到申请者的特征。他在想象中将申请者投射到要做的工作之中，并通过场面所组合的成分及其间的或是冲突，或是相互适应的关系，来评价他是否合适。申请者的表现与行为或者是与他自

己的态度及愿望和谐,或者与之相冲突及对立。像这样一些从性质上讲天生是审美的因素,是将面谈中的多种因素引向决定的力量。它们进入到了对每一个其中的存在着悬而未决情境的解决中去,而不管这种情境的主导特性是什么。

因此,不管各经验的对象在细节上是如何相互不同,各种各样的经验中存在着共同模式。存在着一些必须符合的条件,没有它们,一个经验就不能形成。这种共同模式的主要原则是由这样的一个事实所决定的,即每一个经验都是一个活的生物与他生活在其中的世界的某个方面的相互作用的结果。一个人做了某事;例 44
如,他举起了一块石头。其结果是,他经受和遭受了某种东西:重力、张力和他所举之物的表面组织。所感受到的特性决定了下一步的行动。石头太重或太锐利,或者不够结实;或者,所感受到的特性显示,它适合于用来达到想要达到的目的。这个过程在持续,直到自我与对象相互适应,而这一种特殊的经验结束。这个简单的例子所说明的道理与所有的经验形成的道理是一样的。行动着的生物可以是一个在从事研究的思想家,而与之相互作用的环境可以不是由一块石头,而是由一些想法组成的。但是,两者的相互作用构成所具有的总体经验,而使之完满的结局是一种感受到的和谐的建立。

一个经验具有模式和结构,这是因为它不仅仅是做与受的变换,而是将这种做与受组织成一种关系。将一个人的手放在火上烧掉,并不一定就得到一个经验。行动与其后果必须在知觉中结合起来。这种关系提供意义;而捕捉这种意义是所有智慧的目的。

这种关系的范围和内容衡量着一个经验的重要内容。一个孩子的经验可以是强烈的，但是，由于缺乏来自过去经验的背景，受与做的关系把握得比较少，因而这种经验在深度和广度方面不够。没有人成熟到看清所有相关的联系。曾经有人（欣顿先生）写了一篇名叫《无知无识者》的小说。这篇小说描绘了一个人在死后无穷无尽的生活延续中对发生在短暂的人世生活中事件的回顾，对与事件相关的关系的不断发现。

经验是受着所有干扰观察受与做之间关系的原因制约的。出现干扰的原因也许会是由于太多的做，或者太多的接受性，或受。任何一方的不对称，都会使知觉变得模糊，使经验变得片面和扭曲，使意义变得贫乏和虚假。做的热情，行的渴望，导致许多人几
45 乎令人难以置信地缺乏经验，流于表面，特别是在我们生活于其中的这个忙乱而缺乏耐心的人文环境中，就更是如此。没有一个经验能够有机会完成自身，因为其他的东西来得是如此迅速。被称之为经验的东西变得如此分散和混杂，以至于简直不配用这个名称。抵抗被当作是需要被摧毁的障碍，而不是对思考的启发。人们更多的是通过无意识而不是故意选择，逐渐找到能在最短时间里做最多的事的情境。

经验也会由于过多的接受性而造成揠苗助长。这时，人们就珍视这样那样的单纯经历，而不管有没有看到任何的意义。人们将尽可能多的印象聚集在一起，并将之设想为“生活”，但这些印象只不过是一些浮光掠影罢了。比起被欲望所激发而行动的人来说，感伤主义者与白日梦患者也许有着更多的幻想和印象在他们的意识中穿行。但是，这个行动者的经验同样也是扭

曲的，这是因为，当不存在做与受的平衡时，没有什么能在心灵中扎下根。为了与世界的现实建立接触，为了使印象可以这样与事实关联，从而使它们的价值得到检验和组织，某种决定性的行动是必要的。

由于对所做与所受之间关系的知觉构成了理智的工作，由于艺术家在他的工作过程中被他所把握的已做的与将做的之间的联系所控制，那种认为艺术家的思考不如科学研究者那样专心致志而敏锐透彻的想法是荒谬的。一位画家必须有意识地感受他画出的每一笔效果，否则的话，他就不会明白他在做什么，他的作品会向什么方向发展。此外，他必须联系到他所想要产生的总体来看做与受之间的每一个特殊的联系。要理解这样的关系就要去思考，而且是最严格的方式的思考。同样，不同画家所作的画之间的区别，不仅是由于对色彩本身的敏感性以及处理技巧的不同，而且是由于进行这种思考的能力的不同。至于绘画的基本性质，区别确实是比起其他来更依赖于用于影响知觉的理智的性质——当然，理智与直接的敏感性密不可分，同时，尽管以一种更为外在的方式，与技巧联系在一起。 46

任何在艺术作品的生产中忽视理智的不可或缺作用的想法，都是以将思维与使用某种特殊材料，如语言符号和词语等同为基础的。根据性质的关系进行有效的思考，与根据语词的或数学的符号进行思考具有同样严格的对于思想的要求。实际上，由于语词更易于以机械的方式进行处理，一件真正艺术作品的生产可能会比绝大多数傲慢地自称为“知识分子”的人进行的所谓的思考要求更多的智力。

在前面几章中,我们努力说明,审美既非通过无益的奢华,也非通过超验的想象而从外部侵入到经验之中,而是属于每一个正常的完整经验特征的清晰而强烈的发展。我将此事实当作审美理论可以建筑于其上的唯一可靠的基础。这一基本事实的一些含义还有待于说明。

我们在英语中没有一个词明确地包含“艺术的”与“审美的”这两个词所表示的意思。既然“艺术的”主要指生产的行为,而“审美的”指知觉和欣赏行为,缺乏一个术语来表示这被放到一起的两个过程,这是不幸的。它的结果有时就是将这两者区分开来,将艺术看成是附加在审美材料之上,或者认定,既然艺术是一个创造过程,对它的知觉和欣赏与创造行动就没有任何共同之处。不管怎样,存在着某种语词上的笨拙性,我们有时被迫使用“审美的”这个术语来覆盖全部领域,有时被迫将它限制在指活动整体的接受知觉方面。我从这一明显的事实开始,是为了显示,有

47 意识的经验的观念是怎样作为做与受的知觉到的关系,使我们理解这样的联系,即艺术作为生产,知觉与欣赏作为享受,是相互支持的。

艺术表示一个做或造的过程。对于美的艺术和对于技术的艺术,都是如此。艺术包括制陶、凿大理石、浇铸青铜器、刷颜色、建房子、唱歌、奏乐器、在台上演一个角色、合着节拍跳舞。每一种艺术都以某种物质材料,以身体或身体外的某物,使用或不使用工具,来做某事,从而制作出某件可见、可听或可触摸的东西。《牛津词典》引了一句约翰·斯图尔特·穆勒的话加以说明:“艺术是一

种在实施中对完善的追求”，而马修·阿诺德[*]称之为“纯粹而无缺陷的手艺”。

“审美”一词，正如我们已经指出的，指一种鉴别、知觉、欣赏的经验。它代表一种消费者而不是生产者的立场。它是嗜好、趣味；并且，正如烹调，准备食品的厨师明显需要有技艺的活动，而消费者需要趣味；在园艺中，种植与耕作的园丁与欣赏完成了的产品的住户之间也有类似的差别。

然而，正是这些例子，以及拥有存在于做与受之间的一个经验的关系，表明我们不能走得太远，以至于将审美与艺术之间的区别扩展到将它们分开。实施中的完善不能根据实施来衡量和定义；它包含了对所实施的产物的知觉与欣赏。厨师为消费者准备食物，衡量所准备的东西的价值尺度是在消费中找到的。孤立地根据其自身来判断的仅仅是实施中的完善，也许只有由机器而不是人的艺术才能做到。就其本身而言，它至多是技术性的。一些大艺术家在技术上并非是第一流的（塞尚就是一例），正像一些大钢琴演奏家并非在审美意义上伟大，正像萨金特[**]并不是一位大画家一样。

归根结底，技巧要具有艺术性就必须有“爱”；必须深深地喜爱技能所运用于其上的题材。一位雕塑家会留心使所塑的胸像奇迹 48
般地精确。区分胸像的照片和胸像所再现的人的照片也许会很

[*] 马修·阿诺德（Matthew Arnold，1822—1888），英国维多利亚时代诗人，著有一些诗集和诗歌研究著作。他的《文化与无政府状态》一书由于它对“文化”的理解和倡导而产生巨大的影响。——译者

[**] 萨金特（John Singer Sargent，1856—1925），一般被认为是美国画家，生于意大利，1876年取得美国国籍，后赴欧洲学画，长期居住在伦敦。作者这里的意思是说，萨金特在肖像画技术上非常出色，但却不是最伟大的画家。——译者

难。从技巧上讲，这些胸像是令人惊叹的。但是，人们会问，是否胸像的制作者自己也具有那些观看他的作品的人同样的经验。要想成为真正艺术的，一部作品必须同时也是审美的——也就是说，适合于欣赏性的接受知觉。经常的观察对于从事生产的制作者来说，是必要的。但是，如果他的知觉不同时在性质上是审美的，那么它就是苍白地、冷漠地对所做的事的认知，仅成为一个本质上是机械的过程的下一步的刺激物。

总之，艺术以其形式所结合的正是做与受，即能量的出与进的关系，这使得一个经验成为一个经验。由于去除了所有对行动与接受的因素间相互组织不起作用的一切，也由于仅仅选择了对它们间相互渗透起作用的方面和特征，其产品才成为审美的艺术作品。人们削、割、唱、跳、做手势、铸造、画素描、涂颜色。只有在所见到结果具有**其所见之**性质控制了生产问题的本性之时，做与造才是艺术的。以生产某种在直接感知经验中被欣赏的物品为意图的生产行动具有一种自发或不受控制的活动所不具有的性质。艺术家在工作时将接受者的态度体现在自身之中。

举例说，假定一个精工细作的物品，其组织和比例看上去很令人愉悦，曾被人相信是某原始民族的作品。后来所发现的证据却证明，它是一个偶然的自然产物。作为一个外在的事物，它现在与以前完全一样。然而，它却立刻不再是一件艺术品，而成为一件自然“奇观”。它现在属于一家自然史博物馆，而不再属于艺术博物馆。并且，异乎寻常的是，由此而造成的区别并非仅仅是一种理智上的分类。在鉴赏性知觉中，以一种直接的方式，形成了一种区
49 别。审美经验——在其有限的意义上——因此是天生与制作的经

验联系在一起的。

眼与耳的感性满足，当成为审美时，就是如此，因为它并非自身独立，而是与它自身是其结果的活动联系在一起。甚至味觉的愉悦对于一位美食家来说，也与对于那些仅仅在吃时对于食物“喜欢”的人在性质上不同。美食家意识到比食品的滋味要多得多的东西。作为直接的经验而进入到味觉之中的，有着依赖于参照其起源以及与鉴别其是否优秀的标准相联系的生产方式的性质。由于生产必须将产品所领悟到的性质吸收到自身之中，并受其支配，因此，从另一方面说，看、听、尝与一种独特的活动方式的关系与知觉适应时，它们就成为审美的。

在所有审美知觉中，都具有一种激情的因素。然而，当我们被激情所压倒，如在极端的愤怒、恐惧、嫉妒之中时，经验就肯定是非审美性的。在产生激情的活动的性质中，没有感受到关系。这种经验的材料因此而缺乏平衡和合比例的成分。这是因为，正如在优雅与高贵的行动中一样，只有在动作被一种它所支撑的对关系敏锐的感觉所控制——它对场合和情景适应时，这些成分才能呈现。

艺术的生产过程与接受中的审美是有机地联系在一起的——正像上帝在创世时察看他的作品，并发现它是好的一样。* 艺术

* 这里化用了《圣经·旧约·创世记》中的话。上帝在创造世界的几天里，几次评价自己的作品是好的。在此书的早期希腊文译本中，这里的“好的”被译为“美好的”(*kalon*)。在英文中，它们分别为 good 和 fine。不管是“好的”，还是“美好的”，在《创世记》都是上帝“看”到所创造之物后的评价，因此，它表示的是知觉上的“好”或“美好”。这曾经是中世纪美学家们在神学氛围中肯定“世界是美的”，从而肯定美的此岸性的一条重要证据。作者这里用这个例子来说明艺术家在创作过程中活动与知觉的相互作用关系。——译者

家会不断地制作再制作，直到他在知觉中对他所做的感到满意为止。当结果被经验为好的时，制造就结束了——并且这种经验不是来自仅仅是理智的和外在的判断，而是存在于直接的知觉之中。与同时代人相比，一位艺术家不仅特别具有实施力的禀赋，而且具有对事物性质的异常敏感。这种敏感也指导着他去做和去制造。

我们在操作时去触去摸，正像我们在看时看到、在听时听到一样。手持着蚀刻针或画笔移动，眼睛注视并报告所做的结果。由于这一紧密的联系，做具有一种累积性，它既不是一种任性所为，
50 也不是例行公事。在一种特殊的艺术-审美经验中，这种关系极其密切，从而同时控制了制作与知觉。如果仅仅是手与眼的参与，那么这种重要的亲密关系也不可能形成。当它们两者不都是作为整体的人的器官来行动时，存在着的只能是一种感觉与行动的如同在自动行走时一样的机械顺序。当经验是审美的时候，手与眼仅仅是工具，通过它整个活的生物自始至终主动而积极地活动。因此，表现是情感性的，在目的的引导之下。

由于所做的与所受的之间的关系，对所知觉的事物以共存或冲突的形式，以加强或干涉的形式存在一种直接的感觉。制造动作的结果在感觉中的反映，显示所做的是将所实施的想法推向前进，或者是对它的偏差与背离。就对一个经验的发展是通过参照这种直接感受到的秩序与完成的关系来**控制**而言，经验在本性上主要是审美的。对于行动的冲动成了这样一种行动的冲动，它将导致一个满足直接知觉的对象。陶工用黏土塑成一个可盛谷物的碗；但他的制作是受概括了一系列制作动作的知觉控制的，从而使碗具有长久的韵味和魅力。画一幅画，或者塑一个像，情况也大致

如此。此外，在每一步，都有对于将要成为某物的预期。这种预期是在下一步要做的与它将提供给感觉的之间的联系环节。因此，所做的与所受的相互作用，逐渐累积，互为手段，循环不已。

人们也许会做得精力充沛，受得深刻而强烈。但是，除非它们相互联系并在知觉中成为一个整体，所做的东西就不是审美的。例如，制作可以是技术性的艺术技巧显示，而感受可以是一股情感迸发，或者是一阵联翩浮想。如果艺术家在工作过程中不是完善一种新的视像的话，那么，他就是机械地行动，重复某种像印在他的脑海中的蓝图一样的旧模式。大量的观察以及在对质的关系的 51
知觉中所使用的那种智力，成为创造性艺术作品的特征。这种关系不仅应看成是一对一的、成对的，而且与正在建构的整体具有联系；它们不仅在观察中，而且在想象中起作用。诱惑太多就神不守舍；求得丰富，却偏离了主题。有时，当对主导思想把握变得软弱无力，艺术家就无意识地做出动作，直到他的思想重新变得强大为止。一位艺术家的真正的工作是要建立在知觉中具有连续性，而又在其发展中不断变化的一个经验。

当一位作者在纸上写下他已经清楚地想好，次序连贯的想法时，真正的作品则是在写之前就已经完成了。或者，他也许依赖由此活动所产生的更大感受能力，以及它的感性反馈来指示他完成这部作品。复制行动本身在审美上是无关紧要的，除非这个行动在整体上进入了通向完成的一个经验的构造之中。甚至在头脑中构想的，从而在物质上是私人的结构，就其实质内容上讲也是公众的，这是因为它是在参照了对可见的，从而从属于公众的世界的产品的处理来构想的。否则的话，它就将是心理错乱或过眼云烟。

通过绘画将所见的一幅风景的性质表现出来的冲动，通过对铅笔与画笔的要求来持续。没有外在的体现，一个经验就会是不完整的；从生理与功能上讲，感觉器官是运动器官，并且是通过人的身体中的能量配置，而不仅仅从解剖上，与其他的运动器官联系在一起。“建筑”、“构造”、“工作”[*]既指一个过程，也指其最后的产物，这不是一种语言的巧合。没有作为这些词的动词意义，就没有这些词的名词意义。

作家、作曲家、雕塑家或者画家在创作过程中，可以回顾他们前面已经做的。当他们在经验的感受或知觉阶段感到不满意时，他们可以在某种程度上重新开始。这种回顾在建筑中不容易做
52 到——这也许是有着这么多的丑的建筑的原因之一。建筑师不得不在将他们的想法译成完全的知觉对象的行为发生之前，就完成这些想法。不能在形成想法的同时形成它的客观体现，这是一个不利因素。然而，除非是在机械而刻板地工作，他们也不得不根据体现的媒介以及最终的知觉对象来构想他们的想法。也许，中世纪教堂的审美性质是由于这样的事实：在某种程度上，它们的建筑不像现在那样，是根据计划和事先确定的细则来控制的。计划随着建筑过程而发展。但是，甚至一件密涅瓦式的产品[**]，如果它是

[*] 这三个词，在英文中既指过程，也指结果。在汉语中，情况略有不同。建筑（building），既指过程（造房子的过程），也指结果（建筑物）；构造（construction），指过程时可译为“建造”，指结果时则似应译为“建筑物”。“工作”（work），在作为工作的结果讲时，习惯上译为“作品”。——译者

[**] 指工匠的产品。密涅瓦是罗马神话中的女神，司掌各行业技艺。一般被认为对应于希腊女神雅典娜。罗马的阿文蒂诺山设有她的神庙，此地成为工匠行会的聚会场所，戏剧诗人与演员也在此集会。——译者

艺术的，都是以一个先在的孕育期为前提，在这里，投射到想象中的做与知觉相互作用，相互修正。每一件艺术品都继一个完整的经验的计划和类型之后而出现，将这个经验变得更为强烈，更为集中。

对于接受者与欣赏者来说，理解做与受的亲密结合没有像对于制作者那么容易。我们天然地以为前者仅仅接受完成了的形式，而不是意识到这种接受活动与创作者的活动有着类似之处。但是，感受性不是被动性。它也是一个由一系列反应性动作所组成，这些动作积累下来指向客体的实现。否则的话，就没有知觉，而只有认识了。这两者的区别是巨大的。认识是拥有自由发展机会之前的受抑制的知觉。在认识中，存在着一个知觉行动的开端。但是，这一开端并不能服务于发展一个对所认识事物的完全的知觉。它停留在它服务于其他目的之处，正如我们在街上认出一个人，是为了向他打招呼或者躲开他，而不是以为了看那里究竟有什么为目的而看他一样。

在认识中，我们求助于某些先前形成的图式，就像依赖一种模型一样。某些细节或细节的安排成了单纯的认出某物的线索。在认识中，将这种单纯的框架作为模板运用于眼前的物体就足够了。有时，我们碰到的不是一个人，而仅仅是身体特征的痕迹，对此我们以前并不知道。我们意识到自己以前并不知道此人；从任何可能包含的意义上讲，我们都没有见过他。现在，我们开始研究，并 53
“接受”。知觉取代了单纯的认识。有了一种重构的行动，意识变得新鲜而有活力。这一看的行动尽管仍是含而不露，却涉及诸动力因素的合作，以及所有积存着的，用于完成正在形成中的图画的

想法的合作。认识因其太容易，而不能激起生动的意识。在新的与旧的之间，没有足够的抗争，从而不能保证对所拥有的经验的意识。甚至一只看到主人回来而高兴地叫唤并摇尾巴的狗的这种接待自己朋友的态度，也比一个仅仅满足于单纯地认识的人具有更充分的活力。

单纯的认识满足于为对象加上合适的标签，“合适”指服务于认知行为以外的一个目的——比方说一位推销员根据一个样品验证货物。这没有激起有机体的兴奋，没有内在的骚动。但是，一个知觉动作则在扩展到整个有机体的持续波动中进行。因此，在知觉中不存在看或听外加情感的情况。被知觉的物体或景观渗透了情感。当一种被激起的情感没有弥漫在被知觉或被思考的物质之中时，它或者是初步的，或者是病态的。

经验的审美或感受阶段是接受性的。它与服从有关。但是，一种充分的自我的退让只有通过一种控制下的活动，可能是强烈的活动才会实现。我们与周围世界的许多接触中都在退让；有时，在不恰当地消耗贮存的能量情况下，是由于恐惧；有时，在认识的情况下，是由于消除对外在事物的关注。知觉是一种消耗能量以求接受的动作，而不是对能量的保存。要想使自己沉浸在一个题材之中，我们就必须首先投身进去。当我们仅仅是被动地面对一个景观时，它压倒我们，由于我们缺少回应的活动，我们没有知觉到那压垮我们的对象。为了接受它，我们必须鼓起精神，像定好调子一样确定相应的状态。

人人都知道，需要通过训练才能学会使用显微镜和望远镜，才能学会像地质学家一样看地形。那种审美知觉是闲暇之事的想法

是我们的艺术落后的原因之一。眼睛与视觉器官可以不被使用； 54
像巴黎圣母院和伦勃朗的《亨德里克·施特夫尔的肖像》这样的对象可以只具有物理的存在。从某种单纯的意义上讲，后者可以被“看见”。它们也许被看，可能还被认识，并且被冠以正确的名称。但是，由于缺乏在整个有机体与对象之间的持续的相互作用，它们没有被知觉，尤其没有被审美地知觉。一群访客在导游的带领下走过一个画廊，注意力被指向这里那里，这不是知觉；只有在偶然情况下，为着题材本身看一幅画的兴趣才能生动地实现。

为了进行知觉，观看者必须**创造**他自己的经验。并且，他的创造必须包括与那种原初的创造者所经受的经验相类似的关系。它们在字面意义上并不相同。但是，对于知觉者，正像对于艺术家一样，必须有一种整体的成分的调整，它尽管不是在细节上，却是在形式上，与作品的创造者在意识中所体验的组织过程是相同的。没有一种再创造的动作，对象就不被知觉为艺术品。艺术家按照自己的兴趣来进行选择、简化、清晰化、省略与浓缩。观看者也必须按照自己的观点和兴趣完成这些活动。在两种情况下都出现了一种抽象动作，一种从有意义的东西中抽取的动作。在两种情况下，都存在着对其字面意义的理解——即从物质意义上将分散的细节与特点集合为一个经验的整体。无论从感知者，还是从艺术家一面看，都有工作要做。做此工作时太懒、无所事事、拘泥于旧惯例的人，不会看到或听到。他的“欣赏”将成为学识碎片与通常欣赏的惯例标准，与尽管其中有真实性，但却是混乱的情感刺激的混合体。

前面所提出的想法，由于具体强调点方面的原因，意味着**一个**

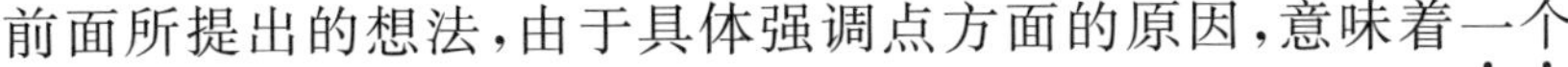

经验（取其所蕴含的意义）与审美经验之间既有相通性，也有相异性。前者具有审美性质；否则的话，其材料就不会变得丰满，成为
55 一个连贯的经验。一个生机勃勃的经验是不可能被划分为实践的、情感的，及理智的，并且为各自确定一个相对于其他的独特的特征。情感的方面将各部分结合成一个单一整体；“理智”只是表示该经验具有意义的事实；而“实践”表示该有机体与围绕着它的事件和物体在相互作用。最精深的哲学与科学的探索和最雄心勃勃的工业或政治事业，当它们的不同成分构成一个完整的经验时，就具有了审美的性质。这是因为，这时，它的各种部分就联系在一起，而不只是一个接着一个。各部分通过它们在经验中的联系而推向圆满和结束，而不仅仅最后停止。不仅如此，该圆满并非只在意识中等待整个活动完成时才实现。它是全部活动的期待所在，并不断地赋予经验以特别强烈的滋味。

然而，这里所讨论的经验，受引起与控制它们的兴趣和目的制约，主要还是理智的或实践的，而不是*独特地*审美的。在一个理智的经验之中，结论有着自身的价值。它可以作为一个公式或一个“真理”被抽取出来，并由于它作为一个因素所具有的独立的完整性，可以用于其他研究之中。在一件艺术作品中，不存在这样单一的、自足的积淀物。结尾与终点的意义不在于它自身，而在于它是各部分的结合。它没有其他的存在。一部戏剧或小说的意义也是如此，它的意义不在于其最后一句话，即使人物被处理为从此幸福地生活着。在一个独特的审美经验中，那些屈从于其他经验的特征取得主导地位；从属的变成了统治的——也就是说，依靠这些特征，经验成了完整、完全而又独立的经验。

在每一个完整的经验中，由于有动态的组织，所以有形式。我将这种组织称之为动态的，是因为它要花时间来完成，是因为它是一个生长过程：有开端，有发展，有完成。材料通过与先前经验的结果所形成的生命组织的相互作用被摄取和消化，这构成了工作者的心灵。这种孵化过程继续进行，直到所构想的东西被呈现出 56
来，取得可见的形态，成为共同世界的一部分。只有在先前长时间持续的过程发展到一个突出的阶段，一个横扫一切的运动使人忘记一切，在这个高潮中，审美经验才会凝结到一个短暂的时刻之中。使一个经验成为审美经验的独特之处在于，将抵制与紧张，将本身是倾向于分离的刺激，转化为一个朝向包容一切而又臻于完善的结局的运动。

经验过程就像是呼吸一样，是一个取入与给出的节奏性运动。它们的连续性被打断，由于间隙的存在而有了节奏，中止成了一个阶段的停止，另一个阶段的开始和准备。威廉·詹姆斯巧妙地将一个意识经验的过程比作一只鸟的飞翔和栖息。飞翔和栖息密切地联系在一起；它们不是许多不规则的跳跃后的许多不规则的停息。经验的每一休止处就是一次感受，在其中，前面活动的结果就被吸收和取得，并且，除非这种活动是过于怪异或过于平淡无奇，每一次活动都会带来可吸取和保留的意义。正像随着一支军队前进，所有已经获得的都周期性地得到巩固，同时也将眼光放到下一步要做的事上。如果我们前进得太快，我们就会远离供给基地——即所积累的意义——从而经验就会变得混乱、单薄和模糊。如果我们在取得一个纯价值以后，磨蹭得太久，经验就会空虚衰亡。

因此，整体的*形式*存在于每一个成分之中。实现，即臻于完满是持续的活动，而不仅仅是结束，仅仅处于一个地方。一位雕刻家、画家或作家时刻处在完成其工作的过程中。他必须时刻处在保持和总结作为已经做的，作为一个整体的一切，又时刻考虑作为一个整体的将要做的一切。否则的话，他的系列动作就没有连续性和稳定性。处于经验节奏之中的系列性活动，赋予多样性和运动；它们使作品免除了单调和无意义的重复。感受是节奏中的相应的成分，它们提供整一；它们使作品不会成为仅仅是一系列刺激
57 的无目的性。当其决定任何可被称为*一个*经验的要素被高高地提升到知觉的阈限之上，并且为着自身原因而显现之时，一个对象就特别并主要是审美的，它产生审美知觉所特有的享受。

第四章　表现的动作

58

每一个经验，不管其重要性如何，都随着一个冲动，而不是作为一个冲动而开始。我说的是“冲动”(impulsion)而不是“刺激”(impulse)。一个刺激是特殊而专门化的；它甚至在本能性的时候，也只是对环境的更为完整的适应机制的一部分。“冲动”表示一种整个有机体的向外和向前的运动，特殊的刺激在这里只是起辅助的作用。这是活的生物对食物的渴求，而不是吞咽时舌头与嘴唇的反应；作为整体的身体像植物的向日性一样趋向于光明，而不是眼睛追随着一束具体的光线。

由于这是一个有机体整体的运动，冲动是任何完满的经验的最初的一步。对儿童的观察发现许多专门化的反应。但是，这些反应却因此不是完满经验的开端。它们只有在它们作为丝线被编织进一种使整个的自我起作用的活动中时，才能成为后者。忽视这些一般化的活动，仅仅注意区分，以及使这种区分变得更为有效的劳动的分工，是许多经验阐释的所有进一步错误的根源和原因。

冲动成为完整经验的开始，是因为它们来源于需要；来源于一种属于作为整体的有机体的饥饿和需求，并且只有通过建立与环境的确定的关系（积极的关系，相互作用）才能满足这种饥饿和需求。皮肤仅仅是以一种最为肤浅的方式表示一有机体终止而环境开始之处。有存在于身体之内而不属于身体的东西，也有存在于身体之外，如果不是实际上，也是法律上属于它的东西；也就是说，如果生命要继续的话，就必须拥有它。在低级的层次上，空气与食
59 物就是这样的东西；在高级的层次上，不管是作家的笔，还是铁匠的铁砧、器皿和家具、财产、诸多的朋友和种种人的组织——所有文明生活不可或缺之物。急迫的，要求通过环境，并仅仅通过环境，才能满足的冲动，表明需要是对这种自我在整体上对其环境的依赖关系的动态认可。

但是，一个活的生物的命运却是，它不能在没有经历一场从总体上讲它所不拥有的，在其中它没有固有名称的世界之中的历险的情况下而保全自身所拥有之物。每当该有机刺激超出身体的限制之时，它就发现自身处于一个陌生的世界之中，并在某种程度上使自身的命运受制于外在的情况。它不能只是挑出它所想要的，而自动地忽视无关紧要的和不利的东西。如果，并且只要有机体还在继续发展，它就起着帮助作用，就像跑步者受到顺风的帮助一样。但是，冲动在其向外发展的途中，也碰到许多使它被偏离和受阻碍之物。在将这些障碍和不确定的状况变成有利的力量之时，该生物意识到隐含在此冲动之中的意图。不管成功还是失败，自我都不仅仅是将自身恢复到先前的状态。盲目的波涛转变成了一个目的，本能的倾向转化成了按照预想所从事的工作。自我的态度被赋予了意义。

无论何时何地都对我们的冲动的直接实现显出亲和的环境，无疑将为生长创造条件，正如敌意将导致烦躁和毁灭一样。冲动不断向前推进，最终自然而然地走向思想与情感的丧失。因为这

样的话，它就再不需要根据它所遭遇的事物来说明自身，而这些事物也因而不再成为有意义的对象。它所能意识到它的性质和目标的仅有的途径是借助于所逾越的障碍和所使用的手段；从一开始就是手段的手段，仿佛被抹平又上了油一样，与冲动太一致了，从而使人们没有意识到它们是手段一样。自我没有来自周围的抵抗，也不能意识到自身；它将没有感受也没有兴趣，没有害怕也没有希望，没有失望也没有兴奋。如果仅是完全构成阻碍的反对，会 60
产生烦躁和愤怒。但是，唤起思想的抵抗，产生了好奇和热切的关注，并且，当它被克服和利用之时，就导致兴奋。

那种只会使一个孩子和缺乏相关经验的成熟背景的人感到气馁的障碍，对于那些先前具有与当下的足够相似的情境的经验的人来说，会激发一种计划并将情感转变为兴趣的智能。源于需要的冲动开启了一个并不知道会通向何方的经验；抵抗和阻碍导致将直接向前的行动变成弯曲的；所依赖的是阻碍条件与自我所拥有的、成为工作的依托的先前经验之间的关系。正如能量因此涉及加强原初的冲动一样，这一活动更为谨慎地处理关于目的与方法的洞察。这是每一个被罩上意义的外衣的经验的轮廓。

张力激起能量，完全缺乏对立不利于正常的发展，这是人所共知的事实。一般说来，我们都承认，只要不利条件与所阻碍物有着一种内在的关系，而不是任意而外在的，一种促进与阻碍的条件的平衡，是事物的最为理想的状态。然而，所唤起的不仅仅是量的，或仅仅是更大的能量而已，而且是质的，一种通过从过去经验的背景中吸收意义的、能量向有思想性的行动的转化。新与旧的交汇不仅仅是一个力的结合，而是一个再创造，在其中，当下的冲动获

得形式和可靠性，而旧的、“储存的”材料真正复活，通过不得不面对的新情况而获得新的生命和灵魂。

正是这种双重的转变，一个活动转化成了一个表现行动。环境中的事物原本只是通畅的渠道或盲目的障碍，变成了手段和媒介。同时，从过去经验中保留下来的事物，原本会由于成为例行公
61 事而变得陈腐，或由于缺乏使用而形成惰性，在新的遭遇中成为变化的系数，并被披上新意义的服饰。这里是所有需要用定义来表现的因素。如果所提到的特性是通过与另一个情境相对照而显示出来的，这个定义就将取得力量。作为一个极端，存在着激情的风暴，冲破障碍，扫荡一切介乎一个人与他所要摧毁的事物之间的一切。有行动，但是从行动者的立场看，没有表现。一个旁观者也许会说“一个多么精彩的愤怒的表现！”但是愤怒者只是在愤怒，与*表现*愤怒毫不相干。或者，某个观众只是说，“那个人是怎样通过他的言行表现他的主要性格的。”但是，这里所说的这个人绝不可能考虑表现他的性格；他仅仅是在一股激情的支配下行动而已。同样，一个婴儿的哭与笑对母亲或护士来说是表现性的，然而却不是这个宝宝的表现行动。对于旁观者来说，这是一个表现，因为它显示出这个孩子的某种状态。但是，这个孩子只是直接做某事，从他的角度看，并不比呼吸或打喷嚏有更多的表现，而对于观察者来说，像呼吸和打喷嚏这些活动也表现了婴儿的状况。

将这些例子一般化，会使我们避免犯将仅仅受本能和习惯性的冲动所支配的活动当作表现的错误，而正是这种错误使审美理论不幸受到了排挤。这种动作本身不是表现性的，只是通过一些

观察者的反思性阐释，它们才是如此，就像护士也许会把一个喷嚏阐释成即将到来的感冒的信号一样。就此运动本身而言，它如果纯粹是冲动性的话，只是一次发泄而已。尽管，没有一种从内向外的喷发就没有表现，所喷发出的东西必须通过接受先在经验所赋予的价值以进行清理，才能成为一个表现行动。并且，不通过阻滞直接的情感与刺激的环境中的对象，这些价值就不能发挥出来。情感的发泄是表现的一个必要的但不是充分的条件。

表现无不具有兴奋和骚动。然而，一种内在的波动在一阵笑与哭中得到发泄，并随之而消逝。发泄是消除、排解；表现则是留住，向前发展，努力达到完满。一阵眼泪会带来安慰，一通破坏也 62
许会使内心的愤怒发散出来。但是，只要没有对客观状况的控制，没有为了使刺激得以体现而为物质材料造型，就没有表现。那些有时被称为自我表现的行动，也许称其为自我暴露会更好：它将性格（或者缺乏性格）透露给他人。就它本身而言，只是一种喷发而已。

从一个在外在的观察者的角度看是表现性的动作，过渡到一个内在的表现性的动作，可以很好地用一个简单的例子来说明。起初，一个婴儿哭泣，与他转头去追逐光线是一样的；存在着一个内在的动力，但没有表现什么。当这个婴儿长大后，他知道特定的动作造成不同的结果，例如，当他哭泣时，他得到注意，而微笑又带来周围人的另一种明确的反应。因此，他开始知道他所做的事的意义。当他捕捉到他最初出于纯粹的内在压力所做的动作的意义时，他就具有了做出真正表现动作的能力。声音，如婴儿的咿咿呀呀的学语声，转变为语言，正是这种表现动作的形成以及这些动作

与单纯的发泄动作间区别的极好的例子。

即使没有用例证来作过精确论证，表现与艺术相联系的情况也被人们提到过。从他曾经是自然而然的动作对他周围的人的效果得到学习的孩子，“有目的”地做一个他过去是盲目去做的动作。他开始依照其后果来处理和规定他的活动。因为行为与后果的关系被知觉到，所以由于行为而经历的后果，被作为下一步行为的意义而结合在一起。孩子想要得到注意或安慰时，会为了一个目的而哭。他会开始露出微笑作为诱导或表示喜爱。这时，就有了萌芽阶段的艺术了。一个“自然的”，即自发的与非故意的活动，由于被采用来达到有意想达到的后果的手段，而在性质上发生了变化。

63 这种变化是每一种艺术行为的标志。这种变化的结果也许是巧妙的，却不是审美的。巴结奉承时常用来致意的假笑只是策略而已。但是，真正高雅的欢迎动作中，也包含着一种从曾经是盲目的、“自然的”冲动的显示向一个艺术行动的转变，这个行动在施行时包含有对行动的地点或密切交往过程中人的关系的考虑。

人为的(artificial)、巧妙的(artful)与艺术的(artistic)之间的区别只是表面上的。前者之中存在着一个公开所做的事与想要做的事之间的分离。外表是诚恳的；意图在于博取欢心。每当所做的与所存在的目的发生分离之时，就存在着虚伪，一个欺骗，对一个本质上具有另一个效果的行动的模拟。当自然的与培养而成的(因素)混合在一起时，社会交流的行动就是艺术作品。亲切友谊的充满活力的冲动与所表示出的行为间没有任何外在目的侵入，达到完满的一致。笨拙也许会造成表现的不充分。但是，一个制作精巧的赝品，不管技巧多么高超，都是通过表现形式进行的；它不拥有友谊的形式并遵守它。友谊的本质没有被触及。

一个发泄或单纯的展示动作缺乏媒介。本能地哭泣与微笑并不比打喷嚏和眨眼更需要媒介。它们通过某种途径而实现，但是，这种发泄时所用的手段并非当作目的所固有的手段来使用。**表示**欢迎的动作采用微笑、伸出手、脸上发光作为媒介，这不是故意的，而是由于这些媒介已经成为在遇见一个好朋友时传达惊喜的有机手段。原来是自发的行动已经变成了使人的交往更为丰富、更为高雅的手段——正像一位画家使色彩变成表现一个想象的经验的手段一样。跳舞和体育运动是这样的活动，在其中原来是自发而分别从事的活动被人们联结在一起，从生糙的材料转变化为表现艺术的作品。只有在材料被用作媒介时，才有表现与艺术。野蛮人的禁忌对于外人看来，只是一些强加的禁令而已，而对于那些对它们有体验的人来说，则可能是表现社会地位、尊严和荣誉的媒介。一切都依赖于材料在被使用而起媒介作用时的方式。

媒介与表现动作间的联系是内在的。表现动作总是使用自然
材料，尽管这里的自然取的是习惯性，或者原始及本土的意义。当 64
它在被使用时根据其位置和作用，根据其关系，根据其综合的情况时，它就成为媒介——乐音在一个音调中被有秩序地排列后就成了音乐。同样的乐音可以用欢乐、惊奇、悲伤等不同的态度来发，从而成为种种特殊感情的自然发泄。当其他的乐音是媒介，在其中一个情感发生时，它们是这个情感的**表现**。

从词源上讲，表现的行动是挤出或压出。当葡萄在榨酒机(wine press)中被压碎时，汁就被压出(express)了；打一个更为平常的比方，猪的肥肉在高温高压下变成了猪油。没有原初的生的或天然的材料，什么也压不出。但是，仅仅是流出或释放出原材料，也不是挤出(expression)。通过与某种外在的东西，如榨酒机或者人踩动的脚的相互作用，果汁才出现。皮和种子被分离，保留在里面；只有在这个装置出了毛病时，它们才被排除出来。甚至在最机械的表现(挤出)方式中，也具有相互作用，以及相应的原始材料，即艺术产品的原材料的转化，它与实际上被压出的东西形成对应关系。要想压出(ex-press)果汁，既需要榨酒机，也需要葡萄；同样，不仅需要内在的情感和冲动，而且需要周围的、作为阻力的物体，才构成情感的**表现**(expression)。*

在谈到诗的生产时，塞缪尔·亚历山大**指出，“艺术家的作品并非始于一个与艺术作品相对应的完成了的想象经验，而是始于一个对于题材的充满情感的刺激。……诗人的诗是由使他刺激的主题从他身上挤压出来的。”对于这段话，我们可以作出四点评论。第一点也许可以被看作是对前几章所说的意思的强调。真正的艺术作品是由来自一种有机体的与环境的状况与能量的相互作用的整体经验的建构。与我们现在所讨论的主题更为接近的是第二点：所表现的事物是由客观事物施加在自然的刺激与倾向之上
65 而从生产者那里挤压出来的——表现到目前为止都被理解为来自

---

* 在英文中，express，expression 既有“表现”的意思，也有“挤出”的意思。这个词从词源上讲指的是压榨出(press out)。当它被用作艺术学术语时，仍保留着情感从心中挤压而出的含义。中文将它译为“表现”，实际上已经失去了这方面的含义。由于中文的这种翻译法已经成了习惯，被人们普遍接受，因此这里沿用这种译法。——译者

** 塞缪尔·亚历山大(Samuel Alexander，1859—1938)，澳大利亚出生的哲学家。著有《空间、时间和神》(1920)一书，试图根据自发的创造的倾向来说明突生进化现象，从而形成一种以“神”为发展方向的对于世界的解释。——译者

后者的直接而完美的流溢。随之而来的是第三点。构成一件艺术品的表现行动是时间之中的构造,而不是瞬间的喷发。并且,这一说明的含义,远远超出一个画家要花时间将他的想象性构思传达到画布之上,或者雕塑家完成他对大理石的雕琢。它意味着,在时间之中,并通过一个媒介来进行的自我的表现,构成了艺术作品,这本身就是某种从自我中流溢出来的东西与客观条件的延时性相互作用,这是一个它们双方都取得它们先前不具有的形式和秩序的过程。甚至全能的主也要用七天的时间来创造天地万物,并且,如果记录完整的话,我们会了解到,只是在那个阶段结束时,主才意识到他面对着混乱的原材料要做的是什么。只有去势了的主观的形而上学才会将《创世记》的生动神话变成一种造物主不依赖任何尚未成形的物质而进行创造的构想。*

最后一点是,当对于题材的刺激深入时,它激发了来自先前经验的态度与意义。它们在被激活以后,就成了有意识的思想与情感,成了情感化的意象。被一个思想或景观所点燃,就是被启示。被点燃之物,必定或者是将自身烧光,变成灰烬,或者将自身挤压进材料中去,使该材料从粗金属变成一种精炼的产品。许多人不幸福,内心受折磨,就因为他不掌握表现性动作。在幸运一点的状况下客体的材料也许会改变为一种强烈而清晰的经验的材料,在不掌握表现性动作的情况下,由于情绪冲突混乱而五内俱焚,在痛苦的内在分裂以后,会最终平静下来。

---

* 这两句话,前一句说造物主在最后阶段意识到要做什么,暗指造人;后一句,则是对哲学界和神学界长期流行的上帝是从“无”中创造世界的观点的批判。——译者

由于亲密接触和相互实施抵制而进行燃烧的材料构成了灵感。从自我这一边看，从先前经验流溢出的成分被激活，具有了新鲜的欲望、冲动与意象。它们从下意识开始，不是冰冷的或等同于过去的某具体物，不是以团块状出现的，而是与内部动荡之火熔合
66 在一起。由于它们是从一个并不被意识到的自我中流溢出的，所以它们看上去不像是来自自我。因此，依据神话，灵感被归功于某个神，或缪斯。然而，灵感只是最初的阶段。它本身，在其开端，还是不完善的。燃烧着的内在材料必须得到客体的燃料的补充。通过燃料与已经点燃的材料的相互作用，精炼而成形的产品出现了。表现的动作并非附加在已经完成的灵感之上的某物。它是借助客观的知觉与想象材料将一个灵感引向完成。①

只有在被扔进动荡和骚乱中的时候，一个冲动才能导致表现。除非被压到一起（com-pression，压缩），没有什么可被压出（ex-press，表现）。骚乱划出了场所，在这里，内在的刺激，在事实上或思想上与周围环境的接触，碰到了并创造了一种骚动。除非存在着即将到来的敌意的袭击，或者有庄稼需要收割，野蛮人的战争舞与收获舞就不是发自内心。要想产生必不可少的刺激，就必须有某件事物利害攸关，某件事物重大而又不确定——正像一场战斗

---

① 艾伯克龙比先生（Lascelles Abercrombie，1881—1938）在他的有趣的“诗的理论”一文中动摇于两种关于灵感的观点之间。其中的一个观点采用了在我看来是正确的解释。在诗中，灵感是“完全而精巧地确定自身”。在其他情况下，他说到灵感就是诗；“某种自满自足的，完善而完全的整体。”他说，“每一个灵感都是某种原来没有和不能以词的形式存在的东西。”这无疑是正确的；甚至一个三角函数原理也不能仅仅以词的形式存在。但是，如果它已经自满自足了，它为什么还要寻找词来在作为表现的媒介呢？

的结果或一次收获的前景一样。一个确定的事物并不在情感上激发我们。因此,所表现的并不仅仅是刺激,而是对某个事物的刺激;又因此,甚至只要不是完全的恐慌而仅仅是刺激,就会利用那些曾被先前处理对象的活动所用旧的渠道。这样说来,正像演员自动地演自己角色的动作一样,它模拟表现。甚至一种不确定的不安也在歌曲或哑剧中寻找发泄途径,努力得到清楚的表达。

所有关于表现行动的错误观点都源于这样的一个观念:一个情感是在其内部完成的,只有在其吐露出来以后,才会对外在的材料施加影响。但实际上,一个情感总是**朝向**、**来自**或**关于**某种客观 67
的、以事实或者思想形式出现的事物。情感是由情境所暗示的,情境发展的不确定状态,以及其中自我为情感所感动是至关重要的。情境可以是压抑的、危险的、无法忍受的、胜利的。如果不是与作为自我与客观状况相互渗透,一个人对自己所认同的群体所赢得的胜利的喜悦,或者对一个朋友的死亡的悲伤就是不可理解的。

这后一个事实从艺术作品的个性化角度看是特别重要的。那种表现是在自身之中完成的情感的直接喷发的观念,从逻辑上导致个性化是表面而外在的结果。这是因为,照这种观念,害怕是害怕,兴奋是兴奋,爱是爱,各归其类,只是强度上的不同使它们获得内在的区分。如果这一思想是正确的话,艺术作品将不可避免地落入到某些类型之中。这种观点对批评产生了感染作用,但却无助于对于具体的艺术作品的理解。除了名义上的以外,并不存在害怕、仇恨、爱**这样的**情感。独特的、不可复制的所经验事件和情境的特征,灌注着所激发的情感。如果言语的功能是再造它所指的对象,我们就决不能谈论害怕,而仅仅谈论害怕这辆特定的迎面

开来的汽车，及其所有时间与空间的具体性，或者害怕处在一个由于如此这般的材料而得出一个错误结论的特定的环境之中。一生的时间对于用词来再造一个单一的情感来说，也是太短了。然而，在实际上，诗人与小说家比起，甚至一个专门的心理学家来说，也有更多的优越性。他们建立一个具体的情境，允许**它**刺激情感反应。艺术家不是用理性与符号的语言来描绘情感，而是“由行动而生出”情感。

艺术是选择性的，这是一个得到普遍承认的事实。这是由情感在艺术动作中的作用所决定的。任何主导性情绪都自动地排斥所有与它不合的东西。一种情感比起任何警觉的哨兵来，都更加

68 有效。它伸出触角，寻求同类，找到可滋养它的东西，使它得以完善。只有在情感消失或被分裂成分散的碎片，外在于它的材料才可能进入意识。这种在一系列持续动作中发展着的情感对材料的有力的选择性操作，将物质从数量众多的、空间上相互分离的多种对象中抽取出来，并将所抽象出来的东西凝聚在成为所有对象的价值缩影的一个对象之上。这种功能创造了一件艺术作品的“普遍性”。

考察为什么某种艺术作品使我们望而生厌，人们就可能会发现，原因在于没有个人所感受到的情感来引导所呈现的材料的选择和结合。我们会产生这样的印象，艺术家，例如一位小说的作者，试图通过有意识的意图来制约所激起的情感的性质。当我们感到，作者操纵材料，以求得一种事先确定的效果时，我们就被激怒了。作品中的方方面面，其不可缺少的多样性，是由某种外力纠合在一起的。各部分的运动和结论显示出没有逻辑必然性。作

者，而不是题材，起着最终决断的作用。

在读一部小说，甚至是一个专业写手写的小说时，人们也会很快就从故事中感到，小说中男女主人公的命运会很悲惨。这种悲惨不是由于小说中的情况和人物性格，而是由于作者的意图，他要使人物成为一个木偶，从而展现他所珍爱的思想。所导致的痛苦感受为人们所怨恨的东西，这不是由于痛苦，而是由于强加的某种使我们感到是外在于题材的运动的东西。一部作品可以有更多的悲剧性，但却留给我们一种满足的情感，而不是被激怒。我们甘心接受这个结尾，因为它是所描绘的题材的运动所固有的。事件是悲剧性的，但是这些命中注定的事件在其中发生的世界，却不是一个专断而强加的世界。作者的情感和我们被激发的情感，都由那个世界中的场景所引起，并与题材混合在一起。由于同样原因，我们厌恶文学中的任何道德设计的侵入，而同时，如果实现了与对材料控制的真诚情感的结合的话，我们又在审美上接受任何量的道德内容。怜悯或义愤的白热化状态可以找到供它燃烧的材料，熔化一切，集合成一个有生命的整体。

69

正是由于情感对于产生了一件艺术作品的表现性动作来说是至关重要的，不准确的分析就容易误解其操作方式，而得出艺术作品以情感作为其根本内容的结论。一个人在看到一个分别很久的朋友时，可以高兴地叫起来，甚至流下眼泪。这个结果，除了对于旁观者以外，不是一个表现性的对象。但是，如果情感导致一个人对搜集依附在这种所激起的情绪之上的材料时，一首诗也许就会产生了。在直接的爆发中，某个客观的情况是情感的刺激或原因。在这首诗中，客观的材料成了情感的内容和质料，而不仅仅是唤起它的诱因。

在表现性动作的发展之中，情感就像磁铁一样将适合的材料吸向自身：所谓的适合，是指它对于已经受感动的心灵状态具有一种所经验到的情感上的共鸣。对材料的选择和组织，既是所经验到的情感的性质的一个功能，也是对它的一个检验。在看一出戏，观赏一幅画，或者读一部小说时，我们也许会感到其中的各部分没有结合在一起。这或者是由于制作者对于所表述的情感没有自身的经验，或者，尽管在一开始对于情感也有所感受，但却没有维持下去，而一串不相关的情感对作品构成了干扰。在后一种情况下，注意力摇摆并转移，随之而来的是不连贯的部分间的拼接。敏锐的观众和读者会意识到连结的缝隙，以及随意填补的窟窿。确实，情感必须起作用。但是，它要造成运动的连续性，在多样性中的效果的单一性。对于材料，它是选择性的，对于秩序和安排，它是指导性的。但是，它不是被表现出来的*东西*。没有情感，也许会有工艺，但没有艺术；如果直接显示，尽管有情感而且很强烈，其结果也不是艺术。

存在着其他的情感超载的作品。根据呈现情感即是其表现的理论，不可能存在着超载；情感越强烈，“表现”越有效。实际上，人被一种情感所压倒，就不能表现它。至少，华兹华斯“平静中回忆
70 的情感”的公式在这一点上是有着真理的成分的。在一个人被情感控制之时，太多的东西发生（用描述拥有一个经验时的语言），太少的达到一个平衡的关系所需要的积极的反应。存在着太多的“自然”，以至不容许艺术的发展。例如，许多凡·高的画具有一种激起共鸣的强烈性。但是，伴随着这种强烈性的是一种由于失控

而具有的爆发性。在极端的情感状态中，它所起的是扰乱而不是规范材料的作用。不充分的情感在一种冷静的“正确”产品中得到显现。过分的情感阻碍了对各部分的必要的经营和提炼。

恰当的措辞（*mot juste*），正确的地点中的正确的位置，比例的敏锐性，在确定部分的同时又构成整体的准确的语气、色彩、浓淡的决定，这些都是由情感来完成的。然而，并非每一个情感都能如此，而只有那些充满着所掌握和所搜集的材料的情感，才能做到。情感只有在间接地被使用在寻找材料之上，并被赋予秩序，而不是被直接消耗时，才会被充实并向前推进。

艺术作品常常向我们呈现出一种自发性，一种抒情的性质，仿佛它们是一只鸟未加考虑唱出的歌。但是人，不管是由于幸运还是不幸，却不是鸟。他的最为自发的（情感）迸发，如果是表现的话，并不是瞬间内在压力的流溢。艺术中的自发性在于对新鲜的题材的完全吸收，正是这种新鲜性维持和支撑着情感。题材的陈腐与斤斤计较是表现的自发性的两个大敌。反思，甚至殚精竭虑的反思，也可能与材料的产生有关。但如果题材被生机勃勃地吸收进当下的经验，表现将展现自发性。只要任何量的先前劳动的成果表现为与一种新鲜的情感完全融合，一首诗或一部戏剧的不可避免的自我运动就与这种劳动相谐调。济慈用诗一样的语言说到获得艺术表现的方式，他谈及，“在达到令人战栗的、精美的、像蜗牛的触角般的对美的知觉以前，在理智与其大量的材料之间出现了无穷的构成与分解。” 71

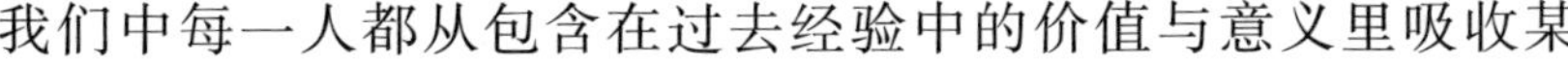

我们中每一人都从包含在过去经验中的价值与意义里吸收某

种东西。但是,我们在不同的程度上,并在自我的不同层次上这么做。某些东西沉在深处,而另一些东西浮在表面,易于替换。旧诗人传统上作为某种完全外在于他们自己的东西而祈求于管记忆的缪斯女神——外在于他们当下的有意识的自我。这种祈求是将当下的自我,以及一切要说的东西归结到隐藏在最深处,并因而离意识层最远处的力量。那种我们“忘记”或扔进无意识的,仅仅是外在的和不受欢迎的事物的说法是不正确的。更为正确的是,那些我们最彻底地使之成为我们自身的一部分的事物,那些我们吸收来,以构成我们的个性而不仅仅是作为事件存在的事物,不再具有一个单独的意识存在。某一个场合,不管这是什么场合,个性被搅动并因此而形成。然后,就出现了表现的需要。所表现的将既不是施加了其形成性影响的过去事件,也不是严格意义上的现存场合。它将是,依其自发性的程度,一种当下存在的特征与过去的经验与个性结合的价值之间的亲密联系。直接性与个体性这些标志着具体存在的特征,来自当下的场合;而意义、实质、内容来自过去对自我的嵌入。

我认为,甚至幼童的舞蹈和唱歌也不能完全以对当时存在着的客观场景的未学习与未成形的反应为基础来解释。显然,必须存在着某种当下的事物来激发快乐。但是,只有存在着从过去经验中保存下来的,某种因此而普遍化了的事物,与当下状况的协调一致,动作才是表现的。在幸福儿童的例子中,过去价值与当下事件的结合很容易发生:很少有障碍要克服,伤口要治疗,冲突要解决。对于成年人来说,情况则正好相反。成年人很少会达到这种完全的协调一致;但是,如果出现这种协调,就会是更深一层的,并

且意义更加丰满。那么，尽管经过长时间的酝酿和辛勤的劳动，最 72
终的表现中会有幸福童年的抑扬顿挫的音调和有节奏运动的自发性。

凡·高在一封给他的弟弟的信中写道："情感有时会如此强烈，以至于一个人在不知不觉之中做着某事，笔触具有顺序和连贯性，就像在讲话和写信时使用词一样。"然而，这种情感的完满性与表达的自发性仅仅在那些将自己浸入客观情境之中的人身上才会出现；在那些长期关注对相关材料的观察，以及其想象长期集中于重构他们的所见所闻的人身上才会出现。否则的话，这就更像是一种癫狂的状态，有秩序的生产的感受仅只是主观和幻觉而已。甚至火山的爆发也是以先前长时间的压抑为前提的，并且，如果喷发的是熔化的岩浆，而不仅是断断续续的岩石与灰烬，它实际上也已经是原始材料的变化了。"自发性"是长期活动的结果，否则的话，它就是空洞的，不是表现性动作。

威廉·詹姆斯关于宗教经验所写的一段话，对表现性动作的起源完全适用。"一个人的有意识的理智与意愿仅仅是模糊而非精确地指向某物。然而，他自身中纯粹的有机体成熟的力量却始终向着预期的结果发展，并且他的意识到的张力将其场景背后的下意识的相关物，在对其进行重新安排的过程中被丢掉了，而这种所有深层的力量所趋向的重新安排无疑是存在的，绝对不同于他有意识地构想和决定的东西。它也许会相应地在实际上被他的倾向于真正的方向的自愿努力所干预(仿佛是被堵塞)。"因此，他补充道，"当这种新的能量中心在下意识中被培养起来，将要开出花朵时，我们只能'袖手旁观'；它必定会以自己的力量开出花来。"

很难找到或提供对自发性表现的性质更好的描述了。使用榨酒器时，先有压力，后有葡萄汁涌出。只有在先前做了大量工作，从而形成新思想可以进入的正确之门时，这些思想才会从容而突
73 然地出现在意识之中。在任何一种人的努力之中，下意识中的成熟都先于创造性的生产。“理智与意愿”的直接努力本身从未生产出任何非机械的东西；它们的功能是必要的，但却放弃了它们范围之外的相关物。在不同的时间里，我们斤斤计较于不同的东西；我们所抱有的目的，就意识而言，是独立的，各自适合于其自身的场合；我们在做着不同的动作，每一动作都有着自身的特殊结果。然而，由于它们都从一个活的生物出发，它们都在意图的层面之下以某种方式联系在一起。它们共同起作用，最终生出某种东西，而几乎不顾及有意识的个性，更与深思熟虑的意愿无关。当耐性所起的作用达到一定的程度之时，人就被一个合适的缪斯所掌握，说话与唱歌都像是按照某个神的意旨行事。

“思想家”和科学家等那些习惯上被认为不同于艺术家的人，并非像一般人所想象的那样达到对有意识的理智和意愿依赖的程度。他们也被推向某种模糊而不精确地预示出来的目的，他们的观察与思考遨游在一种神圣的气氛之中，诱导他们去摸索前行。只有心理学才将实际上结合在一起的东西分开，从而认为科学家与哲学家思考而诗人与画家跟着感觉走。在两者之中，在同样的范围内，在它们具有可比等级的程度之中，存在着情感化的思维，也存在着感受，其实质是由可欣赏的意义与思想组成的。正如我曾经说过的，情感化的想象所坚持的有关材料的种类是仅有的有意义的区分。那些被称为艺术家的人拥有直接经验到的事物的性

质作为他们的题材;“理智的”探索者在处理这些性质时隔着一层,通过代表着它们的性质的符号媒介来表示,而不是直接呈现其意义。就思想与情感的技术方面而言,最终差异是巨大的。但是,就依赖于情感化的思想,以及在下意识中成熟而言,它们之间没有区别。直接根据色彩、语调、图像所做的思维,从技术上讲,是与用语词所做的思维不同的运作过程。那种认为由于绘画与交响乐的意义不能被翻译成语词,或者诗不能被翻译成散文,因而思想为后者 74
所垄断的观点,只是一种迷信。如果所有的意义都能被语词充分地表现,那么绘画与音乐艺术就不会存在。有些价值与意义只能由直接可见与可听的性质来表现,从它们可被用语词表达的含义上来问它们具有什么意义,就是否认它们的独立存在。

不同的人对进入到他们的表现动作中的有意识的理智与意愿的相对的参与程度是不同的。埃德加·艾伦·坡*留下了一段对那些更具有深思熟虑特性的人的表现过程的说明。他在叙述他写《乌鸦》的过程时说道:“公众很少会被允许窥见舞台布景背后的粗糙混乱的排练,在最后一刻捕捉到的真正的目的,窥见换布景用的轮盘和齿轮等设施,梯子与台阶,红漆团与黑色块,所有这些,是构成文学显现(*histrio*)性质的百分之九十九的事实。”

我们无须太认真地对待坡所讲数字的比例关系。他所讲的主要意思,是对一个朴素事实的生动呈现。原始而生糙的经验材料需要被重新制作,以保证艺术的表现。这一需要在“灵感”的情况

---

* 埃德加·艾伦·坡(Edgar Allan Poe,1809—1849),美国诗人、小说家和评论家。《乌鸦》是他最为著名的诗歌,发表于1845年。——译者

下常常比在别的情况下表现得更为明显。在这个过程中，被原始材料所唤起的情感得到了修正，仿佛要被依附到新的材料上一样。这一事实给我们探讨审美情感的本性提供了线索。

关于进入到艺术作品构造之中的物理材料，每一人都知道它们必须经历变化。大理石必须被雕凿；色彩必须被涂到画布上去；词必须组合起来。在“内在的”材料、意象、观察、记忆与情感方面所发生的类似的变化却没有得到如此普遍的承认。它们也一步步被再造；同样，也必须对它们实施管理。这种修正是一种真正的表现动作的建立。像动荡的内心要求表述那样沸腾的冲动必须经历
75 同样多、同样精心的管理，以便像大理石或颜料，像色彩和声音那样得到生动的表现。实际上，并不存在两套操作，一套作用于外在的材料，另一套作用于内在的与精神的材料。

作品的艺术性程度，取决于两种变化功能被单一的操作所影响的程度。画家在画布上布色，或想象在那儿布色之时，他的思想与感情也得到了调整。当作家用他的语词作媒介组织他要说的东西之时，对他来说他的思想也有了可知觉的形式。

雕塑家不只是根据精神，而且也根据黏土、大理石和青铜来构思他的人像。一个音乐家、画家或建筑家是用听觉或视觉的意象还是用实际的媒介来展现他的独创的情感化思想，这并不重要。意象拥有经过发展了的客观媒介。具体的媒介可以在想象之中，也可以在具体材料之中被调整。无论怎样，物质的过程发展了想象，而想象则是以具体的材料构思而成的。只有通过逐步将“内在的”与“外在的”组织成相互间的有机联系，才能产生某种不是学术文稿或对某种熟知之物的说明的东西。

显露的突然性属于材料在意识阈限之上的显露，而不属于其产生过程。如果我们能够从任何这种显现追溯到其根源，考察其历史，我们就能发现，在一开始，一种情感相对而言是粗疏而不确定的。我们会发现，只有在它通过一系列以想象材料来进行的自我改变，它才成形。要想成为艺术家，我们中绝大多数人所缺乏的，不是最初的情感，也不仅仅是处理技巧。它是将一种模糊的思想和情感进行改造，使之符合某种确定媒介的条件的能力。如果表现仅仅是一种贴花法，或者是将一只兔子从它所藏身的地方变出来的魔术，艺术表现就将是一个相比之下简单的事。但是，在受孕到生产之间存在着一个长长的孕育过程。在此期间，内在的情感与思想材料像客观材料在成为表现的媒介时经历了的修正一样，在作用于客观材料，并被客观材料所作用的过程中发生很大的变化。

正是这一变化改变了原初情感的性质，使它在本性上具有独
特的审美性。正式的定义就是，情感当附着在一个由表现性动作 76
构成的对象之上，而这个表现性动作取前面所给予的定义之时，它
就是审美的。

在一开始，一种情感直接飞向其对象。爱趋向于珍视所爱对象，而恨趋向于摧毁所恨之物。两种情感都可能背离其直接的目的。爱的情感可以寻求并找到并非直接所爱，但却是通过将事物吸引进来的情感而成为亲近和同类的材料。任何事物，只要它能充实这种情感，就可成为这种材料。看一看诗人们就可知道，我们可以发现爱表现在湍急的水流和静静的池塘之中，表现在风暴前的焦虑和泰然自若地飞翔着的鸟，遥远的星辰和圆缺变化的月亮

之中。如果“隐喻”被理解为任何有意识的比较活动的结果的话，那么，这种材料在性质上也不是隐喻性的。诗中有意的隐喻是当情感没有浸透材料之时心灵的依靠。语词表现可以采取隐喻的形式，但是，在词的背后，存在着的是一种情感认同，而不是理智比较的运作。

在所有这些例子中，某种对象取代了在情感上与它类似的直接情感对象。它代替了直接的爱抚，代替了迟迟疑疑地接近，代替了努力投身到激情的风暴之中。休姆的话是有道理的，他写道：“美是不能达到其自然结局的受抑制的刺激在原地踏步，在静止中颤动，以及虚假的狂喜。”[①]* 如果说这段话有什么缺陷的话，那么，这里用隐晦的方式说出，冲动**应该**已达到了“其自然结局”。如果两性间的爱的情感没有通过转移为情感上同类，但实际上与其直接的对象和结局无关的材料以展示出来，那么，我们有着充足的理由说，它仍然停留在动物的层面。所抑制的，朝向其生理学上正常的结局的刺激，就诗歌而言，在绝对的意义上并没有被抑制。它转向一个间接的渠道，在其中找到其他的材料，而不是那“自然地”适
77 合于它的材料，并且，在其与这个材料的融合中，它带上新的色彩，并具有新的结果。这是任何自然的刺激被理想化和精神化时，都会发生的情况。那将情人的拥抱提升到动物水平之上的，正是这样一个事实，当它发生之时，它就以其自身的意义，将那些活跃的

① 《思索》英文版第 266 页。

* 休姆(T. E. Hulme，1883—1917)，英国美学家、文学评论家和诗人，意象派诗歌的发起人。第一次世界大战期间战死于法国。《思索》(1924)一书是他死后由友人整理他的一些笔记和散文编辑而成。——译者

想象的间接偏离结果纳入到自身之中。

表现是混杂的情感的澄清；我们的爱好在通过艺术之镜中反映出来时认识到自身，正如它们在被美化时认识到自身一样。这时，独特的审美情感就产生了。它不是一种从一开始就独立存在的感情形式。它是由表现性的材料所引发的，并且，由于它是由该材料所激发，并依附于该材料，因此它由变化了的自然情感所构成。自然的对象，例如风景，引发了它。但是，这些自然的对象这么做的原因，是由于当关涉到经验时，它们经历了一种类似于画家或诗人造成的从直接的景象到与表现所见价值相关的动作的变化。

一个发怒的人要去做某事。他不能用任何直接的意志动作来压抑他的怒气；他最多只能通过这种压抑使它表面上不再表露出来，这时，它就暗中起着更具破坏力的作用。他必须采取某种行动去消除它。但是，在显示他的状态方面，他却可以采用两种不同的方式，一种是直接的，一种则是间接的。他不能压抑它，就像他不能按照意志的命令来去除电的作用一样。但是，他却能利用它或者其他某种力去实现新的目的，从而消除自然力的毁灭性力量。被激怒的人并非一定要将怒气发在邻居或家人的身上。他也许会记起，一定量的有规则的体育活动是一剂良药。他去收拾他的房间，将挂歪了的画放正，乱纸片理齐，抽屉清理干净，整理各种东西。他使用他的情感，将它转到先前的职业与兴趣所提供的间接渠道之上。但是，既然在这些渠道的使用中存在着某些事物，它们在情感上接近于他的怒气的直接发泄工具，那么，当他在整理东西时，他的情感也得到了整理。

这一变化显示出当任何一个，并且是每一个自然的或原初的 78

情感冲动走间接的表现之路而不是直接发泄时所发生的改变的本质。怒气的释放也许会像一支箭向着靶子发射出去那样在外在世界中产生某种变化。但是,具有一个外在效果与有规则地使用客观的条件以使情感得到客观的实现具有根本的不同。只有后者才是表现,并且,只有依附在作为结果的对象或与之相互渗透的情感才是审美的。如果这个人只是按照惯例来整理房间,他不带有情感。但是,如果他的原先的烦躁的怒气由于他所做的事得到了整理和平息,所整理的房间反过来映出了他内心中发生的变化。他不是感到他完成一些需要做的家务,而是达到了某种情感上的实现。像这样的一种情感的"客观化"就是审美的。

因此,审美情感是某种独特的,但却又不能像某些主张它存在的理论家所做的那样,以一条鸿沟将这种情感与其他的、自然的情感经验割裂开来。熟悉近来美学著作的人都知道,这些著作不是走向一个极端,就是走向另一个极端。一方面,有人坚持,至少在一些天才人物那里,存在着一种情感,这种情感具有原生的审美性,并且,艺术的生产与欣赏是这种情感的显示。这一观念不可避免地成为所有使艺术成为神秘莫测的东西,将美的艺术归入到一个与日常经验隔开的王国中的态度的逻辑对应物。另一方面,一种在意图上完全与此相反的观点则走向了另一个极端,这种观点坚持认为,不存在独特的审美情感这种东西。喜爱的情感没有通过明显的爱抚动作,而是通过搜寻一只飞翔的鸟的观测资料和图像,怒气冲冲的情感没有用来破坏和伤害,而是赋予东西以令人满意的秩序,并不在数量上等同于其原初的和自然的状态。然而,这中间有着一种基因上的连续性。丁尼生*在长诗《悼念》中所最终提炼而成的情感，与以哭泣或沮丧的诉说所表现出来的伤心的情感是不同的。前者是一种表现的动作，后者是发泄。然而，两种情 79
感间的连续性，审美情感是通过对客观材料的发展和完成而变化了的天然情感这一事实，是显而易见的。

塞缪尔·约翰逊(Samuel Johnson)带着腓力斯人式的对于再造所熟悉物的坚定爱好，以下列的方式批评了弥尔顿的《利西达斯》："它不应被看成是真正激情的流溢，因为激情不去追随疏离(remote)的暗示和隐晦的观点。激情不是从香桃木和常春藤上采浆果，也不是去拜访阿瑞托萨和闵修斯，或谈论粗野的、长着分趾蹄的萨堤尔和法乌努斯。有闲暇去虚构的地方，就没有悲伤。"当然，约翰逊的批评所依据的原理会阻止任何艺术作品的出现。从严格的逻辑上讲，它将使对悲伤的"表现"局限在哭泣和扯头发上。因此，在弥尔顿诗作的特殊题材今天不再用作挽歌之时，它与任何的其他艺术作品一样，都注定要处理它的某一个疏离方面，即从直接的情感流溢和从磨损了的材料疏离。超越需要以哭泣与哀号求抒解的成熟的悲伤将诉诸某种约翰逊称之为虚构的东西，即想象的材料，尽管这与文学、古代经典、古代神话不同。在所有的原始民族，哀号很快就会采用仪式性的形式，它"疏离"于原初的显现。

换句话说，艺术不是自然。自然通过进入了新的关系之中，在

* 丁尼生(Alfred Tennyson，1809—1892)，英国维多利亚时代诗歌的主要代表人物。——译者

其中激起新的情感反应而发生了变化。许多演员置身于他们在饰演中显示的情感之外。这一事实被人们称之为狄德罗的悖论，因为是狄德罗第一个发展了此论题。实际上，只有从前面所引用的塞缪尔·约翰逊的那段话所暗示的角度看，这才是一个悖论。更为晚近的研究显示出，存在着两种类型的演员。一些演员说，他们的最佳状态是在情感上“失去”自身，融入所演角色之中。这一事实并非与前面所说原则相冲突。毕竟，这是一个角色，一个演员所认同的“部分”*。作为一个部分，它被构想为，并被当作一个整体
80 的部分来对待；在表演艺术中，角色具有从属性，从而占据着整体中一个部分的位置。它因此而被审美形式所限定。甚至那些对于所演的人物的情感产生最为强烈的感受的演员，也没有丧失这样的意识，他们是在戏台上，有其他演员参加；他们面对着观众，因此，他们必须与其他的表演者合作，以产生某种效果。这些事实要求，并表示着原始情感的一个确定的变化。对醉酒的展现是喜剧表演常用的手段。但是，一个实际上喝醉的人，如果他不想使他的观众厌恶，或至少不引人发笑的话，会设法掩饰他自身的状况。这种笑声与表演喝醉时所引起的笑声是根本不同的。两种类型的演员间的不同，不是在于由所进入的情境关系影响下的情感表现，与一种生糙的情感展现之间的不同。区别在于引起所期望的效果间的差异，这无疑与个人的气质有着密切的关系。

最后，前面所说的一切，如果不是解决的话，也是给予审美的

---

* Part，这个词在英文中兼有部分与角色的含义。作者在后面的论述，就强调了一个演员所扮演的角色是整个戏的组成部分的含义。——译者

(esthetic)或美的艺术(fine art)与也称之为艺术(art)的其他生产方式之间关系的使人困扰的问题一个定位。正如我们所见到的，所存在的差异实际上是不可以根据技术和技巧来拉平的。但是，这两者都不能通过将美的艺术的创造归结于一种独特的刺激而上升为一种不可逾越的障碍，从而与以一种运作时通常不被冠以美的艺术名称的表现方式的冲动区分开来。行为可以是崇高的，风格可以是优雅的。如果冲动朝向材料组织而发，以便使这些材料呈现出一种直接在经验中完成的形式，没有在绘画、诗歌、音乐，以及雕塑艺术之外存在，它就在哪儿也不存在；美的艺术就不存在。

赋予各种方式的生产以审美性的问题是一个重大的问题。但是，这是人的问题，可由人去解决它；而不是一个由某种人性或者事物的本性中不可逾越的鸿沟所决定的不可解决的问题。在一个不完美的社会(没有社会是完美的)之中，美的艺术在一定程度上是从生活的主要活动中逃脱，或对它们的外在装饰。但是，在一个
比我们所生活在其中的社会更好地组织起来的社会之中，一个比 81
起现在来要大得不可比拟的幸福将会参与到所有的生产方式里。我们生活在一个其中有着大量的组织的世界之中，但是，它是外在的组织，而不是一种增长着的经验，一种涉及活的生物整体，朝向一个完美的终结的秩序。艺术作品并非疏离日常生活，它们被社群广泛欣赏，是统一的集体生活的符号。但是，它们对创造这样的生活也起着非凡的帮助作用。物质经验在表现性动作中的再造，不是一个局限于艺术家，局限于这里或那里的某个恰好喜欢该作品的人的一个孤立的事件。就艺术起作用的程度而言，它也是朝着更高的秩序和更大的整一性的方向去再造社群经验。

82

第五章　表现性对象

表现，正像构造*一样，既表示一个行动，也表示它的结果。在上一章中，我们从动作方面对它进行了考察。在这一章中，我们关注产品，即具有表现性的，对我们说了点什么的对象。如果这两个意义被分开，对象在被看时，就孤立于产生它的活动之外，并因而处于视觉的个体性之外。这是因为，动作总是从单个的活的生物开始的。执着于“表现”，仿佛它只是表示某对象的那些理论，总是过分坚持一艺术对象纯然是已经存在的其他对象的再现。这些理论忽视了个人在给对象增添某种新东西方面的贡献。他们注重其“普遍的”性质，注重其意义(meaning)——我们将会看到，这是一个暧昧的术语。另一方面，表现动作与对象所具有表现性隔离开来，导致了这样一个想法，即表现仅仅是个人情感的发泄过程——这是上一章所批判过的观念。

榨酒器压榨(express，表现)出来的汁由于压榨动作而成为汁，这是某种新的、独特的东西。汁不只是代表着其他的东西。然而，这又与其他的对象有着某种共同之处，并且它制作出来以取悦

---

* 请参见第三章对建筑(building)、构造(construction)和“工作”(work)这三个词原作者的论述与译者所提供的注释。——译者

于其他人，而不是它的生产者。一首诗和一幅画所呈现的是经过个人经验蒸馏过的材料。它们不存在前身，没有普遍的本体。然而，它们的材料来自于公众的世界，因此具有与其他经验材料同样的性质，同时，该作品在其他人那里唤起新的对于共同世界的意义的知觉。哲学家们喧闹于其中的个体与普遍、主观与客观、自由与秩序的对立，在艺术作品找不到地位。作为个人动作的表现与作为客观结果的表现是有机地联系在一起的。

因此，我们无须进入这些形而上学的问题。我们可以直奔主
题。既然表现必定具有几分再现性，那么，说这件艺术作品是再现 83
的，指的是什么意思？一般性地说一件艺术品是不是再现的，是没有什么意义的。再现这个词具有许多意义。对再现性质的肯定也许会在一个意义上讲是假的，而在另一个意义上讲，则是真的。如果严格字面意义上的再造被说成是“再现的”，那么，艺术作品则不具有这种性质。这种观点忽视了作品由于场景与事件通过了个人的媒介而具有的独特性。马蒂斯说，照相机对于画家来说是很大的恩赐，因为它使画家免除了任何在外观上复制对象的必要性。但是，再现也可以意味着艺术作品将艺术家自身关于这个世界的经验的性质告诉那些欣赏它的人：它提供给这个世界他们所经历的一个新经验。

类似的含混性也出现在艺术作品的意义问题之中。词是再现对象与行动的符号，代表着这些对象与行动；所谓词具有意义，就在于此。一个标牌在它标明多少多少英里外有如此这般一个地方，并用一个箭头指明方向之时，就具有了意义。但是，在这两种情况下，意义都具有纯然外在的参照物；它通过指向某一外在的东

西而代表它。意义并非以其内在本质而对词和标牌构成从属关系。它们所具有的，是像代数公式和密码所具有的那种意义。然而，还存在着其他的意义，这些意义在拥有所经验到的对象时直接呈现自身。这里无须代码或阐释惯例；就像花园的意义一样，这是直接经验所固有的。因此，否定一件艺术作品的意义会具有两种极端不同的含义。它可以表示，一件艺术作品没有那种数学记号或符号才有的意义——这个观点是正确的。它也可以表示，艺术作品没有意义，就像胡言乱语没有意义一样。艺术作品的确没有那种船上的旗帜用来向另一条船发信号时所具有的意义。但是，它确实有为跳舞旗帜被用来装饰船上的甲板时所具有的意义。

大概没有人在说艺术作品没有意义时，是想说它们不存在任
84 何意义，这些人似乎只是要将外在的意义，即存在于艺术作品本身之外的意义排斥出去而已。然而，不幸的是，事情没有这么简单。对艺术意义的否定通常依赖于假定一艺术作品所拥有的那种价值（及意义）极其独特，与除了审美的经验以外的其他的经验方式在内容上不一致或没有联系。简言之，它是另一种展开我所谓美的艺术的秘奥思想的方式。前面各章对待审美经验的方式所隐含的观念确实表明，艺术作品具有一种独特的**性质**，但是，它阐明和集中了以分散和弱化了的形式包含在其他经验材料之中的意义。

这里所面临的问题也许可以通过区分表现与陈述来解决。科学陈述意义；而艺术表现意义。很有可能，这句话本身可以对我心目中的区别做出比任何解释性的评述更好的说明。然而，我还是冒昧地做出一定程度的展开。标志牌的例子也许对我们有所帮助。它为要到达一个地方，例如一个城市的人指路。它没有以任何方式，甚至替代性的方式，提供关于这个城市的经验。陈述展示了拥有关于对象或境遇的经验的状况。如果这些状况被陈述到可以用以为指示，通过它人们可以实现经验的话，它就是好的，即有效的陈述。如果它这样来阐述这些状况，当它们被用作指示的话，就会误导，或使人很费力才能接近对象，那就是坏的陈述。

“科学”表示的只是那种作为指示来说最有帮助的陈述方式。举一个古老的、今天的科学似乎倾向于要对之修改的标准例证，将水说成是 H_2O，主要是一个关于水形成的状况的陈述。但是，这对那些将之理解为制作纯水以及测试那些可能会被当作水的东西是否是真水的指示的人来说，也是一个陈述。这比起那些通俗的、 85
前科学的陈述来是一个“更好的”陈述，正是它为了更完整而更精确地说明水存在的状况，以一种指示水的产生的方式来表述它。然而，这就是科学陈述的新异性，并且，它现有的权威性（最终是由于它的直接功效）使得科学陈述常常被认为比起标志牌来说具有更多的功能，可揭示事物的内在本性，或对之具有“表现性”。如果真是如此的话，它就会进入与艺术的竞争之中，而我们就将不得不做出选择，决定两者中究竟是谁传播了更为真正的启示。

与散文性不同的诗性，与科学作品不同的审美的艺术品，与陈述不同的表现，起着某种不同于导致一个经验的作用。它构成一个经验。一个旅行家按照标志牌的陈述或指示，找到了所指向的城市。然后，他会在自身的经验中拥有某些城市所具有的意义。我们对它的拥有可以达到这样的程度，仿佛城市向他表现自身——就像廷特恩教堂在华兹华斯的诗中，并通过他的诗来向华兹华斯表现自身一样。确实，城市也许会努力在华美的、以各种各

样的手段使其历史和精神显示出来的庆典中表现自身。然后，如果访问者自身具有使他可以去参与的经验的话，就有了一个表现性对象，这与哪怕是最完整、最正确的地名词典里对这个城市的陈述都完全不同，这就像华兹华斯的诗不同于古迹研究者对廷特恩教堂一样。诗，或者绘画，并不在正确的描述性陈述层面上，而是在经验本身的层面上起作用。诗与散文，平实的照片与绘画，使用着不同的媒介，达到各自不同的目的。散文阐释命题。诗的逻辑是超命题的，即使它从语法上讲是在使用命题时，也是如此。散文具有意图；艺术是意图的直接实现。

凡·高给他弟弟的信中充满着对他所观察到的，以及许多他所画的东西的说明。我在许多的例子中举出一例。“我有一次纵览了特里凯太里的罗讷铁桥，苦艾酒色的天空和河流，淡紫色的码头，黑色的靠在栏杆上的人影，鲜蓝色的铁桥，背景是一抹艳丽的

86 橘黄和一抹强烈的孔雀绿。”出现在这里是一种有意做出的陈述，目的是引领他弟弟作类似“纵览”。但是，仅仅从这些词，“我要得到某种令人彻底心碎的东西，”谁又能推导出朝向凡·高自己想在他的画中实现的特殊的**表现性**的转变呢？这些词从它们本身看，并不是表现；它们仅仅暗示表现。表现性与审美的意义在于绘画本身。但是，从对景色的描写与他的艺术努力间的区别，也许会提醒我们陈述与表现之间的区别。

也许，物质性的景色本身使得凡·高产生了一种极度哀伤的印象具有某种偶然性。但那里存在着意义；似乎有着某种超出画家私人经验情况，某种他当作是潜在地为着别人而存在于那儿的。它的结合就是绘画。词语不能复制对象的表现性。但是，词语**能**

够指出，绘画**不**是仅仅一个罗讷河上的具体的桥的“再现”，也不是一颗破碎的心，甚至不是凡·高自己的，以某种方式先被刺激起来，又被景色所吸收（并被吸收进景色）的哀伤的情感的“再现”。他的目的是，通过对任何在场的人可能“观察”到的，成千上万的人观察过的材料的图像再现，提供一种**新的**，被经验为仿佛具有其自身的独特意义的对象。情感的骚动与外部的事件融合在一个对象中，它的“表现性”既不是体现为两者的分离，也不是体现两者的机械结合，而仅仅是体现在“彻底地使人心碎”的意义之上。他并没有倾倒出一种哀伤的情感；这是无法做到的。他运用了某个有点特别的眼光选择并组合了一个外在题材——这就是表现。并且，就他实现的程度而言，这幅画必须是表现性的。

罗杰·弗莱*在评论现代绘画的独特特征时，作了下述概括：“几乎对自然万花筒的每一次转动，都会在艺术家那里出现一个超然和审美的视觉，并且，当他观照一个特定的区域时，这种（在审美方面）无序和偶然的对形式和色彩的观照开始结晶为一种和谐；并且，当这种和谐对于艺术家来说变得清晰时，他实际上的视觉由于强调他内心形成的节奏而被扭曲。某些线的关系对于他来说充满 87
着意义；他不再好奇地，而是充满激情地去领悟它们，同时，这些线条开始受到高度重视，清楚地从其他所见对象中突现出来，他可以比起初见时更加清楚地看到它们。同样，就其本性而言总是模糊而难以捕捉的颜色，由于其现在具有的与其他颜色的必然关系，对

* 罗杰·弗莱（Roger Fry，1866—1934），英国著名美学家与美术批评家、画家，在美学上，与克莱夫·贝尔一道，发展了形式主义美学，在美术评论上，对当时正在兴起的塞尚等后印象派绘画作出过有力的辩护。——译者

他来说变得极其确定而清晰，这样，在他决定画他的视觉时，他可以肯定而明确地将它叙述出来。在这样一种创造性的视觉中，对象本身趋向于消失，失去它们各自的整一性，取而代之的是整个视觉的马赛克（镶嵌画或图案）中的许多碎片。”

我感到，这一段是对在艺术知觉和建构中发生的事实的极好的说明。它澄清了两件事：如果视觉是艺术的或建构（创造）的，那么，所再现的就不是“对象本身”，即不是自然景观中的物体在如实出现和被回忆之时。这*不是*，比方说，一位侦探为他自己的目的要保存现场景象时，照相机会提供的*那种*再现。不仅如此，这一事实的原因已经清楚地阐明了。某些线条与色彩的关系成为重要的，“充满着意义”，而其他的一切都服从于对隐含着在这些关系中的意义的召唤，通过省略、扭曲、增加、变化，以传达这种关系性。对前面说的话，也许还可以加上一条。画家并非带着空白的心灵，而是带着很久以前就注入能力和爱好之中的经验的背景，或者带着一种由更晚近的经验形成的内心骚动来接近景观的。他有着一颗期待的、耐心的、愿意受影响的心灵，但又不无视觉中的偏见和倾向。因此，线条与色彩凝结在此和谐而非彼和谐之上。这种特别的和谐方式并非专门是线条与色彩的结果，而是实际的景观在与注视者带入的东西相互作用后产生的应变量。某种微妙的与他作为一个活的生物的经验之流间的密切关系使得线条与色彩将自身安排成一种模式和节奏而不是另一种。成为观察的标志的激情性伴随着新形式的发展——这正是前面说到过的审美情感。但是，它并非独立于某种先在的、在艺术家的经验中搅动的情感之外；这
88 后一种情感通过与一种从属于具有审美性质材料的视觉形象的情

感上融合而得到更新和再造。

如果记住这些思考的话，依附在这段引文上的某种含混性就会得到澄清。他谈到线条以及它们充满着意义的相互关系。但是，相对于任何明确陈述的东西，他所说的意义可能专门指线条的相互关系。那么，线条与色彩的意义就将完全取代所有依附于这个以及任何其他自然景观的经验的意义。在这种情况下，审美对象的意义就其与任何其他的被经验到事物意义的区分来说，是独一无二的。那么，艺术作品只有在它表现某种专属于艺术的东西时，才是表现性的。这一类表述所要达到的目的，也许可以从弗莱先生的另一段常常被人们引用的话中推导出来，这段话的大意是，在艺术作品中，“题材”如果不是实际上有害的话，也是无关紧要的。

因此，所引用的这段话引起了人们对艺术中“再现”性质的关注。第一段话强调在新的关系中需要出现新的线条与色彩。这对这样一些人来说，起着挽救的作用，这些人在谈到绘画时，如果不是在理论上，通常也是在实际上设想，再现或者是指模仿，或者是指愉快的回忆。但是，题材无关紧要的言论使那些接受它的人陷入一种极其晦涩秘奥的艺术理论之中。弗莱先生继续说：“就艺术家只是将对象看成作为他自己的潜在理论的整个视觉领域的部分而言，他不能说明对象的审美价值。”他又说：“……艺术家在所有人之中对自己周围环境是最恒常的观察者，最少受它们内在的审美价值的影响。”不然的话，怎样才能解释画家避开一些具有明显审美价值的景观和物体，而转向一些由于某种怪异和形式使他有所触动的事物呢？为什么他更喜欢画索霍而不是圣

保罗大教堂呢？*

弗莱先生所指的是一个在实际层面上发生的倾向，正像批评家以题材“肮脏”或怪诞为理由来谴责一幅画所带有的倾向一样。但是，同样正确的是，任何真正的艺术家都将避免使用先前已经在
89 审美上被过度使用过的素材，寻找那些在其中他个人的洞察力与表现力能够得到完全发挥的素材。他将前者留给那些次一等的艺术家以略有变化的形式说一些已经说过的东西。在我们确定这些思考并不能解释弗莱先生所指的倾向之前，在我们作出他所作出的具体的推论之前，我们必须回到已经提到的一个思考的力量上来。

弗莱先生的意图是，在内在于事物的日常经验的审美价值与艺术家所关注的审美价值之间作出一个彻底的区分。他的意思是，除了审美上的偶然情况外，前者与题材具有直接联系，而后者与形式联系在一起，而与题材相分离。如果一位艺术家接近一片景色时能够不带有从他的先前的经验中汲取的趣味和态度，没有价值背景，他也许能，从理论上讲，专门根据它们作为线条与色彩的关系来观看线与色彩。但是，这是一个不可能实现的条件。不仅如此，在这种情况下，对于他来说就没有什么可以产生激情的。在一位艺术家能够根据他的绘画所独具的色彩和线条关系发展出他面前景色的重构之前，他观察到具有由先前经验将意义和价值引入他知觉之中的景色。这些确实是在他的新审美视觉形成时的

* 索霍(Soho)，英国伦敦的一个街区，多夜总会和外国饭店。圣保罗大教堂，英国伦敦圣公会教堂，伦敦著名教堂之一，有许多名人在此安葬。——译者

再造和变化。但是，它们不可能消失，艺术家继续去看对象。不管这位艺术家怎样洋溢着创造的热情，他也不能在他的新知觉中剥夺由他过去与环境交往中所提供的意义，也不能从环境对他现在的观看的实质和方式的影响中解脱出来。如果他能够而且这么做的话，就不存在他对于对象的观看方式了。

他对各种题材的先前的经验方面和状态被熔铸进了他的存在之中；它们是他用以知觉的器官。创造性视觉对这些材料进行修正。它们存在于一种前所未有的新经验的对象之中。记忆不必是有意识的，但却具有持久性。它被有机地结合进了自我的结构本身，为当下的观察提供营养。它们是营养品，体现在所见物之中。90
当它们被重铸进新的经验之中时，它们给予新创造的对象以表现性。

假定艺术家想要运用他的媒介描画出某个人的情感状态或持久的特性。如果他是一位艺术家——如果他是一位画家，有着一种由于训练而对媒介的尊重，他就要通过他的媒介的强制力量，对呈现给他的对象进行修正。他将根据线条、色彩、光、空间等构成的一个图像整体的关系来重新审视对象，也就是说，根据创造了直接在知觉中被欣赏的对象的关系来重新审视对象。在否定艺术家企图在严格的再造的含义上再现色彩和线条等要素，仿佛它们已经在对象中存在这一点上，弗莱先生是正确而令人钦佩的。但是，随之而来的，并不是由此推导出，不存在任何题材的任何意义的再现，不存在一个题材的显现具有一个自身的、澄清并集中了在其他经验中散漫而呆滞的意义的意义。将弗莱先生有关绘画的观点普遍化，扩展到戏剧和诗上去，就不是那么一回事了。

两种再现间的不同也许可以用论及素描的方式来指出。一个有技能的人可以轻易地画出线条，以表示害怕、愤怒、愉快，如此等等。他用线弯向一个方向表示得意洋洋，弯向相反的方向表示悲伤。但是，结果不是一个知觉的对象。所见的东西立刻转向所提示的东西。这种图如果不是在成分上，也是在种类上与指示牌相似。该对象是指示而不是包含意义。它的价值就像指示牌对于开汽车的人的价值一样，指引他进行下一步的活动。线条与空间的安排不是由于其自身的被经验的性质而是由于它提示了我们某种东西。

在表现与陈述之间，存在着另一个大的不同。后者是一般化的。一个理智的陈述所具有价值，是由它将心灵引导向许多同类的事物的程度而定的。它的有效性在于，像平坦的人行道一样，将我们送往许多地方。与此相反，一个表现性对象的意义是个性化的。示意式的素描表示悲伤却不表达某一个人的悲伤情感；它展示人们在悲伤时一般都会显示出来的这种脸部“表情”。对悲伤的
91 审美描述显示特殊个人在特殊事件中的悲伤。所描绘的是那种悲哀状态，而不是无所依附的沮丧。它有一个地方性的居所。

一种最高的幸福状态，是宗教画的共同的主题。圣徒们被呈现出享受着一种极端快乐的状态。但是，在绝大多数早期宗教画中，这种状态是被指示出，而不是表现出来的。画出来供辨认的线条就像提示性的符号一样。它们具有与围绕着圣徒头上的灵光圈一样的固定而一般化的性质。就像人们用以区分不同的圣凯瑟琳或标出不同的十字架下的玛利亚时所用的惯例一样，通过符号传达具有启示性质的信息。在极乐感的一般状态与所涉及的独特的

形象之间，并没有必然的关系，而只有一种在教会圈子里发展起来的联想。它也许在仍珍爱同样联想的人中间激发类似的情感。但是，这不是审美的，而是威廉·詹姆斯所描述的那种情况："我记得曾见到一对英国夫妇，于严寒彻骨的二月里，在威尼斯学院的著名的提香的《圣母升天》画前坐了一个小时以上；我被寒冷驱赶着，从一个房间到另一个房间，要放过这些图画而尽快赶到阳光之中，但在我离开之前，我带着敬意走近他们，想知道他们具有怎样的超凡的感受力时，我所听到的不过是那位女士的喃喃低语：'她脸上有着怎样的一副请求宽恕的表情！真是一种自我牺牲！她对她所得到的荣誉感到多么的不相配！'"

牟利罗*画中的感情的虔诚为无疑具有天才的画家使他的艺术感受服从于与艺术无关的"意义"时会出现什么情况，提供了一个很好的例证。那类对于提香的画完全不适用的话，对他的画倒显得很贴切。但是，这将带着一种审美实现的缺失。

乔托也画圣徒像。但这些圣徒的脸就不那么程式化；他们更具有个性，因而画得更具自然主义特征。同时，他们也更具审美
性。这时，艺术家使用光、空间、色彩与线条等各种媒介，提供一个 92
将自身归入到令人愉快的视觉经验中的对象。独特的人的宗教意义与独特的审美价值相互渗透和融合；对象成为真正表现性的。绘画在这一方面无疑就成了乔托本人，就像马萨乔的多个圣徒像就是多个马萨乔一样。极乐的表情不是可从一位画家的作品翻印

* 牟利罗(Bartolomé Esteban Murillo，1617—1682)，西班牙巴洛克宗教画家。——译者

到另一位画家的画作上的模板，而是带着创造者的个人印记，因为它不仅被假定为一般性地属于一个圣徒，而且表现了他的经验。在个性化的形式，而不是在图式化的再现或忠实的复制之中，意义，甚至它的最基本的本性，得到了更为完满的表现。忠实的复制中包括了太多的不相干的东西；而图式化的再现则太不确定。在一幅肖像中，色彩、光与空间之间的艺术关系不仅比轮廓性图案更令人愉快，而且说出了更多的东西。提香、丁托列托*、伦勃朗或戈雅的肖像画使我们似乎面对着对象的本质特性。但是，这个结果是通过严格的造型手段来获得的，而背景处理的方法本身向我们提供了某种超出个性的东西。线条的扭曲与背离实际的色彩，不仅增加了审美的效果，而且导致增加表现性。这样的话，材料就不再从属于某个特殊而先在的、欣赏这里所画之人的意义（忠实的再造只能提供在一个特定时刻展示的历史典型），而是重新构造与组织，以表现艺术家对于这个人的整体的想象性视像。

在对绘画的种种误解之中，没有什么比对素描的性质的误解更为常见的了。那些学会了认识事物，却不会审美地感知的人，会站在一幅波提切利、艾尔·格列柯或塞尚的画前，说道："可惜画家从未学会素描。"然而，素描也许恰恰是这些艺术家的特长。巴恩斯博士指出了绘画中素描的真正功能。** 这不是一个取得一般的表现性的手段，而是一种非常特别的表现价值。它不是一个通过

---

* 丁托列托（Tintoretto），原名雅各布·罗布斯提，文艺复兴后期威尼斯画派画家，曾师从提香学画。——译者

** 这里的巴恩斯博士系指 Albert Coombs Barnes（1872—1951），美国防腐剂阿吉乐的发明者，美术作品收藏家。本书卷首题词和序言中均提及此人。——译者

准确的轮廓与确定的明暗达到帮助认知的手段。画是抽出(draw
out);是提取出题材必须对处于综合经验中的画家说的东西。此
外,由于绘画是由相关的部分组成的整体,每一次对具体人物的刻 93
画都被引入(be drawn *into*)一种与色彩、光、空间层次,以及次要
部分安排等其他造型手段的相互加强的关系之中。* 从实际事物
的形体上看,这种综合也许会,并且实际上是一种物理上的扭
曲。①

用于精确地再造一个具体形体的线性轮廓在表现性上必然是有限的。它们或者只是,如像人们有时说的那样,“现实主义地”表现一件事物,或者表现一般化了的事物的种类,通过它们我们认识到所属的物种——人、树、圣徒,或其他的什么事物。审美地“勾画”的线随着表现性的相应增加,会实现许多功能。它们体现了量、空间和位置,以及实体与运动的意义;它们进入到图画的所有其他部分的力量之中,并且,它们起着将各部分联系到一起,以使整体的价值充分地表现出来的作用。并非仅仅是制图的技巧可以使得线完成所有这些功能。相反,在这方面,孤立的技巧实际上肯定会导致一个结构,在其中线性的轮廓自身得到突出,却破坏了作品作为一个整体所具有的表现性。在绘画的历史发展中,由素描

* draw 和 paint 在汉语中都可译为动词的“画”,而 drawing 和 painting 在汉语中都可译为“绘画”。在英语中,draw 是画出线条,这个词的还有“拉”、“牵”、“抽取”等意义,作者在此将这些意义联系起来论述。因此,这里的翻译依上下文,将 draw 有时译为“画”、“勾画”,有时译为“抽”、“引”(取“牵引”的意思),而将 drawing 译为“画”或“素描”。——译者

① 巴恩斯:《绘画中的艺术》,第 86 页和第 126 页,以及《马蒂斯的艺术》中论素描的一章,特别是第 81—82 页。

所决定的形体，经历了一个从令人愉悦地表示一特定对象到成为一个多层次和色彩间和谐融合关系的稳步发展过程。

相对于前面说的关于表现性和意义的内容而言，“抽象”艺术也许看上去像是一个例外。有人认为，抽象艺术作品根本就不是艺术作品，而另有人则认为，抽象艺术作品是艺术的极致。后一种人根据抽象艺术品在字面意义上与再现的距离来对它们进行估价；而前一种人则否认它们具有任何表现性。我想，可以从巴恩斯博士的下述的话中找到这个问题的解决办法。“当形式不再成为实际存在的事物的形式之时，对实际世界的参照并没有从艺术中消失，就像科学不再谈论土、火、气与水，而代之以‘氢’、‘氧’、

94 ‘氮’、‘碳’等较难认识的东西时，客观性没有从科学中消失一样。……当我们不能在一幅图画中发现任何具体对象的再现时，它所再现的，也许是**所有**具体的对象都共有的性质，如色彩、广延性、坚实性、运动、节奏，等等。所有具体的事物都拥有这些性质；因此，在所有事物可见本质中起范式作用的东西会制约情感的解决，个性化的事物以更为专门的方式诱导这种情感的解决。”[①]

简言之，艺术并非由于它将事物间关系以可见的形式描绘出来，不再表示由各种关系组成的特殊性，而只是表示组成整体所必要的关系，就不是表现的。每一个艺术作品都在某种程度上从所表现对象的特殊特征进行“抽象”。否则的话，它就只是通过精确的摹仿，创造出一种事物本身出现的错觉而已。静物画的题材，归

---

① 《绘画中的艺术》，第52页。这一思想的起源被归之于伯迈耶(Buermeyer)博士。

根结底，是高度“现实主义的”——餐布、盘子、苹果、碗。但是，夏尔丹或塞尚根据天生在视觉中令人愉悦的线条、平面和色彩的关系来显示这些材料。没有某种程度的从其物理存在中的“抽象”，就不可能出现这种重新整理。确实，将三维的对象呈现在二维的平面上的努力，本身就要求将这些对象从它们所存在的通常状态中抽象出来。对于究竟应抽象到什么程度，没有先验的规定。在艺术中，“检验布丁的办法是吃掉它”的老话同样适用。在塞尚的静物画中，有一个物体实际上已经漂浮了起来。然而对于一个具有审美眼光的观察者来说，表现性不但没有降低，而且反而提高了。它推进了一个每个人在看一幅画时都认为是天生就有的特征，即在绘画中，没有什么物体**在物质上**被其他物所支撑。它们互相给予的支撑存在于它们分别对知觉经验的贡献之中。对象的动感表现，尽管暂时保持着平衡，却由于从物质的与外在的可能状况抽象出来而得到了强化。“抽象”通常与独特的理智活动联系在一起。实际上，它存在于每一件艺术作品之中。科学与艺术对抽象所具有的兴趣与所服务的目的各不相同。在科学中，正像前面所规定的那样，它只是为了有效的陈述；在艺术中是为了对象的表现 95
性，因此，艺术家自身的存在与经验决定了**什么**应该表现，以及所出现的抽象的性质与范围。

艺术涉及选择，这是一个得到普遍接受的观点。缺乏选择或注意力散漫导致没有组织的混合物。选择被兴趣所支配；而兴趣是无意识但却有机地对待我们生活于其中的纷繁复杂、色彩斑斓的世界中某些方面和价值的偏见。艺术品永远也比不上自然的无限具体性。艺术家在进行选择时无情地按照自己的兴趣逻辑行

事，同时，他也顺着自己的意念与方向给选择倾向增添一些花絮或“多样性”。有一个不能突破的限制是，必须保留某种对环境中事物性质和结构的参照。否则的话，艺术家纯粹是在私人参照框架中工作，其结果是，即使出现了生动的颜色和嘹亮的声音，也仍然没有任何意义。科学形式与具体对象间的距离显示出了不同的艺术可以在进行它们的选择性变化时不失去对于客观参照框架的参照的范围。

雷诺阿的裸体所提供的是没有色情暗示的喜悦。肉体的艳丽性质保留了，甚至得到了突出。但是，裸体的身体存在的状况被抽象出去了。通过抽象并由于色彩媒介，作为实际刺激的日常与裸露身体的联想在艺术作品中消失了，过渡到了一个新的领域。审美的赶走了物质的，对肉体与花朵间共同性的强调驱除了色情。那种对象具有固定而不可改变价值的观念恰恰是一种艺术要将我们从中解放出来的偏见。正是由于惯常的联想被去除了以后，事物的内在的性质才带着惊人的活力与新鲜性而展示出来。

我感到，丑在艺术品中的位置这个有争议的问题，如果放到这个语境中来看的话，也会得到解决。“丑”字与它所适用的对象间关系存在于习惯性的联想之中，这种联想逐渐显得像是某个对象
96 的固有部分。这对出现在绘画与戏剧中的丑却不适用。由于在一个具有其自身表现性对象中的浮现，就有了一种变化：雷诺阿的裸体就是这个例子。某种在其他的、通常的状况下丑的东西会使人感到厌恶，但在被抽取出来后，就得到了美化，成为一个表现性整体的一部分。在这个新的框架中，对以前的丑的对照恰恰增加了刺激、活泼的因素，并且，以一些严肃的质料，以一种几乎令人难以

置信地方式，增加了意义的深度。

悲剧以独特的力量在结尾时给我们留下一种和谐感而不是恐怖感，这构成了一个最古老的文艺争论的主题。① 我引用一个与现在的讨论有关的理论。塞缪尔·约翰逊说道："悲剧快乐来自于我们的虚构意识；如果我们想谋杀和背叛是真实的，它们就不再能使我们愉快了。"这一解释似乎是按照这样一个模式构造出来的：一个孩子说，大头针救了好多人的命，"原因是他们没有把它们吞下去"。在戏剧事件中现实的缺席，确实是悲剧效果的否定性条件。但是，虚构的杀人并不因此就使人愉悦。正面的事实是，将一个特殊的主题从它的实际语境中移出来，进入一个新的整体，并成为它的一个组成部分。在新关系中，它取得了新表现。它成为一个新质设计中的质的部分。科尔文先生*在引用了前面这段约翰逊的话之后，补充道："我们在观看《皆大欢喜》中的击剑比赛时所具有的特殊的意识也是如此，它依赖于我们的虚构意识。"在这里，我们也是将一个否定性的条件当作一个肯定性的力量来对待。"虚构意识"是一种表现某种其本身具有强烈的肯定性的东西的间接方式：对一个综合整体的意识使一个事件在其中获得新的质的 97
价值。

---

① 我情不自禁地想起人们为亚里士多德的宣泄(catharsis)思想所作的大量独创的解释，产生这些解释的原因，主要在于人们对这个话题的迷恋，而不是亚里士多德赋予它的意义的精妙。人们提出的60多个意义，从他自己的话本身来看，似乎是不必要的。他说的是，人们释放出过剩的情感，以及由于宗教音乐治疗处于宗教狂热中的人，就"像人用药来治疗一样"，因此，过分地小心和怜悯，以及所有情感过分强烈的后果，都被悦耳的音调净化了，最后的宽慰是令人愉快的。

* 指悉尼·科尔文(Sidney Colvin，1845—1927)，英国艺术和文学批评家，著有多部艺术和文学史著作，编辑了斯蒂文森的书信集。——译者

在讨论表现的动作时，我们看到，直接发泄的动作转变为表现的动作，依赖于阻止直接显现，并将之转入到一个与其他的冲动相互协作的渠道之中的条件的存在。禁止原始而生糙的情感不是对它的压制；在艺术中，制约并不等同于阻碍。冲动为相伴的一些趋向所修正；而这种修正附加到意义之上——意义是整体，而修正所提供的，是这个意义的一个组成部分。在审美的知觉中，存在着两种平行而相互协作的反应方式，这些方式与直接的发泄转变为表现的动作有关。这两种从属与加强的方式说明了所知觉的物体的表现性。通过这些手段，一个独特的事件不再是一个对直接行动的刺激，而成为一个知觉对象的价值。

这些平行因素中的第一个，是先在的运动配置。一位外科医生、一位高尔夫球手、一位球队队员，以及一位舞蹈演员、画家、小提琴手都具有某种身体的运动系统，并受它们的控制。没有它们，就不能做出具有复杂技巧的动作。一位狩猎生手见到所追逐的猎物时，会激动而不知所措。他没有一系列准备和等待等有效的动力反应的组合。因此，他的行动倾向间相互矛盾，相互阻碍，其结果是忙乱不堪。狩猎老手面对猎物也会激动。但是他会排除情感，将他的反应引导到事先准备好的程序上：把握住眼手一致，看准枪的瞄准器，等等。如果我们代之以一位画家或诗人，他在一个绿色而洒着点点阳光的森林里突然见到一只漂亮的小鹿时，也会有一个从直接的反应转向其他途径的变化。他没有准备好去射击，但他也没有使他的反应无目的地弥漫到全身。由于先前的经验，这种动力协调立刻将他对当时情况的知觉变得更为敏锐、更为强烈，并将赋予它深度的意义结合进去，同时，它们也使所见之物

落入一种合适的节奏之中。 98

我曾从行动者的角度作了阐述。但是，从知觉者的方面看，类似的思考也完全行得通。对于那些真正看绘画、真正听音乐的人来说，必须事先就准备有间接与附属的反应途径。这种运动准备是任何特殊艺术门类中的审美教育的主要部分。知道看什么和怎么看，从运动配备方面讲是需要做准备的。一位有技艺的外科医生是能够欣赏另一位外科医生的手术技巧的人；他在内心带着同感地重复这些动作，尽管没有公开表露出来。知道一点钢琴家的动作与钢琴所奏出的音乐间关系的人，会听到某些不知道这种关系的人听不到的东西——就像专业的演奏家在读乐谱时“用手指敲”音乐一样。在看绘画创作时，人们并不一定要对怎样调色，怎样用笔以将颜料画到画布上去知道得太多。但是，人们必须知道，存在着运动反应的确定的途径，这部分是由于天生的构造，部分是由于通过经验得到的教育。情感的激发也许与知觉行动无关，正像狩猎生手的不知所措的行动一样。说情感缺乏合适的运动操作程序，就会失去方向，混乱而扭曲知觉，这是不过分的。

但是，要想与确定的运动反应程序协调，还需要某种东西。在剧院里，一个没有准备的看戏者也许会非常想要在所发生的剧情中扮演一个积极的角色，像他在实际生活中所做的那样，帮助正面主角，挫败坏人，以至于他不能好好地看戏。但是，一位厌世的批评家也许会让训练出来的技术反应（归根结蒂仍是一种运动）模式控制自己，从而尽管他熟知这些是**怎么**做成的，却不关心表现了**什么**。为了使一部作品对于感知者来说成为表现的，所需要的另一个因素是，从先前的经验抽取出来的意义与价值与艺术作品直接

呈现出来的性质融为一体。技术性的反应如果不与这些提供的二
99 级材料保持平衡的话，就是纯粹技术的，对象的表现性就是极其有限的。但如果过去经验的相关材料没有与诗或画的性质直接混合，它们就只是外在的提示，而不是对象本身的表现性的一部分。

我避免使用“联想”一词，这是因为传统的心理学认为，所联想到的材料与激起它的直接的色彩与声音仍保持着相互分离的状态。它不接受完全融合，从而不接受将两方面的因素结合成一个整体可能性。这种心理学认为，直接的感性性质是一种东西，而它所召唤或提示的思想与意象，则是另一种独特的精神存在。建立在这种心理学上的审美理论，也许会相互渗透，形成一个整体，在其中，当下的感觉性质赋予实现的生动性，而所激起的材料提供内容与深度。

这里所涉及的东西对于哲学美学来说比起它初看上去要重要得多。存在于直接感性物质与由于先前的经验而结合进去的东西之间的关系问题，直接触及到了一对象的表现性问题的核心。看不到所发生的并非外在的“联想”，而是内在的与内部的综合，导致了两个相互对立，但却同样错误的关于表现的性质的观念。按照其中的一个观念，审美的表现性从属于直接的感性性质，提示所增加进去的不过是那些使它变得更加有趣的东西，这些东西不能成为它的审美存在的一部分。而另一种观念则走一条相反的路，将表现性完全归因于所联想到的材料。

线条仅仅作为线条所具有的表现性，可以作为审美价值本身，并由于其本身而属于感官特性的证明；线条的地位可以用来对理论进行检验。不同种类的线，直线与曲线，直线中的水平线与垂直

线，曲线中封闭的、低垂的与上扬的线，都各自具有直接的审美性质。对于这个事实没有什么争议。但是，这里所涉及的理论却认为，对它们的独特表现性进行解释时可以不涉及任何直接感觉机制以外的材料。这种理论认为，一根直线的单调僵硬，是由于眼睛 100
倾向于变换方向，以曲线方向运动，因此当它被迫做直线运动时，所获得的经验就是不愉快的。另一方面，曲线则由于它符合眼睛自身运动的自然倾向而令人愉快。

可以承认，这一因素确实与经验的单纯愉快或不愉快有关。但是，表现性问题未被触及。尽管视觉机制可以在解剖中被孤立出来，但是，它绝不是孤立地在**起作用**。它在运作时，与伸手去接触物，摸索它们的表面，定向操作，引导它位移联系在一起。这一事实导致了另一个事实，感性性质通过视觉机制为我们所接受，是同时与那些通过相伴的活动为我们所接受的对象紧密联系在一起的。看上去圆是球的性质；感知到的角，不仅是眼睛运动的变化的结果，而且是所触摸到的书和盒子的性质；曲线是天穹，建筑物的拱顶；水平线被看成是大地的延伸，看成是我们周围东西的边。这一要素是持续而不可避免地存在于我们每一次眼睛的使用之中，因此，对于线的视觉经验性质不可能只是指眼的活动。

换句话说，自然并不孤立地向我们呈现线条。在被经验之时，它们是对象之线条；**物**之边界。它们限定形体，而我们一般通过形体来认识我们周围的对象。因此，甚至在我们试图忽视其他的一切，而只是孤立地将目光盯住它们时，线条也承载着它们只是其组成部分的对象的意义。它们是它们为我们限定的自然景色的表现。线条在划分和限定对象的同时，也组装和联结对象。一个碰

到尖锐而突出的墙角的人，就会意识到“锐”角一词的贴切性。具有宽广延伸线条的对象常常具有多孔的特性，看出去显得笨拙，我们将之称为“钝”。这就是说，线条表达了事物相互作用，以及对我们作用的方式；表达了当对象在一道起作用时，就相互加强或相互
101 干扰。由于这个原因，线条摇摆、挺立、偏斜、扭曲、威严；由于这个原因，它们甚至在直接知觉中就具有道德表现性。它们讲求实际而又抱负远大；亲近而又冷漠；吸引人而又拒斥人。在它们身上，具有对象的特性。

线条惯常的特性，甚至在努力将线的经验与其他一切孤立开来的实验中，也不能被排除。线条所限定的对象的特性以及与线条相关的运动的特性已经太深地嵌在线条里了。这些特性与多种多样的经验形成了共振的关系，我们在关注对象时，甚至都意识不到线的存在。不同的线条和不同的线条关系在下意识中充满着我们在每一次与周围世界接触时的所作所为形成的价值观。绘画中的线与空间关系的表现性只有在这个基础上才能被理解。

第二种理论否认直接的感觉性质具有任何表现性；这种理论认为，感官只是外在的载体，通过这种载体其他的意义被传达给我们。浮龙·李*，一位无疑具有敏感性的艺术家，对于这个理论作了最为完整的论述。她的理论尽管与德国人的移情理论有共同之处，却以某种方式避免了那种思想，即我们的审美知觉是将对于对

* 浮龙·李(Vernon Lee，1856—1935)，英国艺术家与批评家，原名是瓦奥莱特·佩吉特(Violet Paget)，浮龙·李是她的笔名。她著有《美与丑》、《论美》等著作，在当时曾有过一定影响。朱光潜曾在《西方美学史》中对她的思想作了专门介绍，见该书人民文学出版社 1979 年版，第 620—623 页。——译者

象特性的内在摹拟投射到对象上去，在我们注视对象时，这种特性就戏剧性地起作用。实际上，这一理论不过是古典的再现理论的一种万物有灵论式的翻版而已。

照浮龙·李以及美学领域里的其他一些人看来，“艺术”表示一组活动，它们分别具有记录、构造、逻辑与交流的性质。艺术就其本身而言，并非审美。这些艺术的产品成为审美的，是“适应了一种完全不同的欲望，它具有自身的原因、标准和要求”。这种“完全不同的欲望”是对形体的欲望，而这种欲望是由对满足我们的动力影像方式的一致性的需要而出现的。因此，像色彩与声调这样一些直接的感觉性质是无关紧要的。对形体的要求在我们的运动表象重新展现体现在一个对象中的关系之时得到了满足——例 102
如，像“急剧汇合的线条与精巧地表现出来的山峰轮廓的扇状组合，时而升上尖尖的顶峰，时而坠落，又快速地升起，留下长而陡峭、凹陷的曲线”。

感官的性质被说成是非审美性的，这是因为，与我们积极地确定的关系不同，它们强加在我们身上，有压倒我们之势。有价值的是我们做了什么，而不是我们感受到了什么。在审美中起根本作用的东西是我们自己的起始、游动、回到出发点、把握过去、带着它前行等精神活动；是注意力向后与向前的运动，因为这些动作是由于运动表象的机械作用而完成的。所产生的关系是对形体的限定，而形体说到底不过是关系而已。它们“将否则的话就是无意义的感觉的并置与前后组合变成为有意义的，甚至在作为其组成部分的感觉完全改变以后，还能被人记住与认出的实体，也就是说，将它们变成为形体”。其结果就是在真正意义上的移情。这种移

情不是“直接处理情绪与情感，而是处理进入到情绪与情感之中，并由此而得名的活动状态。……形形色色，形成多种多样结合的由线、弧和角所构成的戏剧性事件，并不发生在由石头和色彩所体现出来的受到注视的形体上，而**仅仅发生在我们自身之**中。……由于我们是它们的仅有的真正表演者，这些线条的移情式戏剧性事件注定会对我们产生影响，对我们生活需要和习惯或者起加强或者起阻碍作用”（着重号系引者所加）。

就其在区分感觉与关系，质料与形式，能动与受动，经验的阶段，以及对当它们被区分开来时会发生什么的逻辑陈述而言，这种理论是十分重要的。对关系的作用，以及我们的活动性（后者在生理上与我们的运动机制的所有可能性联结在一起）的认识，与那种将感觉的性质仅仅理解为被动地接受和经历的理论相比，是受欢迎的。但是，一种将绘画中的色彩看成是与审美无关，坚持音乐中的音调只是审美关系附加在其上的某种东西的理论，似乎根本用不着去驳斥。

这两种理论通过相互批判而互补。但是，审美理论的真理不
103 能通过机械地将一种理论叠加在另一种理论之上而达到。艺术对象的表现性是由于它呈现出一种感受与行动材料的彻底而完全的相互渗透，而这里的行动包括对我们的过去经验材料的重新组织。在这种相互渗透中，这里的行动不是通过外在的联想，也不是强加在感觉性质之上。此对象的表现性是报告与庆祝我们所经历的东西，与我们的注意性知觉活动所带进来的、我们通过感觉所接受的东西之间的完全融合。

这里所涉及的对我们的生命需要与习惯的加强值得注意。这些生命需要与习惯是纯粹形式的吗？它们是能够仅仅凭借关系而使人满意，还是要求补充色彩与声音这些质料？后者似乎是被含蓄地接受了，当浮龙·李继续说，“艺术远不是向我们传达真正的生活感受，而是向我们提供在我们日常实际生活中太少、太小、太混杂的静谧生活的样本，对之进行强化和扩大”时，情况确实是如此。但是，艺术所强化和扩大的经验既不仅是存在于我们自身之中，也不是由物质外的关系组成。一个生物既是最活跃，也是最镇静而注意力最集中之时，正是他最全面地与环境交往之时，这里感觉材料与关系达到了最完全的融合。艺术在退回自身之时，就不会增强其经验，而这种退缩所导致的经验也不会是表现性的。

两种所考虑的理论都将活的生物与它在其中生活的世界分离开来；生命，当它们由于心理学而图式化之时，通过一系列相关联的做与受的相互作用，成为运动和感觉。第一种理论在从世界的事件与场景中孤立出来的有机活动中找到了某些感情的表现性质的原因。另一种理论通过在“形体”中体现运动关系，将审美因素定位于“仅仅存在于我们自身中”。但是，生活过程是持续的；这具 104
有持续性，是因为这是一个永恒的作用于环境与被环境所作用的过程，伴随着处于所做与所受间的关系的体制。因此，经验必然是积累性的，而它的主题由于其积累的连续性而获得表现性。我们所经验的世界成为自我的一个组成部分，它对未来的经验起作用，也受着未来经验的影响。作为物质性的事件，所经验的事物与事件经历了，也过去了。但是，它们的意义与价值中的某些东西被保

留下来，成为自我的组成部分。通过与世界交流中形成的习惯(habit)，我们住进(in-habit)世界。* 它成了一个家园，而家园又是我们每一个经验的一部分。

那么，经验的对象怎么能避免变得具有表现性呢？然而，冷漠与迟钝在对象外建了一个外壳，将这种表现性隐藏起来。熟悉导致不关心，偏见使我们目盲；自负使人倒拿望远镜，将对象的重要性看小，而将自我的重要性夸大。艺术揭开了隐藏所经验事物之表现性的外衣；它催促我们不再处于日常的松弛状态，使我们在体验我们周围世界的多样性质与形式的快乐之中忘却自身。它截取在对象中所发现的每一片表现性的影子，并将它们安排进一个新的生活经验之中。

由于艺术的对象是表现的，它们起传达作用。我不是说，向别人传达是艺术家的意图。但是，这是他的作品的结果——如果作品在别人的经验中起作用的话，它确实只能存在于传达之中。如果艺术家要想传达一个特别的信息，他就因此而会限制他的作品对别人的表现性——不管是他希望传达一种道德训诫，还是卖弄他的聪明，都是如此。就所有要说出点新东西的艺术家而言，对直接观众反应的漠不关心是一个必要的特征。但是，他们深深地为一个信念所鼓舞：由于他们仅只能说出他们不得不说的东西，问题就不是在于他们的作品，而是由于接受者视而不见，充耳不闻。可传达性与普及性无关。

---

* 作者在这里用了一个双关语。习惯(habit)与居住(inhabit)具有同一词根，共同来自古拉丁语的 *habitus*，原义是拥有。——译者

在此，我不得不说，托尔斯泰关于直接的感染性可用来检验艺术性质的话在很大程度上是错误的，他所说的只有那种材料才能 105
传达的话也是狭窄的。但是，如果时间跨度被延长的话，确实，除了有人在倾听时被感动的情况以外，没有人会在说话时更有说服力。正如托尔斯泰所说，那些被感动的人会觉得，作品所表现的仿佛是某种一个人自己渴望去表现的东西。同时，艺术家在向观众进行传达时，是在创造观众。最终，在一个充满着鸿沟和围墙，限制经验的共享的世界中，艺术作品成为仅有的、完全而无障碍地在人与人之间进行交流的媒介。[*]

* 作者在这里引述了列夫·托尔斯泰的《什么是艺术?》一书中关于艺术的观点。这些观点在下面一段话中得到集中体现:“在自己心里唤起曾经一度体验过的感情，在唤起这种感情之后，用动作、线条、声音以及言词所表达的形象来传达出这种感情，使别人也能体验到这同样的感情——这就是艺术活动。”(丰陈宝译)——译者

106

第六章 实质与形式

由于艺术对象是表现性的，它们是某种语言。更确切地说，它们是许多种语言。每一门艺术都有自己的媒介，而这种媒介特别适合于某一种交流。每一种媒介都表述某种用任何其他的方式都不能这么好、这么完整地表达的东西。日常生活的需要赋予一种交流，即说话，以实际上最重要的地位。不幸的是，这一事实给予大众一种印象，即表现在建筑、雕塑、绘画，以及音乐中的意义可以被翻译为语词，这些意义在翻译后纵有损失，也不会很大。实际上，每一种艺术都有自己的语言方式，不能在用另一种语言传达其意义时还保持原样。

语言只在它被听与被说时才存在。听者是不可缺少的一员。艺术作品只有在它对创作者以外的人的经验起作用时，才是完整的。因此，语言中存在着逻辑学家所说的三合一关系。存在着说话者、所说的质料与所说的对象。外在的对象，那艺术产品，是艺术家与听众之间的联系环节。甚至当艺术家独自工作时，所有这三个要素也都存在。作品摆在艺术家面前，不断发展，而艺术家不得不替代性地充当受众的角色。只有在他的作品像一个人向他叙述亲眼所见那样打动他时，他才能将它表述出来。他像一个第三者可能注意和阐释的那样去观察和理解。据说马蒂斯曾说过：“当

一幅画完成以后，它就像一个新生的孩子一样。艺术家自己也必须花时间去理解它。”要想把握一个孩子存在的意义，我们必须与他生活在一起，对于艺术品，我们也必须如此。

所有的语言，不管它用什么媒介，都涉及说了**什么**与**怎样**说的，或者说，实质与形式这两个要素。关于实质与形式，一个大问题是：是质料先已完成，再寻求发现一个后来才有的、体现它的形 107
式，还是艺术家的全部创造努力在于赋予材料以形式，从而使之在实际上成为一件艺术作品的真正实质？这个问题具有深远的影响。对它的回答决定了对许多其他审美批评争议的回答。是否存在着一种属于感觉材料的审美价值，而另一种审美价值属于使这些材料变得具有表现性的形式？是所有的话题都适合于被审美地处理，还是仅仅只有其中的一部分，由于其内在的特别性质而适合于这种处理呢？“美”是形式的另一个名称，它像一种超越的本质一样从外部降临到材料之上，还是审美性质的另一个名称，它每当在**材料被赋予形式**之时就以某种方式使自身获得充分的表现性？审美意义上的形式是某种从一开始就独特地划分出对象的领域，被称为审美的东西，还是每当一个经验达到其完全的发展时所出现东西的一个抽象的名称？

所有这些问题，在前面三章的讨论中实际上都已提到，并已暗示了它们的答案。如果一件艺术产品被当作**自我**表现，并且，这里的自我被认为是某种独立地完成而自满自足的东西，那么实质与形式当然就是分离的。不言而喻，用来包裹自我暴露的东西，是外在于所表现的东西的。两种东西中不管哪一种被当作是形式，哪一种被当作是实质，这种外在性都存在。同样，如果**没有**自我表

现，没有个性的自由活动，产品就必然仅仅是一个物种中的一个实例；它缺乏只有在事物个体以其自身的原因而存在时才可被发现的新鲜性和独创性。这是研究形式与实质的关系问题的一个出发点。

一件艺术作品所赖以组成的**材料**属于普通的世界，而不是属于自我，然而，由于自我以一种独特的方式吸收了材料，并以一种构成新的对象的形式将之重新发送到公众世界中去，因而在艺术中存在着自我表现。其结果，这个新的对象也许在接受者那里会有类似的对古旧而普通材料的重构与再造，并因此最终形成所公认的世界的一部分——成为“普遍的”。所表现的材料不可能是私
108 人的；否则就会出现一种疯人院状态了。但是，所说的**方式**是个性化的，并且，如果产品是一件艺术作品的话，是不可重复的。生产方式的同一性是机器生产的特征，而审美的特征则具有学术气。由于一般材料的所呈现的方式使之变成了一种新鲜而具有活力的实质，一件**艺术**作品的性质是**独一无二**的。

对于生产者适用的道理，对于接受者也同样适用。接受者也可以学究式地观看，寻找与他所熟悉的东西的相同之处；或者学者式地、迂腐地寻找适合于他想要写的一段历史、一篇文章的材料，或者伤感地寻找某些情感上珍贵的主题的例证。但是，如果他审美地知觉，他将创造一个具有全新内在的题材和实质的经验。英国批评家 A. C. 布拉德利*曾说过，“一首首的诗(poem)组成了

* 布拉德利(Andrew Cecil Bradley，1851—1935)，英国文学评论家、莎士比亚研究家、新黑格尔主义者。中文又译为布拉德雷。——译者

作为总称的诗歌(poetry)，我们会照它实际存在的样子来考虑一首诗；而一首实际上的诗是我们在读诗时所经历的一连串经验——声音、意象、思想。……一首诗是在数不清的程度上存在着的。”同样，它以无数的性质或种类存在，由于其“形式”，或者由此所带来的反应方式的不同，没有两位读者具有同样的经验。一首新诗是由每一位诗意地阅读的人所创造的。生糙的材料并不具有独创性，这是因为，我们毕竟生活在同样的旧世界之中。每一个个人在发挥其个性时，带进了一种观看与感受的方式，这种方式与旧材料的相互作用时创造出了某种新的东西，某种以前没有存在于经验之中的东西。

一件艺术作品，不管它多么古老而经典，都只有生活在某种个性化的经验之中时，才在实际上，而不仅仅潜在地是艺术作品。作为一张羊皮纸、一块大理石、一张画布，它历经时代沧桑，却始终如一。但是，作为一件艺术作品，在每次对它进行审美经验时，都再创造一次。在涉及音乐乐谱的演奏时，没有人怀疑这个事实；没有人认为，纸上的线与点有什么超出唤起艺术作品的记录手段之外的特点。但是，同样的道理也适用于作为建筑的帕台农神庙。问一位艺术家他的作品的“真正的”意义是什么，是荒谬的：他自己会
在不同的日子和一天的不同的时间里，在他自身发展的不同阶段， 109
从作品中发现不同的意义。如果他能够说清楚的话，他会说“我就是那个意思，而那个是指，你或者任何一个个人能够真诚地，即根据你自己的生命经验，从中得到的意思”。任何其他的思想都使艺术作品所自我炫耀的“普遍性”等同于单调的同一性。帕台农神庙，或者其他任何作品，都由于能持续地激发新的个人经验的实现

而成为普遍的。

在今天，任何人都不可能与当时虔诚的雅典公民获得同样的对于帕台农神庙的经验，就像一座12世纪的宗教塑像对于今天的，甚至一个好的基督徒的审美意义也与在过去的崇拜者眼中的意义有着很大的不同。不能成为新的“作品”不是由于它们不具普遍性，而是由于它们“过时了”。经久不衰的艺术产品也许，并可能就是由于某件事而被偶然唤起的，而这个某件事也有属于自身的时间与地点。但是，所唤起的东西只是一个实质，它以其自身的形式而能够进入到其他人的经验之中，并使他们具有更为强烈而更为完整的他们自己的经验。

拥有形式，指的是这样的意思：它标示出一种构想、感受与呈现所经验的材料的方式，从而使之在那些比起具有原创性的创造者来说有着较少的天才的人那里，能够从这些材料更容易、更有效地构筑充分的经验。因此，除了在思维之中之外，不可能在形式与实质之间做出区分。作品本身是被形式改造成审美实质的质料。* 然而，批评家与理论家，作为对艺术产品进行反思的学者，不仅可以，而且必须区分这两者。对拳击或高尔夫球选手的任何熟练的观察者，我认为，都可在做了什么与怎么做之间设定一个区别——区分击倒与出拳方式；区分球被击出了多少码，到达了如此这般的一条线，与击球的方式。从事实际操作的艺术家，在纠正一

---

* 这里直译应为“形成审美实质的质料”，文中的翻译保留了“形式”(form)一词。英文的form这个词既可用作名词，也可用作动词。作动词时，可译为“形成”。这里作者故意名词用法与动词用法连用，而中文中，“形式”一词不可用作动词，故有此译。这不等于说，原文中有先有形式，再将之加诸质料之上的含义，这是需要在此申明的。——译者

个习惯的错误，或者学习怎样更好地实现一个特定的效果时，会做出一个类似的区分。然而，动作本身，严格说来，是由于它怎样做而成为它是什么的。在动作中没有区分，只有方式与质料、形式与实质的完美结合。

前面所引的布拉德利在一篇题为《为诗而诗》的文章中，对话题与实质做出了区分，而这也许会成为我们进一步讨论这个问题 110
的一个很好的起点。我想，这个区分也许可以解读为在为艺术生产的质料与艺术生产中的质料之间的区别。话题或"为艺术生产的质料"能够用艺术产品本身以外的方式来表示和描述。"艺术生产中的质料"，实际上的实质，则是艺术对象本身，因而不能用其他的方式来表现。* 布拉德利说，弥尔顿的《失乐园》的话题是，伴随着天使的反抗而出现的人的堕落——一个已经在基督徒的圈子里流行的主题，并且很容易被任何熟悉基督教传统的人所认同。诗的实质，审美的质料，是诗本身；即话题在经过弥尔顿的想象性处理所变成的东西。同样，人们可以用语词向别人讲述《古舟子咏》的话题。** 但是，要想传达诗的实质，就必须展示全诗，让诗本身吸引别人。

布拉德利为诗所作的区分，也同样适用于每一门艺术，甚至适

* 这里的材料、质料、话题、主题、题目、标题、题材和实质，原文分别是 material，matter，subject，theme，topic，title，subject-matter 和 substance，这些词很难在汉语中找到完全自然对应的词，这里的译法只是强行规定它们间的对应关系。——译者

** 《古舟子咏》（"The Rime of the Ancient Mariner"，1798），英国诗人柯尔律治（Samuel Taylor Coleridge，1772—1834）的著名诗作。这首诗叙述一个老水手违反生之原则射死信天翁，经受肉体和精神上的惩罚，最后看到人类生命正常的创造过程和宇宙的内在和谐。——译者，参考了《不列颠百科全书（国际中文版）》。

用于建筑。帕台农神庙的“话题”是处女神雅典娜，雅典城市的保护神。如果有人愿意取多种多样的、大量的艺术产品，并对它们作足够的考虑，给每一个都确定话题，那么，他就会看到，处理同样“话题”的艺术作品的实质是无限多样的。在所有的语言中，有多少诗取花，或者仅仅是玫瑰花作为它们的“话题”？因此，艺术产品中的变化不是任意的；它们不是从想要生产出某种新而惊人的东西的未受训练的人的未受规范的意欲开始的，甚至一些相当革命的人（正像一派批评家总是设想的那样）也是如此。它们就像世界上的普通事物一样，不可避免地被不同文化和不同个性的人所经验。对于公元前 4 世纪的雅典公民来说具有重大意义的话题，在今天看来，不过是一个历史事件而已。一位英国 17 世纪的新教徒也许完全能品尝弥尔顿史诗的主题，但却不赞成但丁《神曲》的题目与场景，从而不能欣赏后者的艺术性质。今天，一位“不信教者”也许恰恰由于不关心它们的题材，而成为在审美上对这些诗最为敏感的
111 人。另一方面，许多绘画观察者今天已经不能正确地根据其内在的造型价值来对待普桑的画，原因在于对他的古典主题的陌生。

正如布拉德利所说，话题是处于诗之外的；实质是在**它**之内的；更正确地说，**它就是**诗。然而，“话题”本身也在一个很广的范围之中变动。它也许不过是一个标签而已；它也许是唤出作品的诱因；或者，它也许是当生糙的材料进入艺术家的新的经验之中，并得到变化的题材。济慈和雪莱关于云雀与夜莺的诗很有可能并非以这些鸟的歌声为唯一的诱因刺激。那么，为了清晰起见，有必要不仅将实质与主题或题目区分开来，而且将这两者与先在题材区分开来。《古舟子咏》的“话题”是一个水手杀死了一只信天翁，

以及随后发生的事。它的质料则是诗本身。它的题材是一位读者带有的与一个活的生物有关的所有残忍与怜悯的经验。艺术家自身很少独自从一个话题开始。如果他这么做的话，他的作品就几乎肯定会矫揉造作。开始出现的是题材，然后是作品的实质或质料；最后决定题目或主题。

先行的题材并非立刻在艺术家的心灵中变为一件艺术品中的质料。它有一个发展过程。正如我们已经看到的，艺术家由于他以后所做的事而发现他在向何处去；也就是说，原初与世界的接触所产生的刺激与兴奋经历了不断的变化。他所达到的质料的状态要求去实现，并且它构成了一个限制进一步活动的构架。在将题材变为艺术作品的实质本身的过程发展之时，最初描绘的事件与景观也许会被放弃而被其他事件与景观所取代，通过吸入那激发原初刺激的优质材料而被吸收进去。

另一方面，主题或者话题除了服务于实际辨认的目的之外，也许一点也不重要。我有一次看到发表关于绘画方面的演讲的人，通过展示一幅立体主义绘画，并让观众猜画的是什么，而赚取了观众的廉价的笑声。他然后说出了画的题目——仿佛那或者是画的 112
题材，或者是它的实质。艺术家由于某种他自己最知道的原因而给他的画贴上了标签，是要“震慑资产阶级”（*pour epater les bourgeois*），或者由于这个原因，或者是由于以某个历史人物的名义而具有某种性质上微妙的联系。讲演人与观众的笑所暗示的是，题目与所见到的绘画的明显不一致，以某种方式成为后者的审美性质的反映。没有人会允许他对帕台农神庙的感受会由于他恰好不知道用作该建筑物名称的这个词的意义而受到影响。然而，比起

演讲中所描述的事来说，谬误更多而更复杂地以多种方式存在着，在绘画中尤其是如此。

名称可以说是社会性的。它们将对象区分开来，以便容易指称，因此，贝多芬的一部交响曲被称为“第五”，或当提香的画被称为“下葬”而提及时，谁都知道说的是什么。* 华兹华斯的一首诗可以用它的名字来表示，但它也可以指可在某版本中的某一页中找到的，被称为《露西·格雷》的那首诗。** 伦勃朗的画可以叫《犹太人的婚礼》，也可以说就是在阿姆斯特丹画廊里一个特别的房间的某面墙上挂的那幅画。音乐家通常用数字来称他们的作品，也许再标注一下音调。画家喜欢模糊的标题。因此，艺术家也许是无意识地努力从一种将某一艺术对象与听众和观众根据过去经验来认知的景色或事件过程联系起来的一般倾向中逃避出来。一幅画也许会仅仅在目录上登上“黄昏时分的河”。尽管那样，许多人仍会认为他们必定将把对曾在那特定时间里所见到的河的回忆带入到对它的经验之中。但是，在这样处理时，绘画就此而言不再是一幅绘画，而成了目录册或文档，仿佛它是一幅为了历史或地理目的，或为侦探工作所拍的彩色照片。

* 贝多芬的“第五”即指他的《第五交响曲》。提香的“下葬”是指意大利文艺复兴时期画家提香的悲剧题材名作《基督下葬》（*Entombment*，1526—1532），现藏巴黎卢浮宫。——译者

** 华兹华斯的《露西·格雷》发表于1800年，诗中讲道，露西·格雷是一个可爱的小女孩，在一次暴风雪中走失了，她的爹娘焦急地寻找她，却没有找到。人们至今还仿佛在荒原中看见她的身影，听见她的歌声。在写这首诗之前，华兹华斯还写过一些关于露西的诗，在1798—1799年的冬天，他曾写《露西组诗》。研究家对露西的原型有很多的猜测，有人认为是指华兹华斯的妹妹多萝西，但由于在诗中说露西已死，所以也不完全是多萝西。更有可能，这只是华兹华斯想象中的一个人物。——译者

这里所作的区分是初步的；但是，它们却是基本的美学理论上的区分。在结束话题与实质的混淆之时，像前边已经讨论过的有关再现的模糊等也会结束。通过描绘观光客在画廊中边走边说， 113
“这幅画多么像我的表兄弟，”或者那幅画是“我出生地的图像，”以及在描绘观光客在满足于认出一幅画是关于以利亚*之后，再将这个欣喜转移到发现下一个话题之上，布拉德利先生提醒我们注意将一件艺术作品仅仅当作对某物的提示的普遍倾向。除非充分意识到话题与实质的根本区别，不仅偶然的访问者会犯错误，而且批评家与理论家也会根据他们对艺术的题材应该怎样的偏见来评判艺术对象。就在不远的过去，易卜生的戏剧被人们说成是“肮脏的”；而按照审美形式对题材修改，扭曲身体形状的绘画，被谴责为任意而怪诞的。画家的对这样的一个误解所作的正当的反驳可在马蒂斯的一段话中找到。当某人对他抱怨说，她从未看到一个女人像他画中的女人那样，他回答说：“夫人，那不是一个女人；那是一幅画。”将外在的，即历史的、道德的、情感性的，或者在规定了的恰当主题的既有规范伪装下的题材拉进来的批评家们，也许在学识上要远远高于画廊里的解说员，他们所说的不是作为绘画的绘画，而大多是关于产生绘画的机缘，以及它们所激发的情感联想，勃朗峰**的雄伟或安妮·博林***的悲剧；但是，从审美上讲，他们处在同一

* 以利亚（Elijah，又拼作 Elias 或 Elia），希伯来先知，活动时期在公元前 9 世纪。——译者

** 勃朗峰（Mont Blanc），欧洲最高峰，位于阿尔卑斯山，高 4807 米。——译者

*** 安妮·博林（Anne Boleyn，1507—1536），英格兰国王亨利八世的妻子，伊丽莎白一世女王之母，由于宫廷斗争受诬陷而被处死。——译者

水平上。

一位童年时代在农村度过的城里人，会倾向于购买画着吃草的牛或潺潺小溪，特别是画着可游泳的水潭的画。他从这些画中获得某些童年价值的复苏，减去伴随着的艰辛的经历，实际上还加上一份因与现在的富有家产对比而获得的附加的情感价值。这些额外的东西并不出现在绘画中。绘画被用来作为达到那些由于其外在题材而令人愉快的情感的跳板。童年与青年经验题材无疑是
114 许多伟大艺术的潜意识背景。但是，要想成为艺术的实质，它必须通过所使用的媒介而变成一个新的对象，而不仅仅是以一种往事回忆的方式来提示。

形式与质料在一件艺术品中联系在一起，并不意味着它们是同一的。它所表示的是，在艺术作品中，它们并不作为两个相互分离的东西出现：作品是形式化了的质料。但是，在反思进入之时，它们被合理地分开，如在批评与理论中就是如此。我们随之就被迫研究作品的形式结构，并且，为了能理智地进行这项研究，我们必须有对于形式的一般的看法。这个词有一个习惯用法，在意义上相当于形状或外形，由这一事实出发，我们也许对这一观点有所把握。特别是在谈到画时，形式常被完全等同于线性轮廓形状的图案。这时，形状只是审美形式中的一个因素，而不构成审美形式。在日常的知觉中，我们根据它们的形状来认知与辨认事物；甚至词与句子，在我们看与听时，也具有形状。想一想重音错误比任何其他类的发音错误更影响理解就知道了。

与认知有关的形状并不局限于其几何学与空间的特性。后者

只有在它们从属于适应一个目标时，才起作用。没有在我们的心目中与任何功能联系起来的形状，是不能被把握和保存的。勺子、刀、叉、日用品、家具的形状成了辨识的手段，因为它们与目的具有联系。那么，在一定程度上，形状与形式具有艺术意义上的关联。两者都对组成要素进行组织。在某种意义上，哪怕是一件器皿和工具的典型形状，也显示出整体的意义进入到各部分，并为各部分做出限定。这一事实导致像赫伯特·斯宾塞这样一些理论家，将“美”的源泉等同于有效而经济地使各部分运用到一个整体的功能上去。在某些情况下，这种适合确实是达到极其精致的程度，从而构成独立于实用性思考以外的视觉的优美。但是，这种特殊的例子显示出形状与形式在一般情况下的不同之处。这是因为，如果“笨拙”意味着在适合于一个目的时效率不高的话，在优美中就有超出仅仅是不笨拙以外的东西。在这里所指的形状中，适合在本质上局限于一个目标——就像勺子的目标是把液体送到嘴里一样。勺子还有附加上去的，被称为优美的审美形式，它不受此限制。 115

人们已经在试图将针对特殊目的的有效性等同于“美”或审美性质方面绞了很多脑汁。但是，这些努力是注定要失败的，幸运的是，在一些情况下，这两者相符合，并且人为地希望它们会总是相合。对一个特殊的目的的适合，常常（总是在复杂的事务中）由思想所感受到，而审美效果直接出现在感觉-知觉之中。一把椅子也许服务于提供舒适而有利于健康的座位的目的，但不同时服务于眼睛的需要。相反，如果它在一个经验中阻碍而不是促进视觉作用，不管它如何适合于用来作为座位，它也是丑的。不存在着一种预定的和谐，它保证满足于一套器官需要的东西会满足所有作为

经验的参与成分的其他结构与需要的器官，从而导致完成所有因素的结合体。我们可以说的就是，在没有干扰性语境，如为了最大限度地追求个人利润而生产对象的情况下，一种平衡会达到，从而对象将在总体上满足自我——严格意义上的“有用”——即使某些具体的效率在这过程中被牺牲。这样，就存在着一种动态形状的(不同于单纯的几何外形)倾向与艺术的形式相混合。

在哲学思想史的早期，形状在使对象的定义和分类成为可能方面的价值得到了关注，并被捕捉来作为关于形式本性的形而上学理论的基础。由安排各部分服务于一个明确的，如勺子、桌子或杯子所具有的目的和用途的有关关系的经验事实，被完全忽视，甚至被抛弃了。形式被当作某种内在东西，当作一物由于宇宙的形而上学结构而具有的本质。假如形状与用途的关系被忽视的话，很容易就会走上导致这个结果的推理线索。正是通过形式——取适当的形状之意——我们在知觉中既辨别又区分事物：椅子不同于桌子，枫
116 树不同于橡树。既然我们以这种方式注意或“知道”它们，并且，由于知识被相信是对事物的真正性质的揭示，于是就得出这样的结论：事物就是由于它们内在地具有某种形式而成为的那个样子。

此外，既然事物由于这些形式而变得可知，就可以得出结论，形式是理性的，即可理解的，世界中的对象和事件的因素。那么，它就被置于与“质料”相对的位置，后者是非理性的、天生混乱而变动的材料，形式在它上面打上印记。正像形式是永恒的一样，质料是变化着的。这种对质料与形式的形而上学的区分体现在统治欧洲思想达许多世纪之久的哲学之中。由于这一点，它仍在影响与质料相关的审美的形式哲学。这是主张它们相分离的偏见的源

泉，尤其是当它们设想形式具有一种质料所缺乏的高贵与稳定时，就更是如此。确实，如果不是由于这一传统的背景，是否会有人想到它们的关系中的问题，并如此清晰地认为艺术中的仅有的重要区分是质料不充分地被形式化与材料被完全而一致地形式化了，就是大可怀疑的了。

工业艺术的对象具有形式——该形式适合于它们的特殊用途。这些对象，不管它们是地毯，是壶，还是篮子，当材料被安排和利用，使它直接服务于丰富人的直接经验，而这个人的知觉注意力指向对象之时，便都带上了审美的形式。在生糙的材料经历了变化，对各部分进行了调整，在安排时使各部分相互参照，并具有整体的目的的考虑之前，没有材料能够适合于一个目的，不管它是用于勺子还是地毯，都是如此。因此，从一个确定的意义上讲，对象具有形式。当这个形式从一个具体目的的限制中解放出来，也服务于一个直接而具有生命力的经验的目的之时，形式就是审美的，而不再仅仅是有用的了。

“设计”一词具有双重意义，这是意味深长的。这个词表示目的，也表示安排，构成方式。一个屋子的设计是计划，据此建筑房子，服务于住在它里面的人的目的。一幅画或一部小说的设计是 117
其要素的安排，通过它，作品成为直接知觉中的表现性整体。在两种情况下，都存在着许多构成要素的有规则的关系。艺术设计的独特之处是将各部分合在一起的关系的紧密性。在一座房子中，我们具有房间，*并且*它们的安排相互关联。在艺术作品中，除了事后反思外，关系不能与它们关系到*什么*分开叙述。一件艺术品中，如果它们分开的话，这件艺术品就处于较低的层次，例如在小说

中，情节——设计——被感到是附加在事件与人物之上，而不是它们相互间的动态关系。要想理解一个机器的复杂部件的设计，我们必须了解该机器是用来服务于什么目的的，以及各部件是怎样适合于该目的的实现。设计仿佛是附加在材料之上，而后者没有实际的参与，就像是士兵参加一场战斗，而他们在将军对战斗的“设计”中只是被动的成员。

只有在一个整体的组成部分具有有利于一个有意识经验的圆满实现的独特目标，设计与形状才失去其附加的特征，并成为形式。它们只要仍服务于某个专门化的目的，就做不到这一点；而他们只有在不突出自身，而与其他所有艺术品的特性融合时，才能服务于拥有**一个**经验这一包容性的目的。在涉及形式在绘画中的意义时，巴恩斯博士提出了混合的完满性的必要，“形状”和图案与色彩、空间，与光线的相互渗透。正如他所说，形式是“**所有**造型手段的综合与融合……它们和谐地合为一体”。另一方面，图案在其有限的，或在计划与设计的意义上，“仅仅是骨架，造型的成分……被移植到它上面。”①

如果该对象要服务于具有完整而充满活力的整个生命体的时候，这种媒介的所有特性间相互融合是必要的。由此规定了所有艺术中的形式的性质。在涉及一种专门化的实用性时，我们能够
118 将设计描绘成与这个或那个目的联系在一起。一把椅子具有提供舒适的设计；另一把则有利于健康；第三把则适合于帝王的辉煌。

① 《绘画中的艺术》，第 85 页与第 87 页。参见第二卷的第一章。形式就其被限定的意义而言，正像在那里所显示的，是“价值的标准”。

只有在所有的手段都相互渗透，整体才充实其各部分，从而构成一个通过包容而不是通过排斥而结合起来的经验。这一事实对前一章所讲的直接感性的生动性与其他表现性质结合的重要性是一个肯定。只要“意义”与联想和暗示有关，它就从感性媒介的性质中分解出来，而形式就受到干扰。感性的性质是意义的负载者，但是，它不像是车负载货物，而像是母亲怀着孩子，孩子是她自身有机体的一部分。艺术作品就像词一样，确实蕴涵着意义。来自过去经验的意义是作为一幅画标志的独特的组织起作用的手段。它们不是通过“联想”而强加上去的东西，而要么是灵魂，这时色彩就是身体；要么是身体，这时色彩就是灵魂，这两者意思一样，依照我们恰好对那幅画的关注点而定。

巴恩斯博士指出，不仅从过去经验所承袭下来的理性意义增加表现性，而且那些情感上的特性，不管是平静的，还是强烈的刺激，都在增加表现性。正如他所说：“在我们的心灵中，存在着大量的处于不断地融化之中的情感态度与感受，当恰当的刺激来临时，它们随时可被重新激活。最重要的是，正是这些形式，这些比普通人更丰满、更丰富的经验的残余，构成了艺术家的资本。艺术家的魔法在于他将这些价值从一个领域移到另一个领域，将它们依附到我们日常生活对象之上，并通过他的富于想象的洞察力使这些对象变得重大而具有刺激性的能力。”[①]质料或形式不是颜色，也

① 见“论亨利·马蒂斯”一卷中的论转移的价值一章；引文引自第31页；在这一章中，巴恩斯博士揭示出马蒂斯绘画的直接情感效果是如何从最初是与壁毯、招贴画、花饰（包括花的图案）、瓷砖、旗帜中的条纹和带状物，以及许多其他对象联系在一起的情感价值中无意识地转移过来的。

不是感觉性质本身，但这些性质带着所转移的价值而彻底地浸透
119 和充斥于其中。这样，它们依照我们的兴趣的指引，或者成为质料，或者成为形式。

一些理论家由于前面所提到的形而上学上的二元论而在感觉上的与移借来的价值之间作出区分，而另一些人这么做是为了避免艺术作品被不适当地理智化。他们所关心的是要强调某种实际上的审美必然性：审美经验的直接性。对于非直接性的就不是审美的这一点，无论怎么强调都不过分。错误在于假定，只有某些特别的东西——那些仅依附于眼睛与耳朵等等的东西——才能从性质上直接地被经验到。如果只有通过处于孤立状态中的感觉器官所接受的质才是直接经验到这个论断是正确的话，那么，所有理性的材料当然就由一个外在的联想附加上去——或者，照一些理论家看来，是一种思想的“综合”行动。从这种观点看，例如像一幅绘画的严格的审美价值只是在于色彩相互支持的某些关系或关系的顺序，而不是与对象的关系。它们通过呈现水、石、云等的色彩而获得的表现性归功于艺术。以此为基础，审美性与艺术性之间总是存在着一条鸿沟。它们从属于两种彻底不同的种类。

成为这一分歧的基础的心理学事先已经被威廉·詹姆斯粉碎了，他指出，对于像“如果”、“然后”、“并且”、“但是”、“来自”、“以”这样一些词所表示的关系，存在着直接的感受。他表示，没有什么关系能比这些更全面，从而与直接经验有关了。每一个所存在过的艺术作品都与这里的理论相矛盾。确实，某些观念起着一种中介的功能。但是，只有一种扭曲而不健全的逻辑才会认为，由于某物是起中介作用的，它就因此不能被直接经验。事实正好相反。

仿佛它是气味或颜色一样，如果我们没有感受到它，我们就不能把握任何观念，任何中介的器官，我们就不能完全地拥有它。

那些特别沉湎于思考，将之当作一个职业的人都知道，当他们观察思想的过程，而不是由辩证法决定它们必须是什么时，直接的感受在范围上就不受限制。不同的观念具有其不同的“感觉”，它 120
们像任何其他的事物一样有其直接的质的方面。一个思考着复杂问题的人通过这种观念的性质来寻找方向。当他误入歧途时，观念的这种性质阻止他，而当走在正路上时，这种性质推动他前进。它们是理智上的“停与走”的路标。当一位思考者不得不推论出每个观念的意义之时，他就会迷失在一个没有目的、没有中心的迷宫之中。每当一个观念丧失其直接感受到的性质，它就不再是一个观念，而成了像数学符号一样处理运算而无需思维的单纯的刺激物。由于这个原因，某些观念的序列导致了它们的恰当的实现（或终结）时，就是美的或雅致的。它们具有审美的特征。在反思之中，常常必然要在感觉的质料与思想的质料之间作出区分。但是，这一区分在任何的经验样式中都不存在。当科学研究与哲学思辨中存在着真正的艺术性之时，一位思考者既不是按规则地，也不是盲目地，而是通过以直接作为具有定性的色彩感受而存在的意义来进行。①

感觉的性质之中，不仅包括视觉与听觉，而且包括触觉与味觉，都具有审美性质。但是，它们不是在孤立状态，而是相互联系

① 这里所用的材料，不仅包括这一特殊的题目，而且涉及与成为一切艺术家特征有关的理智问题，我参考了《哲学与文明》一书中论定性的思想的那篇论文。

中才具有的；不是作为简单而相互分离的实体，而是在相互作用中具有的。这种联系并不只是局限于它们自身的类，色彩局限于色彩，声音局限于声音。甚至最极端的，科学控制的方式，也从未成功地获得或者一种“纯粹”的颜色，或者一种纯粹的色谱。一束在科学控制下所获得的光线，并不一定就明晰而均匀。它具有模糊的边缘和内部的复杂性。不仅如此，它投射在一个背景之上，而且只有这样，它才进入知觉。并且，背景不仅仅是其他的色调与浓淡之一，它具有自身的性质。没有哪怕是一条最细的线所投射出来的阴影是均质的。将一片颜色与光分离开来，不出现反射，也是不
121 可能的。甚至在最为均衡的实验室条件下，一种“简单的”色彩也会是复杂的，以至会在边缘上呈现蓝色。何况，用于绘画的颜色，不是光谱的颜色，而是颜料，不是投射在虚空之中，而是涂在画布上。

这些基本的观察是在试图将被认为是关于感觉材料的科学发现放到美学之中的情境下做出的。它们显示出，甚至在所谓科学的基础之上，也不存在着具有“纯粹”和“简单”性质的经验，不存在只限于一种感官范围的性质。但是，无论如何，在实验室里的科学与艺术作品之间，存在着一条不可逾越的鸿沟。在一幅画中，色彩作为天空、云朵、河流、岩石、草地、宝石、丝绸等而呈现出来。甚至经人工训练的眼睛在观看作为颜色的颜色时，除了看被色彩所规定的物之外，也不能将由这些对象应有的价值所引起的反响与转移排除在外。在色彩的性质中，那种与其他性质之间的对比与和谐关系在知觉中的表现就更是如此。那些根据其注重线条的制图术来衡量一幅画的人，对于色彩家的攻击正是以此为基础的，他们

指出，与线的稳定的恒常性相反，色彩绝不重复两次，依光线与其他条件的每一次改变而改变。

与企图将对解剖学与心理学的错位的抽象放进审美理论之中不同，我们最好听听画家们是怎么说的。塞尚说：“设计与色彩是不能分开的。设计的存在取决于色彩被真正画出的程度。色彩越是相互谐调，设计则越是明确。当色彩达到最丰富的程度时，形式就最完整。设计的秘密，由图案所标志的一切的秘密，都在于色调的对比与关系。”他赞同地引用了另一位画家德拉克洛瓦的话：“给我街上的泥巴，并且，如果你也给我力量用我的趣味包围它的话，我会使它成为具有美妙色泽的女人的肉体。”将直接而感性的性质与纯粹间接与理智的关系对立起来，是一般心理学与哲学理论的错误。在美的艺术中，这是荒谬的，这是由于艺术产品的力量依赖于两者之间的彻底的相互渗透。

任何一个感官的活动都涉及态度与倾向，而态度与倾向是由整个有机体决定的。从属于感觉器官本身的能量并非没有原因地
进入到被感知的事物中。当某些画家采用“点彩”技法，依赖视觉 122
机制将原本在画布上分开的物理性色点融合起来的能力之时，他们说明而不是发明了一种将物理的存在转变为被知觉的对象的机体活动。但是，这种类型的修正是最基本的。并非仅仅是视觉机制，而且整个有机体都处在与环境间的几乎是例行公事性式的相互作用之中。眼、耳或其他某个感官，仅仅是整体反应通过它们而发生的通道而已。所见到的颜色，总是由许多器官，由不仅触觉，而且交感神经系统的潜在的反应所决定的。这是所有能量的汇聚处，而不是它的源头。色彩的绚丽而丰富，正是由于其中包含着整

个机体的共鸣。

更为重要的是，在所经验对象的生产中做出反应的有机体，其观察、欲望与情感的倾向由先在的经验所塑造。它并非通过有意识的记忆，而是通过直接的充实而负载过去的经验。这一事实说明，在每一个有意识经验的对象中，都存在着一定程度的表现性。这一点，前面已经说过。与审美实质相关的标题启动了负载在当下态度之中的过去经验材料，与由感官所提供的材料相联系起来运作的方式。例如，在单纯的回忆中，将两者分开是非常重要的；否则的话，记忆就被扭曲了。在纯粹习得性自动的动作中，过去材料处于从属地位，完全不出现在意识之中。在其他的情况下，过去的材料在意识中出现，但却有意识地被当作工具来处理当下的问题和困难。它被保留下来用于某种特别的目的。如果经验主要是研究性的，它具有提供证据或提出假设的地位；如果是“实际的”，就为当下的动作提供提示。

与此相反，在审美经验中，过去的材料既不像在回忆中那样占据着注意力，也不从属于一个特殊的目的。对出现的材料确实有着一个限制。但是，那是对现时所具有的一个经验的直接物所起作用而言的。材料所起的作用并非是通向某种进一步经验的桥
123 梁，而是使当下经验增强和个性化。一部艺术作品的范围是由被有机地吸收进此时此地的知觉之中的过去经验因素的数量和多样性来衡量的。这些因素的数量和多样性给艺术作品提供其实体和暗示性。它们常常来自于一些过于隐秘而无法以有意识记忆的方式来辨识的源泉之中，因此，它们创造出一种艺术品出没于其中的灵韵（aura）与若隐若现（penumbra）。

我们**通过**眼睛看一幅画，**通过**耳朵听音乐。那么，由于对这一事实的思考，我们就极容易认定，视觉与听觉的性质如果不是经验本身所仅有的，也是其中心的部分。这导致一种关于最初的经验是直接自然的一部分，而不管后续的分析可以从中发现什么的观点。这种观点是一个谬误——詹姆斯将**此**称为心理谬误。在看一幅画时，视觉性质并非以其本身，或在意识中，起着中心作用，而安排在它们周围的其他性质只以辅助和附带的方式出现。实际情况绝非如此。看一幅画与读一首诗或一篇哲学论文，具有完全相同的性质，我们在阅读时，并不对字母和单词的视觉形式有什么特别的意识。它们是我们以从自身抽取的情感、想象和理智的价值来回应的刺激，通过与语词媒介而提供的刺激相互作用而得到安排。在一幅画中所看到的颜色源于对象，而**不是**源于眼睛。这个原因就足以使它们在情感上甚至具有一种催眠性的力量，从而具有意味或表现性。让我们借助解剖学与生理学的知识来考虑这个问题：进行研究的器官表现出在决定经验时因果关系上的优先性，而在经验本身之中，大脑的相关区域与眼睛一样，只是默默地起作用，只有经过训练的神经病学家才对此有所了解，但即使这些人，在专注于看某物时，也不会意识到大脑的活动。我们在眼睛的帮助下，知觉到水的流动、冰的寒冷、岩石的坚实、冬天的树的光秃，这时，眼睛以外的其他性质显然存在，并对我们的知觉起控制作用。并且，比起依附在它们周围的触觉的和情感的性质来说，光学的性质并不单独地构成一个突出部分。124

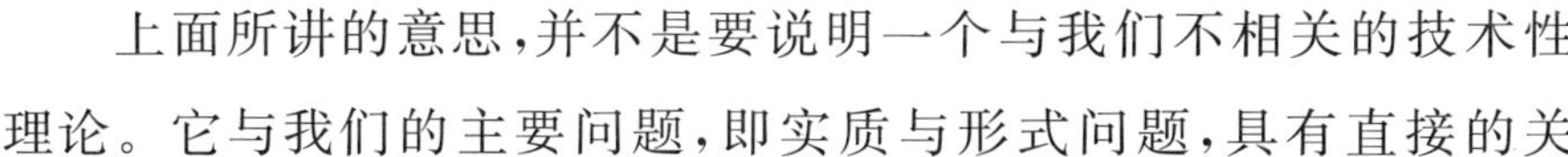

上面所讲的意思，并不是要说明一个与我们不相关的技术性理论。它与我们的主要问题，即实质与形式问题，具有直接的关

联。这种关联表现在许多方面。其中的一个方面是，感觉具有天然的扩张倾向，要与它自身以外的其他事物形成亲密的关系，从而由于它自身的运动而获得形式——而不是被动地等待形式强加到它自身之上。任何感官方面的性质，由于其有机的联系，倾向于扩散与融合。当一种感觉性质保持在它开始出现时的相对孤立的层面时，就是由于某种特别的反应，就是由于特别的理由而发展起来。它就不再是愉悦感的（sensuous），而变成肉感的（sensual）。这种感觉的孤立并非是审美对象的特征，而是以直接的感性刺激为目的的对象，像麻醉品、性兴奋，以及沉湎于赌博等等的特征。在正常的经验中，一种感觉的性质与其他的性质紧密关联，从而对一个对象作出限定。接受的器官在其集中注意力时，给那些否则仅仅具有回忆性的、陈旧或抽象的意义增添了活力和新鲜感。没有任何诗人比济慈更具有直接的感性了。但是，也没有人在写诗时更像他那样使感官方面的性质与客观的事件与场景亲密地相互渗透。在今天的绝大多数人看来，弥尔顿似乎是从单调而令人生厌的神学中汲取灵感的。但是，他深处莎士比亚传统之中，他的意义就在于以一种宏伟的规模构造出具有直接性的戏剧。如果我们听到了一个丰富而使人难以忘怀的声音，我们就会直接地感受到，仿佛这是某个大人物的声音一样。如果我们后来发现此人实际上本性贫乏而浅薄的话，我们会有一种被欺骗了的感觉。因此，在一个艺术对象的愉悦感的性质与理智特性不能结合时，我们总是在审美上感到失望。

在放到质料与形式的结合的语境中看之时，装饰性与表现性的关系的悬而未决的问题就解决了。表现性倾向于意义一边，而装饰性则偏向感觉一边。眼睛具有一种对光与色的饥饿；为这饥饿提供了食粮，就会有一种独特的满足感。墙纸、地毯、壁毯、天空与花朵的变幻无穷的色调，满足了这种需要。阿拉伯式花饰，即鲜 125
亮的颜色，在绘画中具有相似的作用。建筑结构的一些魅力（它们既具有威严，也具有魅力）来自于这样一个事实，在对线条与空间的优美的运用中，它们碰到了一个类似的感觉运动系统的机体需要。

然而，在这一切之中，并不存在着特殊感官在孤立地起作用。这里所要引出的结论是，独特的装饰性质来自于感觉系统的异乎寻常的能量，这种能量产生生动性以及对其他相关的活动的吸引力。赫德森是一位对世界的感性表面具有超常的感受力的人。在谈到自己的童年时，他说道："就像一只用后腿跑来跑去的野生动物一样，对世界充满着兴趣，在其中找到自身。"他继续说："我因色彩、气味，因品尝和触摸而感到欣喜：天空的蔚蓝，大地的清新，水上的波光，牛奶、水果和蜂蜜的味道，干或湿的土壤、风和雨、药草与花儿的气味；仅仅是摸到一片草叶，也使我感到快乐；声音与芳香，特别是花儿的颜色、鸟的羽毛和鸟卵的颜色，例如紫色而有光泽的鸟的卵，使我惊喜而陶醉。当我在草原上骑马，发现一片鲜红的马鞭花正在盛开，这种在地上蔓延的植物覆盖了一块好几码的地方，湿润的草皮上洒满了亮晶晶的花蕾，我会高兴地叫出声，从我的小马上跳下来，躺在花丛中间，使我的眼睛享受这亮丽色彩的盛宴。"

没有人能够抱怨在这样一个经验中对直接感觉效果认知的缺乏。由于它没有受自康德以来某些论述者对嗅、尝和触摸所采取

的傲慢态度的影响，因而就更值得重视。但是，我们要注意的是，在这里，“颜色、气味、品尝和触摸”并不是孤立的。引起欣喜的是对象的颜色、触感与气味，而对象则是草叶、天空、阳光和水、鸟儿。直接诉诸的视、嗅和触摸是一些手段，通过它们，那个小男孩的全部身心都陶醉于对他所生活的世界的敏锐感受之中——所经验到的，而不是感觉到的事物的性质。一个特殊感觉器官的积极作用，在于产生这种性质，但是，该器官并非因此而成为有意识经验的焦点。性质与对象的联系内在于所有具有意义的经验。如果去掉这
126 种联系的话，那么，除了一阵无意义而无法辨识的短暂的颤抖以外，什么也不会留下来。当我们具有“纯粹”的感性经验时，它们在引起突然而强制注意之时出现在我们面前；它们是震惊，甚至是通常用于激起好奇，从而研究那突然打断我们先前的注意的情况性质的震惊。如果状况保持不变，不能将所感受到的东西深入到一对象的特性之中，结果就会是一种纯粹的恼怒——一种离审美欣赏非常遥远的东西。将感觉的病理学成为审美欣赏的基础，这种做法的前景并不使人感到乐观。

将蔓延在草地上的马鞭花、水上的波光、鸟卵的光泽所带来的乐趣转变为一个活的生物的经验，而我们所发现的与单一感官的功能，或者一系列感官仅仅是它们分别具有的性质加在一道正好相对立。后者是相互合作，由于它们与对象的共同关系而形成一个有活力的整体。对象具有一种充满激情的生活。艺术，正像赫德森自己在重温童年经验时所做的那样，只是通过选择与集中，才能发展该儿童经验中所隐含的东西，使之指向一个对象，指向单纯感觉之外的组织和秩序。具有持续和累积性质的原生的经验（由

于“感觉”是关于在通常的世界中安排的对象，而不仅仅是短暂的刺激，因而存在着属性）因而为艺术作品提供了一个参考框架。如果那种认为最初的审美经验具有孤立的感觉特性的理论是正确的话，那么，艺术在它们之上添加联系和秩序就是不可能的。

前面所描述的情况是我们理解一件艺术品中的装饰性与表现性之间关系的关键。如果所欣赏的只是性质本身，那么，装饰性与表现性就会相互之间没有联系，其中的一个来自直接的感觉经验，而另一个来自艺术所引入的关系和意义。既然感觉本身就与关系混合在一起，装饰性与表现性之间的差别就只在于强调点的不同而已。生之愉悦（*joie de vivre*）——不问明天的自我放任，织物的奢华，花儿的鲜艳，成熟水果色彩的浓烈——通过感性特征的充分发挥作用而喷涌出的装饰性质表现出来。如果艺术中的表现的范围是全面的，就会有一些有价值的对象必然得到装饰性的表现，而其他一些则没有这种表现。在一个葬礼上，快乐的小丑会与其他人发生冲突。当把一个宫廷弄臣画进他主人的葬礼中时，就必须画得适合于这个场合。在某些特别的场景中，一种过分的装饰性具有它自身的表现性——当哥雅在画一些当时宫廷人物的肖像时过分华丽，以达到滑稽效果时，就是如此。要求所有的艺术都具有装饰性，就像清教徒要求所有的艺术都是灰色的一样，通过限制艺术材料以达到排除忧郁表现的目的。

装饰的表现性对实质与形式问题的特殊影响在于，它证明，将感觉的性质孤立开来的理论是错误的。这是因为，随着孤立地取得装饰效果的程度的提高，这就成了空洞的修饰，即人为的点缀——像蛋糕上用糖做的图案一样——和外在的装饰。我用不着

费力去谴责使用装饰物隐藏虚弱和掩盖结构缺陷所表现出来的不真诚。但是,必须注意的是,如果以将感觉和意义区分开来的美学理论为基础,这样的谴责并不存在艺术上的理由。艺术上的不真诚具有一种美学的,而不只是道德上的根源;在所有实质与形式分离之处,都会找到这种不真诚。这句话的意思并不是说,像一些建筑学上的极端"功能主义者"所坚持的那样,所有结构上必要的成分都必须明确显示在知觉之中。这种论点将一种相当单调的道德概念与艺术混淆了起来。[①] 这是因为,建筑与绘画和诗歌一样,原材料通过与自我的相互作用而重新排序,以达到令人愉悦的经验。

当花与房间的陈设和用途相协调,没有添加一丝不真诚时,就
128 增强了房间的表现性,甚至在这些花掩盖了某种结构上必要的东西时也是如此。

质料的奥秘在于,在一个场合中是形式,在另一个场合中却是质料,反过来也是如此。色彩在涉及某些性质与价值的表现性时是质料,而在用来传达一种微妙而精彩的愉悦时则是形式。这并不是说,某些颜色具有一种功能,而其他颜色具有另一种功能。例如,委拉斯开兹画的小孩玛丽亚·特里萨,即在她右边有一瓶花的那幅画。画作的优美和精妙无与伦比;这种精妙在每个方面和每个部分,在衣服、珠宝、脸、头发、手、花上面都体现了出来;但是,完全同样的颜色可以不仅表现织物的质地,而且可以表现委拉斯开兹的画中总是带有的人的天生高贵感,甚至在表现王室成员时,他

① 杰弗里·斯科特(Geoffrey Scott)在他的《人文主义的建筑》中很好地揭示和解释了这一谬误。

也不只是给加上王室的符号，而是表现一种内在的高贵。

当然，这并不是说，所有的艺术作品，甚至最高质量的艺术作品，都必须像提香、委拉斯开兹和雷诺阿的作品中所显示的那样，具有一种完美的装饰性与表现性的相互渗透。艺术家也许仅在一个方面或另一个方面伟大，但仍然是伟大的艺术家。法国绘画从其一开始起，就以一种生动的装饰感为标志。朗克雷（Nicolas Lancret，1690—1743）、弗拉戈纳尔（Jean Honoré Fragonard，1732—1806）、华托（Jean Antoine Watteau，1684—1721）也许有时已经精巧到脆弱的程度，但他们几乎从未显示出表现性与外在修饰性之间的分离，而这正是布歇（François Boucher，1703—1770）的标志。他们喜欢那些要求精巧而细致入微的题材，以达到具有充分的表现性。雷诺阿的画比起他们来说，具有更多的日常生活的质料。但是，他使用所有的造型手段——色彩、光线、线条和平面，这些手段本身以及它们的相互关系——以传达一种与日常事物交流时的极度的喜悦。据说，那些熟悉他所使用的模特儿的朋友们有时会抱怨说，他把模特儿画得要比实际上看上去漂亮得多。但是，在看这些画的人中，没有人会得到一丝她们被“修饰”过或美化了的感觉。所表现的是雷诺阿自己所具有的在观看世界时的喜悦经验。马蒂斯在当今的装饰性色彩主义者中是无与伦比的。在一开始，他也许会给观赏者一个震惊，因为他将色彩并置在一起，而这些色彩本身似乎过于艳俗，也因为初看上去一些空白似乎不合审美特性。但
是，一旦人们学会去看时，他们就会发现一种独特的法国式的性 129
质——清晰和透澈（*clarté*）——的非凡地呈现。如果这种表现的企图不成功的话——当然，这种情况并不总是出现——那么，装饰

的性质就过于突出，并使人难以忍受，就像太多的糖给人的感觉一样。

因此，学习感知一件艺术作品的一种重要能力，一种连许多批评家都不具有的能力，是捕捉使一个独特的艺术家特别感兴趣的对象方面的力量。静物画如果不是在一位大师的笔下，通过有意义的结构要素的装饰性本身而成为表现的，就像夏尔丹*以悦目的方式呈现体积与空间位置一样，那么它们就会像在绝大多数风俗画中那样是空洞的；塞尚所画的水果取得了庄严感，而瓜尔迪则与此相反，用一种装饰的光泽将庄严感笼罩在建筑群之上。

当对象从一个文化媒介被转移到另一个文化媒介之时，装饰的性质取得了新的价值。东方的地毯与碗上的图案原来的价值是宗教性的，或者，作为部落象征，是政治性的，表现为装饰性的半几何图形。西方的观赏者从中得到的，不比他们从原先具有佛教与道教的宗教表现性的中国绘画中得到的更多。造型因素仍然保存了下来，有时提供了虚假的装饰性与表现性分离的感觉。地方因素是这样一种媒介，人们由于它而付出了入门的代价。在地方因素被剥离之后，内在的价值仍会保留下来。

美在习惯上被人们认为是专属于美学的研究主题，很少有人谈到在此之前的情况。严格说来，这是一个情感的术语，尽管所指的是一个独特的情感。当我们被一片风景、一首诗或一张画以直接而强烈的情感所控制时，我们会激动地喃喃低语或叫道“多美啊”。这

* 夏尔丹(Jean-Baptiste-Siméon Chardin，1699—1779)，法国画家，题材以静物和家庭景物为主。——译者

种冲动正是对对象激发一种接近崇拜的赞美的能力的颂扬。美离开分析的词语是最远的，因此离一种可用理论来描绘，以成为解释与分类的手段的观念是最远的。不幸的是，它被凝固化，成为一个特殊的对象；情感上的专注从属于哲学上称之为实体化的东西，并且导致了作为直觉的本质的美的概念。对于理论的目的来说，它 130
因此成为了一个阻碍性的术语。在这个术语在理论中被用来表示一个经验的全部审美性质情况下，处理经验本身，显示此性质是来源于何处和怎样发展的，是一个很好的办法。这时，美就是对通过其内在关系结合成性质上整体的质料的圆满运动的反应。

还存在着另一种对这个术语的限定用法，在其中，美被用来与其他的审美性质相对立——与崇高、喜剧性、怪诞相对立。从其结果看，这种区分并不令人愉快。它往往使那些参与者辩证地操纵概念，对它们进行鸽巢式的划分，这对直接的知觉不是产生助益而是产生阻碍作用。不是赞同服从对象，现成的区分导致带着一种比较的意图接近对象，因而将经验限制为片面地把握统一的整体。对这种这个词在其中普遍使用的情况进行考察，除了前面提到的其直接的情感意义之外，揭示出这个术语的一个含义是装饰性质和对于感官的直接魅力的突出呈现。另一个意义是指显著地呈现整体内成员的恰当与相互适应关系，不管这是指对象、状态，还是行为，都是如此。

数学的证明和外科手术因此而被说成是美的——甚至一个病例也会因为它典型地显示了独特的关系而被说成是美的。感性的魅力和各部分间和谐而成比例的关系的展示这两方面的意义是人的形式的最好的范例。理论家们的那种将一方面的意义化约为另一方面意义的努力，恰好说明通过固定的概念来研究题材的方法是无用的。这些事实表明了形式与质料的融合，表明了被当作形式的与被当作实质的东西在激发反思性分析的目的这个特定的例证前所具有的相对性。

作为对前面的全部讨论的概括，我们可以说，那种将质料与形式区分开来的理论，那种为各自在经验中找到特殊位置的努力，尽管它们之间正相对立，都是同样的根本性谬误的实例。这些理论
131 依赖于活的生物与它们在其中生活的环境的分离。一派使意义或关系的趣味分离，当这种含义被系统化时，就成为哲学上的“唯心主义”。另一派，即感觉-经验主义者，为着感觉性质的优先性而作出这种分离。审美经验并没有被托付去产生它自己的概念，并以此阐释艺术。这些概念是从并未参照艺术而建立起来的思想体系中现成地拿过来，强加上去的。

没有什么比有关质料与形式问题的讨论更灾难深重了。要想将这一章剩下的篇幅用断言一种原初的质料与形式的二元论美学讨论的引文填满，是一件很容易的事。但我在这里只举一个例子：“我们称一座希腊庙宇的外观是美的，说的是它的令人赞叹的形式；但是，在断定一座诺曼城堡的美时，我们却指这座城堡的意义——对它过去引为自豪的力量和在无情时光打击下的缓慢销蚀的想象所产生的效果。”

这里的这位作者将“形式”直接说成是与感觉联系在一起，而将质料或“实质”与意义联系在一起。同样，反过来说也很容易成立。废墟生动如画；也就是说，它们的直接的图案与色彩，再加上茂盛的常春藤，都构成的吸引人的感官的装饰性；同时，人们会争

辩说，希腊庙宇的外观的效果则由于对它的比例关系的知觉等等，出于理性的而不是感性的考虑。确实，初看上去，将质料归结到感觉而将形式归结到间接的思考要更自然一点，而不是相反。实际上，在两种情况下，所作的区分都同样武断。在一种情况下是形式的，在另一种情况下就会是质料。此外，在同样的艺术作品中，随着我们的兴趣和注意力的转移，它们也会交换位置。请看下面所引的《露西·格雷》中的一节：

> 但有人坚持说直到今天
> 她仍然活在人间；
> 你可以看到甜甜的露西·格雷
> 孤独地越过荒原走向前方。
>
> 不管道路崎岖还是平坦，她都在走，
> 她永不回头，永不彷徨；
> 她唱着一首孤独的歌，
> 歌声在风中飘荡。

132

是否有人在感受这首优美地写出的诗的同时，又有意识地将感觉与思想，质料与形式区分开来？如果有的话，那么他就不是审美地去读和听，因为这节诗的审美价值存在于两者的结合之中。然而，在全心全意地感受到诗给人带来的喜悦之后，人们可以反思与分析。人们可以思考词语、格律与节奏，以及音节的运动的选择对于审美效果起了什么作用。不仅如此，而且这种分析，由于在进行过程中伴随着对形式的更为明确的理解，会进一步丰富直接的经验。在另一种情况下，同样是这些被认为与华兹华斯的发展有关的特征，可以被当作质料而不是形式。那么，这一段“至死忠诚不渝的孩子的故事”成为了形式，华兹华斯通过它体现了他个人经验的材料。

由于形式与质料在经验中结合的最终原因是一个活的生物与自然和人的世界在受与做中的密切的相互作用关系，区分质料与形式的理论的最终根源就在于忽视这种关系。因此，性质被当作事物所造成的印象，而提供意义的关系被当作或者是印象间的联系，或者是某种由思想所提供的东西。它们是形式与质料联合的敌人。但是，它们来自于我们的局限性；它们不是内在的。它们源于冷漠、自负、自怜、缺乏热情、恐惧、约定俗成、老一套，源于那些妨碍、扭曲、阻止活的生物与他所存在于其中的环境之间的生机勃勃地相互作用的因素。只有那些在日常生活中麻木不仁的人在艺术品中才只能找到短暂的兴奋；只有那些情绪低落、不能面对周围情况的人，接近艺术品的目的才只是要从中找到他不能从他的世界中找到的治疗性慰藉。但是，艺术本身并不只是刺激抑郁者沮丧的神经，或者镇静遇到困扰者的心灵风暴。

133 通过艺术，那些否则的话就会是沉默的、未发展成熟的、受限制的对象的意义得到了澄清与浓缩，并且，不是通过艰苦的对它们的思索，不是通过逃入一个仅仅是感觉的世界，而是通过创造一个新经验来达到这一点。有时，扩展与强化是这样达到的：

……一些具有哲理的真理之歌

珍爱着我们的日常生活；

有时它们产生于一次到远方的旅行，一次冒险旅行，到达

被遗忘的仙境中
开在危险的海上泡沫上的窗户。

但是，不管艺术作品沿着哪条道路，正是由于它具有完全而强烈的经验，它使日常世界中的经验保持充分的活力。它通过将那种经验的原始材料化约为通过形式安排过的质料来达到这一点。

134

第七章　形式的自然史

前一章考虑了形式作为某种组织材料成为艺术的质料的情况。根据所给出的定义我们可以分辨出，所获得并出现在艺术作品中的形式究竟是什么东西。这个定义没有说形式是怎么形成的，产生它的条件是什么。形式是根据关系来确定的，而审美的形式是根据在选定的媒介中关系的完善性来确定的。但是，“关系”是一个模糊的词。在哲学话语中，它被用来表示一个在思想中确立的联系。这时，它表示某种间接的，某种纯粹理智的，甚至是逻辑的东西。但是，“关系”在其习惯用法中表示某种直接而积极的，某种动态而充满活力的东西。它将注意力固定在事物的相互影响，它们的冲突与联合、实现与受挫折、推动与被阻碍、相互刺激与抑制的方式之上。

理智的关系存在于命题之中；它们说明了术语间的联系。在艺术中，正如在自然与生活中一样，关系是相互作用的方式。它们是推与拉，是收缩与膨胀；它们决定轻与重、升与降、和与不和。朋友、夫妻、父子、公民与国家之间的关系，正像身体与身体在重力和化学活动中的关系一样，可以用术语或概念来将之符号化，并用命题来陈述。但是，它们并不作为事物在其中得到改变的作用与反作用而存在。艺术是在表现，而不是在陈述；它存在于所感到的特性之中，而不是存在于由术语所符号化了的概念之中。社会关系是与

情感和责任，与性交，与生殖，与影响和相互改变有关的一件事。“关系”被用来定义艺术中的形式之时，所取的正是这个意思。

各部分间相互适应以构成一个整体所形成的关系，从形式上说，是一件艺术作品的特征。每一台机器，每一件器皿，都在一定 135
程度上具有类似的相互适应的关系。在各自的情况下，它们都实现了各自的目的。然而，仅仅是实用性地满足的，只是一个特殊而有限的目的。审美的艺术作品要完成许多目的，而这些目的都不是预先确定的。它服务于生活，而不是预先规定一个确定而有限的生活方式。如果没有以独特的方式将各部分联系在一道以形成一个审美的对象，这种服务就是不可能的。各部分怎样才能成为一个有活力的部分呢，即**作为一个积极的部分而起作用**，以构成这种整体呢？这正是我们所面临的问题。

马克斯·伊斯曼[*]在他的《诗歌欣赏》中，使用了对一个过河人，具体说是乘渡船进入纽约城的人的巧妙描述，引出对审美经验性质的说明。有人将之看成一个简单地要到达所要去的地方的旅行——一个要忍受的手段。因此，也许他们在读报纸。一个有闲心的人可能会看这座那座建筑，分辨这是大都会塔，那是克莱斯勒大厦、帝国大厦，等等。另一个没那么有闲情雅致的人，可能会注意地观看界标，以判断离目的地还有多远。还有人是第一次做此旅行，急切地看着各种各样地展现在眼前的景象，感到眼花缭乱。他看到的既不是整体，也不是部分；他像一个门外汉来到一个他不

[*] 马克斯·伊斯曼（Max Forrester Eastman，1883—1969），美国诗人、编辑，第一次世界大战前后的左翼激进派代表人物，欢迎十月革命，但反对斯大林，曾翻译过托洛斯基的著作。——译者

熟悉的工厂，那儿许多的机器都在运转着。另一位对房地产感兴趣的人也许从高高的建筑身影中看到了土地的价值。或者，他也许会让他的思想徜徉在巨大的工业或商业群中。他也许会接着想到这些安排的无计划性是以冲突而不是以合作为基础而组织起来的社会的混乱的证明。最后，这些建筑所形成的景色可被当作相互之间，与天空和河流联系在一起的色与光的团块。这时，他就是审美地观看，就像画家的观看一样。

现在看来，与前面提到的其他观点不同，最后一个观点涉及由相关的部分所构成的**知觉的**整体。没有一个单一的形象、方面或性质被挑选出来作为达到某种想要达到的外在结果的手段，也没
136 有可被推导出的结论的迹象。帝国大厦也许会由于它自身而被**认出来**。但是，当看到它的图像时，它被看成是一个知觉上组织成的整体的相关部分。它的价值，它为人所看到的性质，被整个图景中的其他部分改变，并且，正如所看到，这些相应地改变了整体中所有其他部分的价值。这时，就有了艺术意义上的形式。

马蒂斯曾经以下面的方式描绘了绘画过程："在一幅洁净的画布上，如果我交替地画上蓝、绿与红的色块的话，我每画上一笔，前面画的一笔的重要性就在降低。例如，我要画一间房子的室内图；我看到眼前有一个衣柜。它给我一片生动的红色的感觉；我将在画布上画上这种使我感到满意的独特的红色。这时，一种这片红色与画布的灰白色的关系就已经建立起来。当我在它旁边画上一块绿色，再画上一块黄色以表示地板时，在这块绿色和黄色与画布的颜色之间，又有了进一步的关系。但是，这些不同的色调起相互消减的作用。我以这种方式实现平衡的不同色调之间绝不能相互破坏。为了保证这一点，我必须理清思绪；必须对色调进行这样的设置，使

得它们之间的关系被建立起来，而不是被打破。一种新的颜色的结合会在第一笔以后出现，并会使我的观念得到完整表现。”①

现在看来，这里所做的事与布置房间没有原则上的区别，房间的主人挑选和安排桌子、椅子、地毯、灯、墙的色彩、墙上所挂的画的间隔，使它们不至于相互冲突，形成一个总的效果。否则的话，就会产生混乱——指知觉上的混乱。那样的话，视觉就不能自我完成。它被打断成一串不连贯的动作，一会儿看到这个，一会儿看到那个，仅仅成串还不是系列。当色块得到平衡，色彩间和谐，线与平面合适地相交与相切，知觉就会连续，以把握住整体，并且每一个后续的动作都会对前一个动作起加强作用。甚至一眼瞥去，也会有一种质的整体的感觉。于是，就有了形式。

简言之，形式并非仅仅存在于被贴上艺术品标签的对象之上。只要知觉没有迟钝和反常，就不可避免地存在着依照完满而整一 137
的要求来安排事件和对象的倾向。形式是每个作为一个经验存在的经验的特征。取其特定意义的艺术更为有目的而完全地形成产生这种整一效果的条件。那么，形式可以被定义为负载着对事件、对象、景色与处境的经验的力量的运作达到其自身的完满实现。因此，形式与实质的联系是内在固有的，而不是从外部强加的。它标志着一个达到其完满实现的经验的质料。如果质料是欢快型的，就不可有那种适合于悲惨型质料的形式。如果表现在一首诗中，那么，格律、运动频率、所选择的词语、整体结构，就将是独特

① 引自《绘画手记》，1908 年出版。这里“理清思绪”（“putting ideas in order”）必要性所隐含的意思也值得人们关注。

的，而在一幅画中，色彩与色块的关系的整体配置也是如此。在喜剧中，一个穿着晚礼服的人在忙着垒砖是合适的；这种形式适合于质料。同样的题材在另一个经验运动中，就会糟糕透顶。

因此，发现形式的本性问题是与发现将一个经验推向其圆满实现的手段问题是一致的。一旦我们知道了这些手段，我们就知道什么是形式了。尽管每一个质料确实都有自己的形式，否则的话该质料就会成为极其私密的，却存在着任何题材经过有秩序的发展达到其完善的一般性条件，而只有这些条件得到满足时一个完整的知觉才会出现。

某些形式的条件曾顺便提到过。如果没有一个价值的不断聚集，没有一个累积的效果，就不可能有朝向完美终结的运动。这一结果不可能在没有先在含义保存的情况下存在。此外，为了保证必要的连续性，所积累的经验必须能创造出对决定的焦虑与期盼。积累的同时也是准备，正像一个活胚胎发育的每一个阶段一样。只有坚持才能过关；否则的话就是中断和破裂。由于这个原因，圆
138 满的实现总是相比较而言的；它不是在一个特定的点上一蹴而就，而是不断地出现。最终结果为节奏性的间隙所预示，而那种结果仅仅是外在的。当我们读完一首诗、一部小说，或者看完一幅画以后，其效果，即使仅仅是无意识地，对未来经验也产生着影响。

因此，像连续性、累积性、守恒性、张力与预见性这样一些特征是审美形式的形式上的条件。在这里，抵抗性因素值得特别注意。没有内在的张力，就只会有一种直奔直线目标的液流；不存在可被称为发展与完满实现的东西。抵抗的存在决定了智力在美的艺术品生产中的位置。诸部分之间形成恰当的相互适应所需要克服的困难，构成了在理性的作品中的问题。正像主要在处理理性事务

的活动中一样,构成一个问题的材料必须转变为解决这个问题的手段。这不可能是躲避。但是,在艺术中所遇到的抵抗,比起科学来,以更为直接的方式进行到作品之中。不仅艺术家,而且观赏者都必须知觉到、碰到,并且克服问题;否则的话,欣赏就是短暂的,并且被感伤所压倒。这是因为,为了审美地去知觉,一个人必须再造他过去的经验,以便能够整体性地进入一个新的模式之中。他不能去除过去的经验,也不能像过去那样徘徊于其中。

一件最终产品无论是由艺术家还是由观赏者作出预先规定,所生产出的都是机械的或学院派的产品。在这些情况下,最终的对象与知觉所得由实现的过程,并不是通向建构完满经验的手段。后者只具有一种模板的性质,尽管根据此模板做出的复制品以心灵而不是物质的形态出现。那种认为艺术家不在乎他的作品是怎样实现的说法并不完全准确。但是,他确实关心作为对此前经验的一个完结的目的-结果,这不是由于它符合或不符合先此存在的现成模式。他愿意将结果留给它从中发出,并由此而得到总结的手段的恰当性上。像科学研究者一样,他允许他所知觉到,与它所 139
呈现的问题相联系的题材对论题起决定作用,而不是坚持它符合一个先前决定的结论。

经验的圆满完成的阶段——它既是终极性的,也是中介性的——总是呈现出某种新的东西。赞赏总是包含着一种惊叹的因素。正如一位文艺复兴时代的作家写道:“没有什么非凡的美之中不存在一定比例的新异性。”出乎意料的突转,某种艺术家自己没有明确地预见到的东西,是一件艺术作品具有恰当性质的条件;它使艺术品避免了机械性。艺术品由此而具有了非事先预谋的自发性,否则的话,就只是一种精心计算的结果。画家与诗人像科学研

究者一样懂得发现的快乐。那些当作展现一种预定思想而进行工作的人也许会具有自我成功的喜悦，但却不是为完成经验而完成一个经验。在后面一种情况下，他们通过工作来学习，在工作过程中，他们看到并感觉到不属于他们原先的计划与目的的东西。

圆满阶段在一部艺术作品中反复出现，并且在对一部伟大的作品的经验中，其发生点随着对作品的观察过程而变化。由于这一事实，机械的生产和使用与审美的创造和知觉之间具有了不可逾越的障碍。在前一种情况下，在最终的目标实现前，没有别的目标。那么，工作往往会是体力活，而生产就是苦役。但是，在欣赏一部艺术作品时，就没有最后阶段。它在持续，并因此既是终局又是中介。那些否认这一事实的人，将“工具性”的意义局限于，如果不是基本的，也是狭隘的功效职能。这一事实即使不被说出，也是得到实际上的承认。桑塔亚那*谈到被“对自然的静观带到一个对理想的生动的信仰”。这句话不仅对自然，而且对艺术也同样适用，并且它表示一种艺术品所起的“工具性”功能。我们被带入到一种对日常经验的环境与紧迫感的振作的态度之中。对一件艺术品所做的工作，就其是工作而言，并不是在直接的知觉行动停止以后就停止了。它继续通过间接的渠道而起作用。确实，那些见到将艺术与“工具性”联系起来就退缩的人，恰好常常会赞美艺术所带来的持久的安详与
140 宁静，活力恢复或者视觉上的再教育。真正的问题出在语词上。这些人习惯于将语词与狭义的工具性目的联系在一起——如一把伞

* 桑塔亚那(George Santayana，1863—1952，又译为乔治·桑塔耶纳)，西班牙美学家，曾在美国、英国工作过，晚年定居意大利。他的《美感》一书，是美学史上具有里程碑意义的重要著作。——译者

具有防雨的工具性，而收割机具有收割谷物的工具性。

某些初看上去似乎是外在的特征，实际上也从属于表现性。它们促进了一个经验的发展，从而给予特有而突出的满足。例如，技术异乎寻常与手段使用恰到好处的特征在与实际的作品结合在一起时，就是如此。这里，技术就不再被当作艺术家外在的才能的一部分，而被当作对对象的表现力的增强。这是由于它对一个通向其自身清晰明确结果的持续过程起了促进作用。它从属于产品而不再仅仅从属于生产者，因为它是形式的一个组成部分；正像一条赛狗的优雅身姿正是它运动的标志，而不是该动物的运动之外的某种特征一样。

昂贵性，正如桑塔亚那指出的那样，也是表现性的一个特征，而绝不是粗俗地显示购买力。珍稀性可加强表现性，不管这种珍稀性是由于需要坚韧的劳动而少见，还是由于遥远的气候和向我们提供前所未闻的生活方式而具有魅力，都是如此。这些昂贵性的例子是形式的一部分，因为它们仿佛是将所有新的和预想不到的因素都动员起来促进一种独特经验的构成。熟悉性也具有这种效果。除了查尔士・兰姆以外，还有其他一些人也对室内的陈设特别敏感。但是，他们赞美这些熟悉的事物，而不是以蜡像来再造它的形式。古旧的东西以新面孔出现，这样，熟悉感被从由于习惯而常常造成的忽略中拯救出来。高雅也是形式的一部分，因为它是当题材以不可避免的逻辑而通向其结局之时作品的标志。

这些所提到的某种特性常常是指技法而不是形式。当所讨论的性质是指艺术家而不是他的作品时，这种归属是正确的。一种技法被突出了，就像是一个写作能手高产一样。如果技能与效率

141 使人联想到作者的话，它们就使我们离开了作品本身。这时，显示其生产者的技能的作品的特征存在于作品*之中*，但并非这些特征*拥有*作品。而它们不拥有作品的原因，正在于我要强调的观点的相反的一面。它们不是将我们引向完整发展的经验的构造之中；它们不是像一个内在的要将它们自身被宣称是其一部分的对象推向完成的力量一样去行事。这些特性就像其他一些多余而赘生的因素一样。技法并非完全等同于形式，也不是完全独立于形式之外。它恰恰是构成形式的因素所得以处理的技能。否则的话，它就是与表现无关的一种虚饰或癖好。

因此，出现技法上的重大进步不是与技术性问题的解决，而是与从新的经验模式的需要中生长出来的问题的解决联系在一起的。这一道理对技术性的制作与对审美的艺术同样适用。在老式车辆的改造中，存在着技术的改进。但是，比起从马车到汽车的技术变化来说，它们是微不足道的，这时，社会的需要呼唤着迅捷灵活的运输，甚至火车的机车也做不到这一点。我们如果考虑在文艺复兴时期和文艺复兴以来的绘画技法的重大发展，就可以发现，这些技法是与解决那表现在绘画中的经验时所出现的问题联系在一起，而不是由于绘画本身技能的发展。

所存在的第一个问题是从平面式的马赛克到“三维”呈现式轮廓描绘的转变。在经验扩展到表现某种超出对教会的律令所规定的宗教主题的装饰性描绘之前，没有什么东西可以激发这种改变。就其本身而言，“平面”画的程式与任何其他的程式具有同等的价值，就像中国式的透视与西方画的透视各有其完美之处。导致技法上变革的力量是处于艺术之外的经验中自然主义的增长。类似的自然主义也对下一个大的变革起着作用，即掌握空气透视和光线。第三个技法上的大的变革是威尼斯人使用色彩去形成其他的流派，特别是佛罗伦萨人通过雕塑式的线条所实现的效果，这一改变标志着价值的大幅度的世俗化，要求赞美经验中奢华与文雅的一面。 142

然而，我所关注的不是一种艺术的历史，而是技法是怎样在与表现性形式相关的情况下起作用的。具有重大意义的技法对表现某些独特的经验样式的依赖性，由通常伴随着新技术出现的三个阶段得到了证明。起初，艺术家进行实验，这时，对可使用新技法的成分作某些夸大。像曼特尼亚[*]那样使用线条去勾画出对圆的价值的认识，像典型的印象主义者那样对光的效果的展现，都是如此。而这时，公众则普遍谴责这些艺术冒险中的主题和题材。在第二个阶段，新方法中的成果被吸收，它们被接纳并对旧的传统进行某些修正。这一期间，新的目标以及新的技法被确立为具有“经典的”有效性，并且伴随着一种会对以后的时段产生影响的权威性。第三个阶段，存在着这样一个时期，这时，稳定时期的大师的技法成为模仿的对象，自身具有了目的。因此，在17世纪后期，对戏剧性运动的处理成为提香的特征，而在丁托列托那里，就更是如此。在圭尔奇诺[**]、卡拉瓦乔[***]、费蒂[****]、

---

* 曼特尼亚（Andrea Mantegna，1431？—1506），意大利文艺复兴时期的画家。他的天顶画突破了矩形构图，将四周墙面到天顶都画上逼真的画，并按透视比例缩小，形成空间幻境。——译者

** 圭尔奇诺（Giovanni Francesco Guercino，1591—1666），意大利巴洛克绘画代表人物。——译者

*** 卡拉瓦乔（Caravaggio，1571？—1610），意大利画家，绘画富有生动的写实精神，在画中长于使用光线。——译者

**** 费蒂（Domenico Fetti，1588 或 1589—1623），意大利巴洛克画家，常画日常生活情景的小幅圣经寓言画。——译者

卡拉奇[*]、里贝拉[**]那里，描绘戏剧性运动的尝试导致摆好姿势的舞台造型，从而导致自我丧失。在这第三阶段(在创造性得到普遍承认以后追随这些作品)，技法被借用，却与最初激发它的紧迫的经验不发生关系。这时，就出现了学院派与折中主义。

我在前面曾说过，单纯的技能不构成艺术。现在，我要补充的是人们常常忽视的技术对于艺术形式的彻底相对性。早期哥特式雕塑的特殊形式，中国绘画的特殊透视都不是由于人不够聪明。艺术家在说他们必须说的东西时，从技法上讲，比其他人所能做的要更好。对我们来说是迷人的天真烂漫，对他们来说，是对所感到
143 的题材用简单而直接的方法去表现。由于这个原因，尽管在任何审美的艺术中都不存在持续性的重复，却也必然不存在着进步。希腊雕塑从其自身的标准来看，是无与伦比的。托瓦尔森[***]不是菲迪亚斯[****]。威尼斯画家们的成就后人无法超过。现代人再造的哥特式大教堂建筑总是会缺少原作的特质。在艺术运动中所发生的是要求得到表现的新经验材料的出现，因而新形式与技法进入到它们的表现之中。马奈从过去的作品学习笔法，但这种回归并不仅仅是模仿旧的技巧。

* 卡拉奇，16世纪后期意大利卡拉奇家族有三位画家，这里有可能指小弟弟安尼巴莱(Annibale Carracci，1560—1609)。——译者

** 里贝拉(José de Ribera，1591—1652)，生于西班牙，后移居意大利，作品以宗教画为主，风格上追随卡拉瓦乔。——译者

*** 托瓦尔森(Bertel Thorvaldsen，1770—1768)，新古典主义时期丹麦雕塑家，曾在意大利居住多年，哥本哈根建有他的艺术博物馆。——译者

**** 菲迪亚斯(Phidias，约活动于公元前490—前430年之间)雅典古典时期雕塑家，理想主义的希腊雕塑风格的代表。——译者

技法对于形式的相对性在莎士比亚那里得到了最好的体现。在他确立了具有全面才能的文学大师的名声以后，批评家们认为有必要假定他的所有作品都具有这种杰出的特性。他们根据独特的技法构筑了关于文学形式的理论。当他们在进行更为准确的学术研究时，他们会吃惊地发现，许许多多的受到赞美的东西都是从伊丽莎白一世时代的戏剧程式中借用来的。对于那些将技法等同于形式的人来说，这对莎士比亚的杰出性是一种损害。但是，他的形式的基本部分会维持不变，并不受在局部取材于别的戏剧的影响。我们必须对他的技法的某些方面持宽容的态度，而将注意力放在他的艺术的重要之处。

对于技法的相对性，怎么估价也是不过分的。它随着那些与艺术作品关系很遥远的各种各样的情况而发生变化——也许化学上的一个新的发现会影响色彩。从审美的意义上影响形式本身才是重大的变化。技法与工具的相对性常常被忽视。只有在新的工具成为文化，即所要表现的材料的变化的一个标志时，它才变得重要起来。早期的陶器主要是由陶工的陶轮决定的。地毯与毛毯的几何设计与纺织工具的性质有很大的关系。这类事情本身在性质上就像艺术家的身体构造一样——塞尚就希望他有马奈的肌肉。这些东西只有在它们与文化和经验联系在一起时，才能超出文物
研究兴趣的范围。那些在很久以前在洞穴的墙上画画，以及在骨 144
头上雕刻的人所采用的技法，服务于当时的条件所提供或强加的目的。艺术家总是使用了，并将永远使用各种各样的技法。

从另一方面看，不懂行的批评家倾向于认为仅仅是实验室里的科学家才进行实验。然而，艺术家的基本特性决定了他们生来

就是实验者。没有这种特性的话，他们就成了一个或者是坏的，或者是好的学院派。艺术家不得不去实验，因为他们要通过属于普通的和公共的世界的手段与材料去表达强烈的个人经验。这一问题不能一次就一劳永逸地解决。每承接一件新的艺术品时，都会遇到这个问题。否则的话，艺术家就是在重复自己，从美学上讲，他就死亡了。只是由于艺术家在实验，他在开辟新的经验领域，揭示熟悉的场景与对象的新的方面与性质。

如果不是说“实验的”而是说“历险的”，我们也许会赢得普遍的赞同——看，词的魔力有多大。由于艺术家是纯粹经验的爱好者，他避开已经为经验所充斥的对象，并因此总是处于事物的增长点上。依照这种本性，他像地理上的探险家和科学上的探索者一样，对已经确立的东西总是感到不满。当“古典”被造出来时，上面就打上了历险的烙印。当古典主义者对从事新价值发展的浪漫派表示抗议，而又不拥有创造的手段时，就忽视了这一事实。今天成为经典的东西是由于它们完成了历险，而不缺少历险。正像济慈在阅读查普曼*的“荷马”一样，审美地看与欣赏的人在阅读古典时总是有一种历险的意识。

处于具体状态下的形式只能联系实际的艺术作品来讨论，而不能出现在一本关于美学理论的书中。但是，完全地被融进一部作品之中从而排斥分析的情况是不能长久的。存在着一种沉湎与

* 查普曼(George Chapman，1559？—1634)，英国诗人，翻译了荷马的两大史诗，他的翻译由于济慈在诗中提到而产生了广泛的影响。——译者

反思的循环。我们中止对对象的依从态度，拷问它会引向何方，是怎样引导到那儿的。然后，我们就在某种程度上将注意力集中到 145
一个具体形式的状态。我们确实已经在谈论作为一种审美经验的形式特征的积累、张力、保持、预见，以及完成时提到了这些形式的状态。那些避开艺术品足够远，以逃脱其总体性质上的印象的催眠效果的人，将不会使用这些词，也不会明确意识到它们所代表的事物。但是，他所区分出来的那些使作品对他具有力量的特征，被化约为前面所说到的形式状态。

首先出现的是总体的压倒性印象，也许会是突然被风景的壮丽景象，或者进入一个大教堂，被微弱的灯光、熏香、彩色玻璃、宏伟的尺寸等融合成的一种不可区分的整体所震撼。说我们被一幅画所打动是有道理的。在对所画的所有质料的明确认知之前，就已经存在着一个总体的效果。正如画家德拉克洛瓦关于这个最初的、前分析的阶段所说的，“在知道这幅所表示的东西之前，你就被它神奇的和谐抓住了。”对于绝大多数人来说，这一效果在音乐中表现得特别明显。这种直接由在任何艺术中和谐组合所形成的印象，常常被描绘为那门艺术的音乐性。

然而，无限制地延长此阶段的审美经验不仅是不可能的，也没有必要这么做。要使这种直接的震撼保持高品位，只存在着一个保证，即经验到它的人具有高度的教养。它本身也许，并且常常是，使用低俗材料的廉价手段的结果。从那个层次提升到对价值具有内在保证的水平的唯一途径是插入区分的阶段。产品的区分与区分的过程是紧密地联系在一起的。

尽管最初的震撼与后来的批评性的区分各有其得到充分发展

的权利，我们却不应忘记，首先出现的是直接而非理性的印象。存在着这样一种情况，某种具有像风一样性质的东西吹到它爱吹到的地方。[*] 甚至在面对同样的对象时，它也是有时出现，有时不出
146 现。它不能强迫，并且，当它不出现时，寻求通过顽强的行动去恢复最初的兴奋，总是徒劳的。审美理解开始于保持这些个人的经验，并发展它们。这是由于，它们的发展最终将导致向区分过渡。区分的结果常常使我们相信，此具体的事物并不值得引起这样全身心的震撼；实际上，这种震撼常常是由某种对于对象本身来说是外在的因素引起的。但是，这一结果本身对于审美教育来说是一个切实的贡献，并且将下一直接印象提高到一个更高的水平。为了有利于区分以及被对象直接抓住，最可靠的手段是，在一种当其强烈时被古人看作神性的疯狂的东西没有出现时拒绝模仿和假冒。

在审美欣赏的节奏中，反思阶段是批评的萌芽阶段，而最为精细而有意识的批评只是它的理性发展而已。这个题目应该在另一处展开。[1] 但是，在这个总主题下的一个题目在这些至少应该提一提。许多错综复杂的问题，形形色色的含混性，种种历史的争论，都与艺术中的主体性和客体性有关。然而，如果我们所采取的关于形式与实质的立场是正确的话，那么，至少在一个重要意义上，形式必须与它所限定的物质具有同样的客体性。如果形式出

---

* 这里作者用了一句古语，出自《圣经·新约·约翰福音》第三章。英译文为“The wind bloweth where it listeth”，《圣经》中译本将这句译为“风随着意思吹”。——译者

① 见本书第 13 章。

现在为着将一个在朝向其内在实现的运动中的整一经验呈现出来而对原材料作选择性安排的话，那么，客观的条件是在一件艺术品的生产中起控制作用的力量。一件美的艺术品，雕像、建筑、戏剧、诗歌、小说，在被完成以后，就像一辆火车头，一台发电机一样，是客观世界一部分。并且，正像后者一样，一件美的艺术品的存在与外在世界的材料与能量的结合具有因果关系。我的意思不是说，这就是艺术品全部；甚至工业制作的产品也用来服务于一个目的，并且，当产生着自身物理存在以外的结果时，它就是实际的，而不是潜在的，成了一个火车头；也就是说，它运送了人和物。但是，我想强调的是，没有一个**对象**，就没有审美经验，而要使一个对象成 147
为审美欣赏的质料，它就必须满足那些**客观的**条件，没有那些条件，积累、保存、加强，并过渡到某种更为完善的状况，就是不可能的。正如我在前面几节所说，审美形式的一般条件是客体性，意思是，它属于物理的物质与能量的世界：尽管这不是审美经验的充分条件，却是它的必要条件。并且，艺术家对这一命题所提出的直接证明就是，充满迷恋地观察他周围的世界，热忱地关爱他用以工作的物质媒介。

那么，什么是那些深深地扎根于世界本身之中的艺术形式的形式方面的条件呢？这个问题并没有涉及我们尚未考虑过的材料。有机体与周围环境的相互作用，是所有经验的直接或间接的源泉，从环境中形成阻碍、抵抗、促进、均衡，当这些以合适的方式与有机体的能量相遇时，就形成了形式。我们周围世界使艺术形式的存在成为可能的第一个特征就是节奏。在诗歌、绘画、建筑和音乐存在之前，在自然中就有节奏存在。如果不是这样的话，作为

形式的一个基本特性的节奏就将会仅仅是添加在材料之上的东西，而不是材料在经验中向着自身的顶点发展的运动。

自然的更大节奏甚至与人的基本生存条件联系在一起，只要人对自己的工作及提高工作效率的条件有所意识，他就不可能不注意到这种联系。晨与昏、日与夜、雨与晴，这些变换着的因素都与人类有着直接的关系。

季节的循环与每个人都有着利害关系。当人类开始从事农业活动时，季节的节奏性运动与人群的命运形成了必然的联系。月亮的形状与运动不规则的规则性循环，与人、兽和庄稼的安宁和繁荣间似乎充满着神秘的联系，与生殖的秘密无法解脱地纠缠在一起。与这种更大的节奏联系在一起的，有不断出现的从种子到成

148 熟并长出种子的循环，有动物的生殖，有两性的关系，有永不止息的生死之轮。

人类自身的生命受着醒与睡、饿和饱、工作与休息的节奏的影响。随着工艺的发展，耕作活动的长节奏被一些小的、更为直接可见的循环所打破。在对木材、金属的加工中，在纺织、制陶工作中，通过技术控制的手段将原材料变为最终结果的过程客观地呈现出来。在加工过程中，出现了不停地敲、削、铸、切、锤，划分出了工作的度。但是，更为重要是在准备战争和种植之时，在庆祝胜利和丰收之时，动作与说话都有了合韵律的形式。

因此，人对自然节奏的参与构成了一种伙伴关系，这要比为了知识的目的而对它们的任何观察都要亲密得多，这迟早会引导人将这种节奏强加到尚未出现的变化之上。按比例排成的芦管、拉紧的弦、绷紧的皮，使得行动的尺度通过歌舞而被意识到。对战

争、对狩猎、对播种与收获、对植物的死亡与复活、对星斗绕着守夜的牧羊人推移、对变化无常的月亮无一例外地回归等等的经验，在摹仿性动作中再现，从而形成生活如戏的感觉。通过在舞蹈中表演，用石头凿，用银来锻造，在洞穴的墙上描绘，蛇、麋鹿、野猪的神秘的运动具有了节奏，使这些动物生命最根本的本质得以实现。为实用物品造型的造型工艺与人的声音和受到自我控制的身体运动被联系到了一起，由于这种联合，技术性的工艺获得了美的艺术的特性。那么，所领会到的自然的节奏被用来将显而易见的秩序运用到人类混杂的观察与意象的某些方面。人不再使自身的必然性活动服从于自然循环的节奏性变化，而是运用这些必然性强加给他的东西来赞美他与自然的关系，仿佛自然赋予他自然王国中的自由一样。

自然变化的秩序的再造与对这种秩序的感知，在最初是联系在一起的，因此，在当时没有区分艺术与科学。它们都被称作 149
technē（技能）。哲学是用诗句写成的，并且，在想象力的影响下，世界成了一个 cosmos（和谐的整体）。早期的希腊哲学讲述的是自然的故事，但由于故事都要有开头、发展与高潮，于是从实质上讲，就需要审美的形式。在故事之中，小的节奏就成了像产生与毁灭、出生与消亡、松弛与专注、聚合与分散、巩固与解体等大的节奏的组成部分。规律的思想是随着和谐的思想一道出现的，那些今天看来平淡无奇的想法曾是被语言艺术所研究的自然的艺术的一部分。

众所周知，在自然中存在着节奏的多种多样的例证。人们常常引用的，有潮涨潮落，有月圆月缺，有脉搏的跳动，有出现在一切生命过程之中的吸收与排泄。人们一般看不到的是，自然中的每一种变化的一致性与规律都是节奏。“自然规律”与“自然节奏”是同义词。只要自然的多种多样变化对我们来说不仅仅只是一种无秩序之流，只要它不仅仅只是一个混乱的旋涡，就有节奏的存在。天文学、地质学、力学与运动学，记录了各种各样的节奏，它们是不同种类的变化的秩序。数学是相对于最普遍节奏所能构想的最一般性的陈述。数出一、二、三、四，将线与角度构成几何图案，向量分析的最高阶段，都是记录或赋予节奏的手段。

自然科学进步的历史是对我们所把握的、最初吸引远古人类注意的、粗俗而有限的节奏进行加工和全面表现的活动的记录。这一发展达到一定程度时，科学与艺术分开了。在今天，物理学所
150 赞美的节奏显示只对思想起作用，而不对处于直接经验中的知觉起作用。它们以符号的形式出现，不表示任何存在于感觉中的东西。它们使自然的节奏只对那些经过长期而严格的训练的人显现。然而，一种共同的对节奏的兴趣仍使科学与艺术构成血肉联系。由于这种联系，将来也许会有一天，那种今天仍处在艰苦的反思之中的，那种原来只对经过阐释训练的人才有吸引力的，只以象形文字的方式出现在感觉中的题材，会成为诗的材料，并因而成为令人愉悦的知觉对象。

因为节奏是一个普遍的存在模式，出现在所有的变化之秩序的实现之中，所以所有的艺术门类：文学、音乐、造型艺术、建筑、舞蹈等等，都具有节奏。既然人只有在使他的行为适应自然的秩序时才能成功，他在抵抗和奋斗后所取得的成就与胜利，也就成为所有审美题材的源泉；从某种意义上讲，这些成就与胜利构成了艺术

的共同模式，形式的最终条件。它们持续积累的秩序，在没有明确意图的情况下，成为人们用以纪念与赞美最为强烈而非常重要的经验的手段。在每一类艺术和每一件艺术作品的节奏之下，作为无意识深处的根基，存在着活的生物与其环境间关系的基本模式。

因此，并非只是由于血液流通时的心脏的收缩与扩张，呼吸时吸气与呼气，运动时摆动胳臂与腿，也不是由于自然节奏的任何特殊表现的结合，人才对有节奏的描绘与呈现感兴趣。这些考虑非常重要。但是，喜悦最终来自这样的事实，即这些东西是那些决定生活过程的、自然的或获得的关系的实例。那种假定在美的艺术中占据着统治地位的对节奏的兴趣可以简单地用生命体中的节奏过程来解释的观点，是另一种有机体与环境分离的情况。人在观
察或思考自身的生命过程之前很久，在发展对自身的精神状态之 151
前很久，就加入到环境之中了。

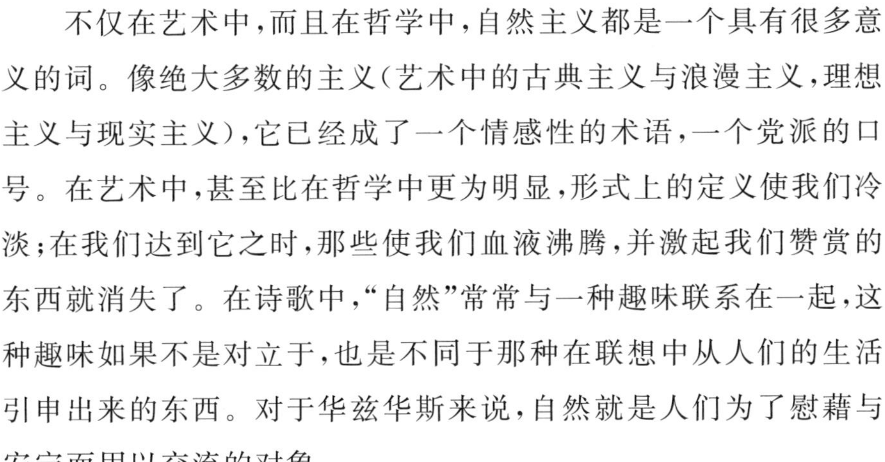

不仅在艺术中，而且在哲学中，自然主义都是一个具有很多意义的词。像绝大多数的主义（艺术中的古典主义与浪漫主义，理想主义与现实主义），它已经成了一个情感性的术语，一个党派的口号。在艺术中，甚至比在哲学中更为明显，形式上的定义使我们冷淡；在我们达到它之时，那些使我们血液沸腾，并激起我们赞赏的东西就消失了。在诗歌中，“自然”常常与一种趣味联系在一起，这种趣味如果不是对立于，也是不同于那种在联想中从人们的生活引申出来的东西。对于华兹华斯来说，自然就是人们为了慰藉与安宁而用以交流的对象

……当徒劳无益地躁动不宁，

> 世界的狂热笼罩在跳动的心上时。

在绘画中，“自然主义”指的是转向更随意，并仿佛是更为非正式的，天、地、水的更直接而明确的方面，以区别于那些专注于结构关系的绘画。但是，自然主义如果取自然的最广泛而最深刻的意义的话，是所有伟大的艺术，甚至最宗教程式化的，和最抽象的绘画，以及描写都市背景下人的活动的戏剧，都必须具有的特性。所能作出区别的只是由标志生活的所有关系及其背景的节奏所显示的自然中的各特殊方面与阶段。

自然与客观的条件必须被用以使价值得到完满的表现，这是一个具有直接性质的整体经验。但是，艺术中的自然主义所表示的含义要大于所有艺术必然要使用自然的与感官的媒介的含义。它意味着所有可被表现的，都是人与其环境关系的某些方面，以及，当标志着题材与形式间相互作用特征的基本节奏被依赖和完全信任之时，此题材就获得了与形式的最完美的结合。“自然主义”常常被说成是意味着漠视所有不能被归结为身体的与动物的
152 价值。但是，这样看待自然是将作为自然整体的环境条件孤立起来，并将人从事物总框架中排除出去。艺术作为客观现象，使用自然材料与手段这一事实本身，就证明自然不过是指人与他的记忆和希望，他的理解与欲望，与那些片面的哲学说成就是“自然”的东西相互作用形成的综合体。自然的对立面不是艺术，而是武断的想法、幻想，以及僵化的惯例。

当然，也存在着至关重要而又自然的惯例。在某些时间和地点，艺术是被仪式与礼仪所控制的。然而，它们并非必然变成空洞

而非审美的，惯例本身是存在于社群的活生生的生活之中的。甚至在当它们以宗教的圣餐与礼拜形式出现之时，它们也可以表现群体经验中积极的东西。当黑格尔断言，艺术的第一个阶段总是“象征的”之时，他从自己的哲学体系出发，提示了这样的事实，某些艺术曾经只能自由地表现那些得到祭司与王权认可的经验。此外，作为一种概括，这种描述是错误的。在任何时代、任何地方，都存在着官方认可和指导的艺术之外的歌舞、讲故事与作画等通俗的艺术。世俗的艺术是更直接的自然主义的，并且，每当世俗精神进入到经验之中，就使得官方的艺术进行一次向着自然主义的再造。如果这种再造不出现的话，那些曾经至关重要的艺术就会退化。例如，从西南欧的一些广场上就可以看到这种退化了的巴洛克雕塑，其典型的例子是无聊地将丘比特刻画成小天使。

真正的自然主义不同于摹仿事物及其特征，也不同于摹仿艺术家的工作程序。时间赋予艺术家一种表面的权威——说它是表面的，是由于并非出自他们所体验和表达的对事物的经验。自然主义是一个比较性的术语，表示一种在某些方面更深更广的对先前就有的存在节奏的敏感。说这个术语是比较性的，是由于它表示，在一些细节上，个人的知觉被惯例所取代。让我们回想一下前
面说到的绘画中的美化。那种某些确定的线条代表着某些特定的 153
情感的假定是没有来自观察的惯例；它削弱了反应的敏锐性。当人的特征处于情感影响之下而出现的不确定性被感受到时，当这些特性自身节奏的多样性得到反应时，真正的自然主义就来临了。我并非说这些起限制作用的惯例只是由于教会的影响。更大的限制来自艺术家自身，他们沾染上学院气，例如后来的意大利折中派

绘画和18世纪的许多英国诗歌。为了区别于自然主义艺术，我为了方便起见称之为“现实主义”（这个词很武断，但所想要表达的对象是存在的）的艺术再现了细节，但却失去了生动而有机的节奏。就像一幅磨损的照片一样，只记录了单调无味的事实。说它是磨损的，是因为对象只可以从一个固定的视点来考察。形成一种微妙节奏的关系则促使人们从变动着的视点来考察。有多少个人经验的个性化的多样性使用了在形式上相同，但实际上由于其构成艺术品质料的材料而不同的节奏啊！

为了反对在弥尔顿死后在英国兴盛起来的所谓的诗的用语，华兹华斯的诗形成了一种自然主义的反叛。那种认定华兹华斯的诗的本质是使用习惯用语的说法（源于对华兹华斯的论述的误解）对于他的实际作品来说是胡说八道。这种说法表示他保持早期诗歌形式与质料的分离的特征，而事实与之截然相反。实际上，其意义在诗人的两行早期的、被当作与对他自己的评论有关的句子中就已经得到了描绘。

面向明亮的西方，橡树缠绕着的
枝叶被暮霭勾勒出粗重的轮廓。

这是韵文，但不是诗。这是实实在在的描绘，而没有染上情感色彩。正如华兹华斯自己所说：“表现得软弱而不完全。”但他继续
154 说，“我清楚地记得在什么地方这一景色最初打动了我。这是在从霍克斯海德到安布列塞德的路上，我当时感到非常激动。这是我诗歌创作历史上的一个重要时刻；正是在那时，我意识到了自然外

貌的无限多样，就我所知，任何时代和任何国家的诗人都没有注意到这一点；我下了决心，要在某种程度上弥补这个缺陷。这时，我还不足 14 岁。”

这是一个从惯例性的，或从某种抽象地，既来自也会导致不完全知觉的，一般化的东西，向自然主义的，即向一种对自然变化的节奏更为精细而敏锐地反应的经验过渡的实例。他所要表现的，并非仅仅是多样性与波动性，而是一种有规则的关系——枝叶的特征与阳光的变化间的关系。一特定的橡树的时间与地点的细节消失了；关系不是抽象的，而是明确地保存了下来，尽管在这个特定的例子中，只得到了很平凡的体现。

上面的论述并非要从对作为形式的一个条件的节奏主题的讨论叉开。也许会有人不愿用“自然主义的”，而用其他的词来表达一种对知觉惯例的逃避。但是，不管用什么词，如果想要保持审美形式上的新鲜感，它都必须强调对于自然形式的敏感性。这一事实使我得到了一个对节奏的简短定义：节奏是有规则的变化。均衡的水流没有强度与速度的变化之时，就没有节奏。无变化的运动也是一种停滞。同样，变化未得到安排（place，放在一位置）也没有节奏。“发生”（take place）一词有着许许多多的暗示。变化不仅仅来自于此而且属于此，在一个更大的整体中，具有一确定的位置（place）。* 节奏的最明显的例证是强度的变异，正像前面所引的华兹华斯的句子中，某些形式相对于其他的枝叶的弱一点的

* 作者在这里将 place 这个词的动词用法（表示安排），它的名词用法（表示地点，位置），和在一个短语 take place（表示“发生”）联在一起，以说明节奏发生在一点之上，并回到这一点，具有往复性的特点。——译者

形式而变强。当搏动与休止没有出现之时，不管多么精细、多么广大，都不会出现任何种类的节奏。但是，这种强度的变化并不构成任何复杂的节奏的全部。强度的变化可用来界定数量、范围、速度
155 的变化，也可用来界定像色调、音调等内在差异的变化。这也就是说，强度的差异是相对于所直接经验到的题材而言的。为了区分整体中的一个个部分，每一个节拍都为在此以前出现的要素增加力量，也创造在此之后出现的东西所需要的一个停顿。它不是在单一特征中出现的一个变化，而是对整个无所不在而统一的基调的调节。

煤气均衡地弥散在容器里、奔腾的洪水冲破一切阻抗力、池塘里的一池死水、未开垦的荒沙地，都是没有节奏的整体。泛着涟漪的池塘、叉状的闪电、树枝在风中摇曳、鸟儿在拍打着翅膀、花萼和花瓣形成的涡纹、草地上变幻着的云影，都是简单的自然节奏。① 这其中恐怕存在着相互对抗的能量。其中的一个会在一定时段强度增高，但却因此使对立方面的能量受到压制，这种情况一直持续到前一种能量放松和舒展，后一种能量可以克服前者为止。这时，就出现了相反方向的运动，不必在时间上保持相同，但却保持在一定比例之内，从而给人以秩序之感。反抗积累了能量；它开始蓄积，直到释放与膨胀的到来。在这种转向的时刻，存在着一种间隙，一种休止与休息，通过它，对立能量的相互作用就得到限定，变得可见。这种休止是相互对立的力量的一种对称或平衡。这是节奏性变化的普遍图式，但是，这种陈述没有对一些次要的、扩张与

① 我们将它称为“涡纹”（whorl），就表明我们是下意识地发现相关能量的张力。

收缩变化同时发生的现象作出说明，这后一种现象出现在组织起来的整体的每一个阶段和方面；这种陈述也没有说明持续性的波浪与搏动本身具有朝向一个最终顶点发展的累积性。

谈到人的情感，一种直接的发泄对于情感表现来说是毁灭性的，对节奏来说，也是有害的。这是没有足够的阻抗以产生一种张力，从而产生周期性的积累与释放。能量没有被保存下来，以便有益于一种有规则的发展。人们在冲动时会哭泣或尖叫，做一脸怪相，愁眉苦脸，做怪动作。达尔文的书名叫“情感表现”*，更为精确地说，应是情感的发泄，书中充满着处于简单的有机体状态的情 156
感在环境中以直接而明确的行动发泄的大量例证。在完全的释放被推迟，通过一系列有规则的积累与保存的周期，通过循环出现的对称的休止而划分出间隙之时，情感的显示才成为真正的表现，获得审美的性质；并且，也只有在这种情况下才是如此。

情感能量继续起作用，但现在起着真正的作用；它完成某种东西。它唤起、集合、接受与拒斥记忆、意象、观察，并使它们进入到一个完全由同样直接的情感所确定的整体。因此，就出现了一个彻底地整一而独特的对象。对直接情感表现的抵制恰恰起了强迫它采取有节奏形式的作用。柯尔律治对诗行中的格律就是这样解释的。他说，格律的起源应“溯源于由自发的努力去控制激情作用所产生的心理平衡。……这种有益的对抗得到了它所抵消的状态本身的帮助，而这一相对立的力量间的平衡，有意识地并为着一个

---

* 指查尔斯·达尔文的著作《人类和动物的情感表现》(*The Expression of the Emotions in Man and Animals*，1872)，这是达尔文《物种起源》一书的三部续篇中的第三部。——译者

可预见到的愉悦的目的而由一个随之而来的意志或判断行动被组织进格律”。存在着“一种激情与意志，自发的冲动与自愿的目的的渗透”。格律因此“倾向于增强活力，增强既对一般的感觉，也对注意力的敏感性。它通过持续而突然的刺激以及好奇心的满足与再激起之间迅速交换而产生这种效果。它确实由于太轻微而在任何时候都不能成为清晰意识的对象，但它们聚合起来的影响却颇为可观”。音乐使这种令人愉快的互换对立面的过程——休止与加强——复杂化和强化，在这里，各种“声音”既相互对立又相互应答。

桑塔亚那的话说得好：“知觉并不像陈腐的印章或蜡模比喻一样停留在心中，被动而不变化，直到时光磨去它们的粗糙的边缘，进而使它们消退。”不是如此，知觉落入脑子里，更像种子落入耕过的地里，甚至像火光落入一桶火药中一样。每一个图像繁殖出一百个图像，有时是慢慢地、悄悄地进行着，有时（就像导火索点燃了
157 一样）一下子出现了想象的大迸发。甚至在抽象思维的过程之中，与最初的动力装置的联系也没有被完全切断，而这种动力机制通过同情与内分泌的系统与能量贮存库联系在一起。一次观察，一个闪进心灵中的思想，发动了某种东西。其结果也许是一个太直接的发泄，没有节奏。有可能是粗野而不受约束的力量的显示。也许会是一种软弱，使能量在无所事事的白日梦中散去。也许由于某种老一套的习惯，某些途径变得过于开放——当活动以某些时候可完全等同于“实际上”在做什么的形式出现之时。一种对我们主要欲望持敌意的世界的无意识的恐惧，阻碍着我们的所有行动，或将之限制在所熟悉的渠道之中。存在着许许多多的方式，其

一极是冷漠，另一极则是急躁，这时被激起的能量不能形成累积、对立与中途休止的有秩序的关系，不能发展成经验的完满完成。这后者则是不成熟的、机械的，或者是松弛而弥散的。这些例子从反面说明了节奏与表现的性质。

从物理上讲，如果你轻轻打开一个水截门，对水流的抵抗力会迫使能量得到保存，直到这种抵抗力被克服。然后，水就会一滴一滴地流出来，其间的间隙很有规律。如果一股水流有足够的落差，如在一个大的瀑布之中，表面的张力就会使水流以单一水滴的样子到达底部。能量的截然不同或对立，对于阐释与界定来说是普遍需要的，它使一种否则的话就是整一的团块与区域分解成了单个的形式。同时，这种相对立的能量的对称分布提供了尺度与秩序，起到了防止差异变成无秩序杂糅的作用。不管是音乐、戏剧、小说，还是绘画，都具有张力的特点。在绘画中，这一特点最明显地表现在使互补色、前景与后景的对比，中心与边缘的对比。在现代绘画中，明暗关系与对比的必要性不是通过使用棕色与褐色的光影，而是使用本身就很明亮的原色来实现的。相互间类似的弧线被用来划出轮廓，但上下与前后的方向不同。单一的线条也显示出张力。正如利奥·施泰因*所说：“人们如果注意观察一个花 158
瓶的外沿，并且注意到使轮廓线弯曲所用的力量，就可以观察到线的张力。这依赖于线所固有的弹性，前此部分所赋予的方向与能量，等等。”在艺术作品中，普遍使用间隙是极其重要的。间隙不是

* 利奥·施泰因(Leo Stein，1872—1947)，美国作家与艺术收藏家，曾长期旅居法国。——译者

中断,因为它们既导致了个性化的界定,也导致了成比例的分布。在同一时间它们既分别做出分辨,也构成相互联系。

能量在其中起作用的媒介决定其最终的作品。在歌唱、舞蹈、戏剧性表演中,阻抗力部分来自有机体本身,如困窘、害怕、笨拙、害羞、不活泼,部分来自观众。抒情的表述与舞蹈,乐器所发出的声音,搅动了气氛或场所。它们无需面对改变外在材料时所遇到的阻抗力。阻抗力是个人性的,其结果,不管在生产者还是消费者那里,也都是直接个人性的。然而,雄辩的言词并非入水无痕。有机体,相关的人还是在某种程度上被改造了。比起演员、舞蹈家、音乐演奏家来说,作曲家、作家、画家、雕塑家使用着更为外在的媒介,离观众要远得多。他们尽管避开了直接的观众所给予的压力,却改造了提供阻抗力的外在材料,从而在内部形成张力。这种差异变得很深。它诉诸气质与天分的差异,也诉诸观众中的不同情绪的差异。绘画与建筑不能像戏剧、舞蹈和音乐演出一样,受到直接的激动人心的齐声欢呼。演说、音乐和人所扮演的戏剧所建立的直接的个人接触,是独一无二的。

造型与建筑艺术的直接效果不是器质性的,但却存在于长久的周围世界之中。它更为间接,却同时更为耐久。用字母记下的歌曲与戏剧,写出的音乐,在构形性艺术(formative arts)之中占据了自己的位置。客观性的修改在构形性艺术中所产生的效果是双重的。一方面,人与世界的紧张被直接降低了。人由于存在于一
159 个他所参与创造的世界之中,因而感到更为自在。他更为习惯,并相对放松。在某些情况下,在某些范围内,所造成的这种人与环境的更加地相互适应,对于进一步的审美创造是不利的。事情进行

得太顺利了;没有足够的不规则性以创造对新节奏的新显示和新机会的要求。艺术变得一成不变,满足于在风格与样式上的老的主题中玩弄一点小变化,而这些主题讨人喜欢是由于它们是能给人以愉快回忆的途径而已。从审美上讲,环境到了这一步已经被耗尽了。艺术中不断出现学院派与折中派,是一个不容忽视的现象。并且,如果说我们通常将学院派与绘画和雕塑联系起来,而不是与例如诗或小说联系起来的话,那么,后者仍依赖于现成的景色、熟悉情景的变异,以及易辨认的特征类型的显现,这些都具有我们所说的绘画学院派的特征。

但最终,这种熟悉性本身在一些人的心中建立起了阻抗力。熟悉的东西被吸收而成为沉淀物,在其中,新条件的种子或火花造成了一场骚动。在古老的东西没有被吸收之时,所产生的仅仅是怪异。但是,伟大的独创性艺术家却将传统化为自身。他们不把传统拒之门外,而是对它进行消化。然后,它与那些在他们自身之中和在环境中是新的东西之间所确立的冲突本身,创造出了一种要求新的表现方式的张力。莎士比亚也许“拉丁语知识很少,希腊语知识更少”,但是,他贪婪地吞下了所有接触到的材料,以致如果这些材料不是通过一种同样对他周围生活的贪婪的好奇心来与他个人所见既对立又合作的话,他就成了文抄公了。在现代绘画中,伟大的革新者身上勤奋地学习过去的绘画的成分要多于摹仿当代时尚创造者的成分。但是,他们个人所见的材料被用来反对旧的传统,并且从相互的冲突与加强之中,出现了新的节奏。

基于艺术而不是外在的偏见的审美理论的基础存在于前面所

提到的事实之中。理论**只能**建立在对内在与外在能量的核心作用
160 的理解，以及对构成伴随着累积、保存、休止与间隙的对立，和朝向以种种有秩序的，或有节奏的经验完成的协调运动的能量相互作用的理解。这样，内在的能量在表现中得到了释放，而外在的能量体现在获得了形式的物质中得到释放。在这里，我们有了一个有机体与环境之间的、以产生一个经验为目的的做与受关系的更为丰满、更加明确的例证。专属于做与受之间不同关系的节奏，是导致知觉的直接性与统一性的成分的分配与指定的源泉。缺乏适当的关系与分配就会产生一种混乱，从而阻碍知觉的单一性。只有关系才产生那种艺术品既刺激又组合的经验。做起搅动作用而受带来一段宁静。一个彻底而相关的受产生一种能量的积累，而这将在下一步活动中释放。由此产生的知觉是有秩序而清晰的，同时也染上了情感的色彩。

恬静的性质在艺术中的作用，是怎么夸大也不过分的。艺术中总是存在着相对于对象的设计与组织的镇静。但是，也总是存在着阻力、张力和刺激；否则的话，所带来的平静就不是一种完成了。在构思时，事物被区分，而知觉与情感相互从属。在哲学思辨中成为对立面的对感官的与观念的，即表面与内容或意义，对刺激与宁静之间的区分，在艺术作品中并不存在；这种不存在的原因，不是由于概念的对立被克服了，而是由于艺术作品存在于一个层面之上，在这里，思辨的思想所作出的区分没有出现。从多样性中，刺激也许会出现，但仅有多样性而没有阻抗力要克服，就不能带来休止。散乱地放在马路边上，等着搬运货车的家具，是够具有多样性了。但是，当它们被集中放在货车里时，秩序与宁静不会出

现。它们必须构成一种分布关系，正像它们被安排在房间里，构成一个整体时那样。分布与整一的共同作用导致了产生刺激的变化运动和带来平静的实现。

有一个古老的关于自然与艺术中的美的公式：多样性中的统
一。一切都依赖于这个“中”字是如何理解的。一个盒子之中也许 161
会有许多东西，一幅画之中有许多人物，一个口袋之中有许多硬币，一个保险箱中有许多文件。这里的统一是外在的，这里的多是相互无关的。关键在于，当对象或场景的统一是形态上的并处于静态时，统一与杂多就总是属于这种情况或接近这种情况。只有在这些术语被理解为与能量的一种关系有关时，这个公式才有意义。如果不存在着独特的区分，就没有圆满，也没有多个部分。但是，只有当区别依赖于相互的阻抗力，例如乐句的丰富性之时，它们才具有审美的性质。只有在阻抗力通过对立的能量合作性相互作用发展，从而产生休止之时，才存在着统一。这个公式中的“一”是通过分别具有能量的各部分间相互作用来实现的。“多”则是由于那最终支撑着一种平衡的相互对立力量的确定的个性化显现。因此，下一个主题是在一部艺术作品中能量的组织。这是由于作为一部艺术作品特征的多样性中的统一是动态的。

162

第八章　能量的组织

人们反复提到，艺术产品（雕像、绘画，或其他什么）与艺术*作品*是有区别的。前者是物质性的和潜在的；后者是能动的和经验到的。后者是产品所做和所起的作用。没有什么东西单枪匹马地进入经验，不管它是仿佛无形式的事件，一个在理智上系统化了的主题，还是一个实现了思想与情感的结合，充满爱的关注精制而成的对象，都是如此。事物进入经验本身是复杂的相互作用的开端；最后经验到的事物的特征依赖于这种相互作用的性质。当对象的结构以其力量令人愉快地（但不是轻易地）与从经验本身迸发出的能量相互作用之时，当它们间相互的结合与对抗共同起作用，产生一种累积性的，并肯定地（但并非过分稳定地）朝向冲动与张力实现的发展时，就有了一件艺术品。

在前一章，我强调了这一最终的作品对自然中节奏存在的依赖性；正如我所指出的，它们是经验中形式的条件，并因而是表现的条件。但是，一审美经验，即得到实现的艺术作品，表现为*知觉*。这些节奏即使体现在外在的、本身是艺术产品的对象中，也只有成为经验中的节奏时才是审美的。并且，这些出现在经验之中的节奏是与关于外在事物存在节奏的理性认识完全不同的：这种区别就像对生气勃勃的和谐色彩的感性欣赏与科学研究者对这种色彩

相应的数学表示之间的区别一样。

我的这一思考是从去除虚假的节奏观念开始的。这种虚假的节奏观念对审美理论产生了严重的影响。由于没有考虑到审美节奏与知觉有关，没有考虑到自我在积极的知觉过程中所起的作用， 163
才产生了这种误解。但奇怪的是，这一误解却与那种审美经验的知觉直接性的说法并存。我所指是将节奏与变化着的因素反复出现的规律性等同的观念。

在直接讨论这一思想之前，我想指出它对理解艺术的影响。**作为**空间的与物质的存在，空间对象之因素的秩序，由于没有进行到引起经验的互动之中，所以至少是相对固定的。除了缓慢地磨损以外，一个雕像的线条与平面会保持原样，一建筑物中构造与间隙也是如此。从这一事实得出结论，存在着两种美的艺术，一种是空间的，一种是时间的，只有后者才有节奏：与这种错误相对应的观点是，只有建筑和雕像才具有对称性。如果这一错误只是影响理论，它将会是严重的。实际上，对绘画与建筑中节奏的否定，阻碍了对性质的知觉，而这对它们的审美效果来说，是绝对不可缺少的。

将节奏等同于字面意义上的重现，等同于有规则地回到同样的要素，是将重现想象成静态的或解剖学的，而不是功能性的；后者依照经由要素的能量推动经验向完善与完满的发展来对重现作出解释。由于对持这种理论的人的一个有利的例证是钟的滴答声，它可被称为滴答理论。尽管人们可以清楚地意识到，一种始终如一的滴答经验如果是可能的话，其结果或者会使我们昏昏欲睡，或者会使我们恼怒不已，然而，对这种规律性的构想却被认为是提

供了基础，在此之上出现许多其他的节奏，其中每一个都同样地有规律，从而变得复杂化。当然，从数学上将实际经验到的节奏分析成为覆盖着许多微小而始终如一的重复的基本规律性的结合，也许是可能的。但是，其结果仅仅是某种机械地接近生机勃勃或表
164 现性的节奏。这与那种试图从许多弧线，其中每一个都是按照严格的数学计算构造出的，来构筑审美上令人满意的曲线（如希腊花瓶中的曲线）所造成的结果类似。

一位研究者在记录仪器的帮助下进行歌唱家嗓音的研究。他发现有成就的艺术家，那些被列为最好的艺术家的嗓音在记录中都表现出稍高于或稍低于标准的音高，而那些正在进行训练的歌唱者则更可能严格地唱出更合于节拍的声音。研究者认为，艺术家总是"自由地"对待音乐。实际上，这种"自由"标志着机械的或纯客观的构造与艺术的生产之间的区别。节奏总是包含着不断的变异。在将节奏当作能量显现出的有规则变异的定义中，变异不如秩序重要，但是，在审美的秩序中，这就成了不可缺少的系数。假如秩序能够得到保持的话，变异越大，效果就越有趣。这一事实证明，这里所说的秩序不是根据客观的规律性而言的，这里需要另一个原理来对它进行阐释。这一原理，再说一遍，是根据该经验本身的完整性使一个经验走向其实现的累积性进步。这种经验的完整性不能由外在的条件来衡量，尽管如果不使用可观察和可想象的外在材料，也不可能达到这种完整性。

我想通过在某种程度上是有意选出的一节诗作例证，我要选那些尽管很有趣，却不是最上等的诗。华兹华斯的《序曲》中一些诗行可起这种作用：

……寒风冻雨，
和所有自然元素的运动，
孤独的羊，枯萎的树，
石墙里传出的阴冷的音调，
树林和水流的声音，还有薄雾
罩在这两条路的轮廓之上
在这些明明白白的形体之中延伸。

将诗变成一篇散文，以为这样就能解释诗的意义，这里总有某种愚蠢之处。但我在这里作散文式分析的目的，不是解释这些诗 165 句，而是强调一个理论要点。首先，我们因此注意到，没有一个词在重复那种会在词典中列出的固定的意义。“风、雨、羊、树、石墙、雾”的意义是所表现的整体情境的一个函数，因此是**彼**情境的一个变量，而不是一个外在的常数。那些形容词，如冻、孤独、枯萎、阴冷、明明白白，也是如此。它们的感觉是由个体的正在形成的忧伤经验决定的；它们各自对其实现起促进作用，同时，又相应地由于作为强化因素进入经验的构成而使各自的性质得到确定。物体之间也各有不同，相对静止与运动构成对立；看到的与听到的事物，雨与风，构成对立；墙与音调，树与声间，都构成对立。当**物体**主导时存在着相对缓慢的步调，随着**事件**，随着“树林与水流的声音”而加快步调，在薄雾无情地向前延伸时，达到了高潮。正是这一对所有细节都产生影响的变异，形成了这种诗句与对称对偶句的区别。然而“规则”得到了维持，不是由于实质上或形式上的重复，而是带有主动性，各要素都推动一个完整的经验到的情境的建立，其中没

有赘言，没有起冲突和破坏作用的不和谐。带有审美目的的规则由其功能与效用的特征所限定。

将这些诗句与，例如，某些成千上万的人曾从其音调与节奏获得一种初步的审美满足的福音圣歌作一个比较。后者相对外在与物理的特征通过对物理上遵守时间的反应倾向体现出来；情感贫乏的原因在于在材料及其处理上的相对单一。甚至在民谣中，叠句在经验中也没有它们在孤立状态下的单一性。这是因为，当进入到变化的语境中之时，它们具有一种变化的效果，出现一种**累积性的**守恒。艺术家可能会使用某种外在的单纯重复来传达命运无情的感受。但是，这种效果依赖于单纯量的相加以外的东西。因

166 此，在音乐中，一段重复出现的音句，也许是在一部交响曲的一开头就抛向我们的音句，甚至仅仅是对一个主题更强调、清晰而累积性的表述，也获得力量，因为它所进入的新语境给它提供了色彩，赋予它新的价值。

当然，任何节奏中都有重现。但是，当再现被解释成单纯的重复，不管是材料还是实际间隙的重复，物理科学的反思性分析都取代了艺术经验。机械的重现是物质单元的重现。审美的重现则是总结并向前推进的**关系**的重现。重现的单元本身引起对其作为孤立的部分的注意，从而背离了整体。因此，它们降低了审美效果。重现的**关系**则对部分进行限定和划界，赋予它们自身以个性。但是，它们也联系；**由于**关系，它们所划分开的单个的实体要求与其他个体的联系与相互作用。因此，这些部分对建构一个扩展着的整体起关键的作用。

野蛮人击鼓也被当作节奏的模式，因此，“滴答”理论就成了

“咚咚”理论。在这里，简单而相当单调的重复敲击也被当作了标准，并附加上其他的本身也是单一的节奏作为其调节，同时，引入了无节律的变化作为额外的刺激。对于这种理论所假定的客观性基础来说，不利的是，这种咚咚敲击并非单独地，而是作为一个更加复杂得多的多种歌唱和舞蹈的整体中的因素而出现的。并且，取代重复的是一个发展过程，开始于相对缓慢而平静的运动，激动的程度逐渐加强，最后达到疯狂的程度。更为重要是，音乐史表明，比起文明人的音乐来，原始的节奏，如非洲黑人的节奏，实际上更精妙多变，更少一致性，正像美国北方的黑人音乐通常要比南方的黑人音乐更程式化一样。半音乐所具有的紧迫性与和谐的潜力起着使构成直接的紧张度变化的节奏的乐句形成更大一致性的作用，而这里的理论却要求一种相反的运动。

活的生物在其生命活动中，既需要秩序，也需要新异性。混乱不令人愉快，沉闷也是如此。给一个有规则的情景增添魅力的“无 167
序的诀窍”是仅仅从外部标准看上去的无序。只要没有阻碍累积性地从一部分向另一部分推进，它从实际经验的立场看，就是增加了强调与区分。如果被经验为无序，它就会产生一种无法调和的冲动，从而令人不愉快。另一方面，一种暂时的冲突，会成为抵抗的力量，从而聚集能量更积极而成功地活动。只有那些早年被娇生惯养的人，才总是喜欢一些软绵绵的东西；精力充沛的人要的是生活而不仅仅满足于生存，他们会发现太轻松的东西令人讨厌。只有在它不是以挑战性能量出现，而是压倒或阻碍这种能量时，这种困难才是需要反对的。有些审美产品会立刻流行；它们是当时的“畅销品”。它们“轻松”，会迅速受到欢迎；流行会给它们带来摹

仿者，使它们在一个时期的戏剧、小说或歌曲中成为时髦。但是，它们容易被经验所吸收这一事实又使它们很快被消耗掉；它们不能提供新的刺激。它们有流行之时，但只是一时流行而已。

例如，将一幅惠斯勒的画与一幅雷诺阿的画作比较。在大部分情况下，前者之中所出现的是几乎一致的大块色彩的延伸。必须由对比性因素构成的节奏，仅仅是由大的色块的相互对立组成的。在雷诺阿的画中，仅仅一平方英寸里也不会出现相邻的完全同样性质的线条。我们在看画时，不会意识到这一事实，但是，我们会对它的效果有意识。它有助于整体的直接丰富性，也为对每一个继起步骤的新反应产生的新刺激提供条件。倘若符合这种动态的增强和保存关系的话，那么，这种持续变化的因素是使一幅画或任何作品得以维持的东西。

这同样的道理是大小通用的。相同间隙中的相同个体的重复，不仅仅不是节奏性的，而是与节奏的经验相对立。一个棋盘格子的效果，比起在一个大的空白空间，或者一个充满着胡乱地游动
168 的，不画出图像，却对视觉的展开起干扰作用的线条来说，要令人愉快得多。对于棋盘式安排的经验并非像从物理学和几何学理解的对象那样有规则。当眼睛移动时，它吸收新的并不断地加强着的平面，并且，细心的观察会显示出，新的式样几乎是自动地构成。这些方块有时水平、有时垂直、有时依照一个对角线、有时依照另一个对角线而排列；并且，小的方块不仅会组成大的方块，而且会组成长方形以及具有楼梯式轮廓线的图形。甚至在没有多少外在机缘的情况下，有机体对多样性的要求本身也在经验中得到加强。甚至钟表的滴答声人们听起来也会不同，因为所听到的是物理事

件与有机体反应的变化着的搏动相互作用的结果。人们常常将音乐与建筑作比较，这是因为这两门艺术比其他艺术门类更直接地体现在累积性关系影响下的有机重现，而不是个体的重复。我们的许多大厦，特别是美国城市大街上的那些大厦在审美上的粗俗，就在于由形式的有规律的重复，即始终不变的空间分割导致的千篇一律，建筑师仅仅依赖于外在的修饰以达到多样性。更为引人注目的例子是我们可怕的内战纪念碑以及许许多多的城市雕塑。

我曾说过，有机体既渴望秩序，也渴望多样性。然而，这一陈述对于提出高一级特性而不再是初步的事实来说，是太弱了。有机体的生活过程**就是**变异。用威廉·詹姆斯常常引用的话说，它是“持续，却不一致”的一个例证。渴望本身只有在当这一自然的倾向被不利的情境，被过分贫乏或过分奢华的千篇一律所阻碍之时才出现。由于要满足初始的需要，每一个经验运动在完成自身之时都重现其开始时的情况。但是，重现之中有差异；在其历程之中，充满着远离初始情况的差异。让我们随便举几个例子：离开多年后回到童年时的家，通过一个推理过程而得到证明的命题与当初刚刚提出的命题，分离后与老朋友的一次会见，音乐中乐句的重现，诗中的叠句。

对多样性的要求是我们作为活人，直到被恐惧所吓住或被老一套弄得迟钝之前都在寻求生活的表现。生活的需要本身将我们 169
推向未知境界。这是经久不衰的浪漫的真理。它会退化为无形式地沉湎于运动与激动本身，并通过伪浪漫主义表现出来。但是，口头上的古典主义，即只说而不像真正**成为**经典那样去做，总是以对

生活的害怕和在紧迫的事件和挑战前退缩为基础的。当适当的节奏使之变得有序，当所进行的历险具有了足以检验并激发人的能量的机会时，浪漫就成了古典：《伊利亚特》和《奥德赛》就是永久的见证。节奏是性质中的理性。在最不开化的人中保持着最低等级的节奏表明，某些秩序是存在骚动的需要。甚至数学家的等式也是最大程度的重复之中需要变异的例证，因为它们所表示的是相等，而不是严格的同一。

审美的重现，简言之，是生命的、生理学的、功能性的。重现的是关系而不是成分，它们在不同的语境中重现，产生不同的结果，因而每一次重现，都不仅是回顾，而且是全新的。在满足一个激起的期待之时，也促动一种新的渴望，激起一股新鲜的好奇心，确立一个变化了的悬念。这两种在抽象概念中相互对立的职能，不是使用一种装置来激发能量，另一种使之休止，而是使用**同样**的手段达到整合的完满性，这种整合的完满性是生产与感受的艺术性的标尺。一个组织良好的科学研究由于测试而得到发现，由于探索而得到证明；这么做的原因在于一种结合了这两种功能的方法。谈话、戏剧、小说，以及建筑构造，如果存在着一种有规则的经验的话，那就达到了这样的一步，即同时既记录和总结此前的价值，又激发与预见将来。每一次结束都是唤醒，而每一次唤醒都作出某种安排。这种状态对能量的组织是一个界定。

在节奏中坚持变异，也许看上去像费力证明一个显而易见的道理。对此，我的理由是，不仅一些有影响的理论都忽视这个特性，而且，存在着一种将节奏限制在艺术作品的某个方面的倾向：
170 例如，限制在音乐的节拍、绘画的线条、诗歌的音步，以及雕塑中的

平扁或光滑的线条，这些限制总是倾向于鲍桑葵所说的“平易美”；在不管是在理论中还是在实践中依照逻辑来推演的话，就会导致某种无形式的物质或某种故意将形式强加上去的物质。

在波提切利的《春》和《维纳斯的诞生》中，由花纹与线条组成的图案的魅力很容易感受到。这种魅力很可能在无意识中而非故意地引诱观赏者将这部分节奏当作评价标准，以产生对其他绘画的经验。这将导致过高估价波提切利而贬低其他画家。这本身也许是一件小事，因为对形式的一部分敏感总比将绘画当作图解要好得多。更为重要的是，它会产生一种对那些同时更实在，而又更精妙的产生节奏的方式不敏感的倾向。这种产生节奏的方式包括未明显地划分出轮廓的平面、团块与色彩之间的关系。还有，希腊雕塑作为一个使用扁平与圆整的平面来表现人物形象的手段具有充分性，使得菲迪亚斯的雕像所引起的赞美是当之无愧的。但是，如果这种特定的节奏模式被确立为唯一的标准的话，那就不好了。那样的话，知觉就不能清楚地分辨出埃及雕塑作品的大的团块、黑人雕塑中锐利的角度、像爱泼斯坦[①]那样主要依赖于通过一连串折断的平面获得的光的节奏等特征的精彩之处。

当节奏仅限于单一特征的变异与重现之时，同样的例子对所导致的实质与形式的分离也是一个说明。熟悉的思想，标准化了的道德劝诫，像某个叫达比的小伙子爱上了某个叫琼的姑娘之类的老一套浪漫主题，像玫瑰和百合一类对象所具有的魅力，当被节

① 爱泼斯坦(Sir Jacob Epstein，1880—1959)，生于美国，死于英国，20 世纪重要的肖像雕塑家，他所塑的铜像表面起伏丰富，注重表面光线闪动效果。——译者

奏所包裹，为韵律性节拍所加强时，就给人以愉悦感。但是，在这些情况下，我们最终仅仅是以一个惬意的方式对我们已有经验的回忆，引发一种像搔痒一样暂时的愉快。当所有的材料为节奏所渗透之时，主题或“表现对象”被转化为一种新的题材。存在着突然的魔术，它向我们提供内在启示的感觉，给我们带来某种我们认
171 为彻头彻尾地了解的东西。简言之，我们所看到的使一个对象构成一件艺术品时的部分与整体的相互解释，是在下列的效果中起作用的，即所有作品的成分，不管是在绘画、戏剧、诗歌还是在建筑之中，处于与所有其他同类成分——线与线，色彩与色彩，空间与空间，绘画中的照明与光和影——节奏联系之中，并且，所有这些独特的因素作为构成完整的复杂经验的变异时相互加强。如果一个人否认在某一方面以加强和组织与拥有一个经验有关的能量的节奏为标志的对象所具有的全部审美性质，那么，这个人不仅心胸狭窄，而且迂腐。但是，伟大(greatness)的客观尺度恰恰就在于因素的多样性与范围，这种因素在各自的节奏中，仍在累积性地相互保留与促进，以建立实际的经验。

人们曾努力通过“精美”(fineness)与“伟大”(greatness)的对比以支持在艺术品中区分实质与形式。据说，当形式完善之时，艺术就是精美的；而伟大则是由于题材所涉及的内在范围与分量，尽管处理它的方式不那么精美。简·奥斯丁[*]与司各特[**]曾被人们

* 简·奥斯丁(Jane Austen，1775—1817)，英国女作家，著有《理智与感伤》、《傲慢与偏见》、《爱玛》等小说，以现实主义的方法来描写家庭生活。——译者

** 司各特(Sir Walter Scott，1771—1832)，苏格兰作家，著有《威弗利》、《艾凡赫》等历史小说。——译者

用来作为说明上述区分的例子。我看不出这个例子的有效性。如果斯各特的小说尽管在精美方面差一些，在范围与丰富性方面的伟大超过奥斯丁小姐的话，那是由于，尽管所使用的手段中没有一个方面像简·奥斯丁那样完美，却存在着一个更广的题材范围，形式在某种程度上在其中得到了实现。这不是一个形式与题材的对立问题，而是共同协作着的形式关系的种类的数量问题。一汪清池、一块宝石、一幅小像、一部发人深省的手稿、一篇短篇小说，都各依其类，具有自己的完美。在各类中起主宰作用的单一性质，也许在更大的范围与复杂性中，会比任何单一关系的系统得到更充分的贯彻。但是，后者中效果的增大，当其有助于一个统一的经验之时，使后者“更伟大”。

如果涉及的是技术、家庭经济，或社会组织体制，不说我们也知道，理性，即可理解性，是以朝向一个共同目的的手段的有秩序相互适应来衡量的。走向其完善的相互间无作为所达到的是荒 172
谬，当其成功地处置之时，就成为审美的或“滑稽的”。相应地，我们知道，一个人的实际能力是由他以最经济的方式去动员各种手段与措施去完成一个大的结果的才能所决定的。这里的经济当其被迫作为一个单独的因素来加以注意之时，在审美上就是不令人愉快的；如果有一个相应的广泛结果之时，手段的范畴就不是愚蠢的展示，而是变得非常精彩。同样，我们知道，思维要对多种多样的意义进行整理，使它们通向一个受到一切因素的支持，而一切又从中得到总结和保存的结论。我们也许很少意识到，美的艺术的本质是这种能量的组织累积性地通向一个最终的、所有的手段与媒介都被结合进去的整体。

在日常生活的实践与推理之中，这种组织较少直接性，以及终结或完成感，至少是相比较而言，只是出现在最后阶段，而不是出现在每一阶段之中。当然，这种完成感的推迟，这种缺乏持续地完善和反应的情况，会使所使用的手段限于**仅仅**是手段的状态。单纯的手段是不可避免的先行状态，但不是目的的内在成分。换句话说，在这种情况下，能量的组织是零碎的，以一个取代另一个，而在艺术的过程中，则是累积性和保存性的。因此，我们再次碰到节奏问题。无论何时，我们向前迈进的每一步，都同时是对以前的总结和完成，并且，每一次完成都将预期紧张地向前推进，这时，就有了节奏。

与海浪那样向前的运动不同，在日常生活中，我们的许多奋力向前的行动都是由外在需要所推动的。同样，我们的休息绝大多数情况下也是由于筋疲力尽后的恢复；这同样也是受到某种外在东西的强迫。在有节奏的秩序中，每一次结束与休止，就像音乐中的休止符，既是区分和赋予个性，也是联结。音乐中的休止不是空白，而是一个节奏性的沉默，它对已有的是一个加强，而同时又传达一种向前的冲动，而不是驻足在它所确定的这一点上。在看一幅画，读一首诗，或者看一部戏时，我们有时从
173 其界定或休止的特性中，有时从其过渡的功能中，领会同样的特征。一般说来，我们领会这些特征的方式依赖于我们经验中的特定点上我们兴趣的指向。但是，有的艺术产品也会因坚持其中的一个因素而被人们仅仅用一种方式来理解。佛罗伦萨画派对绘画中线的夸大，列奥纳多* 和在列奥纳多影响下的拉斐尔对光的夸

---

* 列奥纳多，即列奥纳多·达·芬奇(1452—1519)。——译者

大，以及彻底的印象主义者对气氛的夸大，都有这种局限性。要想达到起推进作用的融合与起强调和限定作用的休止之间的精确的平衡是极端困难的，而我们能从自身并没有完成的对象中汲取真正的审美满足。然而，在这些情况下，能量的组织却仍是局部性的。

与动作和经受的节奏，确定休止和前进的冲动的节奏的形态学特征相区别的主动性，在艺术中由于下面一些现象而更加清楚了：艺术家使用那些通常觉得丑的东西以达到审美效果，如相互冲突的色彩，不和谐的声音，诗歌中的杂音，绘画中似乎暗淡而模糊的地方，或者甚至像马蒂斯的画中那样纯粹的空白。事物相互关系的方式得到了注意。人们所熟悉的莎士比亚在悲剧中使用喜剧因素的情况，就是如此。这不仅仅起到使观赏者放松紧张情绪的作用，而且有着更为内在的、强调悲剧的性质功能。任何属于不那么“容易”类的作品显示出对通常的联系的断裂和分离的特点。在绘画中出现的扭曲适应了某种特殊的节奏的需要。但它还有更多的功能。它导致了由于习惯而隐藏在日常经验中的确定的知觉价值。如果对审美经验的能量的激发要达到所要求的程度的话，就必须打破日常的先入之见。

不幸的是，为了写作审美的理论，人们不得不用一般性的术语来说话，而不可能提供一个其材料是存在于个性化形式中的作品。但是，我将对一幅实际的画进行图式性描述。[1] 在看我所想到的

[1] 巴恩斯的《绘画中的艺术》、《法国原始主义及其形式》、《亨利·马蒂斯的艺术》，都对绘画作品作了许多细致的分析。

这个特定的对象时，注意力首先是被那些具有向上方向的物质的
174 对象所吸引：最初的印象是从下向上的运动。这一说明并不意味着观赏者明确意识到垂直的节奏，而是说，如果他停下来分析的话，他会发现，最初的并占据着统治地位的印象是由节奏所构成的模式决定的。同时，兴趣尽管保留在所出现的模式上，眼睛也在做横跨绘画的运动。后来，当视觉指向相对的下部角落，落在确定的团块，而不是适应垂直的模式时，就将注意力放在水平处理的团块的重力上，这时，出现了中止、抑制、强调性停顿。如果图画没有很好地组合，变异就会成为对经验干扰性的中断和破坏，而不是重新调整兴趣和注意力，从而扩展对象的意义。实际上，一个阶段的秩序的结束，提供了一组新的期待，这种期待随着由于一系列在性质上主要是水平方向的色彩区形成的视觉的回移而得以实现。那么，由于此知觉阶段得以自我完成，注意力就被吸引到作为这些团块的色彩特征的有规则变异上来。因此，由于注意力被重新指向作为出发点的垂直模式，我们失去了由色彩变异所构成的设计，而发现注意力被集中到由一系列后退和缠绕着的平面所决定的空间的间隙上。知觉中的，当然是隐含着的纵深感的印象，从一开始就是由这种独特的、有节奏的秩序表现出来的。

在建构这一生动知觉之时，融合成一个独创性整体印象的四种机体的能量特别强烈地发挥了出来，而在此之中，并没有出现经验的中止。情况还不仅仅是如此。当人们更清楚地意识到构成空间深度的因素之时，一个遥远的景象出现了。这个景象，由于这里提到的遥远的距离，以其所标记的亮度为特征。因此，视觉被调整来更清楚地对赋予绘画整体以增强了的价值的亮度节奏进行知

觉。这里有大约五种节奏体系。其中的每一种,如果进一步考察的话,都将从中显示出更小的节奏。每一个节奏,不管其大小,都与所有其他的节奏相互作用,从而与机体能量的不同体系结合在一起。但是,它们还必须在相互作用时使能量不仅起作用,而且获 175
得连贯地组合。有时,人们遇到一个新的类型的对象时,会感到惊讶和不安。这种情况在遇到怪异而没有什么价值的东西时会出现,在遇到具有高度审美价值的作品时在一开始也会出现。人们需要花费一段时间才能分辨这种震惊是由对象组织的天生断裂,还是由感受者缺乏准备而造成的。

前面所讲的也许会给人以夸大知觉的霎时性的感觉。无疑,我使那通常被压缩在一起的因素伸展开来了。但是,如果没有在时间中发展的过程,绝不可能存在**对一个对象的知觉**。如果只是刺激的话,这是可能的;但这不是对一个对象的知觉,而只是对所熟知类型中的某物的认知而已。如果我们对世界的观看是由一系列瞬间的一瞥所组成的,它就不是对**世界**的观看,也不是对世界之中任何东西的观看。如果尼亚加拉的吼声与湍急的水流只是局限于喧闹声和瞬间视觉印象,那么,任何**对象**的声音与景象都没有知觉到,更不用说那个称为尼亚加拉瀑布的独特的对象了。它甚至都不能作为喧闹声为人们所把握。仅仅是孤立的外在喧闹声对耳朵的连续冲击,除了增加混乱以外,也不会产生任何效果。除了不同的感官在相互关系之中起作用之时,除了一个"中心"的能量与其他能量相互交流,并且新的动力反应的方式被激起,继而促发新的感官活动之时,没有什么可被知觉到。除非这些不同的感官-动力能量相互合作,就不存在被知觉到的景色或对象。但是,当单一

感官单独运作——由于一个实际上不可能实现的条件——之时，同样也没有知觉。如果眼睛从根本上是积极的器官，那么色彩的性质是在其他早先经验中显然积极的感官的影响下形成的。它以这种方式受历史的影响；一个对象有着它的过去。并且，由于它为即将到来的东西做准备，并以某种方式对将要发生的东西作出预言，相关动力因素的冲动形成一种对未来的延伸。

那些否认绘画、大的建筑，以及雕像中的节奏，或者断定节奏只是隐喻性地存在于其中的观点，是由于对每一种知觉的固有性
176 质的无知造成的。当然，存在着实际上是瞬间的认识。但是，这些只有在通过一连串的过去经验，自我成为某方面的专家时，才能出现；这种专家可能会一眼就看出某件物是一张桌子，也可能会看出某幅画是某个特定的画家——比方说马奈——所画的。由于当前的知觉利用了一种凭借过去的持续性活动而形成的能量的组织，我们没有理由将时间因素从知觉中去除。并且，无论如何，如果知觉是审美的，瞬间的直接辨认只是其开端。在辨认某画是画了这个或那个的活动中，不存在天然的审美价值。这种辨认也许会引起注意，并导致对绘画的一种关注方式，即其中的部分与关系被唤起以组成一个整体。

当我们说一幅画或一个故事是死的，而另一幅或一个故事具有生命，我们几乎并不感到我们使用了隐喻。要想解释我们这么说究竟意味着什么，并不是一件容易的事。然而，某物柔软，另一物具有无生命物的沉重的惰性，而其他的则似乎是具有内在动力，这种意识是自发产生的。对象之中必定有什么东西在推动着它。纷扰喧闹并不构成生与死的区分，一幅画是否在移动也不构成这种区

分。活的存在物的特征在于拥有一个过去与一个现在，即将它们作为当下的拥有物，而不仅仅是某种外在的东西。并且，我认为，正是在我们从一件艺术产品中获得一种处理从其发展的一个特定点所看到的一段**生涯**和一段历史的感觉时，我们才获得了生命的印象。那种死的东西不延伸到过去，也不激起任何对将来的兴趣。

包括技术性的和实用的艺术在内的所有艺术的共有的因素，是作为一种手段以产生一种结果的能量的组织。对那些仅仅以实用性打动我们的产品，我们仅关注其物之外的某种东西，并且，如果不对外在事物感兴趣的话，我们就对对象本身没有感觉。它也许会被忽略，没有真正被看到。或者，我们也许随便看看，就像看到某种异乎寻常的古玩一样。在审美对象中，对象起着——就像那些具有外在用途的对象那样——集中分别用来在不同的情况下处理不同事物的能量，并赋予它们以独特的节奏性的组织，我们（在考虑到效果而不是实施方式时将这种组织称为澄清、强化、集 177
中。处于潜在状态下的能量，不管本身如何具有实在性，都相互关联，相互唤起和强化，直接为着所导致的经验服务。

对独创性的创作适用的道理，对欣赏性知觉也有效。我们谈到了知觉**以及**它的对象。但是，知觉与**它的**对象是在同一个连续运作中建构与完成的。人们说**此**对象，**此**云彩、河流、衣服之时，就已经赋予了它们实际经验之外的存在；所谓的**此**碳分子，**此**氢离子，以及一般科学的实体，就更是如此。但是，知觉的（更确切地说是知觉**中的**）对象不是一般性的类的一个实例，云彩或河流的一个样本，而是存在于此时此地的，带有伴随着并成为此存在标志的所有不可重复特性的**这一个**单个事物。由于这种知觉对象的能力，

该事物存在于完全同样的与构成知觉活动的活的生物的相互作用之中。既然在外在环境的压力下，或由于内在的松弛，绝大多数我们的**普通**知觉的对象缺乏完善性。当存在着认知时，也就是说，当对象被辨认为一类中的一个，或者一类中的一种，它们就被切断了。这样的认识足够使我们为着惯常的目的来使用对象。知道这些对象是雨云，从而促使我们带上雨伞，这就足够了。对仅仅是**单个**云彩完全的视觉领悟，妨碍了对它们作为具体而有限的行为的指号的使用。而另一方面，审美知觉指的是一种完满的知觉及其相关物的，即一个对象或一个事件的名称。这种知觉伴随着，或者更确切地说是组成一个能量在其最纯粹的形式时的能量的释放；这正如我们所见到的，是组织起来的，因此是节奏性的。

因此，当我们说一幅画是活的，画中的人物，以及建筑与雕塑的形式显示出运动之时，我们无须感到是在隐喻，也无须为一种万
178 物有灵论而抱歉。提香的《基督下葬》远远不只暗示一种悲伤的重负；它也传达和表现这种东西。德加的舞女就是实际上在用脚尖跳舞；雷诺阿画中的孩子在专心于阅读和缝纫。康斯太布尔的画中草木湿润，而库尔贝画中的山谷滴水，岩石上闪动着冷湿的光芒。当鱼儿不再或快或慢地在水中游来游去，当云彩不再缓缓地浮动或迅捷地飞驰，当树儿不再反射着阳光，它们就不会唤起与对象的全部能量的实现相称的能量。当知觉得到回忆或来自文学的情感联想的补充，就像绘画通常被当作具有诗意时那样，一种仿冒的审美情感就出现了。

从整体或部分看似乎是死了的画中，间隙仅仅是中止，而非同时也是继续。它们是“洞”，是空白。我们所说的死点是，从观赏者一方来说，片面地强调其中的一部分，而使持续着的能量的组织受到挫折。有的艺术作品仅仅提供刺激，活动被激起了，却没有平静的满足感，没有实现媒介所允许的可能性。能量没有能被组织起来。戏剧变成了闹剧；裸体画变成了春宫画；所读的小说使我们对世界不满，唉，我们被迫生活在故事书所讲的没有浪漫历险的机会，没有高尚的英雄主义的世界之中。在这些小说中，人成了作者的木偶，生活是假装出来的，而不是实际发生的，因此使人厌恶。活灵活现地表现假冒生活，使我们产生与听无聊的空谈后感到一样的不满和愤怒。

对于某些人来说，我似乎夸大了节奏的重要性而牺牲了对称。就字面而言，我确实是这么做的，但也仅仅在字面上是如此。这是因为，有组织的能量的观念意味着节奏与平衡是不可分割的，尽管可以在思想上将它们分开。简单而概括地说，当注意力特别放在完整的组织所显示的特征与方面时，我们就特别强调对称，即一事物与它事物之间的度的关系。对称与节奏是同一样东西，由于在感受时具有不同的侧重点，注意它时带有不同的兴趣，它们才不同。当决定休止与相对完成的间隙成为特殊的知觉特征时，我们
就意识到了对称。当我们关注运动，关注来来去去而不只是到达， 179
节奏就变得突出了。但是，无论怎样，对称，既然它是对抗的能量间的均衡，就与节奏有关，而节奏只是在运动被休止的空间间隔开时才出现，因此涉及度。

当然，这两者有时在一件艺术产品中是分开的。但是，这一事实表明作品还不完善：一方面，存在着空洞、死点；而另一方面，存在着动机不明、不能平息的激动。在反思性经验本身中，在由有问

题的情境中所引起的考察中，存在着寻找与发现，着手寻求可行的结论与达到一个至少是暂时性的结论之间的节奏。但是，这些阶段通常并不重要，不能以显著的审美特性来影响其过程。当它们得到强调，与题材结合在一起之时，存在着同样类型的意识，即它们出现在任何艺术的构造之中。与此不同的是，在仅仅是仿效的与学院式的艺术中，平衡与题材并非吻合，而只是故作姿态，它孤立于运动之外，而终于变得非常令人乏味。

强度与广延性两者间的联系，以及两者与张力间的关系，并非仅仅存在于口头上。如果没有压缩与释放间的交替，就没有节奏。阻力挡住了直接的释放，积累了使能量变得强烈的张力。在这种阻滞的状态下，释放必然取一种有序的散布形式。在一幅画中，冷色与暖色、互补色、光与影、上与下、后与前、左与右，概括地说，是绘画中对立的性质而产生的平衡手段。在早期的绘画中，这种对称主要是通过位置上的左右对立，或者明显的斜线安排来实现的。既然存在着位置的能量，因此，甚至在这些绘画中，对称也不仅仅是空间性的。但是，正如在 13 世纪和 14 世纪的轮廓画中那样，重要人物被放在正中央，而几乎完全一样的人物以几乎是严格的横向对应的方式被放在两边，这种对称是不牢固的。后来，人们就依赖金字塔形的结构。这种安排的力量来自于图画以外的因素。对
180 象的稳定感伴随着对我们熟悉的保证均衡方式的提示。因此，绘画中对称的效果是联想性的，而不是内在的。绘画的倾向是发展关系，平衡不能通过对特定人物的选择作地形学上的显示，而应是整幅画的功能。图画的“中心”不是空间性的，而是相互作用的力的焦点。

在静态的条件下为对称，下定义，犯的是与将节奏当作成分重复一样的错误。平衡是获得平衡的过程，即将重力在考虑其相互作用的方式的情况下去分布。天平的两个托盘在它们通过相互推拉得到调整之时实现平衡。并且，天平实际上的（而不是潜在的）存在，就在于两个托盘为了达到均衡而相互对立地运作。由于审美的对象依赖于一种在积累中实现的经验，测量平衡或对称的最后的标准，是整体最大限度地将相互对立成分的种类和范围包容在它之内的能力。

平衡与重力之间具有天然的联系。在任何领域中，工作都是在对立力量的相互作用中完成的，正像是由相互对立的肌肉组织系统完成的一样。因此，在艺术作品中，一切都依赖于要达到什么样的平衡——这也是为什么从崇高到滑稽只有一步之遥的原因。力本身没有强与弱、大与小。微型画与四行诗各有自己的完美，空虚而自命不凡的大制作会使人厌恶。说一幅画、一部戏，或一本小说中的一部分太弱，意味着与此相关的部分太强，反过来说也是如此。如果绝对地说，没有什么东西强与弱；这只是指施动与受动的方式而言。有时令人惊讶的是，在一幅建筑景观中，一座低矮的建筑如果处于**正确的位置**的话，会将周围的高大建筑吸引到一起，而不是被这些高大建筑湮没掉。

那些自称是艺术品的作品中的最普遍的错误是努力通过夸大
某一个因素而获得力量。起初，正如在任何门类中的畅销品一样， 181
出现了一个即时的反应。但是，这样的作品不能长久。随着时间的流逝，日益变得明显的是，被当作力量的东西就显示出在平衡因素方面的虚弱。任何感官方面的魅力，无论有多大的量，当它与其他因素相抗衡时都不会使人感到腻烦。但是如果单独品尝，糖会成为最容易使人发腻的东西。文学中的“硬汉”风格会很快使人厌倦，这是因为显然(即使是下意识地)，纵然有暴力活动，但没有展示真正的力量，起平衡作用的力量只是由纸牌上的或泥捏的人组成的。一个成分仿佛具有的力量，是以其他成分的虚弱为代价的。甚至一部小说或舞台剧的煽情都只是涉及缺乏影响整体性质的关系，而不是任何事件本身。一位批评家曾注意到，奥尼尔的戏缺乏延宕，一切都进行得太快、太容易，因此结果就太集中。画家在工作时不得不一处一处地画，而不是一下子画完全画。并且，画家们知道在何时有必要“控制”他们正在画的画。每一位作家也都必须解决同样的问题。除非这个问题得到解决，其他的部分就不能“维持”。在绝大多数情况下，对艺术品中说教和经济与政治上的宣传在审美上的拒绝，会建立在过分重视某种价值，而牺牲其他价值的分析之上；这些作品除了对那些处在同样片面狂热的状态中的人以外，在其他人身上所出现的不是提神而是厌倦感。

单一形式能量的孤立体现导致不协调的运动，作为生命体的人类实际上是复杂的，因而要求调整许多不同的因素。在行动的暴力性与强烈性之间，存在着很大的不同。看一看想要参加游戏活动的年轻孩子，就会观察到一连串互不相关的运动。他们做着手势，摔倒在地，打着滚，各干各的，不管其他人在干什么。甚至同一个孩子的活动也没有前后联系。这个例子通过对比表现出强烈性与广延性之间的艺术关系。由于能量不被既对立又合作的其他成分所抑制，动作以抽搐和痉挛的方式进行。存在着非连续性。
182 在通过相互对立而变得紧张之处，能量以有秩序延伸的方式展开。

一个组织和处理得都很好的戏的演出，与孩子无规则地乱爬，没有任何审美价值的情况构成了一个极端的对比。绘画、建筑、诗歌、小说，所有这些都具有不同程度的量——这不可与体积混淆。它们具有审美意义上的厚重与轻薄，坚实与零碎，组织严密与松散。这种广延的性质，这种相关变化的性质，是标志着受有规则间隙抑制的能量释放的动力学阶段。但是，再说一遍，这些间隙的秩序（那构成作品的对称）不是以空间与时间为基础来调节的。当秩序如此决定之时，效果就是机械性的，就像秋千发出的叮当声一样。在一件艺术产品中，每当间隙是由各部分的相互推动，以实现整一与整体的效果之时，就呈现出了规则。这正是将对称称之为动力性的与功能性的意义所在。

在看一幅画或一座大厦时，存在着与听音乐，读一首诗或小说，以及看一场戏的演出一样由于历时性积累而压缩的过程。没有艺术作品可以在瞬间被知觉，因为那样的话，就不存在保存与增加紧张的机会，并因此没有释放与展开赋予艺术作品以内容的东西的机会。在绝大多数理性的作品中，除了那些明确是审美的闪现之外，我们必须回溯；我们必须有意识地追溯以前的步骤，回想独特的事实与思想。思想的向前推进依赖于这种有意识地向过去记忆的偏离。但是，只在审美的知觉被打断之时（不管是由于艺术家还是由于观赏者的过失），我们才被迫折回去，例如在看一出戏之时，问一问自己前面演了什么，以便跟上剧情的发展。从过去保留下来的东西嵌入到现在正在看到的东西，并且这种嵌入以其压缩的形式，迫使思想向将来延伸。从过去知觉的持续过程中压缩的东西越多，现在的知觉就越丰富，朝向将来的冲动就越强烈。由 183

于浓缩的深度，所包含的材料在打开时的释放给予后继的经验以更广的范围，其中包括更大数量的明确的特性：我所谓的广延和量与由于多种多样的抵制而产生的能量的强度相对应。

由此，那种对节奏与对称的区分，那种对空间的与时间的艺术的区分，还不仅仅是聪明用错了地方。这种区分所依赖的是一个对审美理解，就所关注的范围而言，具有破坏性的原理。此外，在今天，它已经不再像过去所以为的那样，具有科学的根据。由于自身研究对象的特征，物理学家们被迫承认，他们的单位不是空间与时间，而是时-空。艺术家从一开始，假如不是在有意识的思想中的话，也是在行动中领会了这一后来才有的科学发现。这是由于，艺术家总是不得不与知觉的而不是概念的材料打交道，并且，在所知觉的对象中，空间与时间总是在一道的。有趣的是，这一科学发现的取得，当其概念抽象过程如果不摧毁证实的可能性的话，就不能达到排除观察行为的地步。

因此，当科学研究者被迫要将知觉行动的后果与研究对象联系起来考虑之时，他就从空间与时间过渡到一个他只可将其称之为时-空的结合体。他于是碰到了一个可说明所有日常知觉的事实。对于一个物体的广延性与量而言，它的空间属性不能在一个数学意义上的瞬间被直接经验到——或感受到；除非作为某种能量以一种广延的方式来显示自身，事件的时间属性也不能被经验到。因此，艺术家关于知觉材料的时间与空间性质所做的，只是他关于普通知觉的所有内容所做的。他通过形式选择、强化和集中：节奏与对称必须具有材料在其进行澄清与调整艺术运作时所取的形式。

除了失去假定的科学上的认可，美的艺术中时间与空间的分离还总是不合适的。正如克罗齐所说，我们只有在从知觉过渡到分析性反思时，才*特别地*（或分别地）意识到音乐与诗歌中的时间 184
顺序，意识到建筑与绘画中的空间的并存。将我们直接听到的音调假定为*存在于*时间中，直接看见的颜色假定为*存在于*空间之中，是把我们后来由于反思而得到的阐释放到了直接经验之中。我们*见到*绘画中的间隙与方向，我们*听到*音乐中的距离与体积。如果在音乐中我们只能知觉到运动，而在绘画中只能知觉到休止，音乐就完全没有结构，而图画中除了干巴巴的骨架外什么也没有。

然而，虽然空间艺术与时间艺术的区分是错误的，所有艺术对象都与知觉有关，而知觉不是瞬间性的，但是音乐因其明显的对时间的强调也许比其他艺术能更好地说明那种形式是经验在运动中综合的感觉。在音乐中，形式，即使是音乐的形式，也必须找到空间的语言，也常被看成具有一个结构，在听音乐的过程中，形式发展起来。在音乐发展中的任何一点，即任何音调，都是根据已出现的和在音乐上碰撞与预期而存在于音乐对象——或知觉中的东西。一个旋律是由主音的音符决定的，对此，一个回归的预期由注意的张力建立起来。音乐的“形式”成为倾听的职业中的形式。此外，音乐的任何部分以及它们的任何切面都像在绘画、雕像或建筑中一样，具有严格的、以和谐的方式出现的平衡和对称。旋律是在时间中展开的和弦。

“能量”一词在这一章中已多次使用。对于有些人来说，坚持将能量的观念与美的艺术联系起来似乎有错位感。然而，如果能

量的事实，它引起波澜起伏和宁静平和的力量不被重视，许多与艺术有关的常识都不能被理解。节奏与平衡如果不是外在于艺术的话，就只能是，由于其基本的作用，从能量的组织方面来为它下定义。关于艺术作品能对我们起什么作用，能为我们做什么，我只能
185 看到两个选择。它或者是由于某种超越的本质（通常称之为“美”）从外部降临到经验之上而出现的，或者是由于艺术对世间事物能量的独特复制所产生的审美效果。至于在这两个选项之间，我不知道仅仅靠争论能决定什么选择。但是，我们要知道的是，作出选择会带来什么后果。

那么，以我将审美效果与一切经验的性质（就任何经验都是统一的而言）联系在一起的立场，我愿问，艺术怎样才能是表现性的，而除了根据事物对我们起作用，使我们感兴趣，从而可以选择和整理能量之外，又不是摹仿性或奴隶式再现性的？如果艺术在任何意义上讲是再造性的，而又既不再造细节，也不再造类的特征，就必然是，艺术通过选择事物中的潜能来运作，而正是由于这种潜能，一个经验——任何经验——才具有意义与价值。（选择活动带来的）排除去掉了引起混乱、使人分心与无活力的力量。秩序、节奏与平衡就是意味着对于经验重要的能量在起着最大的作用。

“理想”一词由于感伤性的通俗用法，由于在辩护性目的的哲学话语中隐藏了存在的不和谐与残酷，因而被贬值了。但是，它存在着一个明确的意思，即上面所提到的意思，在其中，艺术是理想的。通过选择与组织，那些使任何经验值得作为一个经验来拥有的特征由艺术来提供，以实现相应的知觉。尽管有种种自然对人的利益的漠不关心与敌意的情况，也必然有自然对人的亲和性，否

则的话，生命就不会存在。在艺术中，那种适宜的，不是支撑这个或那个特殊的目的，而是支撑着整个所喜爱的经验过程本身的力量被释放了出来。这种释放赋予它们理想的性质。除了关于在一个环境中所有事物都共同起作用，以完善和支撑偶然和部分经验到的价值的思想之外，人还能诚实地享有什么理想呢？

一位英国作家，我想是高尔斯华绥*，在某处曾将艺术定义为"能量的想象的表现，通过感情与知觉的技术性凝固，通过在个人身上激发非个人的情感，使个体趋向于与一般相和解"。那种构成世界的物体与事件，并因而决定我们的经验的能量是"一般"。"和 186
解"是以一种直接而非争辩的形式在完善的经验中取得人与世界和谐合作的时期。所获得的情感是"非个人的"，它不与个人的幸运，而是与放弃自我而以奉献精神所建构的对象联系在一起。欣赏在情感性质上也同样是非个人的，因为它与客观的能量的建构和组织有关。

* 高尔斯华绥(John Galsworthy，1867—1933)，著名英国作家，著有《福尔赛世家》等小说。——译者

187 第九章　各门艺术的共同实质

对艺术来说，什么题材是适当的？是否有材料天生地合适，而其他材料天生地不合适？或者说，在艺术处理方面，就不存在共同的和不当的地方吗？各门艺术本身对第二个问题所给予的回答是稳步而日益增多地向肯定方向发展。然而，存在着一个经久不衰的传统，它坚持艺术应作出歧视性的区分。对这个问题的简短的考察，也许会因此而成为本章论题的引论，也就是说，艺术质料中所有的艺术都共同具有的方面。

在另一个场合，我曾有机会指出一个时期的通俗艺术与官方艺术之间的区分。甚至受眷顾的艺术在教士与统治者的庇护与控制之下而产生出来时，类别的区分仍然存在，尽管“官方”已不再是一个合适的名称。哲学理论只关注那些被具有社会地位与权威的阶级打上认可的印记的艺术。通俗艺术也许曾繁荣过，但却不能得到文人的注意。它们不值得被理论讨论所提及。也许，它们甚至没有被想到过是艺术。

然而，我不是要考察存在于艺术中的一个歧视性区分的早期表述，而是选择一个现代代表，然后简要地说明那打破曾设置起来的壁垒的反叛活动的某些方面。乔舒亚·雷诺兹爵士*给我们提供了这样一段表述：由于适合于在画中处理的主题只是那些引起“**普遍**兴趣”的东西，它们应是“某些英雄的行为与英雄的经历”，例如“希腊和罗马寓言与历史中的伟大事件。再如，《圣经》中的重要事件”。他认为，所有过去的伟大绘画作品，都属于这种“历史画派”，并且，他还进一步说，“依照这一原则，罗马、佛罗伦萨、博洛尼 188
亚画派都形成了它们的实践，并因此而值得给予最高的赞美”——作为一个从严格的艺术方面所作的充分的评论，这里遗漏了威尼斯画派与佛兰德斯画派，也没有对折中画派的赞美。如果他能够预见到德加的芭蕾少女、杜米埃的《三等车厢》，以及塞尚的苹果、餐巾和盘子，他会说些什么呢？

在文学中，占主导地位的理论传统也是如此。人们常常断言，亚里士多德曾一劳永逸地为悲剧这一最高的文学样式划定了范围，宣布贵族与处于高位的人的不幸是这种文学样式的合适的素材，而普通人的不幸则在本质上适合于较低级的喜剧样式。当狄德罗说需要资产阶级的悲剧，以及，不再仅仅是舞台上的国王与王子们，无职无权的人身上也可出现激起哀怜和恐惧的可怕的逆转时，他实际上宣布了一次理论上的历史性革命。并且，他还断定，家庭悲剧尽管与古典戏剧在情调与动作上不同，也能够有它们自己的崇高性——这个预言无疑在易卜生身上实现了。

19世纪初，在豪斯曼称之为虚假和伪造的诗，即韵文伪装成

* 乔舒亚·雷诺兹(Sir Joshua Reynolds，1723—1792)，英国画家与艺术理论家，提倡“崇高风格”，主张向过去的艺术大师学习。长于肖像画，著有《艺术演讲录》(1769—1791)一书。——译者

诗的时代以后，华兹华斯与柯尔律治的《抒情歌谣集》开启了一场革命。柯尔律治将鼓舞了该诗集的作者们的一条原则表述如下："诗歌的两条最重要的要点中的一点是，忠实于那些在一个沉思而感受着的心灵在寻找时，会在每一个村庄及其周围找到的人物与事件，或者在它们呈现自身时注意到它们。"几乎不言自明的是，在雷诺兹时代以前很久，在绘画发展中就出现了一场类似的革命。当威尼斯人除了赞美他们周围生活的奢华之外，给予他们名义上的宗教主题以独特的世俗处理之时，他们是向前迈了一大步。除了荷兰风俗画家以外，佛兰德斯画家，例如老勃鲁盖尔*，以及像夏尔丹那样的法国画家，真诚地转向日常的主题。随着商业的发
189 展，肖像画也从贵族转向到富有的商人，再转向更不引人注目的人物。到了19世纪末，在造型艺术中，所有的界限都被一扫而空。

小说是造成散文文学中的变化的重要工具。它使注意的中心从宫廷转向资产阶级，再转向"穷人"与劳动者，再转向不论什么身份的普通人。卢梭在文学领域的永久性巨大影响，很大程度上要归功于他对"人民"(*le peuple*)的想象性激动；确实，更多地要归功于这个原因，而不是他的形式的理论。民间音乐，特别在波兰、波希米亚，以及德国，在音乐的扩展与更新上的作用是众所周知，因而也无须重复。甚至在所有艺术中最保守的建筑中，也感受到类似于其他艺术所经历的那种转化的影响。火车站、银行建筑和邮电局，甚至教堂，也不再只是摹仿希腊神庙与中世纪教堂。已确立

* 老勃鲁盖尔(Pieter Bruegel the Elder，1525—1569)，16世纪佛兰德斯画家，主要表现农民生活。他的两个儿子也是当时的著名画家，故史称老勃鲁盖尔以示区别。——译者

“等级”的艺术所受到的对社会阶级已有定型反抗的影响，一点也不小于所受到的在水泥和钢材方面技术发展的影响。

上面的简短描述只有一个目的：表示尽管有形式的理论和批评规则，还是出现了一次革命，而没有倒退。超越一切外在规定限制的冲动存在于艺术家作品的本性之中。它属于要探索和捕捉任何搅动它的素材的创造性心灵特征本身，因此那些素材的价值可被分离出来，并成为一个新经验的材料。拒绝承认由惯例所确定的边界，常常是将艺术对象谴责为不道德的根源。但是，艺术的一个功能恰恰就是侵蚀道德上过于谨慎，正是这种谨慎造成心灵避开某些素材，拒绝将它们接纳进清晰而明朗的通情达理之中的情况。

一位艺术家的兴趣是仅有的加于素材使用之上的限制，而这种限制并不是强制性的。限制只是表示，艺术家的作品有着一个固有的特征，即必须真诚；艺术家绝对不能虚伪与折衷。艺术的普遍性根本就不是拒绝承认依靠至关重要的兴趣进行选择的原则， 190
而是依赖于兴趣。不同的艺术家就有不同的兴趣，并且不受一成不变而先入为主的规则的阻碍，通过他们的作品总体而将经验的所有方面和所有阶段都包括进去。只有在兴趣不再坦诚，而是像当代对性的利用那样出现诡诈和隐秘之时，兴趣才变成片面而病态的。托尔斯泰将真诚看成是独创性的本质，这对他论艺术的短文中许多怪异的观点起了补偿作用。在批评诗歌中只有惯例性时，他宣布其中的许多素材都是借用来的，艺术家像食人者一样相互以对方为食。他说，库存的素材包括，“各种传说、传奇、古代的传统；少女、战士、牧羊人、隐士、天使、各种各样的魔鬼；月光、雷

鸣、山峰、大海、悬崖、花儿、长发；狮子、羔羊、鸽子、夜莺——因为它们都曾常常被以前的艺术家在创作中使用。”

为了将艺术的素材限制在来自普通人、工厂工人，特别是农民生活的主题，托尔斯泰描绘了一幅扭曲的、受到来自习惯的种种限制的图画。但是，这幅图画中包含了足够的真理，可以用来勾画艺术的一个至关重要的特征：不管适用于艺术的素材范围的界限是如何狭窄，它也将单个艺术家的艺术真诚性包容在内。这对于艺术家的人生兴趣来说是不公平的，也没有给予发挥的机会。这迫使艺术家的知觉进入到过去已磨出的渠道之中，剪掉了他想象的翅膀。我想，那种认为艺术家存在着处理“无产阶级的”素材，以及处理任何以其对无产阶级的命运的影响为基础的素材的道德责任的思想，是一种回到艺术所历史性地从中生长出来的立场的努力。但是，就无产阶级的兴趣标志着一个新的注意方向，并使过去忽略了的素材得到观察而言，它确实调动起那些过去没有被前一种素材感动而进行表现的人的积极性，揭示并因而帮助打破过去没有意识到的界限。我有点怀疑人们所说的莎士比亚个人具有的贵族倾向。我想，他的限制是符合传统的、常见的，因而是受到不同阶层的人欢迎的。但不管其源头在哪里，都对他的“普遍性”构成了限制。

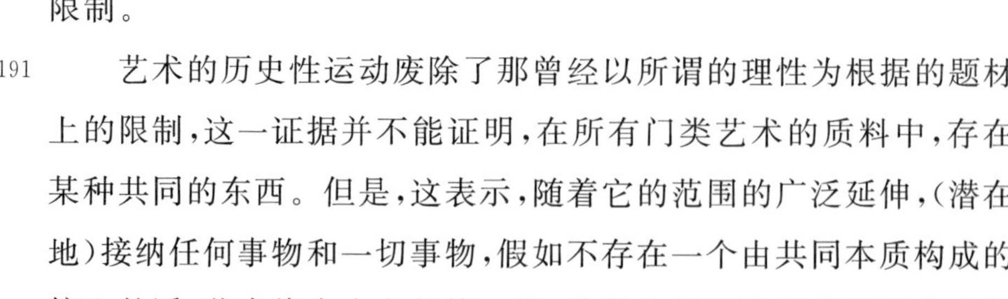

191 艺术的历史性运动废除了那曾经以所谓的理性为根据的题材上的限制，这一证据并不能证明，在所有门类艺术的质料中，存在某种共同的东西。但是，这表示，随着它的范围的广泛延伸，（潜在地）接纳任何事物和一切事物，假如不存在一个由共同本质构成的核心的话，艺术将失去它的统一性，分散为相互联系的不同艺术门

类，从而我们见树不能见林，见枝不能见树。对这里所提示的推论的显然易见的回答是，艺术的统一存在于它们的共同形式之中。然而，如果接受这一回答的话，我们就必须同意这样的想法，形式与质料是分开的，从而引导我们回到这样的结论，即艺术产品是获得了形式的实质，并且，当一个兴趣占据主导地位时作为形式出现在思想之中的东西，在兴趣转向另一个方向之时，就表现为质料。

除了某种特殊的兴趣之外，每一件艺术产品都是质料，并仅仅只是质料。因此，所存在着的不是质料与形式的对比，而是较少形式化的质料与充分形式化的质料的对比。思想在图画中找到其独特的形式的事实不能与一幅画由涂在画布上的色彩组成这一事实对立起来，这是由于任何安排与设计毕竟都只是实质的一种性质，而不是其他任何东西。同样，今天所存在的文学，仅仅是许许多多的词，或者是说出的，或者是写出的。“材料”是一切，它构成一个当注意力主要针对质料的某些方面时称呼它们的名称。一部艺术作品是能量的一个组织，以及这一组织的性质是非常重要的事实，并不会对它是组织起来的能量，这种组织在这些能量之外并不存在的事实产生不利影响。

这里所认可的在不同艺术门类中的形式一致性带来了在实质上也有相应的一致性的含意。我在这里所提出要研究与发展的，正是这种含意。我在前面曾提出过，艺术家与观赏者同样都是从一种也许可被称为总体把握的东西开始的，这是一个综合性的性质上的整体，没有分辨，没有区分出其成分。席勒在提到他的诗歌

的起源时说："对于我来说，知觉在一开始没有一个清楚而明确的
192 对象。对象是后来才形成的。在此之前的是一种精神上的独特的音乐情绪。在此之后出现诗的**观念**。"我将这个说法解释成上面所说的那种东西。此外，不仅"情绪"在先，而且它在区分出现以后，仍潜在地存在着；实际上，这些区分是作为**它的**区分而浮现出来的。

甚至从一开始，这种整体的厚重性质就具有其独特性；甚至在模糊不清之时，它就是那个东西，而不是什么其他的东西。如果知觉继续，辨别活动就不可避免会出现。注意力必然会活动，在它活动之时，部分和成分就从背景中浮现出来。并且，如果注意力以一种统一方向，而不是漫无目的地活动的话，它就被一种无所不在的性质上的统一体所控制；注意力**被**它控制，是因为它就在其内部起作用。韵文**就是**诗，是它的实质，这无须多说，不言自明。但是，除非被诗意地感受到的质料首先出现，并以一种统一而大量的方式出现，以致可决定自身的发展，即分化为独特的部分，这一道理所记录的事实就不可能存在。感知者能够意识到艺术作品的缝隙与机械的接合之处的原因就在于实质没有被一种处处渗透着的性质所控制。

不仅这种性质必须处于所有的"部分"之中，而且只有它才能被感到，即被直接经验到。我不想对它作出描述，因为它无法被描述，甚至不能被**明确地**指出——所有在艺术品中可被说明的东西都是**它的**诸分化物之一。我仅仅想引起注意的是，某种每个人都能意识到的东西存在于他对一件艺术品的经验之中，但是，这种存在是**如此**彻底而无所不在，以至于被当作是天然就有的。"直觉"一词被哲学家们用来表示许多的东西——其中的一些在性质上很

可疑。但是，贯穿于一件艺术品的所有部分，并且将它们结合成个性化的整体的无所不在的性质，才能在情感上被称为“直觉”到的。一件艺术品的不同的成分与具体的性质以一种独特的方式混合与融合在一起，这是物质性的东西无法仿效的。这种融合是在感受中呈现的所有部分的同质统一。“部分”是被区分出来的，而不是被直觉到的。但是，如果没有直觉的包容性，各部分之间就相互具有外在性，而只是机械地被联系在一起。然而，艺术品就像有机体一样，它没有什么不同于它的部分或成分的东西。它*就是*作为成
分的部分——这一事实再次将我们带入一个无所不在的性质在被 193
分化时仍保持同质的问题。所导致的总体感具有纪念性、期待性、暗示性与预兆性。[①]

人们没有给它起什么名字。当它给予生动之气时，它是艺术作品的精神。当我们感到艺术作品的真实在于作品自身，而不在于现实的展示之时，它就是它的真实。它是习惯用语，通过它独特的作品被构成与表现，作品的个性在它上面打上印记。它是背景，这不仅指空间的背景，因为它进入到一切成为焦点的、一切区分为部分与成分的东西之中，并对它们作出限定。我们习惯于认为物质性的物体都具有固定的边界；像石头、椅子、书本、房屋、贸易和科学等物，及其求得精确的尺寸的努力，强化了这一信念。那么，我们无意识地将这一对所有经验*对象*的固定特征的信念（一个在我们处理事情的实际上的关键时刻最终发现的信念）带入到我们关于经验本身的观念之中。我们假定经验具有与它相关的事物同

① 借此机会，我再次提到论*定性的思想*那篇论文，前面（第 120 页）曾提到过。

样明确的限制。但是，任何经验，哪怕是最普通的经验，也具有一个不确定的总体框架。事物与对象仅只是一个无限延伸着的总体之内的此时此地的焦点。这是性质上的“背景”，它被限定，并以其特殊的对象和具体的特点与性质而被明确意识到。“直觉”一词带着某种神秘性，任何经验在其不受限制的感觉与感情变得强烈之时，就变得神秘——正像对艺术对象的经验中那样。正如丁尼生所说：

> 经验是一座拱形纪念碑，光芒从这里
> 闪现，没有到达过的世界的边缘
> 随着我的行动而永远永远地后退。

虽然存在起着限制作用的地平线，但它随着我们的移动而移动。我们从未完全摆脱那种在我们之外存在着某种东西的感觉。在直接看到的有限的世界之中，存在着一棵树，树下有一块石头；
194 我们将目光固定在岩石上，然后，我们看到了岩石上的青苔，也许我们还取来一架显微镜，观察一些微小的地衣。但是，不管视觉范围是大是小，我们都将它经验为一个更大的整体，一个包罗万象的整体的一部分，我们只是将经验的焦点集中在这个部分之上而已。我们也许会将范围从窄向宽扩大。但是，不管范围扩大到多宽，它在感觉中仍然不是整体；边缘后退，直到无限地扩张，在它之外，想象力称之为宇宙。这种隐含在日常经验中的包罗万象感，在画与诗的结构之中变得更加强烈。正是由于这个原因，而不是由于任何特别的净化，我们才能接受悲剧事件。象征主义者利用了艺术

的这种无限方面；埃德加·艾伦·坡谈到“一种暗示性的模糊的无限性以及由此而来的精神效果”，而柯尔律治则提到，每一件艺术作品为了达到完全的效果，都必须有某种不可**理解**的东西包围着它。

每一个明确而处于焦点中的对象周围，都存在着一种向隐晦的、不能被理智所把握的状态退隐的倾向。我们在反思之中将之称为暗淡与模糊。但是，在原初的经验中，它并不被认为是模糊。它是整体情况，而不是其中一个成分的功能，仿佛它必须是如此，以便它**作为**模糊来被理解。在明暗交替之时，黄昏的风景具有整个世界中最令人兴奋的性质。这是世界的最合适的展现。只是在使我们不能对某些想辨识的特殊事物有清楚的知觉时，它才成为一个专门化而令人讨厌的特点。

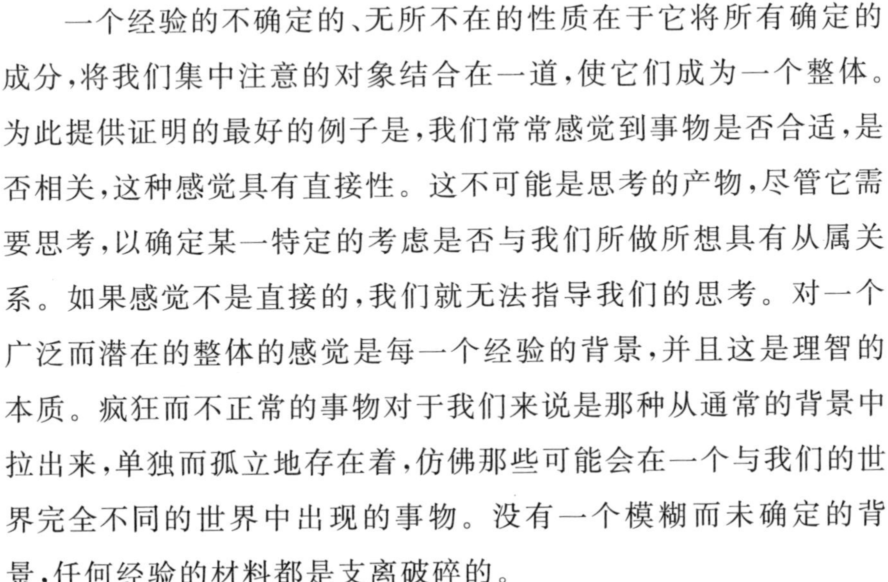

一个经验的不确定的、无所不在的性质在于它将所有确定的成分，将我们集中注意的对象结合在一道，使它们成为一个整体。为此提供证明的最好的例子是，我们常常感觉到事物是否合适，是否相关，这种感觉具有直接性。这不可能是思考的产物，尽管它需要思考，以确定某一特定的考虑是否与我们所做所想具有从属关系。如果感觉不是直接的，我们就无法指导我们的思考。对一个广泛而潜在的整体的感觉是每一个经验的背景，并且这是理智的本质。疯狂而不正常的事物对于我们来说是那种从通常的背景中拉出来，单独而孤立地存在着，仿佛那些可能会在一个与我们的世界完全不同的世界中出现的事物。没有一个模糊而未确定的背 195
景，任何经验的材料都是支离破碎的。

一件艺术品引发并强调这种作为一个整体，又从属于一个更

大的、包罗万象的、作为我们生活于其中的宇宙整体的性质。我想，这一事实可以解释我们在面对一个被带着审美的强烈性而经验到的对象时所具有的精妙的清晰透明感。这也可以解释那伴随着强烈的审美知觉的宗教感。我们仿佛是被领进了一个现实世界以外的世界，这个世界不过是我们以日常经验生活于其中的现实世界的更深的现实。我们被带到自我以外去发现自我。除了艺术品以某种方式深化，并使伴随着所有正常经验的包罗万象而未限定的整体的感觉变得高度明晰外，我看不出这样一个经验的特性有什么心理学的基础。那么，这一整体就被感到是自我的扩展。一个人只有在像麦克佩斯那样在至关重要的欲望对象前感到挫折时，才会发现生活是一个白痴所讲的故事，充满着吵闹与狂怒，没有什么意义。自我中心论不能为现实与价值提供尺度，我们是自身之外的这个广大世界的公民，任何对这世界的呈现在我们面前和我们心中的深刻领会，都带来一种特殊的它自身以及它与我们统一的满足感。

每一件艺术作品都具有一种独特的媒介，通过它及其他一些物，在性质上无所不在的整体得到承载。在每一个经验之中，我们通过某种特殊的触角来触摸世界；我们与它交往，通过一种专门的器官接近它。整个有机体以其所有过去的负载和多种多样的资源在起着作用，但是它是通过一种特殊的媒介起作用的，眼睛的媒介与眼睛相互作用，耳朵、触觉也都是如此。美的艺术抓住了这一事实，并将它的重要性推向极致。在任何普通的视知觉中，我们都通过光来看；我们通过色彩的反射与折射来作出区分：这是一个不言而喻的道理。但是，在普通的知觉中，色彩的媒介是混合的、掺杂的。我们在看时也在听；我们感到压力，也感到热或冷。在一幅绘画中，色彩呈现出景色，却没有这些混合与不纯性。它们是在一种 196
强烈的表现行动中被挤出来留在后面的杂质的一部分。媒介变成了只是色彩本身，并且由于色彩必须单独地负担起运动、触觉、声音等等的性质，它们在普通视觉中为着自身而得到物质性呈现，因此色彩的表现性与能量得到了加强。

对于原始人来说，据说照片具有令人恐惧的魔术性。将立体而鲜活的事物这样显示出来，是不可思议的。有证据表明，当任何种类的图画一开始出现时，都被赋予了魔力。它们的再现的力量只能来自于一个超自然的源泉。对于一个还没有由于与图画再现的日常接触而变得淡漠的人来说，仍存在着某种东西以一种收缩了的、扁平的、统一的东西的神奇的力量，描绘广大而多样的、由有生命的与无生命的事物组成的宇宙：可能是由于这个原因，一般说来"艺术"倾向于表示绘画，而"艺术家"则指作画的人。原始人运用词来超自然地控制人的行动与秘密，并且，假如有了正确的词的话，控制自然力之时，也诉诸声音。在表现所有的事件与对象的文字材料中，仅仅声音也同样具有非凡的力量。

我感到这些事实似乎表明了艺术媒介的作用与意义。初看上去，似乎每一门艺术都有着自己的媒介，是一个不值得花笔墨记载的事实。为什么我们要用白纸黑字把这一点记下来：没有颜色绘画就不能存在，没有声音就没有音乐，没有石头与木头就没有建筑，没有大理石与青铜就没有雕塑，没有词就没有文学，没有鲜活的身体就没有舞蹈？我相信，回答已经提出了。在每一个经验中，

都充满潜在的性质上的整体，它对应于并显示构成神秘的人的精神状态的整体活动组织。但是在每一个经验中，这一复杂的，这一被区分开来并记录着的机制通过主导的特殊结构而起作用，这里的主导是指并非通过所有的器官同时散乱地起作用，这只有在惊慌失措的情况下，正如我们恰如其分地描述的，一个人在丢了自己的脑袋时，才会如此。在美的艺术中，“媒介”表示一个特殊经验器
197 官的专门化与具体化发展到这样一个程度：其中所有的可能性都得到了利用。最具有活动性的眼睛或耳朵在负载着只有它们才使之得以形成的经验之时，并不失去其特殊的特征及其特殊的合适性。在艺术中，普通知觉中分散而混杂的看与听不再处于散乱状态，被集中起来，特殊媒介的特别功能不受干扰，以其全部能量而起着作用。

“媒介”首先表示的是一个中间物。“手段”一词的意思也是如此。它们是中间的，介乎其间的东西，通过它们，某种现在遥远的东西得以实现。然而，并非所有的手段都是媒介。存在着两种手段。一种处于所要实现的东西之外；另一种被纳入所产生的结果之中，并留存在其内部。有一种目的仅仅是令人愉快的结局，而另有一种目的是此前发生的事的完成。一个劳动者的劳累常常仅仅是为着他所得到的工资，正像汽油的消耗仅只是实现运输的手段一样。当“目的”达到之时，手段就不再起作用；通常，如果既能得到结果而又可以不使用手段的话，人们就会很高兴。手段仅仅是一个脚手架而已。

这种外在的或单纯的手段，正像我们恰当地将它称为手段所表明的那样，通常属于这样一种类型，即它们可以被其他的手段所

取代；在此处恰恰使用这些手段是由某种外在的考虑——例如价格低廉——所决定的。但是，当我们说“媒介”之时，我们所指的这样一些手段，它们会被吸收进结果之中。甚至砖头与灰泥在它们用于建筑时，也成为房子的一部分；它们并非仅仅是建房子的手段。色彩**就是**绘画；音调就是音乐。一幅用水彩画的画，在性质上就不同于用油彩画的画。审美效果在本质上就属于它们的媒介；当用另一个媒介取代之时，我们所得到的是绝技表演，而不是一件艺术品。甚至在这种取代工作在实施时具有最高的艺术鉴赏力，或者为了达到所要达到的目的之外的任何原因之时，其产品就会要么是机械的，要么艳丽而虚假——就像木板在建一座大教堂时被涂上色彩以便看上去像石头一样，因为石头不仅在物理上，而且在审美效果上讲对整体都是不可缺少的。

外在的与内在的作用的不同贯穿于生活的一切事务之中。一个学生为了通过考试和得到升级而学习。对于另一个学生来说，手段，即学习活动是与这种活动的结果完全一致的。结果、教益、 198
启示，与过程是一回事。有时，我们到某个别的地方旅行，是由于我们在那里有事务要处理。如果能够取消旅行的话，我们会很高兴。在另外一些时候，我们旅行是为了到处走走，看到所看到的东西的乐趣。手段与目的结合在一起。如果我们在心灵中将一些这样的例子浏览一遍，我们很快就能看到，所有那些在其中手段与目的具有相互外在性的例证，都是非审美的。这种外在性也许甚至可被视为一个非审美的定义。

为了避免惩罚而做“善”事，不管这种惩罚是进监牢还是下地狱，都会使行为本身变得不可爱。这就像是牙医用麻醉药以避免持久的伤害一样。当希腊人辨识行动中的善与美之时，他们在其对正确行为的优雅与合比例的感受中，揭示出一种手段与目的二者融合的知觉。一个海盗的历险至少有一种浪漫的吸引力（这在谨守法律的人的引起痛苦的所得中是没有的），只是因为他认为，这样做最终会得到好的报偿。道德哲学中流行的对功利主义的厌恶，很大程度是由于对纯粹计算的夸大。"得体"与"妥帖"曾由于其审美特性而受到欢迎，而现在却被人们轻视，原因在于它们被理解成为了达到一个外在的目的而一本正经，装模作样。在所有经验的范围之中，手段的外在性就决定了其机械性。许多被说成是精神性的东西也是非审美的。然而，这种非审美特性是由于这个词所表示的事物也成了手段与目的分离的证明；"理想"被割断了与现实的联系，人们只是追求现实，生活就变得索然寡味。"精神性"只有体现在从某种意义上讲是实际的事物之中时，才找到了安身立命之处，取得一种审美性质所必需的形式上的实在性。甚至天使也需要在想象中添上身体与翅膀。

我曾不止一次地提到，审美的性质也可以存在于科学著作之中。对于外行来说，科学家的资料通常是令人望而生畏的。对于研究者来说，这里面存在着一种达到完成与完美的性质，结论是对通向结论的条件的总结与完善。此外，它们有时还具有高雅的，甚
199 至是严谨的形式。据说，克拉克-麦克斯韦[*]曾引入一个符号使得一个物理学方程式得以对称，只是后来，实验的结果才赋予这个符

---

* 克拉克-麦克斯韦（James Clerk Maxwell，1831—1879），英国物理学家，他的研究对 20 世纪物理学产生了巨大影响。爱因斯坦曾称他的工作是"牛顿以来，物理学最深刻和最富有成果的工作"。——译者

号以意义。我想在商业活动中也是如此。如果商人像对这个行业反感的圈外人所想的那样，仅仅是一批唯利是图的人，那么，他们也不会对这个行业这么感兴趣。实际上，这也许具有某种游戏性，它甚至在对社会有害之时，对痴迷的人来说，也具有一种审美的性质。

因此，手段只有在它们不仅仅是预备性或起始性时，才是媒介。作为一个媒介，色彩是处于微弱而分布于普通经验之中的价值与由绘画所引起的新的集中知觉的价值之间的中介。一个留声机唱片只是一个效果的传达载体，除此以外什么也没有。从中发出的音乐也是一个传达载体，但除此以外还有点什么；这是一个传达载体，又与载体所负载的东西合在了一起；它实现了与所传达的东西的结合。从物质上讲，画笔与将颜色涂在画布上的手的运动是外在于一幅画的。在艺术中就不是如此。笔触是一幅画在被感知时的审美效果的组成部分。某些哲学家曾提出，审美效果或美是一种漂浮的本质，它为了适应肉体的需要，被迫使用外在的感性材料作为载体。这一信条在暗示，如果不是灵魂被束缚在肉体中的话，绘画就可以没有色彩，音乐就可以没有声音，文学就可以没有词而存在。然而，除了对那些告诉我们他们是如何感觉，却又不能根据所使用的媒介分辨或知晓为什么会如此的批评家，除了对那些将情感的发泄等同于欣赏的人之外，媒介与审美效果是完全融合的。

对作为媒介的媒介的敏感是所有艺术创作与审美感知的核心。这种敏感性并没有将外在的材料拉进来。例如，当人们从历史场景的描绘的角度来看绘画，从熟悉的场景的角度来看文学之

时，这些场景就不是根据它们的媒介来被感知的。或者，当只是参照制造它们成为这个样子的技术来看待它们时，也不是从审美的角度来感知它们。这是因为，在这里手段与目的也是分离的。对前者的分析成为了对后者欣赏的替代物。确实，艺术家自己感到常常是从一个完全技术的立场来着手完成一件艺术作品的——并
200 且，其结果至少是，在服了一帖被认为是“欣赏”的药之后，使人精神振作。但是在实际上，在绝大多数情况下，他们对整体有着这样的感受，以至于他们无须用语词对目的和整体详加论述，并且，他们因此而自由地思考后者是怎样产生的。

媒介是一位仲裁者，在艺术家与感知者之间起中介的作用。处于道德偏见之中的托尔斯泰，常常作为一位艺术家来说话。当他发表上面曾引用过的关于艺术起统一作用的话时，他在赞美艺术家的这一功能。对于艺术理论来说，重要的事是这个统一是通过使用作为媒介的特殊材料来实现的。从性情上，也许也从倾向与追求上讲，我们在某种程度上都是艺术家。我们所缺少的是艺术家在实施方面的能力。艺术家具有捕捉特殊种类的材料，并将它变成可靠的表现媒介的力量。我们其他人则需要许多的渠道和大量的材料才能给予我们愿意说的东西以一个表现。这时，所使用的中介的多样性相互干扰，使表现变得混浊，而所使用材料的单纯量的增多则使表现变得杂乱与笨拙。艺术家依赖于自己所选择的器官及与之相对应的材料，并因此，根据其媒介，被单独而集中地感受到的观念达到纯粹而清晰。由于严格，他的这个游戏也玩得充满热情。

德拉克洛瓦关于他同时代的画家所说的某些话，普遍适用于

一些低等的艺术家。他说，他们是在着色而不是用色。这句话是说，他们将色彩运用到他们所再现的对象之上，而不是用色彩将他们再现出来。这一过程表明，作为手段的色彩与被描绘的对象和景色之间是分离的。他们并非带着完全虔诚的心情来使用作为媒介的色彩。他们的心灵与经验是分离的。手段与目的没有合二为一。绘画历史上的最伟大的审美上的革命，是在色彩被结构性地使用之时发生的；这时，绘画不再是着色的素描。真正的艺术家使用他的媒介来观看与感受，而那些学会审美地感知的人仿效这种做法。其他人则将阻碍和混淆知觉的一些偏见带入到看画与听音乐的活动之中。

美的艺术有时被定义为创造幻觉的力量。依我所见，这肯定是一个对真理的不明智与误导的表述——即艺术家通过把握单一 201
的媒介来创造效果。在普通的知觉中，我们依赖于来自多种渠道的帮助来理解我们正在获得的经历的意义。在艺术中的对媒介的使用标志着不相关的帮助被排除了出去，而一种感觉的性质被集中而强化地用来去处理通常是宽泛地在多种感觉的帮助下完成的工作。但是，将结果称之为幻觉，是将应该区分的东西混淆了起来。如果衡量艺术水平的尺度在于能在桃子上画一只苍蝇，以致我们要去把它轰走，或者在画布上画几串葡萄，引得鸟儿来啄它们，那么，一个稻草人如果能成功地使乌鸦不敢靠近的话，就是一件最完美的艺术作品了。

我前面所谈到混淆是可以得到澄清的。存在某种物理的东西，即它的一般意义上的真实存在。存在着构成媒介的色彩与声音。并且，存在着一个具有现实感的经验，很可能是一个被突出的

经验。假如这种感觉像是那种属于对媒介的真实存在的感觉的话，它就将是幻觉性的。然而它却并不是如此。在舞台上，媒介，即演员和他们的声音与姿态，具有真实性；它们存在着。并且，作为其结果，有教养的听众会得到一个对**一般**经验的事物的真实性的突出感觉(假如这个戏具有真正的艺术性的话)。只有无教养的看戏人具有这种对所演的现实的幻觉，也就是说，使演出与演员的精神存在的呈现等同起来，从而想要去加入到行动之中。一幅树或石头的画也许会使树或石的独特现实比以前所见到的更为强烈。但是，这并不意味着观赏者会将画的一部分当作他可以敲打或在上面坐的实际的石头。正是由于用来表达一个意义，素材才变成媒介，这与那种借助其单纯的物质性存在来表现不同：一物的意义不在于它在物质上是什么，而在于它表现了什么。

在对经验的性质背景以及独特的意义与价值投射到它上面的特殊的媒介的讨论之中，我们面临着各艺术门类的实质所共有的
202 某些东西。在不同的艺术中，媒介是不同的。但是它们都拥有媒介。否则的话，就不会是表现性的，没有这种共同的实质，它们就没有形式。我前面曾提到，巴恩斯曾将形式定义为通过关系，色彩、光线、线条与空间所实现的综合。色彩显然是媒介。但是，其他艺术门类不仅仅具有某种对应于作为媒介的色彩，而且也具有在实质上与线条和空间在绘画中所起作用相对应的同样的功能特性。在后者中，线条区分、勾勒，从而使独特的物体、人像或形状呈现出来，通过这些手段，那些否则的话就不可区分的团块被描画出可辨认的物体、人物、山峰、草地。每一门艺术都具有个性化了的、确定的成分。每一门艺术都通过使用其实质性的媒介而将各部分

的复杂性赋予它的创造性的统一性。

在初步思考之后，我们可能会赋予线条的，是形式的功能。线条形成联系与连结。它是确定节奏的一个必要手段。然而，进一步的反思却显出，在一个方向上只是表示关系的东西，另一个方向上的却构成了各部分的个性。假定我们正在观看由大树、树丛、一块草地，以及背景中的几座小山构成的一片"自然"风景。这片风景由这些部分组成，但是，就整体而言，它们之间组合得并不好。小山与某些树并没有放在正确的位置；我们想要对它们重新安排。有些树枝并不合适；并且，尽管一片树丛构成了很好的背景，其他部分却模糊不清，起着妨碍的作用。

从物理上讲，上面提到的东西是景色中的各部分。但是，如果我们将景色看成是审美上的整体的话，它们就不是整体的部分。这时，用审美的眼光看，我们的最初的倾向就可能是指出形式上的缺陷，指出轮廓、团块与位置间关系不适当与混乱的一面。并且，我们会明白无误地感到不和谐与干扰是出于这个原因。但是，如果我们作进一步的分析，我们就会看到，关系上的缺陷与单个结构和明确性上的缺陷，是同一问题的两个方面。我们应发现，我们为了得到更好的结构而做的改变，也对**各部分**在知觉中比以前更加个性化和更具有确定性起着作用。 203

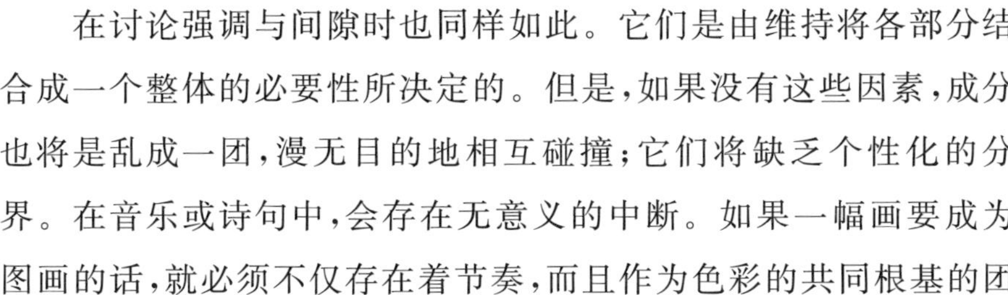

在讨论强调与间隙时也同样如此。它们是由维持将各部分结合成一个整体的必要性所决定的。但是，如果没有这些因素，成分也将是乱成一团，漫无目的地相互碰撞；它们将缺乏个性化的分界。在音乐或诗句中，会存在无意义的中断。如果一幅画要成为图画的话，就必须不仅存在着节奏，而且作为色彩的共同根基的团

块也必须被描画成图像；否则的话，就只有污迹与斑点。

在有些画中，色彩受到抑制，但绘画却给予我们一种热烈而辉煌的感觉，而在另一些画中，色彩明亮到鲜艳夺目的程度，而整体效果却单调而枯燥。除了出于艺术家之手，生动而明亮的色彩一般都会被合乎逻辑地看成是石印而成。但是，在艺术家那里，本身是俗气的色彩，或者甚至是泥土也可以用来增加能量。对这样一些事实的解释是，艺术家使用色彩来显示一个物体，并且是彻底地完成了对它的独特特性的描述，以至于使色彩与物体融合在一起。色彩成了物体的色彩，而物体的所有特性都通过色彩得到表现。是物体在闪光——宝石与阳光；是物体在辉煌——王冠、礼服、阳光。除了通过物质在日常经验中的重要的色彩性质来表现物体之外，色彩只起到短暂的刺激效果——正像红色起激发而另一种颜色起抚慰作用一样。取一个人所喜欢的任何艺术为例，媒介会显示出由于它用来赋予个性与明确化而具有表现性，而且，这并非仅仅是在物理轮廓的意义上，而且是在表现那等同于物体特点的性质的意义上而言的；它通过强调使特点变得异乎寻常。

如果一部小说或戏剧没有不同的人物、地点、动作、观念、运动、事件的话，那会是什么样子？这些要素在戏剧中通过场次与场景，通过入场与出场，以及所有舞台技巧设施，而在技术上被划分开。但是，这些技术性的措施只是使各成分显得突出，从而使对象与情节具有自足性——正像音乐中的休止不是空白，而是在继续
204 一个节奏之时，强调与确立个性。如果一个建筑结构没有作出团块的区分，一种不只是物质的与空间的区分，而是分出部分、窗户、门、檐口、支撑梁柱、屋顶，等等的话，会是什么样子？然而，由于不

恰当地揣摩一个总是存在于任何复杂的重要整体中的事实，我也许会从一个我们最熟悉的经验来解读一个秘密：对我们来说，除非该整体是由那些在与它们所从属的整体分离时本身就重要的部分构成的，没有一个整体是重要的。换句话说，除了由重要的个人组成的社群以外，没有一个社群能够存在。

美国水彩画家约翰·马林(John Marin)谈到艺术品时说："身份就像最后的依托一样显示出来。正如自然在造人时严守其身份一样，头、身体、四肢及其各自的内容，本身各有其身份，调动各自自身内的各部分，通过其他相邻部分，与这些部分合作，尽其所能以达到一种美的平衡，艺术产品也是由相邻的身份构成的。在这种构造中，如果一种身份没有占据其位置，起到它的作用，它就是一个坏邻居。而将邻居们联系在一起的纽带不合适，就会服务很差，接触很差。因此，艺术产品本身就是一个村落。"这些性质是这样一些部分，在艺术作品的质料中，它们自身就是单独的整体。

在伟大的艺术中，对于这种在部分中的部分的个性化并没有限制。莱布尼茨教导说，宇宙是一个无限的有机体，其中每一个有机物都是无限地由其他有机体构成的。人们也许会在谈到宇宙时，对这一命题的真理性持怀疑的态度，但是，作为衡量艺术成就的尺度，由于艺术具有可在知觉中被无限分辨的性质，作品中的每一部分都确实至少是潜在地这样构成的。我们看到一些建筑物的组成部分并不或很少引人注目——除非作为纯粹的丑。[①] 我们的

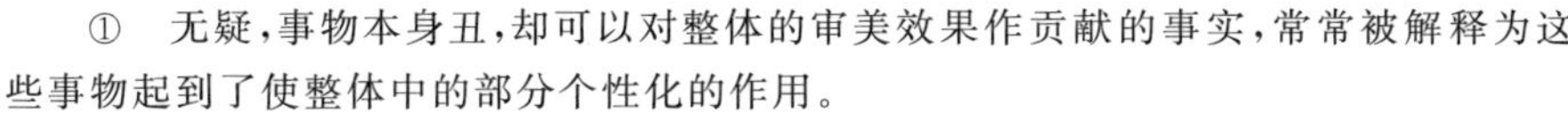

① 无疑，事物本身丑，却可以对整体的审美效果作贡献的事实，常常被解释为这些事物起到了使整体中的部分个性化的作用。

眼睛只是扫视过去而已。在浅薄的音乐中，各部分只是过渡而已；它们不是作为部分而抓住我们的注意力，随着音乐的持续，我们也不将刚刚过去的作为部分来接受；至于在审美上廉价的小说，我们
205 被情节所“驱赶”，但除非有个性化的对象或事件，没有什么可让我们**驻足**。而另一方面，当每一个细部都有着清晰的表述时，散文却可以带来一种和声效果。各部分对于整体的贡献越明确，这些部分本身就越重要。

为了看某些清规戒律被遵守得如何好而去看一部艺术作品，就会使知觉变得贫乏。但是，如果努力注意某些条件被满足的方式，注意媒介是如何通过有机的手段得以表现和容纳一定的部分，或者注意充分的个性化问题是如何解决的，会使审美知觉变得敏锐，使这种知觉的质料变得丰富。每一位艺术家都以自己的方式完成这种运作，他也不会在他本人的两部作品中完全重复自己。他有权使用一切技术手段去达到他所要的效果，而领会他的独特方法，是审美理解的开始。一位画家用流动的线和颜色间的融合比起用极分明的轮廓可以更细致地表现个性。一位用明暗法实现了另一位用高光法达到的效果。不难发现，在伦勃朗的素描中，人物之中的线条比那些在画出人物外在轮廓的线条更强有力——个性却不但没有被牺牲掉，反而得到了提升。大致说来，存在着两种对立的方法：一种是对比的、中断的、突变的方法，另一种是流动的、融合的、渐变的方法。从这里出发我们可进而作出愈加精微的发现。我们可以用利奥·斯泰因的一段话，作为这两种方法的一般性例子。他说：“比较莎士比亚的诗句‘在猛烈而狂暴的波涛的摇篮里’与‘当墙上挂着冰柱’。”前面的一行中，有像波涛与摇篮，

猛烈与狂暴这样的词的对比，也有元音与音步的对比。而对于后者，他说："每一行都像轻轻悬挂着的链条中的一环，甚至像一个悬臂，轻松地与后续的部分联系在一起。"突变的方法有助于最直接的清楚表达，而连续性的方法却建立联系，这也是为什么艺术家喜欢颠倒这个过程，并因此而增加所产生的总能量的原因。

感知者与艺术家都可能会偏爱某种特殊的取得个性化的方法，以至于将方法与目的混淆起来，并在他们对达到目的的手段感 206
到厌恶时，就否认目的的存在。从观众的一方看，这一事实在很大程度上是在艺术家不再使用明显的阴影来勾画人物，而是使用一种色彩的关系之时，由对绘画的接受来说明的。从艺术的一方看，这在一个人身上体现得特别明显，他的画作很重要(特别是素描)，他的诗也非常突出，这个人就是布莱克。* 他对鲁本斯、伦勃朗，以及威尼斯和佛兰德斯画派的审美特点一概反对，认为他们使用了"断裂的线、断裂的团块和断裂的色彩"，而这些因素正是 19 世纪末绘画的伟大复兴的特征。他补充说："艺术与生活的伟大而黄金的规则是：轮廓线越是明确、清晰和精细，艺术作品就越优秀；越是不强烈、不清晰，就越是显得想象力贫乏、剽窃与粗制滥造。……缺少这种决定与限制性形式证明艺术家的心灵中缺少思想，从而导致在其发展的所有分支上都抄袭作假。"这段话之所以值得我们在此引用，是因为它强调了对艺术品中的诸成分明确的个性化的必要性的认识。但是，它也表明一种特殊的视觉方式在强烈时所具有的局限性。

---

* 即威廉·布莱克(William Blake，1757—1827)，英国诗人兼画家。——译者

还有另一样在所有的艺术作品的本质中都共同具有的东西。空间与时间——或更确切地说时-空——可以在每一件艺术产品的质料中找到。在各门艺术中，它们都既不是空的容器，也不是一些哲学流派有时所描绘的那样是形式结构。它们是本质性的；它们是每一种在艺术表现与审美实现中所使用的材料的属性。设想在读到麦克佩斯时企图将石南丛生的荒原与女巫分开，或者在读到济慈的《希腊古瓮颂》时，将有形的牧师、少女、母牛与那些称为灵魂或精灵的东西区分开来。在绘画中，空间当然是必不可少的；它起着帮助构成形式的作用。但是，它也是作为性质被直接感受和感知到的。如果不是这样的话，那么，一幅画就会充满着使知觉经验解体的空隙。在威廉·詹姆斯给了更好的教导之前，心理学家们已经习惯于在声音中只去发现时间性质，并且，他们其中的一
207 些人甚至将此当作一种理性的关系，而不是一种像其他声音特征一样独特的性质。詹姆斯揭示出，声音也具有空间上的体积——这一事实每一位音乐家都在实际上使用与展示，而不管他有没有在理论上阐述这一点。至于我们所说过的其他的属性，美的艺术从我们所经验到的事物中将这种性质抽引出来，使之得到比原有事物更为有力而清晰的表现。科学获得了定性的空间与时间，将它们化约为可用等式表示的关系，而艺术则使所有事物的本质本身所具有的重要价值在其自身的意义上得以丰富。

在直接经验中，运动是物体性质的变化，而所经验到的空间是这一性质变化的一个方面。上与下，后与前，去与来，这边与那边——或右与左——这里与那里，给人以不同的感觉。它们如此的原因是，它们不是某种本身静态的东西中的静态的点，而是在运

动中的物体，是价值的性质变化。这是因为，“后”是向后，前是向前的省略形式。速率也是如此。从数学上看，不存在所谓的快与慢。它们只是表示在一定的数的范围内的大与小。它们在经验中性质上的不同，就像有噪音与安静、热与冷、白与黑之间的不同一样。被迫很长时间地等待一件重要事件的发生，与钟表的指针运动所表示的时间的长度，是完全不同的。它是某种定性的东西。

时间与运动还有另一个重要的在空间中的纠葛关系。它不是由定向的趋势——如上与下——而是由相互的接近与退缩所组成的。近与远，即接近与分离，具有常常隐含着悲剧性意味的性质——当它们被经验到时，不只是像科学中所度量的那样。它们表示松与紧，扩张与收缩，分离与紧凑，飞扬与低落，上升与下降；散乱的、分散的，翱翔与盘旋，虚幻的轻松与沉重的打击。这样的行动与反应正是那种我们所经验到的物体与事件得以组成的材料。可以对它们进行科学描绘的原因在于，它们可被化约为只具
有数学上区别的关系。科学只关注关系疏远的与相同的或重复的 208
事物，它们是实际经验的条件，而不是经验本身。但是，在经验中，它们是无限多样的，无法加以描绘，而在艺术作品中，它们被表现出来了。这是因为，艺术是一种对重要东西的选择，同时也是对无关紧要的东西的拒绝，由此，重要的东西得到了压缩与强化。

例如，音乐向我们提供的正是事物下落与扬升、涨与退、加快与减慢、紧与松、迅速挺进与迂回渐进的本质。这种表现是抽象的，不依附于此物或彼物，但同时又是极其直接和具体的。我想，可能会有人声称有这样的一种情况，没有艺术，对性质变化的体积、量、形体、距离与方向的经验就只能是初步的、某种仅仅是朦胧

地被领会到的东西，而几乎不能得到清晰的传达。

尽管造型艺术强调变化的空间方面，而音乐和文学强调时间方面，这种差异只是在一个共同的本质之内的强调的重点不同而已。各自都拥有其他艺术所积极利用的方面，而这种拥有构成了一种背景，没有它的话，通过强调而被推向突出地位的属性就会化为灰烬，消失得无影无踪。一种几乎是一一对应的关系，比方说，可以在贝多芬的《第五交响曲》的开头几小节与塞尚的《玩纸牌者》中的重量与沉重体积序列之间建立起来。由于两者都具有庞大体积的性质，结果是，交响曲与绘画都具有动力、强度与坚实性——就像一座巨大而结构良好的石桥一样。两者都表现出了耐久性，即结构上的稳定性。两位艺术家将一种一石激起千重浪的性质分别用不同的媒介，即用画和一连串的复杂的声音来表现。一位使用了色彩加空间，另一位使用了一种声音加时间，但后者却具有巨大的空间上的量。

所经验到的空间与时间不仅是定性的，而且在性质上也是无限多样的。我们可以将这种多样性概括为三类：场地、广延、位
209 置——宽大性、广延性、间距，或者，从时间方面说，转变、持久、日期。在经验中，这些特征以其单一的效果而相互限定。一种效果通常压倒其他效果，然而，尽管它们并不单独存在，我们却可以在思想中将它们分开。

空间是场地*，即（德语的）*Raum*，而场地就是宽敞性，它提供

---

* 这里用“场地”一词来翻译 room。这个词在英语中有空间、房间、场所和余地等意思，在汉语中，最接近的词应是“空间”，但这里为了与被译为“空间”的 space 一词相区别，故取了“场地”这个强调其具有容纳实体的潜力的译法。——译者

一个存在于其中、生活、运动的机会。“呼吸空间”一词，说的就是当事物被限制时，就会导致窒息和压迫。愤怒就表现为在抗议对运动作固定限制时的反应。缺乏场地是对生活的否定，而空间的开放性是对它的潜能的肯定。过分的拥挤，即使对生活不构成妨碍，也是使人焦躁的。对空间适用的道理，对时间也适用。我们需要一个“时间的空间”，以便做成任何有重大意义的事情。不适当的匆忙，使我们处于环境的压力之下，我们就会产生怨恨。在被催促时，我们总是喊，给我时间！确实，限制出大师，而在完全无限的场地中的行动只会散乱不堪。但是，限制与动力必须具有明确的比例；它们是一种协同选择的关系，而绝不能是强加的。

艺术品将空间作为运动与行动的机会来表现。这与性质感觉的比例有关。一首抒情诗也许会有这种比例，而自诩的史诗却没有。小幅画会显示它而巨幅画却会给人以抄袭和拘束的感觉。对广袤性的强调是中国绘画的一个特征。这些画没有中心化，不需要一个框架，而是向外扩展，同时，全景性的卷轴画提供了一个世界，其中普通的边界变成了往下看的诱因。然而，运用不同的手段，高度中心化的西方绘画也创造了一个广延性的整体，它围起了一个细心勾勒出的景色。甚至室内画，如凡·爱克(Jan van Eyck)的《阿诺弗尼夫妇肖像》，也可在一个划定的范围内传达室外的感觉。提香画了个人肖像画的背景，使无限的空间，而非仅仅是画布，处于人物之后。

然而，仅仅是机会与可能性完全不确定的场地，将是空白与空虚。经验中的空间与时间也是占有，是充实——不只是某种外在填充物。广延性是物的厚重性与体积，而时间性是持久性，而不只 210

是抽象的持续时间。不仅颜色，而且声音也收缩与扩张，颜色也像声音一样升与降。正像我在前面所提到的，威廉·詹姆斯说明了声音的量的性质，当声调被称为高与低、长与短、尖细与浑厚之时，并不是比喻的用法。在音乐中，声音既持续又回旋；它们既连续而又有着间隙。这里的原因与前面提到的绘画中色彩既辉煌又暗淡是一致的。它们属于对象；它们不是漂浮而孤立的，他们所从属的对象存在于一个拥有广延与体积的世界之中。

小溪喃喃低语，树叶沙沙地说着悄悄话，微波荡漾，巨浪与雷霆怒吼，风儿如泣如诉……如此等等，以至无穷。但这里的陈述，并不表示长笛音调的单薄与风琴的巨大轰鸣声，是我们将之直接与独特的自然物结合的结果。但是，我的意思确实是，这些声调表示广延性质，因为只有在理性的抽象之中，才能将存在于时间中的事件与开始或经历着变化的延伸着的物体分开。作为虚空的时间不存在；作为一个实体的时间也不存在。所存在的只是事物的行动或变化，而它们的行为的持续性质是时间性的。

体积，就像宽敞性一样，是一种不同于单纯的大小与容积的性质。小幅的风景照样可以传达自然的丰富性。一幅塞尚的静物画，以其梨和苹果所形成的构图，传达出了在它们相互之间以及它们与周围的空间之间动态平衡所表现出的体积的本质。脆弱不一定都是审美上的缺陷，它们也可以是体积的体现。小说、诗歌、戏剧、雕像、建筑、人物、社会运动、论题，以及绘画与奏鸣曲，都是由坚实与厚重，及它们的相反面所表示的。

没有第三个属性，即间距，充塞就会是一片混乱。地点与位置是由间距产生的间隙的分布决定的，这种间距是产生前面已经说到的各部分的个性化的重要因素。但是，被当作一个直接的定性的价值，并就此而言的位置，是本质的一个固有部分。对能量的感觉，特别是不仅仅是一般性的能量，而且是或此或彼的具体的动力，是与位置的正确性联系在一起的。不仅存在着运动的能量，而 211
且存在着位置的能量。后者在物理学上被称为势能，以区别于动能，即前者那种直接被感到的实际上的能量。在造型艺术中，这确实是运动得以表现的手段。某种间隙（并不仅仅是横向的，而且是所有方向的）是有利于能量的显现的；另一些则对能量的显现起阻碍作用——拳击与摔跤是明显的例子。

事物之间离得太远，离得太近，或者相互间的角度被放得不正确，都不能容纳行动的能量，其结果就是构造上的笨拙，不管是人体，还是建筑、散文或者绘画，都是如此。诗歌中音步的微妙的效果，归功于它给予各种成分以一个正确的位置——一个显著的例子是它常常颠倒散文的语序。在间距中如果用的是扬扬格，而不是扬抑格，一些思想就会遭到破坏。小说与戏剧中太大的距离或太不清楚的间隔使注意力游离，或使人昏昏欲睡，而事件与人物接踵而至又分散了它们的整体力量。某些画家的所能作出的独特效果，依赖于他们对于间距的良好感觉——这与使用平面传达体积与背景完全不同。正像塞尚是后者的大师一样，柯罗*对前者有准确无误的手法——比起他更有名但却相对稍弱的银色风景来说，特别是在肖像画以及所谓的意大利画之中显示了出来。我们考虑置换与音乐有着特别的联系，但是，从媒介上讲，它同样也是

* 柯罗（Jean-Baptiste-Camille Corot，1796—1875），法国风景画家。——译者

绘画与建筑的特征。关系而不是成分在不同语境中的重现构成了性质上的置换，因此而在知觉中被直接经验到。

各艺术门类的进步——这不必是前进，实际上也从来不是在所有方面前进——显示出一种表现位置从更为明显的向更为精妙的手段的过渡。在早期的文学中，位置是与（我已经在另一个场合中指出过）社会惯例，经济与政治上的阶级相一致的。在旧的悲剧中，社会地位意义上的位置对地点的力量起了固定的作用。距离
212 已经在戏之外被决定了。而在现代戏剧中，易卜生的戏是其杰出的范例，丈夫与妻子，政治家与民主社会中的公民，老人与争取着自己的利益的青年（不管是通过竞争还是通过诱惑性的吸引）之间的关系，外在惯例与个人冲动的对比，有力地构成了位置能量的表现。

现代生活的纷扰忙乱使得有条不紊的细节安排成为艺术家们最感到为难的事。速度太快，事件太集中，因而无法达到确定性——在建筑、戏剧和小说中，都同样可以发现这种缺陷。材料的丰富本身以及活动的机械力量，阻碍了有效的分布。所强调的更多是狂热性，而非强烈性。当注意力活动缺乏其不可或缺的舒缓之时，它就会由于避免重复而出现的过度刺激而变得僵化。只有在偶然的情况下，这一问题才被解决——如在托马斯·曼的小说《魔山》中，以及在纽约市的丛林般的建筑中。

我曾说过，空间与时间的上述三种性质相互影响，并在经验中相互限定。如果不是由活动着的体积所占据的话，空间就是空洞的。当它们没有强调团块，并限定出图形的个性之时，休止就是空洞。如果不是与地方相互作用，从而具有清晰的分布，广延就只能

是散乱，并最终僵化麻木。团块并不是一成不变的。它依照自己与其他广延与持久的事物关系而收缩与扩张，坚持与屈从。尽管我们也许会从形式，从节奏、平衡和组织的立场来看待这些特征，那些被认为是思想的关系在知觉中呈现为**性质**，并且，它们正是存在于艺术的本质之中。

那么在艺术的质料中，存在着共同的属性，如果没有这种一般条件的话，就不可能有一个经验。正像我们前面看到的，基本的条件是感受到有机体与环境相互作用时做与受的关系。位置表现出活的生物的一种平衡的准备状态，这是它遇到了周围力量的影响，由此而持续和坚持，通过经受除了作出反应的力量之外的、惰性和敌意的力量本身去延伸与扩展。通过向外进入环境，位置展开为
体积；通过环境的压力，团块收缩为势能，并且，当物质收缩时，空 213
间仍作为可继续行动的机会而存在。整体中成分的区分与成员间的协调性是某种对才智起决定作用的东西的功能；一件艺术品的可理解性是由使整体中各部分的个性以及它们间的相互关系直接显示在经过知觉训练的眼与耳之中的意义的呈现所决定的。

214

第十章　各门艺术的不同实质

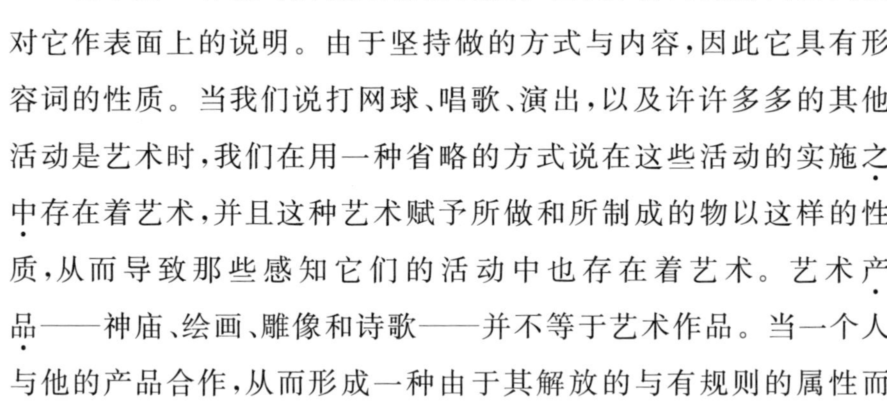

艺术是一种做与所做之物的性质。因此，名词性的词语只能对它作表面上的说明。由于坚持做的方式与内容，因此它具有形容词的性质。当我们说打网球、唱歌、演出，以及许许多多的其他活动是艺术时，我们在用一种省略的方式说在这些活动的实施之中存在着艺术，并且这种艺术赋予所做和所制成的物以这样的性质，从而导致那些感知它们的活动中也存在着艺术。艺术产品——神庙、绘画、雕像和诗歌——并不等于艺术作品。当一个人与他的产品合作，从而形成一种由于其解放的与有规则的属性而使人愉快的经验时，艺术作品就出现了。从审美的意义讲，至少，

……我们所得的都得自我们自己，
大自然仅仅存在于我们的生活里；
是我们给她以婚袍，给她以尸衣！*

如果"艺术"表示物体，如果它真的是一个名词，艺术物就可以

---

* 柯尔律治《失意吟》，中文为杨德豫译，录自《华兹华斯、柯尔律治诗选》，人民文学出版社 2001 年版，第 407 页。——译者

按不同的类别而区分开来。因此，艺术可被分为不同的属，属又可分为种。在动物被相信具有固定不变的属性之时，这种分类是适用的。但是，当它们被发现是生命活动之流中的变异之时，这种分类体系就面临着改变。分类成为遗传学的，尽可能精确地表示地球上生命连续性的特殊形式的特别位置。如果艺术是一种内在的活动性质，我们就不能对它进行划分和再划分。我们只能在它碰到不同的材料，使用不同的媒介时，随着活动的区分进入到不同的方式之中。

性质作为性质本身是不可分类的。甚至给甜与酸的种类命名都不可能。要想这么做，我们最终还得去列举世间的每一样甜的 215
或酸的物体，因此，所谓的区分将仅仅是毫无意义地以“性质”的形式重复此前以物体的形式出现过的目录。这是因为性质是具体而经验性的，因此由于个体中充满着独特性而随之发生变化。我们也许确实先谈到红，然后谈到玫瑰或日落之红。但是，这些术语在本性上是实践性的，对于应转向何处，给予一定的说明。在生活中，没有两次日落具有完全同样的红色。它们不可能完全一样，除非一次日落在所有细节上绝对重复另一次。这是因为红总是那个经验材料的红。

逻辑学家们为了某些目的将诸如红、甜、美等性质看成是普遍的。对于形式逻辑学家来说，他们并不关心存在着的物质，而这正是艺术家所关心的。因此，一位画家知道，在画中不存在两片完全一样的红色，各自都受着它出现于其中的独自整体语境中无数细节的影响。“红”在其被用来表示一般性的“红色”之时，是一种手段，一种处理方式，一种对在一定范围内的行动的界定，例如为一个谷仓买红颜料，在一定范围内的任何的红色都行，或者在买货物时要符合样品，也是这种情况。

语言远远不能对应于多种多样的自然面貌。然而，作为实际工具的语词可成为中介，通过它们，自然存在在人的经验中所显示出的无法表述的多样性，就被纳入到可操作的秩序、等级与类别之中。不仅语言没有可能复制所存在的个性化性质的无限多样性，人们也完全不要求和不需要这么做。一个性质的独特性是在经验本身之中发现的；它存在于此，自满自足，无须被复制到语言之中。语言服务于科学的或理性的目的，指示人们怎样在经验中与它相遇。这种指示越是一般化，越是简单，就越好。指示越是啰唆无
216 用，就越会起混淆而不是指导的作用。但是，语词在一定程度上服务于它们的诗意的目的：它们在积极的运作中召唤并唤起有活力的反应，而无论我们在何时经验事物的性质，这种反应都会出现。

最近，一位诗人说，诗对他来说“更是身体的，而不是理智的”，他进而说，他是通过像毛发倒竖，身体颤抖，嗓子发紧，以及像济慈的“长矛刺穿了我”那样腹部被刺的感觉等身体的表征来理解诗的。我并不认为豪斯曼的意思是，这些感觉**就是**诗的效果。成为一件事物与成为该事物呈现的符号，是不同的存在方式。但是，正是这些感觉，以及其他作者们所说的有机的“滴答”声的东西，成为完全有机参与的总的表示，并且，正是这种参与的完满性与直接性，构成一个经验的审美性质，也正由于此而实现了对理性的超越。由于这一原因，我对诗“**更是**身体的，而不是理智的”这一说法的严格的真理性提出质疑。它超越了理智，是因为它将理智的因素吸收进了通过属于生命体的感官而被经验到的直接的性质之

中，这对于我来说是如此地不可置疑，以至于它是对包括在这个说法中的夸大之处所作的辩护，也是对那种认为性质是通过理智凭直觉发现的共相的说法所作的批驳。

当定义成为目的本身，而不是为了经验的目的而使用的一个工具时，定义的谬误就是严格分类的谬误和抽象谬误的另一面。当一个定义具有远见卓识时，当这个定义指出一个方向，以使我们可迅捷地获得一个经验时，这个定义就是好的。物理学与化学通过它们的任何的内在需要知道一个定义，即它们向我们表示事物是**怎样**造成的，以至使我们能够预见它们的出现，检验它们的存在，并且在有时候，使它们成为我们的。理论家与文学批评家已经远远落在了后面。他们仍在很大程度拘泥于古老的有关本质的形而上学，依照这种学说，一个定义，如果它“正确”的话，就须向我们揭示某种内在的现实，这种现实是使该事物成为被外在地固定的一物种中一成员的原因。然后，该物种就被宣布为比个体更为真实，或者它本身才是真正的个体。

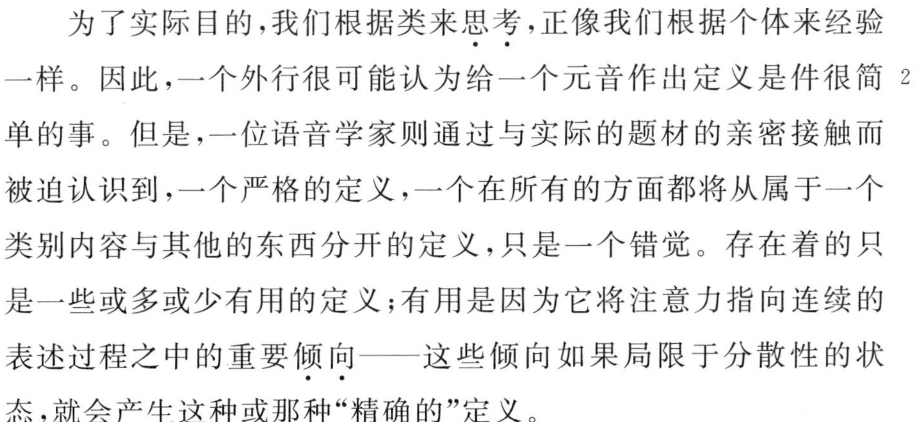

为了实际目的，我们根据类来思考，正像我们根据个体来经验
一样。因此，一个外行很可能认为给一个元音作出定义是件很简 217
单的事。但是，一位语音学家则通过与实际的题材的亲密接触而被迫认识到，一个严格的定义，一个在所有的方面都将从属于一个类别内容与其他的东西分开的定义，只是一个错觉。存在着的只是一些或多或少有用的定义；有用是因为它将注意力指向连续的表述过程之中的重要**倾向**——这些倾向如果局限于分散性的状态，就会产生这种或那种“精确的”定义。

威廉·詹姆斯评论道，对像人的情感一样融合与变化着的事物进行精细的分类，是枯燥无味的。在我看来，试图对美的艺术进行精确而系统的分类，也同样是枯燥无味的。列举性的分类提供便利，对于易于参照的目的来说，是必不可少的。但是，编制一个包括绘画、雕像、诗歌、戏剧、舞蹈、风景花园、建筑、唱歌、乐器演奏，等等的目录，并不要求看清楚所列举事物的内在价值。只有在一个地方这种价值才能被看清楚——单个的艺术作品。

严格的分类是不适当的（如果这种分类被严格地理解的话），这是因为它将注意力从审美上的重要之处——一件艺术产品的性质上的独特性与经验的综合特征——转移开去。不仅如此，它对学习审美理论的学生来说，也会产生误导。存在着两个理智理解的重要点，在其中它们是混淆着的。它们不可避免地忽视过渡的与联系的环节；其结果是，它们对灵活地跟上任何艺术的历史发展来说，都设置了不可逾越的障碍。

依照感觉器官，人们作出过一个颇为流行的分类。我们在后面会看到，什么真理成分会存在于这种分类方式之中。但是，如果严格而拘泥理解的话，它并不能产生出一个连贯的结果。近来，人们对康德将艺术材料限制在“高等的”理性感官，即眼与耳之中，已经说得够多了，我在这里将不重复他们的有说服力的论点。但是，当感觉的范围以最广阔的方式扩展时，一个特殊感官只是一个在
218 其中包括自主系统的功能在内的所有器官都参与的整体的有机活动的前哨而已。眼睛、耳朵和触觉在一个特殊的有机体活动中起着领头的作用，但它们不再具有排他性，甚至也不总是最重要的代表，就像哨兵并非一支完整的军队一样。

在将艺术分为眼睛的艺术与耳朵的艺术时，诗歌是一个特殊

的可引起混淆的例子。诗歌曾经是吟游诗人的作品。就我们所知，诗歌当时除了是诉诸耳朵的说出的声音之外，并不存在。它是某种歌唱或吟咏的东西。不言而喻，自从发明了书写与印刷之后，大量的诗所取得的与歌之间的距离是多么的远。在今天，人们甚至试图使用由印刷形式制成的图像设计，以强化诗给我们眼睛的感觉——就像《爱丽丝漫游奇境记》中的老鼠尾巴那样。但是，除了任何夸大的情况以外，尽管静静地读诗时听到的“音乐”仍是一个因素（在上一节中说明了这一点），诗作为一种文学样式在今天仍然显而易见是视觉性的。那么，它在过去的两千年中是从一个“类”移到了另一个“类”了吗？

那么，存在着前面已提到过的将艺术分为空间的与时间的艺术的分类。现在，即使这种区分是正确的，它也是按照事件，并根据外部所作的区分，对于任何艺术作品的审美内容都没有启示作用。它不帮助知觉；此外，它不能分辨要找什么，也不知道如何去看，去听，去欣赏。此外，它还有一个严重的缺陷。正如我们前面所指出的，它否认建筑结构、雕像与绘画，以及歌、诗、雄辩术的节奏。并且，这种否认所包含的意思是拒绝承认对审美经验最为根本的东西——即知觉性。这种区分是以艺术产品作为外在的与物理的存在所具有的特征为基础的。

在某一版《不列颠百科全书》中，一位作者* 在论述“美的艺术”时对这一谬误作了非常漂亮的描述，以至于值得我们在这里引上一段。为了证明将艺术分为空间的与时间的正当性，他在谈到

---

* 这位作者是悉尼·科尔文。——译者

雕像和建筑时说："眼睛从任何角度去看，都是一下子就看到了对象；换句话说，我们所看到的任何事物的诸部分都只填充或占据空
219 间而非时间，并且通过单一的瞬间知觉从空间的各点影响我们。"他又说："他们的产品（即雕塑与建筑艺术的产品）本身是坚实、固定而永恒的。"

这几句话中包含了许许多多的模糊之处，以及由此导致的误解。首先，关于"一下子"。所有空间中的物体（并且所有的物体都是空间的）都是一下子发出振动，并且物体的各物质部分一下子就占据了空间。但是，物体的这些特征并不是说，也不是要将一种知觉与另一种知觉区分开来。空间的占据性是任何事物存在的一般条件——如果有鬼存在的话，那它们也占据空间。它是拥有任何或每一个"感觉"的**因果**条件。同样，振动从物体中发出是每一种知觉的因果条件；因此它们并不将一种知觉与其他的知觉区分开来。

因此，"同时影响我们"最多不过是一个知觉的物理条件而已，而不是被知觉物体的组成要素。只有在"同时"与"单一"被混淆之时，才会推导出后者。当然，影响我们的任何物体或事件所给予我们的所有印象，都必须综合成一个知觉。取代知觉单一性的唯一的选择，不管该物体是在空间还是在时间之中，都只能是一些不连贯的抓拍照片，它们甚至不能形成任何物的代表性表现。这种难以捉摸而支离破碎的、心理学家们称之为一种感觉的东西，与知觉之间区分就在于后者具有单一性，构成一种综合的整体。不管是物理存在的还是生理接受方面的同时性，都与这种单一性无关。正像前面所指出的那样，只有在一个知觉的因果条件与实际的知

觉内容混淆起来时，它们才被当成一回事。

但是，根本错误在于物质产品与审美对象之间的混淆，而只有后者才被知觉到。从物质角度讲，一个雕像是一块石头，如此而已。它是静止的，并且，只要没有在时间的长河中被毁灭，就是永恒的。但是，要将物质的团块与作为艺术品的雕像等同起来，并且将布上的颜料与一幅绘画等同起来，是荒谬的。那么，怎么看待建筑物上光线的流动、不断变化着的阴影、强度与色彩，以及移动着的光的反射？如果该建筑或雕像在知觉中，像在物理存在中一样是“静止的”，它们就将是僵死的，眼光就不会落在它们上面，而只是一扫而过。这是因为，对象是由一种累积性相互作用的系列而被知觉的。作为在人体中起主宰作用器官的眼睛，产生出一种经 220
受性的，一种回复的效果；这呼唤着又一次看的行动，以新的相应的、又一次增加了的意义与价值作为补充，如此等等，成为一个持续的审美对象的建构的过程。所谓的一件艺术品的无穷尽性，正是这种总的知觉行动持续性的一个功能。“同时性视觉”是一个突出的对知觉的定义，其中极少审美因素，因而甚至不能被称为一个知觉。

我可以想象，建筑结构为艺术品中空间与时间的区分提供了绝好的反证。如果有任何物是以“空间的占有”方式存在的话，那就是建筑。但是，哪怕是一间小棚屋，如果时间性质不能进入的话，也不能成为审美知觉的内容。一个大教堂，不管有多大，都可以给人以瞬间印象。一旦它通过视觉机制与有机体相互作用，一种总体的质的印象就从它那里释放出来。但是，这只是基础与框架，在它之中，一种持续相互作用的过程被引入，对成分起丰富与

限定的作用。匆匆而过的观光者对圣索菲亚或鲁昂大教堂，并不比开车以每小时 60 英里的速度看飞逝的风景能得到更多的审美感受。人们必须在教堂前来回走动，进进出出，还需要多次造访，使教堂的结构在不同的光线中，再联系变化着的人的情绪，逐渐为观赏者所把握。

也许会有人感到我对一个并不十分重要的论断不必要地花了太长的篇幅。但是，这里所引的话中所包含的意义对整个艺术即经验问题都具有影响。瞬间的经验无论在生物学上，还是在心理学上，都是不可能的。一个经验是一个有机的自我与世界的持续性与累积性相互作用的产物，人们几乎可以将经验称为是这种相互作用的副产品。审美理论与批评并不存在于其他的基础之上。当一个人没有使这一过程完全起作用之时，他就开始处于一个以无关的个人想法取代对艺术品的经验的转折点上。使许多审美理论与批评备受折磨的恰恰是下面所描述的现象："当累积性相互作用的持续展开过程及其结果被忽视之时，一个物体被看到的只是
221 其全体的一部分，而由此构成的理论的其余部分就不是增长，而是主观的幻想。它在最初对部分细节的感知以后就停止了；这一过程的其余部分就仅仅存在于大脑之中——一种片面的活动只从自身内部取得动力。它不容纳来自环境的刺激，而这种刺激可以通过与自我的相互作用而消除空想。"①

无论如何，艺术的空间与时间的分类，必须为另一个分类，即再现与非再现艺术的分类所补充。依照这种分类，建筑与音乐就

① 引自巴恩斯博士给作者的一封私人书信。

被归入到后一类之中。提出艺术再现性观念的古典形式的亚里士多德，至少避免了这种区分的二元主义。他将摹仿的概念理解得更为宽泛，更有智慧。于是，他宣布音乐是所有艺术门类中最具再现性的艺术——恰恰是这门艺术，一些现代理论家认为完全属于非再现性一类。他并不是愚蠢地认为音乐再现了啁啾鸟鸣、哞哞牛唤，或汩汩溪唱。他的意思是，音乐通过声音重现了感情和情感印象，而它们是在战斗的、悲伤的、胜利的，以及性兴奋的对象与情景中产生的。具有表现意义的再现包含了任何可能的审美经验的所有性质与价值。

如果我们将再现这个术语理解为为复制自然的形式而复制的话，建筑就不是再现性的——不像一些人所说的那样大教堂"再现"森林中的高树。建筑所做的远不只是利用自然的形式，拱形、柱形、圆柱形、长方形、球形的某些部分。它表现着它们对于观察者的独特效果。如果一座建筑物不使用与再现自然的重力、压力、推力等能量，那这座建筑又是什么呢？这个问题必然会留给那些认为建筑是非再现性的人来解释。但是，建筑并不将再现结合到这些物质与能量的性质之中。它还表现人的集体生活的持久的价值。它"再现"了那些建造房子以便为家庭遮风雨，为神筑祭坛，设
立一个地方在那里制定法律，或者建起一个堡垒以抗拒攻击的人 222
的记忆、希望、恐惧、目标，以及神圣的价值。如果建筑不是对人的利益和价值具有高度的表现性的话，那么，一些建筑物被分别称为宫殿、城堡、家、市政厅、会场，就会使人无法理解。除了人脑中的幻想之外，显而易见，每一个重要的结构都是历史上有名的记忆的宝库，也是我们所珍爱的对未来期望的重要记录。

此外，将建筑（在这里也包括音乐）与像绘画与雕塑这样的艺术门类区分开来，就将艺术门类的历史发展搞得一团糟了。雕塑（这被公认为是再现性的）在很长的时间内都是建筑的组成部分：帕台农神庙的饰带，以及林肯和沙特尔大教堂的雕刻就是其证明。我们也不能说，它从建筑那里日益独立出来——伴随着雕像被分散在公园与公共广场之中，以及半身胸像被放在早已塞得满满的居室内的底座上——与雕塑艺术的任何进步具有同步的关系。绘画最早是画在洞穴的墙上的。在很长的时间里，它继续在神庙和宫殿的外部和内墙上起装饰作用。壁画被用来激发信仰，恢复虔诚，给崇拜者讲述关于本宗教的圣徒、英雄和受难者的业绩。当哥特式建筑给壁画留下了很少的墙壁空间时，彩色玻璃以及后来的平板画就取而代之——仍像祭坛和祭坛背后的雕饰一样，是建筑整体的组成部分。当贵族和商业巨头们开始搜集画在画布上的画之时，他们用这些画去装饰墙壁——他们甚至常常将画切开或修剪，以便更好地适用墙壁装饰的目的。音乐是与歌曲联系在一起的，其不同的风格是用以适应大的危机和重要事件的需要——死亡、婚姻、战争、拜神、宴会。随着时间的推移，绘画与音乐都不再从属于特殊的目的。既然所有的艺术门类都具有将自身的媒介利用到独立的程度的倾向，这一事实可以更好地用来证明，没有一个艺术门类是在严格字面意义上的摹仿，它只不过是为了提供一个在艺术门类之间划出严格界限的理由而已。

不仅如此，一旦界限被划出以后，设立这些界限的理论家们就会发现需要找出例外，并引入过渡性形式，甚至说某些艺术门类是
223 混合的——例如，舞蹈就被说成既是空间的，也是时间的。既然任

何艺术对象的本性都是单一而统一地实现其自身，这种"混合"艺术的说法无疑可以使整个严格的分类工作归于谬误。分类可以依照浮雕中的高浮雕与低浮雕，依照坟墓前的大理石人像，木门上的雕像，青铜门上的铸像来进行吗？可以以柱头、檐壁、檐口、挑篷、托座上的雕刻来分类吗？怎样才能将一些次要艺术放进来，如牙雕、雪花石膏像、熟石膏像、陶俑、金银器，铁艺支架、标牌、铰链、屏风与烧烤架？同样的音乐可以在音乐厅里演奏时具有非再现性而在教堂里成为圣典仪式一部分之时具有再现性吗？

人们并非只是要对艺术进行严格的分类与界定。类似的方法还被用于审美效果之上。在美本身获得了它的"本质"之后，许多机智的努力被花费在列举美的种类之上：崇高、奇异、悲剧性、喜剧性、诗意，等等。现在，无疑存在着这些术语所适用的现实——正像合适的名称被用于一个家庭的不同的成员一样。一个具备资格的人可能会说关于崇高、雄辩、诗意、幽默的事物，这实际上加强与澄清了对物体的知觉。它也许会帮助一个叫乔尔乔涅*的人事先拥有一个关于什么是抒情的明确意识；并且，在听贝多芬《第五交响曲》的主题时，有一个清晰的关于艺术中有什么力量，没有什么力量的清晰概念。但是，不幸的是，审美理论并不满足于澄清就单个整体中的所强调之处不同而言的性质。它使形容词成为名词性实体，然后用所浮现出的固定概念演奏出辩证的曲子。由于严格

* 乔尔乔涅(Giorgione，约1477—1510)，原名G. 巴尔雷利，威尼斯画派的主要画家。他的作品是文艺复兴绘画从初期向盛期发展的一个标志，对提香等画家曾产生过重要影响。——译者

的概念化只能发生在直接审美经验之外形成的原理和思想的基础之上，所有这些演奏都是“大脑中的空想”的很好的例证。

然而，如果我们将诸如生动性、崇高、诗意、丑、悲剧性等一些术语理解为标明**倾向**，从而像可爱、甜、可信等一样具有形容词性，那么，我们就将回到艺术是活动的性质这一事实上来。像所有的
224 活动一样，它是由朝向这个或那个方向的**运动**所标明的。这些运动可以以这样的样式来区分，使我们与这里所讲的活动的关系展示得更加机智。一个倾向，一个运动，出现在某种确定其方向的限制之内。但是，经验的倾向并不具有精确固定的限制，它们不是没有宽度和厚度的数学上的线。经验太丰富、太复杂了，不允许这样精确的限制。这些倾向的目标是带状而不是线状的，它们的性质形成了一个谱系，而不能分散在各自的格子里。

因此，任何人都会选出一些文学的段落，毫不犹豫地说，这是诗意的，那是散文性的。但是，这种性质的指定，并不意味着存在一种实体叫做诗，而另一种实体叫做散文。再重复一遍，它意味着一种向着某一限制的运动被感受到的性质。因此，性质存在于许多程度与形式之中。某些较低程度的显示出现在意想不到的地方。海伦·帕克赫斯特*博士曾从天气预报中引用了下面一段话：“落基山以西，爱达荷州，哥伦比亚河以南，直到内华达州为低气压区。沿着密西西比河流域直到墨西哥湾维持飓风状况。北达科他州与怀俄明州报告有暴风雪，俄勒冈州有雪和冰雹，密苏里州

* 海伦·帕克赫斯特(Helen Parkhurst，1887—1973)，美国女教育家，制定道尔顿教育计划，致力于中小学教育改革，著有多部教育学著作。——译者

温度在零度左右。有强风正从西印度群岛向东南方向吹去，沿巴西海岸航行的船只已收到警报。”

没有人会说，这段话是诗。但是，只有那些太书生气的人才会否认，这里面有诗意的东西，这里有地理名词的悦耳声音的因素，更有“转移了的价值”；创造一种大地的广袤感，遥远而陌生的国度的离奇事件，更为重要的是，飓风、暴风雪、冰雹、雪、寒冷、暴风雨，各种各样的自然力骚动的秘密所包含的暗示的积累。意图是一个散文式的对空气状况的陈述。但是，这些词充实进了一种东西使它们具有朝向诗意的冲动。我想，甚至由化学符号构成的等式也在某些可引申为对自然的洞见的情况下，对于某些人来说，具有诗意的价值，尽管在这些情况下，其效果是有限而带有个人性的。但 225
是，朝向不同种类结论的不同的材料与不同的运动的经验也不相同，其两极的情况相距甚远，预先就决定了其一极将是完全散文式的，而另一极具有令人激动的诗意。这是因为，在有些情况下，发展倾向是完成作为一个经验的经验，而在另一些情况下，所导致的结果只是为另一个经验所用的沉积物。

我想，对看重喜剧性与幽默的文学作品的考察会显示同样的两种事实。一方面，偶然与附带的谈话使得某些特别的倾向变得更加清楚，并使读者在实际的情境中变得更活跃，更有辨识力。这些例子与那种一个形容词的性质、一个倾向被考察的情况相同。但是，建立一种由一组例子的集合所描画的严格的定义仍需复杂而痛苦的努力。任何属与种的划分怎样才能将如此多样的，甚至由下列几个通用的术语所表示的倾向，约简为概念的统一性：荒谬、可笑、有趣、滑稽、欢乐、闹剧、娱乐、诙谐、欢闹、戏谑、玩笑、取

笑、愚弄、嘲笑、放松？当然，如果一个人足够机智的话，他可以从一个定义出发，如不谐调性，或者从某种反向的逻辑和比例的意义出发，为每个种类找到一种特别的种差。但是，显而易见，这时我们就加入到一种辩证的游戏之中了。

如果我们只是限于一个方面，即可笑，笑(*le rire*)，喜剧性就是我们所笑的对象。但是，我们还存在着笑的状况；我们在得意、纯粹地情绪高昂、适意时和欢宴场合中的笑，轻蔑和窘迫的笑。为什么要将所有这些倾向的多种变异限制在一个单一而固定不变的概念之中呢？不仅这些构想不是思维的核心，而且它们真正的功能是作为工具来研究具体材料的变化着的活动，而不是将那些材料固定在严格的静止性上。由于是偶然的材料，而不是形式的定义，起着特殊经验中的知觉的强化作用，附带的谈话起到了构想的真实功能。

最后，在这一点上，固定的等级观念与固定的规则的观念不可避免地相互共存。例如，如果文学中存在着许多的类别，那么，就
226 有某种不变的原则将每一类划分出来，并规定一个使每一个类别成其为自身的固有的本质。然后，这一原则就必须得到遵守；否则的话，从属于这门艺术的“本性”就会被违反，从而导致“坏的”艺术。艺术家不是用他手头的材料，或者他所能控制的媒介，来随意创造，而是注定要，在知道规律的批评家的批评责难下，服从来自基本原则的种种规定。他不服从主题，而是服从规则。因为，分类给知觉确定了界限。如果所依据的理论具有影响，这种理论就限制了创造性作品。新的作品，就其新的程度而言，不适合于已经提供的鸽巢式分类。它们在艺术中就像异端在神学中一样。它们足

以在任何情况下都对真正的表现构成障碍。分类带来的规则，则更加不利。固定分类的哲学就其在批评家那里（不管这些批评家是否知道它，他们都服从哲学家给予了更为明确的阐述的这个或那个立场）流行而言，鼓励所有的艺术家（除了那些具有异常活力与勇气的艺术家）都以“安全第一”为他们的指导原则。

前面所说的意思并非像初看去那样消极。它以一种非直接的方式吸引人们去注意媒介的重要性，以及它们的不可穷尽的多样性。我也许可以可靠地从媒介的决定作用这一事实，开始任何对艺术门类的多样性物质的讨论：从不同的媒介具有不同的内在潜力，并被适用于不同的目的的事实开始。我们不用油灰来造桥，也不用我们所能找到的最不透明的材料装在窗户上以透过阳光。这一事实本身就从反面迫使我们在诸艺术作品中作出区分。从正面意义上讲，色彩在经验中起某种特殊的作用，而声音起另外的作用；乐器的声音与人的声音有某种不同，等等。同时，我们应该记住，任何媒介效能的严格限制并不能由任何先验的规则所决定，每一位伟大的艺术独创者都打破某种先前被认为是天然的障碍。此外，如果我们在媒介的基础上确立我们的论述，我们会认识到，它们形成了一个连续体，一个光谱。尽管我们也许会区分艺术门类，227
正像我们区分所谓的七种基本颜色一样，没有人能够说出一种颜色结束而另一种颜色开始的准确位置。并且，如果我们将一种颜色从它的环境中取出来，比方说，取出一种特殊的红色的色带，它就不再是原来的颜色了。

当我们从表现媒介的立场来看艺术时，我们所面临的一个大

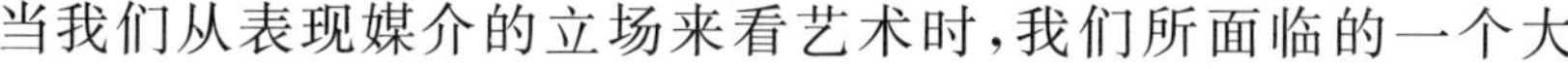

的区别是在那些以艺术家的身体组织，即精神-肉体，为媒介的艺术，与那些在更大的程度上依赖外在于身体的材料为媒介的艺术之间的区别：即所谓的自动的与造型的艺术的区别。[1] 舞蹈、唱歌、传奇讲述——一种与歌唱联系在一起的文学的原型——都是“自动”艺术的例子，身体的刺痕与文身，等等，也是如此，属于这一类的还有希腊人在运动会与运动场健身强体。增强嗓音、姿势与手势方面的修养以增加社会交往时的风度，是另一方面的例子。

由于造型艺术必须首先等同于技术性艺术，它们与工作联系起来，也在某种程度上，即使是很轻微的，具有外在的压力，这与自动艺术的自发的、与闲暇自由地相伴的情况构成对照。因此，希腊思想家将它们放在那些将身体的使用从属于通过工具的介入处理外在的材料的艺术之上。亚里士多德将雕塑家与建筑师——甚至那些帕台农神庙的建筑者们——视为工匠，而不是自由的艺术家。现代趣味将美术作品视为更高，因为它们改造材料，其产品长久而非变化无常，并且能够诉诸更广的大众，包括尚未出生的人，而唱歌、跳舞以及口头讲述的接受者只能是直接的观众。

然而，所有的高和低的等级划分，最终是不合适和愚蠢的。每一个媒介有着自身的功效与价值。我们所能说的只是，技术性艺术门类的产品带入的自发与自动艺术的程度有多高，它们具有的美的程度就有多高。除了由操作员机械地操纵的机器制作出的作
228 品情况之外，个人的身体运动进入到所有材料的改造之中。当这

① 我认为，桑塔亚那在他的《艺术中的理性》中，第一次阐述了这一区分的重要性。

些运动被保存以用来处理物质上的外在材料时，有机体就从内部以一个自动艺术来推动它们，使它们在此范围内变成“美的”。具有生命的自然表现的节奏的某些内容，某些仿佛是舞蹈和哑剧的东西，必须进入到雕刻、绘画、造塑像、设计建筑物，以及写故事之中，而这正是技法从属于形式的又一个新的理由。

甚至在艺术门类之间存在这种巨大区别的情况下，我们所面对的仍是一个谱系而不是各自分离的类别。抑扬顿挫的讲话如果没有芦笛、弦乐与鼓的帮助的话，就不会向着相距甚远的音乐方向发展，而这种帮助并不是外在的，因为它修改了歌的内容本身。音乐形式历史的一个侧面，就是乐器发明与乐器使用实践的历史。乐器并不只是像留声机的唱片那样的载体，而是像所有的媒介那样，这在钢琴中就表现得很明显，它起到了将今天我们普遍使用的音阶固定下来的作用。同样，印刷术起着深刻地改变文学内容的作用，或反作用；通过一个单一的插图，改变了形成文学媒介的语词本身。这种变化的不利的一面表现为越来越多地把“文学的”一词作为一个贬义词来使用。口头语言在印刷与阅读逐渐风行以前从来也不是“文学的”。但从另一方面说，即使众所公认没有一部文学作品超出过如《伊利亚特》那样的口头作品（甚至这部作品也无疑是，为了书写和广为传播而组织了此前散乱的材料的产物），然而印刷除了强迫形成一种此前不存在的组织以外，造成了巨大的量的扩张与质的多样性与精细性。

然而，我并不打算进一步对此进行研究，而只是表示，甚至在这种将不同的艺术门类如此粗略地划分为自动的与造型的之时，我们也面临着中介的形式、过渡，以及相互影响，而不是档案柜一

样地相互分离。重要的是一件艺术作品将**它的**媒介使用到极致——记住，材料并非媒介，除非当它被用作表现的器官之时。自
229 然材料和人的联系是多种多样，直至无穷的。每当任何材料找到一个媒介表现其在经验中的价值——即它的想象性与情感性价值——之时，它就成为一件艺术作品的内容。因此，持久的艺术斗争是将在日常经验中无法表达的材料转化为雄辩的媒介。记住，艺术本身表明一种行动与完成了的事情的性质，每一件真正新的艺术品，在某种程度上讲，其本身就是一种新艺术的诞生。

那么，我该说，关于正在讨论的问题，存在着两种阐释的谬误。一种谬误是将各艺术门类完全分开，另一种是将它们全部熔铸到一起去。后一个谬误常常在那些满足于引述佩特的一句话，即所有的"艺术都总是趋向于音乐的状态"的批评家所给予的阐释中找到。我说阐释，而不说佩特本人，是因为全段话显示出，他的意思并不是每一种艺术都向着这样的一点发展，在那里，它将提供与音乐同样的效果。他认为音乐"最完善地实现了形式与内容完美结合的艺术理想"。**这种**结合是其他艺术所追求的"状态"。不管他所认为的音乐最完善地实现了这种内容与形式的相互融合的观点正确与否，将其他的观点转到他的头上都是不应该的。这是因为，除了其他的原因之外，这种观点显然是错误的。既然他写道，绘画与音乐本身两者都朝向着一种建筑学的方向运动，而背离在其有限的意义上的"音乐性"；那么，在一定的程度上，不仅绘画，而且诗歌也是如此。值得注意的是，佩特谈到每一种艺术都在转入到某种其他的状态之中，音乐也具有图形，"曲线、几何形式，交织"。

简言之，我的意思是，像这样一些词，诗意的、建筑的、戏剧的、

雕塑的、图画的、文学的——就其表示在文学中其性质得到最好体现的意义而言——表示了在某种程度上属于每一种艺术的*倾向*，因为它们限定任何完整的经验，然而同时，某种特殊的媒介最适合于使一种特征得以强调。当适合于一种媒介的效果在使用另一种媒介时也显得突出时，就具有审美上的缺陷。因此，当我在下面将艺术的名称当作名词来使用时，在我头脑中出现的应被看成是一系列的对象，它们强调性地，而不是排他性地表现了某种性质。 230

强调意义上的建筑的特性在于它的媒介是（相对）生糙的自然及自然能量的基本方式的材料。它的影响依赖于那些在主要判断标准上正是属于这些材料的特征。所有的“造型”的艺术都扭曲自然的材料与能量的形式，以服务于某种人类的欲望。建筑在这一普遍事实前没有什么独特之处。但是，在使用自然力的范围与方向性方面，建筑具有独特之处。将建筑物与其他的艺术产品作一比较，你就会立刻对它用来达到自身目的的无限多样的材料范围产生强烈的感受。与绘画、雕塑和诗歌所用的相对有限的材料相比，建筑使用木、石、钢铁、水泥、烧制过的黏土、玻璃、灯芯草等各种材料。但是，同等重要的是所谓的它更纯粹地采用这些材料。它不仅大规模地，而且第一手地使用这些材料——所使用的钢材和砖块并非直接由自然提供，但是，比起颜色与乐器来说，却更加接近自然。即使对这事实有任何怀疑，对建筑所使用的自然的能量，却是没有什么疑问的。没有其他任何的产品在展示压力与张力、冲击与反击、重力、光线、内聚力方面可在规模上与建筑相比，并且，它比起任何其他艺术来，都更为直接地，即更少间接性和替代性地承当这种力量。它表现了自然的结构构造本身。它与工程

方面的联系是不可避免的。

由于这个原因，建筑物与其他所有艺术对象相比，最接近于表现存在的稳定性与耐久性。如果它们可以比作高山的话，那么，音乐就可比作大海。由于所固有的耐久力，建筑比任何其他的艺术都更多地记录与展示我们的共同人类生活的普遍特征。也有那样一些人，他们在理论偏见的影响下，认为在建筑中所表现的人的价值是与审美无关的，只是对实用的不可避免的让步。那种认为建筑物由于表现出对权力的炫耀、政府的权威、家庭关系中的孝敬亲情、城市里忙碌的交通、参加礼拜者的虔敬，在审美上就会更加糟糕的说法，是站不住脚的。这些目的有机地进入了建筑结构之中，这似乎已毋庸置疑。同样清楚的是常常出现的降格为服务于某种
231 特殊用途，也在艺术上有害的说法。但原因在于目的的卑微，或者这样的情况，即材料没有很好地以既适应于自然状态，也适应于人的状态的方式进行平衡处理。

完全排除人的使用（像叔本华所说的那样）表明将“使用”局限于一个狭窄的目的，而且它依赖于忽视这样一个事实，即美的艺术总是人类与其环境的一种相互作用的经验的产物。建筑是这种相互作用结果的一个值得注意的例子。材料被改变，以便成为人们的防御、居住与崇拜目的的媒介。但是人的生活也不同了，而这远远超出了那些从事建筑的人的预见意图与能力。建筑作品对相应经验的重新塑造比起也许除文学之外的所有其他艺术都更直接而更广泛。它们不仅影响了未来，而且还记录与传达了过去。不仅是废墟，而且神庙、学院、宫殿、住宅都告诉我们，人们曾经希望什么，为什么而奋斗，有什么成就，遭受什么苦难。人类通过他的业

绩而永世长存的欲望，表现在金字塔的建造上，也在较小的规模上表现在一切建筑作品之上。这种性质并不只限于建筑。某种可称为建筑要素的东西出现在每一件艺术作品之中，其中大范围地呈现出持久的自然力与人的需要和目的的和谐地相互适应。结构感与建筑性密不可分，建筑要素存在于任何作品中，不管它是音乐、文学、绘画，或具体意义上的建筑，在其中建筑性质强烈地显现出来。但是，为了成为审美的，结构必须不只是物理的与数学的。它必须是人的价值在持久的时间中经过支持、增强、扩展而得到使用。缠绕着的常春藤对于某些建筑物的合适性显示出建筑效果与自然的内在统一；在更大的范围内，这被理解为建筑物必须自然地适应周围的环境，以保证完整的审美效果。但是，这种无意识中的重要结合，必须与相对应的将人类价值吸收到对建筑的完满经验效果之中相伴。例如，绝大多数的厂房建筑之丑陋与普通银行建筑之令人厌恶，尽管它取决于技术与物质方面的结构缺陷，同时也反映了一种对人的价值的扭曲，而这种扭曲又结合进了与建筑相关的经验之中。并非仅仅是技术上的巧妙就能使这种建筑变得像神庙曾有过的那样美。首先，一种高雅的转换必须出现，使这些结构能自发地表现一种现今并不存在的欲望与需要的和谐。 232

正像我们曾提到过的那样，雕塑与建筑是紧密的同盟。我想，甚至在达到很高的审美高度时，雕塑性与建筑性是否分离也是一个可质疑问题。在公共广场或公园里处于单独而孤立状态的塑像，很难不给人以某种不适宜之感。无疑，当塑像厚重而具有纪念性，而且具有某种近于建筑背景的东西（即使它不过是一张宽大的长椅子）时，就会获得巨大的成功。雕塑也可以包括一些或许多不

同的图像，像埃尔金大理石群像*就是如此。但是，请想一想这些人物形象要集体地再现一个单一的行动，然而却在物质上相互分开，你头脑中的意象就会令人莞尔一笑。但是，将雕塑效果与建筑效果分开的差异却是存在的。

雕塑选择和强调建筑的记录与纪念性的一面。它可谓是将纪念碑专用于一个目的。建筑物进入到，并直接地帮助形成与指导生活；雕像与纪念碑，提示英雄主义、献身精神、过去的光荣。花岗岩圆柱、金字塔、方尖碑，都是雕塑性的；它们是过去的见证，然而，它们不是被时间的兴衰交替所征服，而是具有一种承受并超越时间之上的力量——是人世间不朽性的高贵或悲惨的展示。另一个区分标志着一个更具决定性的差别。雕塑与建筑两者都必须拥有和表现统一性。但是，一个建筑整体的统一性是众多的因素的聚合产生的。雕塑统一性更为单一而明确——如果是以空间为标准的话，就不得不如此。只有黑人雕塑企图通过牺牲所有直接联系的价值而在一个狭窄的范围内提供布局安排的性质，而这种性质是一个使人印象深刻的建筑所固有的，是通过线条、色块和形体的节奏取得的。但是，甚至黑人的雕塑也不得不遵守单一性原
233 则——其安排建立在人体的各部分的结合之上：头、胳膊与腿、躯干。

材料与目的的单一性（因为甚至一个专门化的结构，如一座神庙，也服务于一组复杂的目标）使得雕塑有必要将自身限制在具有

* 埃尔金大理石群像（Elgin Marbles），伦敦不列颠博物馆收藏的古希腊雕刻艺术品和建筑物细部，它们是在英国埃尔金伯爵的安排下，从雅典的帕台农神庙和其他古建筑物上拆下运回英国的。——译者

重大而易于被感知的它们自己的整体的材料的表现上。有生命的物体只实现这一条件——动物和人，或者，在直接依附于建筑物时，花、水果、藤本植物，以及其他形式的植物。建筑表现人的集体生活——离群索居的隐士并不建筑而是寻找岩洞。雕塑表现以个性化形式出现的生活。这两门艺术各自的情感效果符合这一原理。建筑被说成是“凝固的音乐”，但是，从情感上说，这只是说了它们的动态结构，而不是其内容的效果。总的说来，它的情感效果依赖于该建筑所参与的人的事务，或与这种事务紧密相连。希腊神庙离我们太远了，我们无法经验，而只能感受到其自然力精美的平衡。但是，进入到一座中世纪的教堂，而不感到自己参与进历史所赋予它的作用之中的话，则是不可能的；甚至一位西方人在进入到一座佛教寺庙时也有某种类似的感觉。我不愿将“借来的”一词用于属于住宅与公共建筑的经验的类似的效果，因为它们的价值完全结合在一起，用这个词是不适当的。但是，建筑的审美价值对吸收来自人类集体生活的意义具有特别的依赖性。

雕塑所唤起的情感必须是那些明确而长久性的——除了当雕塑被用于说明性目的之外，这种用法对该媒介很合适。这是由于，音乐与抒情诗内在地适合于表现独特的心灵震颤与情感转折（像激发它们的机缘一样），而雕塑在性质上则绝不是“机缘性”的，这一点与建筑相像。模糊、过渡而不确定的情绪不适合于这样的媒介。尽管在这方面与建筑相似，此与彼之间的区别，再说一遍，是单一的与集体的。人们所说的艺术是普遍与个体的结合，用在雕塑上特别贴切；这种情况导致这样的思想，即这种结合为所有的艺 234
术提供了一个公式，这一思想也许在希腊雕像中有着其根源。米

开朗琪罗的《摩西》是高度个性化的，但却并不比其描绘的事件本身更具有一般性，因为“普遍”与一般有着很大的不同。所塑造的人物精力充沛，具有冲动而又克制的态度，对这位遥望乐土却又深知自己不能进入的领导者作出了表现。但它以一种高度个性化的价值与感情，传达出欲望与结果的永恒的分离。

雕塑以一种异常细腻的力量传达一种运动感——希腊的舞蹈人像与《带翅膀的胜利女神》就是证明。但是，这是一种被固定在一个单一而持久的姿态上的运动——正如济慈的诗句中所赞美的——而不是运动的起伏变化，这后者最适合于用音乐来表现。一种时间感就其本身，或就形式而言，是雕塑效果本性不可缺少的一部分。但是，这是在被中止，而不是在持续或流逝的意义上讲的时间。简言之，这种媒介最合适的情感是结束、凝重、休止、对称与平静。希腊雕塑的效果很大程度上归功于它表现理想化的人的形体——以至达到这样的程度：它对后世雕塑的影响并不完全令人愉快，由于直到最近为止，它都以一种表现理想化的倾向而使欧洲的全身雕像和半身雕像承受过重的负担，这些雕像，除了出自处于完全适应环境条件下的大师之手（例如希腊的那些雕像），往往是浮华的、浅薄的，图解如愿以偿状态的。在神和半神的英雄的外表下用雕塑表现人的形体，并不是一件可以轻松完成的任务。

甚至一个孩子也知道，只有借助光线，世界才变得可见。他只要闭上眼睛不看眼前的景观，就意识到了这一点。然而，这一不言自明的真理，当它的力量被把握之时，对于作为绘画媒介的色彩的独特效果，就说出了比卷帙浩繁的语词解释更多的东西。这是由于绘画将自然与人类景观表现为景象，而景象的存在是由于活的

存在物主要通过眼睛，与纯粹的、反射的和折射成色彩的光线之间的相互作用。（这个意义上的）形象化存在于许多艺术门类之中。235
光与影的作用是建筑中关键因素，也是那些并非过于受希腊模式束缚的雕塑的关键因素——希腊人为他们的雕像着色，也许是一个补偿。散文与戏剧也常常达到了一种生动如画的效果，而诗歌则真正是形象化的，这是传达了事物的可见景观。但是，在这些艺术门类中，这种因素处于被抑制和次要的状况。使这种因素变成主要因素的努力，正像“意象派”所做的那样，无疑教给了诗人某种新的东西，但是，媒介的这种强制力只能作为一种强调，而不是一种占主导地位的价值而存在。与此对应的真理是，当绘画超出了景观与景象的范围而讲述故事时，就成了“文学的”。

由于绘画直接将世界当作一片“风景”，一个直接看到的世界来对待，因此，比起其他门类的艺术来说，就更难在没有对象的情况下讨论这门艺术的产品。图画能够表现每一个可作为一个景观呈现的对象与情境。只要事件提供一个景观，而这个景观又足够简单与连贯，在其中过去得到总结，未来得到表示时，它们就能表现事件的意义。否则的话，它就只是一个文献记录，例如保存在波士顿公共图书馆里的艾比的画就是如此。* 然而，说一幅画可以呈现出对象与情境，远没有说出它的力量，如果我们没有将绘画通过眼睛所传达的对象得以区别的性质，以及它们的本性与构造本身在知觉中得以确立的无与伦比的能力包括进去，就反而会使人

* 艾比，指 Edwin Austin Abbey(1852—1911)，插图画家，美国人，曾长期居住英国，晚年画过英王爱德华七世加冕的标准像。——译者

误解。这种本性与构造包括水的流动性、岩石的坚固性、树的脆弱性与抵抗性的结合、云的组织，等等，通过所有不同的方方面面，我们将自然当作一个景象与一个表现。由于绘画所到之处，一种阐明它所涉及素材范围的企图都会陷入一种无止尽的列举之中。只要指出自然景象可以呈现出众多的方面，无可穷尽，这就足够了。绘画史上的每一个重要的进步都会伴随着对某种过去没有得到发展的视觉可能性的发现与利用：荷兰画家捕捉住了室内画的隐秘性，形成了一种以家具陈设及其独特的透视关系构成的安排；收税的卢梭*所引出的不仅有异域情调的，而且有家常生活的节奏；塞
236 尚重新觉察到处于动态关系中的自然力的量，一种由不稳定部分恰当的适应构成的整体稳定性。

耳朵与眼睛起互补的作用。眼睛提供**景观**，事物在其中**进行着**，变化投射到它之上——留下仍是一个景观，甚至是一个处于混乱骚动的景观。耳朵以视觉与触觉行动所提供的背景为当然事实，使我们将变化当作变化来认识。这是因为，声音永远是效果，是撞击、冲击与抵抗，以及自然力的效果。它们根据这些力在相遇时的相互作用来表现这些力；它们相互改变，以及改变作为它们永不止息冲突的场所的事物的方式。流水拍岸，小溪低语，风的呼啸声，门的破裂声，树叶的沙沙声，树枝的摇动和断裂声，物体落地的重击声，沮丧时的哭泣声和胜利时的欢呼声——这些，以及它们所发出的声音，都是些什么东西？只是由力的斗

* 指法国画家亨利·卢梭（Henri Rousseau，1844—1910），在现代派艺术中独树一帜，因他在巴黎担任市海关官员，故常被人称为“收税的卢梭”。——译者

争所引起的变化的直接呈现？任何自然的搅动都是由振动产生的，但是，一个均匀而无间断的振动不产生声音；必须存在着间断、冲撞与抵抗。

因此，以声音为媒介的音乐必然要以浓缩的方式表现震惊与不稳定，冲突与解决，这是施加于更为持久的自然与人类生活背景之上的戏剧性的变化。紧张与斗争具有其能量的聚集与释放，其攻与防，其强有力的战斗与和平地相遇，其抵抗与解决，音乐用这一切来织它的网。因此，音乐性处于与雕塑性正相对立的另一极。正如一极表现持续、稳定与普遍，另一极则表现激动不安、运动、存在的特殊性与偶然性——然而，这种存在的结构上的永久性在本性上是根深蒂固，而在经验中是具有典型性的。只有背景的话，就只存在单调不变与死亡；只有变化与运动的话，就只有混沌，一种甚至不能当成被搅动或搅动的状态。事物的结构产生与变化，但所依照的是一个长久不变的节奏，而送到耳朵里的事物却是突然的、出乎意料的、变化迅速的。

在大脑中，与耳朵间的联系要比与其他感官间的联系占据更 237
大的大脑皮质组织。借助于动物和野蛮人，就不难看出这一事实的意义。不言而喻，可见景观是显而易见的；所谓清楚、平常，与看到是一个意思——我们说平常的景象，就是这个意思。平常看到的事物本身不会是令人烦恼的；平常是通过解释而变得平常了的。它意味着保证、信心；它提供了有利于计划的形成与执行的条件。眼睛是距离的感官——不只是说光线从远处而来，而是通过视觉我们与远处的东西联系在一起，因而可为将要到来的事提供预警。视觉提供展开了的景观——正如我曾说过的，变化在其中间或其

*上面*发生。动物在视知觉中机警、警惕，但也有所准备。只有在惊慌失措的状态，所见对象才使知觉主体深感不安。

耳朵使之通过声音与我们联系起来的材料，在每一点上都与上面所说的构成对立。声音*来自于*身体之外，但是声音本身就在附近，与人关系密切；它是有机体的一种兴奋状态；我们通过我们全身来感受到振动的冲击。声音直接刺激一个当下的变化，是因为它就是变化的呈现。一只足球、一根树枝的折断、丛林的沙沙声，也许会表示来自敌对的动物或人的袭击，甚至死亡。它的重要性是由动物与野蛮人在活动时小心地不弄出声音来衡量的。声音传达即将发生的事，传达某种正在发生的情况，也表示某种可能发生的情况。比起视觉来，它更加充满着问题感，一种总是有未决定与不确定的气氛的威胁感——所有的条件都有利于造成强烈的情感激动。视觉以兴趣的形式来激发情感——好奇心使我们进一步去考察，但是它又有吸引力；或者说，它构成了一个在退缩与继续探究行动之间的平衡。而声音却能使我们跳起来。

一般说来，所*见*到的东西间接地激起情感——通过阐释和联想。声音直接引起激动，作为有机体本身的震动。听觉与视觉常常被并列为两种“理智的”感官。实际上，尽管听觉已经取得了巨大的理智范围，耳朵在本性上却是情感的感官。它的理智的范围
238 与深度来自于它与言语的联系；这些都是次要的，或者是所谓人为的成就，归功于语言的制度与交流的惯例性手段。视觉从其他感官，特别是从触觉，接受其直接的意义的延伸。这种差异是双向起作用的。对于从理智一方对听觉适用的，从情感一方也对视觉适用。建筑、雕塑、绘画能够深刻地激发情感。“恰当的”农舍在某种

情绪状态中突然出现,也许会使喉咙发紧、眼睛湿润,就像一些诗句产生的效果一样。但是,这种效果是由于一种与人的生活相联系的精神与气氛。除了形式关系的情感效果以外,造型艺术是通过它表现了什么以激起情感的。声音具有直接的情感表现的力量。声音以其本身的性质而给人以威胁、哀怨、抚慰、压抑、凶猛、温柔、催眠之感。

由于这种情感效果的直接性,音乐既被划归为最低的艺术,又被划归为最高的艺术。对某些人来说,它的直接生理依赖与共鸣似乎是它接近于动物生活的证明;他们可以引用这样的事实,一些低于常人智慧的人曾成功地演奏过具有一定程度复杂性的音乐。比起其他艺术来,音乐的感染力在一定程度上要更为广泛,更不依赖于特殊教养。并且,人们只要观察音乐厅里某些类型的狂热的音乐爱好者,就可看到他们欣赏情感的放荡不羁,一种从普通的压抑状态释放出来,一种进入到无拘无束的兴奋状态——哈夫洛克·埃里斯*指出,有人将音乐的演奏诉诸获得性兴奋。而另一方面,存在着这样一些音乐的类型,它们得到鉴赏家的高度重视,需要特殊的训练才能感知与欣赏,它的热爱者们形成一种崇拜,因为他们的艺术是所有艺术中最为深奥的一种。

由于听觉与有机体的身体各部分都有联系,因此声音比其他任何感官都更能产生反响与共鸣。很有可能,那些使人没有音乐细胞的器质上的原因,不在于听觉器官本身的固有缺陷,而在于这

* 哈夫洛克·埃里斯(Havelock Ellis,1859—1939),英国散文家、医生,著有《性心理研究》一书,对当时有关性问题的研究和讨论,曾产生过重要影响。——译者

些联系的中断。一般所说的一门艺术的力量在于选取自然的、生
239 糙的材料，通过选择与组织而改变它，使之成为强化而集中的建构一个经验的媒介的说法，对于音乐来说特别具有说服力。通过使用乐器，声音从它通过与言语联系起来而取得的确定性中解放出来。因此，它回到了其原始的激情的性质。它取得一般性，从特殊的对象与事件中脱离开来。同时，声音的组织通过艺术家所掌握的众多的手段——技术上也许比除了建筑以外的其他任何艺术都具有更广的范围——产生影响，剥夺了声音通常所具有的激发一个特殊而明确行动的直接性倾向。反应变成了内在而含蓄的，而不是在外在发泄中散发出来，因而丰富了知觉的内容。正如叔本华所说，“被琴弦所拷问的是我们自己”。

正是音乐的独特性，它的最为人所赞美之处，（由于它激起最强烈的冲动行为）使它在所有身体器官中拥有最为直接、最具有实践性的感官性质，并且，通过使用形式关系，它可以将素材改变为离实践性关注最遥远的艺术。它保留了声音的原始力量，表示攻击与抵抗的力量间的冲突，以及与之相伴的所有情感运动阶段。但是通过使用音调的和谐与旋律，它引入无限多样的问题的复杂性、不确定性，以及悬置，在其中，所有的音调都以相互参照的方式排列起来，每一个音调都是此前音调的总结，又是此后音调的预告。

与前面所提到的艺术形成鲜明对照的是，文学展现出了一个独特的特征。直接出现的，或者作为它们的媒介由印刷品所代表的声音，并不像在音乐中那样，是声音本身，而是在文学接触它们之前屈从于变化中的艺术的声音。这是因为，语词存在于书写的艺术之前，并且，语词是通过交流的艺术从原生的声音中形成的。

在文学本身存在之前，试图总结出言语所服务的目的——命令、指导、劝告、指示、警告——是徒劳的。只有在惊讶与感叹之时，声音才保持原来性质的某个方面。因此，文学的艺术所起的作用就像加重的骰子一样；它的素材中充实进了在久远的时代中吸收进去的意义。因此，它的素材具有一种超越其他任何艺术的理智的力量，同时，它与建筑一样，具有表现集体生活价值的能力。 240

与其他的艺术门类不同，在原材料与作为文学媒介的材料之间，并不存在着鸿沟。莫里哀笔下的人物不知道他一生都在说着散文。的确，人们一般并不知道，他们只要与别人进行口头交流，就是在从事一门艺术。在散文与诗歌之间划分一种界限的困难的原因之一无疑是，两者的内容都已经对艺术产生了变化性影响。将“文学的”当作一个贬义的术语使用，表明较为正式的艺术已经与它从中汲取营养的前艺术的风格相差非常远了。为了不仅仅成为精细的，所有“美的”艺术都必须时时通过更紧密地与审美传统之外的材料接触而得到更新。但是，文学由于它可自由使用的材料已经雄辩、蕴涵意义、生动且具有普遍吸引力，又最受陈规旧习的影响，因而特别需要不断从这个源泉得到更新。

意义与价值的连续性是语言的本质。它支撑着一个持续的文化。由于这个原因，语词负载着几乎是无限的泛音与回声。情感的“转移的价值”从孩提时代就经验到，只是不能恢复到从属于它们的有意识的知觉之中而已。言语实际上是衍生其他语言的原始语言。其中包含着人的性情与看待和解释生活的方式，而这构成了一个持续着的社会群体的文化特征。由于科学意在说一种所有这些特征都被消除了的语言，因此，只有科学的文章才是完全可译

的。我们所有的人都在某种范围内享有诗人的特权，我们

……说的语言
莎士比亚说过；拥有的信念与精神
弥尔顿拥有过。

这种连续性并不局限于书面的和印刷出的文字。老祖母对坐在她膝上的孩子讲“很久很久以前”的故事时，将过去传下来，涂上了色彩；她为文学准备了材料，也许她自己就是一位艺术家。声音
241 所具有的保存与报告所有过去多种经验，以及精确地追随感觉与思想的每一个细微变化的能力，给予它们的结合与改变以创造一种新经验的力量，这种经验比起来源于事物本身的经验，要更为强烈。与后者的接触，如果不是事物将在交流的艺术中发展起来的意义吸收进去的话，就将只是保留在仅仅是物质性的震惊的层面。世间的事件与情境之意义的强烈而生动的实现，只能通过一种已经充满着意义的媒介才能获得。建筑的、图画的与雕塑的性质总是在无意识中为来自言语的价值所包围与丰富。由于我们有机体构造的本性，排除这种效果是不可能的。

尽管在散文与诗歌之间也许并没有被明确定义的差异，在散文性与诗意之间，却存在着作为经验倾向性的最终限制条件的鸿沟。它们中的一种在语词的力量中实现，通过扩展范围来表现天上、地下和海中的事物；另一种则通过提高强度来实现这一点。散文性与描述和叙述有关，与细节的积累和关系的阐述有关。它的展开就像法律文献与目录一样。诗意则将这个过程倒转过来。它

浓缩与简化，因而给予词语一种几乎要爆炸的扩张能量。一首诗使材料呈现出来，使之成为本身就是一个世界，它甚至在作为整体的一个缩影时，也不是一个胚胎，而是一个通过争论形成的东西。在诗歌中，存在着某种自我封闭、自我限制的东西，而这种自我满足不仅是声音的和谐与节奏，而且是为什么诗歌仅次于音乐，在艺术中最具有催眠效果的原因。

在诗歌中，每一个词都是想象性的，在散文中，在用于日常记事而受到磨损之前，也是如此。一个词，在它不纯粹是情感性之时，表示了某种所代表对象不具有的东西。当事物在场时，忽视它们，或者使用它们，指向它们，这就足够了。甚至情感性的词可能也不例外；他们所发出的情感也许聚集到缺席的对象之上，使它们失去了个性。文学的想象性力量是日常言语中的词所具有的理想 242
化功能的强化。毕竟，语词所提供在我们面前的一个景观的最为现实主义的表现，就其直接的接触而言，只是事物的可能性而已。每一种观念，就其本性而言，表示一种不具有当下现实性的可能性。它所传达的意义也许在某些时间与地点是实际的。但是，由于在观念中被接受，对于那个经验来说，意义只是一种可能性；它是狭义的理想：这里的狭义是指，“理想”也可用来指一种幻想的与乌托邦的，不可能的可能性。

如果该理想真正地向我们呈现，就必须是通过感觉媒介来实现。在诗中，媒介与意义似乎是由于某种预定的和谐而融合在一起，这就是词的“音乐”与悦耳的音质。这里由于缺少音调，不可能有任何真正意义的音乐。但是，由于语词本身依其意义而刺耳与沉郁，短促与迟缓，沉郁与浪漫，低沉与轻狂，因而具有音乐性。艾

伯克龙比*的《诗的理论》中论词的声音一章讲得过于详细，尽管我愿提醒人们对他所展示的不谐和音与悦耳的谐和音一样是真正的因素予以特别的关注。因为我想，将它的力量作为流动性必须由本身是不和谐的结构因素所平衡，否则，结果就会变得太甜腻的证据来加以解释，是有一定道理的。

有些批评家认为，在传达一种我们想要传达的生活感受与生活状态方面，音乐要胜过诗歌。然而，我却不得不认为，就其媒介的本性本身而言，音乐具有一种毫不留情的有机性：我这里所说的“毫不留情”不等于说是“兽性的”，而是说出严酷的事实，由于其不可避免的存在，因而无法拒绝、无法逃脱。这个观点也不是对音乐的贬低。它的价值恰恰在于它能够使用有机地确定的，并且显然是难以驾驭的材料，形成旋律与和谐。至于图画，当它们被理想的性质所支配时，就由于过分的诗的性质而变得虚弱；它们跨越了边界线，并且，在批评性的考察下，显示出缺乏对媒介——颜料的感觉。但是，在史诗、抒情诗与戏剧——不仅有悲剧，而且有喜
243 剧——中，与现实性相对立的理想性起到了一个内在与根本的作用。可能有或可能有过的东西所代表的，总是与是什么或曾是什么构成一种只有语词才能传达的对立。如果动物是严格的现实主义者的话，那么，这是由于它们缺乏语言授予人的符号。

语词作为媒介并没有穷尽它们传达可能性的力量。名词、动词、形容词表现一般性条件——那就是说*人物*。甚至一个合适的

---

* 艾伯克龙比(Lascelles Abercrombie，1881—1938)，英国诗人和评论家，曾在牛津大学与伦敦大学等学校讲授文学理论和诗学课程。——译者

名字也仅只能表示局限于一个单独范例的人物。语词试图传达事物与事件的本性。确实，只是通过语言，这些事物与事件才有了一种处于严酷的存在之流之上的本性。它们能传达特征与本性，不是以抽象的概念形式，而是在个人身上展现并起作用，这在小说与戏剧中得到了明显的体现。这些文学形式的任务就是开拓语言的这种特殊功能。这是由于，人物存在于激发其本性的情境之中，给予存在的特殊性以潜在的一般性。同时，情境被限定，成为具体的。我们对任何情境的了解，都依赖于它对我们，或与我们一道做了什么：那就是它的本性。我们对人物类型的想法，以及这些类型的多重变化，主要是依赖于文学。我们根据那些来自文学，当然除了小说与戏剧以外也包括传记与历史的眼光来观察、注意，以及评判我们周围的人。过去的伦理学论文在描绘人物时相对来说是无力的，它们停留在人类的意识性之中。人物与情境的相互性在这样的事实中得到了证明，每当情境未成熟与摇摆之时，人物就模糊而不确定——某种东西需要猜测和未能体现出，简言之，没有性格。

在前面所说的之中，我涉及了不同的主题，并分别花了一些篇幅来讨论它们。我只是关注各门艺术的一个方面。我愿指出，正像用石头、钢铁或水泥来建造桥梁一样，每一样媒介都有着自己的力量，积极的与消极的，开放的与受纳的，并且，区分不同的艺术门类特征的基础在于它们对能量的利用，而这正是用作媒介的材料的独特之处。绝大多数关于不同的艺术门类之所以不同的论述似 244
乎都是从内部说的——我指的是，将媒介当作一个现成的事实，而

不问为什么和怎么会是如此的。

因此，文学提供了也许比其他门类的艺术更令人信服的证据，说明艺术在利用其他经验的材料，并以一种通过随之而来的秩序以强化和净化其能量，从而表现它们的材料之时，就成为美的。艺术并非通过自我意识的意图，而是在创造活动本身中，通过新的对象、新的经验方式而取得这一结果。每一种艺术都由于其表现而传达。它使我们能够生动而深刻地分享其意义，而这在过去没有表达出来，或者只是从听觉直接传递到明显的行动中。宣布某事并不构成交流，即使大声强调也不行。交流是创造参与的过程，是将原本孤立与独特的东西拿出来共享的过程；它所取得的奇迹部分在于，在交流时，意义的传达不仅将肉体与意志提供到听话者，而且提供到说话者的经验之中。

人们以多种方式形成联系。但是，真正的人的联系的唯一形式，不是为了温暖与保护而群居，也不仅仅是为了外在行动效率的设置，是对通过交流而形成的意义与善的参与。成为艺术的表现是在纯粹而无污染的形式中的交流。艺术打破了将人们分开的，在日常的联系中无法穿透的壁垒。这种艺术的力量在所有的艺术门类中普遍存在，而在文学中得到最完全的展现。文学的媒介早已在交流中形成，其他任何艺术都不能做到这一点。关于其他门类艺术的道德与仁爱的功能，也许会有独创的论述与令人信服的争论。关于文字的艺术，就用不着了。

第十一章　人的贡献 245

我用“人的贡献”这个短语表示审美经验中那些一般被称为心理学的方面和成分。从理论上可以设想，对心理学因素的讨论并非一种艺术哲学的必要部分。而在实际上，这是不可缺少的。历史上的一些重要理论中，充满着心理学术语，而这些术语在使用时并不具有中立的色彩，而是充斥着由当时流行的心理学理论而形成的曲解。如果抹去赋予像感觉、直觉、观照、意愿、联想、情感的社会意义，审美哲学就会失去一个很大的部分。此外，这些术语中的每一个都有着不同的心理学流派所赋予不同的意义。例如，“感觉”就被以完全不同的方式加以解释，既包括它是经验唯一的原初成分的见解，也包括它是低等形式的动物祖先留给人的遗迹，因而是在人的经验中须被压抑住事物的思想。审美理论中充满着过去心理学的化石，覆盖着心理学争论留下的残骸。对美学的心理学方面的讨论是不可避免的。

当然，这种讨论必须局限于人的贡献的较为一般的特征。由于艺术家个人的兴趣与态度，由于每一件具体的艺术作品的个性化特性，特定的个人贡献必须在艺术作品本身之中寻找。但是，尽管这些独特的产品之间有巨大的差异，所有正常的人都有着共同的体质构造。他们有着同样的手、器官、身材、感觉、意向与激情；

他们吃着同样的食物，可被同样的武器伤害，患同样的疾病，被同样的药治好，气候变化时同样感到暖和与寒冷。

246 为了理解基本的心理学因素，并保护我们自己免受那些对审美哲学造成严重破坏的虚假心理学错误的影响，我们再重温一下前面提到过的基本原则：经验与机体同它的环境（一种既是物理的，也包括人类的环境）的相互作用有关，这种环境既包括传统的材料、机制，也包括直接环绕着它周围的事物。有机体通过自己本身的与获得的结构，负载着作为这种相互作用的一部分的力量。自我既接受也行动，并且，接受并非像打在惰性的蜡模上的印记，而是由有机体反应与回应的方式所决定的。没有什么经验之中人的贡献不是决定事物实际发生的因素。有机体是一种力量，而不是一种透明物。

由于每一个经验都是由“主体”与“客体”，由自我与世界的相互作用构成的，它本身就不可能仅仅是物理的，或仅仅是精神的，而不管一种因素或另一种因素占据多大的主导地位。那种由于内在成分起主导作用而被强调性称之为“精神性的”经验，直接的或相当间接的指向更为客观性的经验；它们是辨识的产物，因而只有在我们考虑到整体的正常经验，在其中内在的与外在的因素融合在一起，各自都失去了特殊的性质时，才能被理解。在一个经验中，在物质上与社会上属于世界的事物与事件通过它们进入了的人的环境而变化，而同时，活的生物通过与先前外在于它的事物的交流而得到改变与发展。

那么，这种关于一个经验的产生与结构的观念会成为标准，它将被用来阐释与判断在审美理论中起着关键作用的心理学观念。

我说“判断”，或批评，是因为这些观念中许多都源于有机体或环境的分离；这种分离被看成是天生的与原生的。经验被当作某种只是发生在自我、心理或意识内部的东西，某种自我独立的、只与它恰好被放进的客观景观维持外在关系的东西。那么，所有的心理状态与过程就不被想成是一个活的生物生活在它的自然环境中的
功能。当自我与其世界的关联分离之时，自我与世界的相互作用 247
的多种多样的方式之间也不再具有统一的联系。它们落入到感觉、感受、欲望、目的、认知、意志的分离的碎片之中。自我与世界通过受与做的相互作用而构成的内在联系；以及事实上所有的其分析都可以引入到心理学因素中的区分只是一个持续的——尽管是各式各样的——自我与环境的相互作用的不同方面与阶段，是对我们下面的讨论产生影响的两项主要考虑。

然而，在着手进行任何细致的讨论之前，我愿指出严格的心理学区分的历史起源。这些区分最初是在社会的成分和阶级之中所发现的差异的系统表述。柏拉图为这一事实提供了几乎是完美的例证。他直接从对当时公共生活的观察中发展出他对灵魂的三分法。他有意识地做出了许多心理学家在没有意识到其根源时所做出的分类——他们是根据在社会上可观察到的差别得出分类的，却认为是通过纯粹的反省而实现的。正像在社会中得到放大的表现一样，柏拉图在心灵中区分了感性的贪欲官能，这在商人阶级中得到了展现；“精神的”官能，即慷慨友善的冲动与意志，这来自公民-战士对法律与正确信念的忠诚，甚至为此而不惜牺牲个人；理性的官能，他在那些适合于制定法律的人身上找到这种官能。他发现，同样的区分在不同的族群中，在东方，在北方野蛮人，以及在

雅典的希腊人那里都存在。

在理智方面与感觉方面，情感与观念，人的本性的想象的与实际的阶段之间，并不存在内在的心理上的区分。但是，在个人，甚至由个人所组成的阶级之中，有人偏于执行而有人偏于反思；有人是梦想者或“唯心论者”，有人是行动者；有人是感觉主义者，有人是富有人道精神的人；有人是自我主义者，有人是无私的人；有人进行着老一套的身体活动，有人专门进行理智的探索。在一个组织得不好的社会中，这种区分就被夸大了。全面发展的男人与女
248 人倒成了例外。但是，正像形成统一，打破惯常的区分，达到潜藏着的经验世界的共同因素，同时发展作为观看与表现这些因素的方式的个性是艺术的功能一样，在个人身上调和差异，消除我们身上的孤独和各种成分间的冲突，利用它们间的对立以建立一个更为丰富的个性也是艺术的功能。因此，作为艺术理论的工具，高度分类化的心理学是极其不适用的。

有机体与世界分离所导致的极端例子，在审美哲学中并不少见。这种分离构成了那种认为审美的性质不属于作为对象的对象，而是由心灵投射到对象之上的观点的基础。这是将美定义为“客观化的快感”，而不是对于对象的快感的根源，从而，对象与快感存在于不可分割的整体经验之中。在其他的经验领域之中，自我与对象的初始划分不仅是合理的，而且是必要的。一位研究者必须经常尽其所能地在区分一个来自他自己的经验的不同部分，其中有些是暗示、假设，以及个人对某种结果的欲望的影响，有些则是所研究对象的性质。改进科学技术设施会有益于这种区分的

目的。偏执和褊狭的见解、欲望，将判断的本来倾向扭曲到这样的程度，以至于必须花很大的力气才能意识到：这些倾向可能被忽视了。

那些处理材料，做某件工作的人，也具有同样的责任。他们需要保持这样的态度，说“这属于我，而那是所涉及的对象所固有的”。否则的话，他们的心不会“在对象上”。* 喜欢大惊小怪的感伤主义者让自己的感情与愿望给那些他当作对象的东西涂上色彩。一种不可避免地会在思维与实际的计划和处置中成功的态度，成了一种根深蒂固的习惯。如果一个人不知道哲学家们用“主 249
体”与“客体”的术语来论述的差别的话，他甚至不能横穿一条繁忙而拥挤的街道。这种职业思想家(自然，他也是一位写作关于审美的论文的人)是一种永恒地为自我与世界的差异所纠缠的人。他在进行关于艺术的讨论时，带着一种得到强化了的偏见，而不幸的是，这是对审美理解最为致命的一种偏见。这是由于，审美经验的仅有而独特的特征正在于，没有自我与对象的区分存乎其间，说它是审美的，正是就有机体与环境相互合作以构成一种经验的程度而言的，在其中，两者各自消失，完全结合在一起。

一旦一个经验被认识到是对自我与对象的相互作用方式具有因果性依赖关系时，那种所谓的“投射”就不再具有神秘性了。当一片风景由于戴着黄色的眼镜或由于患黄疸病而被看成是黄色时，并不存在从自我向风景，像投掷炸弹一样，投射黄色。有机体

* 原文在这里用了一个成语 keep one’s eye on the ball，即棒球运动中眼睛盯着球，以便打击。——译者

的因素在与环境的因果性相互作用中产生风景的黄色，正像氢与氧相互作用而产生湿润的水一样。一位以精神疾病为素材的作家讲过教堂钟声明明奏的是一曲音乐，而一个人却抱怨说这是噪音的故事。检查发现，这是因为这个人的未婚妻背弃了他，嫁给了一位教士。这只是报复的“投射”。这不是由于某种物质性的东西奇迹般地从自我中挤压出来，射到物质性对象上去，而是由于钟声的**经验**依赖于一个有机体，而这个有机体在某种情境下由于一个因素的扭曲而**行动**异常。投射实际是一种转移了的价值的情况，这种“转移”是通过对一个存在物的有机参与而实现的。该存在物通过借助先前经验进行有机的修正而获得这样的状况，并使之像这样活动。

众所周知，当头朝下看时，一片风景的色彩会显得更加生动。物理位置的移动导致一种新的心理因素的注入，但是，它确实表示，某种有点不同的有机体在活动，而原因的不同注定会导致效果的不同。素描的指导者努力形成一种对眼睛最初的天真无邪性的
250 恢复。这就造成了成分分解的问题，而这在先前的经验中是如此紧密地联系在一起，从而产生一个经验，并起着与在一个二维平面上进行再现相反的作用。习惯于根据触觉来进行体验的有机体，不得不根据眼睛来尽可能地重新调整，以实现对空间关系的体验。通常与审美视觉有关的那种投射，涉及一种类似的为了追逐一些特殊的目的而造成的紧张的放松，从而使整个的个性也许会自由而没有扭曲和限制地相互作用，达到一种特殊的预想结果。艺术中对一种新形式在一开始所具有的敌意的反应，通常是由于不愿去从事某种必要的分解。

简言之，对所谓的投射产生的误解，完全在于没有看到自我、有机体、主体、心灵——不管用什么术语——指的是一种因素，它与环境中的事物因果性地相互作用，从而产生一个经验。同样错误的是，自我被看成是一个经验的承担或负载体，而不是一种像气产生水的例子那样，是被吸收进所产生物之中的因素。当需要对一个经验的形成与发展进行控制之时，我们必须将自我当作它的承担者；我们必须承认自我的因果效验，以保证具有一种责任感。但是，这种对自我的强调具有一种特殊的目的，而当对一具体的预定方向的控制需要不再存在之时，它就消失了。显然，它不存在于审美经验之中，尽管对于新遇见一种艺术的人，这也许是具有审美经验的准备。

像 I. A. 瑞恰慈这样智慧的人，也陷入谬误之中。他写道：“我们习惯于说一幅画是美的，而不是说它在我们心中引起一个以某些形式具有价值的经验。……当我们应说是它们（某些对象）在我们心中产生这种或那种效果之时，那种投射效果，并使之成为原因的一部分的谬误就出现了。”在这里，不是作为一幅图画（即审美经验的对象）的绘画“在我们心中”产生某种效果。作为一幅图画的绘画本身就是由外在原因与有机体方面的原因相互作用而产生的总体效果。外在的因果性因素来自光在画布颜料上由于不同反
射与折射而产生的颤动。它最终与物理科学的发现，即原子、电子 251
和质子有关。图画是它们与心灵通过有机体所贡献的东西相互作用产生的综合效果。它的“美”，我在这里同意瑞恰慈先生的观点，只是某种有价值的性质的简短表述，作为总体效果的内在部分，与其他属性一样从属于图画本身。

提到“在我们心中”同样也是一个来自总体经验的抽象，这与那种将图画分解为仅仅是分子与原子的集合是类似的。甚至愤怒与仇恨也部分地**由于**我们，而不是**在**我们**中**产生。这不是说我们是唯一的原因，而是说我们自己的构造成为起作用的因果性因素。确实，与现代艺术中个人经验的作用相比，直到文艺复兴为止的绝大多数艺术在我们看来都是非个人的，与经验世界的“普遍性”一面相关联的。也许直到19世纪为止，严格个人因素的恰当位置的**意识**都没有在造型与文学的艺术中起过任何重要的作用。“意识流”小说标志着变化着的经验过程中的一个确定的日期，绘画中的印象主义也是如此。每一门艺术的更长的过程是由重点的转移为标志的。我们已经面临着一种对非个人与抽象的反应。这些艺术中的变化与人类历史的大的节奏联系在一起。但是，甚至那些很少能作出个人变异的艺术——例如，12世纪的宗教画与雕塑——也不是机械的，因此它们也打上了个性的印记；并且，像普桑那样的17世纪古典主义绘画也反映了一种个人对内容与形式的偏爱，而最“个性化的”绘画也绝不背离客观景色的某些方面与阶段。

在我们可称之为个人与非个人、主体与客体、具体与抽象之间的**比例**中的变异，也许正是那导致审美理论与批评的心理学方面
252 走入迷途的原因。每一个时期的作家都趋向于取自己时代艺术的最高可能性作为所有艺术的正常心理基础。其结果是，过去时代与方式的、陌生的国度的、与现存趋势最为相似和最不相似的艺术，在被欣赏与被轻视之间摆动。一个以在其实际内容范围内变异的、自我与世界的恒定关系的理解为基础的天主教哲学将会使

欣赏变得更为宽泛，更具有共鸣性。我们可以不仅欣赏希腊的，也欣赏黑人的雕塑；不仅欣赏16世纪意大利画家的作品，也欣赏波斯人的绘画。

每当活的生物与他的环境的联系的纽带断裂之时，将自我的不同因素与方面连结在一道的东西也就不存在了。思想、情感、感觉、目的与冲动都各自分离，并被认为是我们的存在的不同分区。这是因为，他们的统一存在于它们与环境的施动与受动关系间所起的合作性作用之中。当统一于经验中的成分被分离之时，所导致的审美理论就必须是片面的。我可从流行的观点看，取其狭义理解的观照的概念，在美学中欣赏的是什么。初看上去，"观照"用来表达常常伴随着戏剧、诗歌与绘画的兴奋与激动的专注，似乎是一个非常不恰当的术语。专注地观察确实是包括审美在内的所有真正的知觉一个基本的因素。但是，怎样才能将这因素化简为只是观照行动呢？

就心理学理论而言，回答可在康德的《判断力批判》中找到。康德在这方面堪称大师，他首先作出了区分，然而就将之分隔为一些分支。这影响了以后的理论，赋予审美与其他经验方式的区分以一种所谓人性构成的科学基础。康德曾将知识归入我们的本性的一个部分，即与感觉材料相关的理解力的官能。他曾谨慎地表示，普通欲望行为以快感为对象，而道德行为则指向像对纯粹意志(Pure Will)依赖那样起作用的纯粹理性(Pure Reason)。[①] 在去除了真(Truth)与善(Good)之后，仍可为古典的三分中的美(Beauty)

① 大写字母对德国思想的影响从来没有得到很好的注意。

找到一个合适的位置。纯粹感觉(Pure Feeling)仍然存在,这里的
253 "纯"是取孤立和自我封闭的意思;这种感觉没有被任何欲望污染,严格说来是非经验的。因此,他想到了一种判断力的官能,它不是反思性,而是直觉性的,然而,又与纯粹理性的对象无关。这种官能是在观照中发挥作用的,而独特审美成分是伴随着这种观照的快感。因此,心理学之路被打通,指向远离所有欲望、行动与情感激动的"美"的象牙塔。

尽管康德的著作并没有提供他具有特殊的审美敏感性的证据,他的理论强调点却很可能反映出了18世纪的艺术倾向。一般说来,那个世纪,直到其结束为止,都是一个"理性"而不是"激情"的世纪,在那时,客观的秩序与规则,不变的因素,几乎是审美满足的仅有的源泉——在这种情况下产生了这样的思想,即观照性判断及与此相联的感受是审美经验的独特的特性。但是,如果我们将这种思想普遍化,将之扩展到艺术努力的所有时期,其荒谬性就很明显了。它不仅忽略了与艺术生产有关的做与造的过程(以及相应的在欣赏反映中的积极因素),仿佛它们与此无关,而且陷入一种极端片面的关于知觉性质的思想之中。它暗示出将知觉理解为仅仅属于认识活动,而只是对后者有所增益,将认识延长与扩展时所伴随着的快感包括进去。因此,这种理论对一个时代特别适用,这时,艺术的"再现"性质特别明显,而所再现题材具有"理性的"性质——存在的有规律的与周期性的成分与方面。

从最好处说,即作出一个自由的阐释,观照表示了知觉的一个方面,在其中对成分的寻求和思考服从于(尽管并不是缺席于)知觉过程的完善本身。然而,将审美知觉的情感因素仅仅定义为在

观照行动中所取得的愉悦，独立于所观照的特质产生的刺激之外，只能导致彻底的艺术观念的贫乏。将之推到其逻辑的结论，它将
从审美知觉中排除绝大多数的、在建筑结构、戏剧、小说中所欣赏 254
的题材，以及它们的所有伴随着的影响。

审美经验的特征，不是没有欲望和思想，而是它们彻底地结合到视觉经验之中，从而与那些特别“理智的”与“实际的”经验区分开来。所知觉对象的独特性对于研究者来说构成的是障碍而不是帮助。他只是在对象引导他的思想与观察到达某种它之外的东西之时，才对它感兴趣；对于他来说，对象是资料或证据。他的知觉也不是被为了它本身的原因而欣赏的欲望或胃口所支配；他对它的兴趣是由于一种他的知觉也许会导致的特殊动作；这是一个刺激，而不是一个知觉也许会满意地依靠的对象。审美知觉者在落日、教堂，或者一束花面前时心中不存有欲望，意思是，他的欲望在知觉本身中完成。他不想要为着某种其他目的的对象。

例如，在读济慈的《圣爱格尼斯之夜》之时，思维是积极的，但同时思维的要求得到了圆满的满足。期望与满足的节奏得到了内在的完成，读者并不将思想理解为分离的成分，与工人干活完全不一样。这种经验的标志是，比日常经验中所出现的具有更大的对所有心理因素的包容性，而不是将之约减为单一的反应。这种约减是一种贫乏。一个既统一又丰富的经验怎样会由一个排斥过程达到呢？一个发现自己与愤怒的公牛在一起的人只有一个欲望与思想：到达一块安全的地方。一旦他到了安全之处，他也许会欣赏野性力量的情景。他的那种对他当下行动的满足，而不是逃跑的努力，也许可被称为一种观照；但后一行动标志着许多模糊的积极

倾向的完成,并且所得到的快感不是来自观照的行动,而是来自这些存在于所知觉到的题材中的倾向的实现。比起逃脱的行动来,更多的形象与“思想”被包含进来;同时,如果情感意味着某种有意识的东西,而不仅仅是逃跑时所刺激的能量,就会有多得多的情感。

255 康德心理学的一个问题是,它假定所有的“快感”,都完全是由个人与私下的满足构成的,“观照”所带来的快感却被排除在外。每一个经验,包括最丰富与最理想的经验,都具有一种渴求的成分,一种向前推进的成分。只有当我们被日常事务弄得麻木不仁时,这种渴望才离开我们。注意力是在一种对这些因素的组织的基础上建构起来的。一种观照,如果它不是一种通过诸感官而在知觉中呈现的对材料的刺激性的、强化的形式的话,只是眼睛盯着事物发呆而已。

“感受”必然参与其内,它并不仅是知觉行动的外在事件。传统的心理学将感受放在第一位,而将冲动放在第二位,这将实际的情况弄颠倒了。我们在意识中经验到颜色,是因为看的冲动在起作用;我们听到声音是因为我们对倾听感到满意。运动与感觉结构形成了一个单一的机制,并具有一个单一的功能。由于生命就是活动,每当活动受阻时,就会出现欲望。一幅画令人满意,是因为景色比日常围绕着我们的绝大多数事物具有更完满的光与色,从而满足了我们的需要。在艺术的王国中,与在正义的王国中一样,谁饥渴,谁就可以进入。在审美对象中,强烈的感性性质占据着主导地位,这本身,从心理学上说,就证明了欲望的存在。

渴求、欲望、需要,只有通过外在于有机体的材料才能得到满足。冬眠的熊不能无限制地依照自身的物质而活着。我的需要吞食着环境，开始是盲目的，后者就有了有意识的兴趣与注意力。要得到满足，他们必须从周围的事物中截取能量，并将之吸收。所谓有机体的过剩精力只能增加不安，除非它们从某客体中得到滋养。本能的需要会为了它的释放而急不可耐（正像如果蜘蛛织网时受到干扰，会不断织下去，直到死为止），而获得了自我意识的冲动，会等待积累、合并与消化具有亲和性的客体材料。[①]

因此，知觉在最低级、最模糊之时就处于只有本能的需要在起作用的层次上。本能由于其过于直接而不能关注周围的关系。然 256
而，在随后转换为有意识的对亲和物质的要求之时，本能的需要与反应服务于双重的目的。许多我们没有清楚意识到的冲动为意识的焦点提供了中心与范围。更为重要的是，原始需要是与对象依附关系的根源。当对于对象及其性质的关心导致有机体产生依赖于意识的要求时，知觉就诞生了。如果我们以艺术作品的生产，而不是以一种先入为主的心理学为基础来进行判断，那么，除非艺术家是一个没有审美经验的人，将需要、欲望、感情与行动一道排除在审美经验之外的做法的荒谬性是显而易见的。知觉为自身目的而出现标志着我们心理存在的所有成分的完全实现。

当然，这也解释了作为许多审美欣赏的特征的沉静与镇定。就光仅仅刺激眼睛而言，对它的经验是单薄与贫乏的。当转动眼睛与头的倾向被吸收进大量的其他冲动之中，并与它们一道共同成为一个单一行动的成分时，所有的冲动就处于一种平衡的状态。然而，知觉而不是某种特别的反应就出现了，而所知觉到的东西被

① 读者会注意到，我在这里所说的内容在“表现性艺术”中用不同的术语谈到过。

充实进了价值。

这种状态可被描述成一种观照。它不是实际的，如果“实际”是指为着知觉之外的特别而专门化的目的，或者为着某种外在的结果的话。[①] 在后一种情况下，知觉不是为着自身的目的而存在，而是局限于一种为了外在的考虑而进行的认识。但是，这一对“实际”的观念是对它的含义限制。艺术不仅自身是一种做与造的活动——正像诗(poetry)这个词的希腊文原文 *poiesis* 所表示的那样——而且，我们看到，审美知觉要求一种有组织的活动整体，包括完全的知觉所需要的动力成分。

当然，与“观照”这个术语联系在一起的联想所引起的主要异
257 议在于它仿佛对激情式的情感持超然态度。我曾说过在知觉行动中所发现的冲动的内在平衡。但是，甚至“平衡”一词也可导致错误的观念。它也许会表示一种平稳状态，它是如此的沉静与镇定，以致将一个具有吸引力的对象所引起的兴奋排除在外。实际上，它仅仅表示不同的冲动相互刺激，相互加强，从而排除了那种导致背离情感化知觉的公开的行动。从心理学上讲，如果没有一种情感或感情最终构成了经验的统一的话，那么，深层的需要就不会被激活，并在知觉中得到实现。并且，正像我在别的地方曾指出过的那样，所激起的情感参与了被知觉到的题材，从而，由于它依附于题材通向其完满的运动而与朴素的情感区分开来。将审美的情感局限于伴随着观照行动的快感，就是将它的所有最独特的特征排除在外。

济慈的一段话很值得我们在此引用，尽管其中的一部分我已

① 请参照本书第 197 页所讲到的外在手段与媒介之间的区别。

在前面引用过了："至于诗的性质自身……它不是自身——它没有自身。它是一切，也什么都不是——它享有光与影；它活在个人趣味之中，不管这种趣味是洁净还是污秽，高雅还是低俗，丰富还是贫瘠，低劣还是高尚。在构思一个伊阿古与一个伊摩琴时，同样令人高兴。[*] 使有道德的哲学家感到震惊的人与事，却使反复无常的诗人兴奋不已。并非对事物的阴暗面感兴趣，就比对事物的光明面感到津津有味更有害，原因在于两者都以思辨为结果[想象性知觉]。一位诗人在存在之中是最不具有诗意的，因为他没有身份——他不断地处于、为了，并充实其他人身体。……当我与其他人处于一间房间里时，如果我们能摆脱对我们自身脑髓的创造的思考的话，那么，我在回家时就不是回到自身，房间里的每一个人的身份都开始对我构成压迫，因此我短暂地消失了——不仅是从人群中消失；同样的情况发生在照顾孩子的保姆身上。"

近年来的审美理论谈了很多的那种无利害、超然与"心理距离"的思想，也要以与观照同样的方式来理解。"无利害性"并不表示无兴趣性。但是，它可被用来以一种迂回的方式表示，并没有一种专门化的兴趣占据着主导地位。[**] "超然"是对某种极具正面性 258

* 伊阿古与伊摩琴都是莎士比亚戏剧中的人物。伊阿古是《奥瑟罗》中的一个典型恶棍，而伊摩琴是《辛柏林》中的一个坚贞的女性形象。——译者

** 这里将 interest 一词或词根分别依据不同的上下文，按照过去翻译习惯译为"利害"或"兴趣"，特别是"审美无利害"，由于康德著作的中译而形成了一个现成而固定的译法。在中文中，"利害"表示对象的性质与主体在物质上的关系，而兴趣表示对象的性质与主体的精神状态所形成的联系，这里的表述，显然不鼓励在这两者之间作明确区分。另外，这里的"无利害性"(disinterestedness)与"无兴趣性"(uninterestedness)之间还包含着另一个重要的区别，前者表示去除一种特别的"利害"或"兴趣"，而后者表示没有"利害"或"兴趣"。——译者

的事物的否定性的名称。并不存在自我的隔绝,没有将之分隔开,而是存在着参与的完满性。甚至“依附”一词也不能完整地传达正确的思想,因为它表示,自我与审美对象,尽管紧密地联系在一起,但却继续保持着各自的存在。这种参与极其彻底,从而使艺术作品超出或割断了那种当我们去消费或者在物质上利用一物时所起作用的专门化的欲望。

“心理距离”这个短语被用来表示大体相同的事实。人对愤怒的公牛的景象的欣赏,很适合用来描述这一事实。这个人并没有直接进入到现场之中。他没有被激动到要超出知觉本身的范围,而做出一种具体而特殊的行动。距离这个名称表示一种亲密而平稳的参与,一种对知觉的彻底沉湎,没有特别的冲动性行动能使一个人退缩。一个欣赏海上风暴的人将他的冲动与奔腾的大海、怒吼的狂风、颠簸的船只戏剧性场景融为一体。“狄德罗的悖论”表示了类似的情况。台上的演员本身并非冷静而不动心,他在实际上处于所演人物的场景中时,那种占据着主导地位的冲动通过与属于他作为艺术家所具有的兴趣的合作而实现了转化。无利害、超然、心理距离,这些都表现了适用于生糙的原始欲望与冲动的思想,而与艺术地组织起来的经验无关。

“理性主义”的艺术哲学所暗示的心理学观念都与一种固定的感性与理性的分离联系在一起。艺术作品显然是感性的,但却包含着丰富的意义,从而具有取消分离,通过对世界的逻辑结构的感觉而得以体现的特征。按照这种理论,除了美的艺术之外,感觉一般说来隐藏与扭曲了理性内容,而这才是外表背后的真实——感性知觉被限制在此之外。通过艺术,想象在使用其材料时对感觉

作出了让步，然而又利用感觉表示处于其后面的思想的真。因此，艺术以某种方式拥有理性内容的蛋糕而又拥有吃这块蛋糕时的感性的快乐。

但实际上，对感性的性质与概念性的意义所作的区分，并非一 259
种基本的，而是衍生性与方法性的区分。当一种情况被解释是一个，或包含一个问题时，我们一方面确定了通过知觉所提供的事实，另一方面确定了这些事实所可能具有的意义。区分是一种必要的思辨的工具。将某些题材的成分区分为理性的，而另一些区分为感性的，总是具有中间性与过渡性。它的功能将最终导致一种知觉经验，在其中这些区分被克服——曾是观念的东西成为材料经由感觉的中介而获得的固有的意义。甚至科学的观念，也不得不包含其在感觉-知觉中的体现，以便不仅仅只是作为思想而被人们接受。

所有观察到的，即没有通过反思而认出的对象（尽管这种认识可产生进一步的反思），展示了一种在单一而稳固的结构中感觉性质与意义综合成的整体。我们用眼睛认识到海的绿色属于海，而不属于眼睛，并且这在性质上不同于一片叶的绿色；认识到岩石的灰色在性质上不同于在岩石上长出的苔衣。在所有为了知道它们是什么而知觉，而不需要思辨性考察的对象之中，性质就是它所意味的东西，即它所属的对象。艺术具有加强和集中这种性质与意义，并使两者都更为生动的功能。它不是取消感觉与意义之间的区分（声称要在心理学上合乎规范），而是通过找到与所有表现的东西构成最完全融合的、严格的性质上的媒介，以一种强调的与完善的方式表示了一种成为许多其他经验的特征的联合。前面所说

的，涉及两个因素间的不同的比例的话，在这里是适用的。不仅单个的艺术作品，而且在整个的艺术时期之中，会有与其他的因素相比，一个因素占据着主导地位的情况。但是，只要产生的结果是艺术，就总会产生综合。在印象主义的绘画中，一种直接的性质占据着主导地位。在塞尚的画中，关系、意义，及其不可避免的朝向抽象的倾向，占据着主导地位。然而，当塞尚在审美上成功时，作品就完全是根据质的与感性的媒介而完成的。

260 普通的经验常常受到冷漠、疲乏与陈词滥调的感染。我们既没有受到来自感觉的性质，也没有受到来自思想的事物之意义的影响。"世界"对我们来说作为负担与娱乐都是不能忍受的。我们不能足够地活跃，以感受感觉的气味，也不能够被思想所感动。我们或者被周围的环境所压倒，或者对它们表示冷淡。将此当作正常的经验来接受，是那种艺术取消了日常经验固有结构中所具有的区分的说法被接受的主要原因。如果不是日常经验的压抑与单调，梦与幻想的王国就不会具有吸引力。情感被完全而持久地压抑的情况是不可能存在的。由于厌恶那不能适应的环境强加给我们的对事物的沉闷与漠不关心，情感就退缩而求助于幻想的事物。这些事物来自于一种冲动性的，不能在通常生存活动中发泄的能量。在这种情况下，一般大众很有可能诉诸音乐、戏剧，以及小说，以便更容易地进入一个自由浮动着的情感的王国。但是，这一事实并非哲学理论断言存在着感觉与理性，欲望与知觉之间内在的心理学区分的根据。

然而，当理论根据那种促使许多人在纯粹幻想物中寻找安慰

与刺激的情况来构成其经验的观念时，“实际的”思想不可避免地被放在那被当作是艺术作品性质的对立面。许多流行的美的与有用的对象的对立——这是最常见的对立——源于经济制度的一些错位。庙宇是有用处的；其中的绘画也有用处；许多欧洲城市中的美丽的市政厅被用来进行一些公众的活动，更不用说那些我们称为野蛮人和乡下人所造的各种各样的东西，它们不仅供吃穿住行之用，而且给人以视觉和触觉上的享受。墨西哥陶工所做的供家用的最普通最便宜的盘子和碗，也具有其自身的、超凡脱俗的魅力。

然而，人们满足于一种在用于实际目的与有助于直接经验的强烈性和统一性的对象之间的心理学上的对立。这些人主张，流
畅的实践行动与生动的审美经验意识之间的对立存在于我们的存 261
在结构本身之中。据说，物品的生产与使用涉及生产者与使用者行动的流畅，即尽可能具有机械性和自动性，而艺术品的强烈而有活力的意识依赖于存在于这种行动中的抵抗力的存在。[①] 对于这后一个事实，我没有什么疑问。

据说，“器具只有通过某种仪式性努力，或者当从某个遥远的时代或国家引进，才成为升华了的意识的源泉，因为我们从一个器具平稳地转移到一个为它所设计的行动之中。”至于器具的生产者，所有时代、所有地方的如此之多的工匠发现并花时间促使他们的产品在审美上令人愉快，对于我来说，是一个充分的回答。我看

① 美的艺术与实用的艺术之间的区分，具有许多支持者。这里所引用的关于心理学的观点，来自伊斯曼（Max Eastman，1883—1969，美国左翼激进派作家）的《文学之心》，第205—206页。至于审美经验的性质，我很高兴发现我的观点与他很接近。

不出怎样才能有更好的证据证明，在其中进行着生产的流行的社会条件，而不是事物性质中固有的某种东西，成为器具具有艺术的与非艺术的性质的决定因素。就一个人使用器具而言，我看不出为什么一个人在用杯子喝水时就一定不能欣赏杯子的形状以及它所使用的材料的精巧。并非每一个人在飞速解决吃喝需要时，要服从某种必要的心理学规律。

正像在今天的工业条件下，许多技工放下手中的活，欣赏他的劳动果实，歇一歇，满足于它的形状与质地，而不仅仅以实际目的为标准考察它的效率，并且，正像许多衣服与帽子的制造者在投入工作时更看重的是对它的审美性质的欣赏一样，那些没有完全被经济压力所压倒的人，那些没有完全向高速的工业生产线所形成的习惯投降的人，会有着一种对使用器具的过程本身的生动意识。我想，我们都听过一些人炫耀他们汽车的美和开车操作时具有的
262 审美性质，尽管这些人比起那些炫耀在单位时间里所走的里程的人来，在数量上要少一些。

分区化的心理学坚持在完整的知觉经验之中具有一种内在的区分，这本身是一种对生产与消费或使用产生深刻影响的、占据着统治地位的社会体制的反映。工人在与今天不同的生产条件下生产时，他自身的冲动倾向于在向创造有用的物体发展，该物体满足了他工作时经验的冲动。那种认为喜爱通过完全平稳的精神上的自主性，以实现机械性有效处理，同时以牺牲对于对象的迅速意识为代价，这在心理学结构中根深蒂固，而对于我来说，这是荒谬的。并且，如果我们的环境，就其由有用的对象构成而言，是通过其本身对升华了的关于视觉与触觉的意识起作用的事物组成的，我不

认为任何人会觉得有用的行动起着麻醉作用。

对这种思想的充分的拒斥是由艺术家本身的行动所提供的。如果一位画家或雕塑家拥有一个经验，在其中动作不是自动的，而是染上了情感与想象的色彩，这就在事实上证明，动作纯熟就排除了升华了的意识必须具有抵制和阻滞成分的观点是不正确的。也许存在着这样一个时期，科学研究者静静地坐在椅子上沉思默想出科学。现在，他的动作发生在一个被意味深长地称之为实验室的地方。如果一位教师的动作纯熟，从而排除了对他在做的事的情感上与想象中的知觉，他只能当一个木讷而敷衍塞责的教书匠。同样的道理对任何专业人士，如律师或医士，都适用。不仅这些动作显示出所提出的心理学原理的虚假性，而且它们的经验常常显然在性质上成为审美的。一次充满着技巧的外科手术的美，不仅被旁观者，而且被做手术者感到。

通俗心理学与许多所谓的科学心理学受到了心灵与肉体相分离的思想的非常深刻的影响。这种它们间相分离的观念不可避免
地导致一种“心灵”与“实践”的二元论，因为后者要通过肉体而起 263
作用。这种分离的思想，至少是部分地来自于这样的事实，即在特定时间中，心灵在很大程度上远离动作。这种分离一旦形成，确实会证实那种理论，即心灵、灵魂，与精神能够存在，并进行活动，而不需要有机体与其周围环境的相互作用。传统的闲暇观念深受与繁重的体力劳动性质相对照的思想的影响。

因此，我感到，“心灵”(mind)一词的一些习惯用法，要比它作为技术性术语的用法在科学上与哲学上更真正接近实际事实。在它的非技术性用法中，“心灵”表示对事物的各种各样和多种多样的兴趣和关注：实践的、理智的、情感的。这绝不表示任何独立自足的、与世界隔绝的人与事，而在使用时总是与一定的情境、事件、对象、个人与群体有关。请考虑一下它的包容性。它表示记忆。我们记起（remind，在心灵中再现）了此或彼。心灵还表示注意。我们不仅将事物放在心上，而且还用心对待我们面临的问题和困惑。心灵也表示目的。我们有心做这件事或那件事。心灵在这些活动中并非纯粹是理智的。母亲关注她的孩子；她充满着情感地照顾孩子。心灵所表示的关爱可具有关切与焦虑的含义，也可表示积极地寻找需要照看的事物；我们留心脚下，留心行动的路线，不仅在思想上，而且在情感上也是如此。从注意行动到注意对象，心灵逐渐具有了服从的意思——孩子被教导要留心并听从（mind）父母的话。简言之，“留心”（mind）表示理智的活动，去**注意**某事物；表示感受性的活动，关心与喜爱，以及意志性的、实践的、有目的的行动。[*]

“心灵”（mind）的意思来自“留心”，是一个动词。它表示我们有意识而清楚地对待我们在其中发现自我的情境。不幸的是，一种有影响的思维方式将行动的方式转变为一种这里所说的活动的潜在实质。它将心灵当作一种独立地进行参与、打算、关爱、注意和记忆的实体。这种从环境的反应方式向由此而发出行动的实体的
264 转变是不幸的，因为它将心灵从必要的与过去、现在和将来的对

* 这一小节讲英文 mind 一词的各种习惯用法。由于汉语中没有与 mind 在各义项和各种习惯用法以及在成语中的用法上都完全等同的词，故这里只好分别译为“心灵”、“心”、“记起”、“留心”等等，请读者留意。——译者

象与事件中，从与反应性活动有着内在联系的环境中去除了。那种与环境仅仅有着偶然关系的心灵，与身体也有着类似的关系。在将心灵变得纯粹非物质化之时（从做与受的器官中孤立出来），身体不再是活着的，而是一块死的东西。这种将心灵看成是孤立的存在物的观念，成为那种审美经验仅仅是某种“存在于心灵中”的东西的观念的基础，并且加强了那种将审美从那种经验方式（在其中身体积极的参与自然与生命的事物）孤立开来的观念。它将艺术从活的生物的领域抽取了出来。

“实质性的”（substantial）这个词在习惯用法中，与形而上学意义上的物质（substance）不同，存在着某种心灵的实质性。在做的结果被经受时，自我就得到了修正。这种修正不仅指学会更多的技能与技术。态度与兴趣被建立起来，在其中体现着某种所做与所经受的事情的意义的积淀。这些所投入与保存的意义成为自我的一部分。他们构成了资本，自我以此而关注、关心、注意、企图。在这种实质性的意义上，心灵构成了背景，在此之上，每一次与周围环境的接触都是投射；然而，“背景”这个词太消极了，我们必须记住，它是积极的，并且，在将新的东西投射到它上面之时，存在着背景与所吸收和消化的东西双方的同化与重构。

这一积极而渴求的背景等待与接触所有被它碰上的东西，并将之吸收到它自身的存在之中。作为背景，心灵是由对自我的修正形成的，而自我又是在先前与环境的相互作用过程中出现的。它意在向进一步的相互作用的发展。由于它在与世界的交流中形成，而且与世界构成相对的关系，没有什么比那些将之看成是自满

自足、自我封闭的思想离开真理更远了。当它的活动像在沉思默
265 想之中那样转向其自身之时，它只是在考虑与回顾从世界中所收集到的材料之时从世界的直接场景中撤回而已。

不同种类的心灵是以不同的，促使从周围世界中聚集与组合材料的兴趣来命名的：科学的、行政的、艺术的与商业的心灵。在其中，存在着优先的选择、保留与组织的方式。艺术家的天生素质表现为对形形色色的自然与人的世界中某些方面特别敏感，并具有通过以所喜爱的媒介表现的冲动来再造它。这些内在固有的冲动在与特殊的经验背景融合时，就成为心灵。这个背景的绝大部分是由传统构成的。尽管直接的接触与观察是不可缺少的，但仅仅有这一点还不够。如果不具有关于艺术家在其中活动的关于艺术传统的广泛而多样的经验的知识，甚至具有独特气质的作品，也会相对单薄，并看上去奇怪。否则的话，直接的场景所进入的背景的组织就不可能显得坚实而有效。这是因为，每一个伟大的传统本身都具有一个有组织的视觉习惯，一个有组织的整理与传达材料的方法的习惯。在这个习惯进入到本身的气质与构造之中时，它成为一位艺术家心灵的基本成分。因此，对于自然的某些方面的特殊敏感，就发展成为一种力量。

艺术的“流派”在雕塑、建筑与绘画中，比在文学中表现得更为明显。但是，没有一位伟大的文学家没有从戏剧、诗歌，以及才气横溢的散文大师的作品中汲取营养。这种对传统的依赖并不只限于艺术。科学研究家、哲学家、技术专家也从文化之流中汲取内容。这种依赖是独创性视觉与创造性表现的基本因素。学院派摹仿者的问题不在于依赖传统，而在于传统没有进入到他的心灵之

中，进入到他自己的观看与制作方式的结构之中。这些传统仍浮在表面，成为技术诀窍或外在的对怎样才能做得合适的建议与惯例。

心灵并不只是意识，因为它尽管也在改变，却是持久的背景，
而意识只是其前景而已。心灵通过兴趣与环境的共同教导而缓慢 266
地改变。意识总是处在迅速变化之中，它是已形成的性格倾向与当下的情境接触与相互作用之处的标志。它是自我与世界在经验中持续的适应。“意识”随着所要求的调整程度增大变得更为剧烈和强烈，当接触变成无摩擦交互流动时就接近于零。在没有明确方向的情况下意义经历重构时，意识就变得混浊，而当确定的意义出现时，意识就变得清朗。

“直觉”是旧与新的相会，在其中相关的每种意识形式的调整是通过迅速而出乎意料的和谐的突然作用的结果，这种闪现出的和谐就像启示的闪光一样；尽管在实际上，这是长期而缓慢地培育准备的结果。这种旧与新、前景与背景的联合，常常只有通过努力，也许是长期而痛苦的努力才能实现。无论如何，仅仅组织起来的意义的背景本身就能够将来自晦暗状态的新的情境变得清楚与明白。当旧与新碰到一道时，就像电磁极被调整出现火花一样，直觉就产生了。因此，直觉既不是领会理性真理的纯理智的行动，也不是克罗齐式对其自身的意象和状态的精神上的把握。

由于兴趣是选择与组合材料的动力，心灵的产物具有个性特征，就像机械的产物具有统一性的特征一样。再多的技术上的技能与技巧也不能取代生命的兴趣；“灵感”如果没有兴趣的话，就是短暂而无用的。一个猥琐而凌乱的心灵做成事情就像在艺术中和

其他地方丧失自身一样，因为这个心灵缺乏兴趣所具有的推动力与集中的能量。当标准是从技术发明的领域转移过来之时，艺术作品由鉴赏力的展示来衡量。以纯粹的灵感为基础对它们的判断，忽视了一种总是在表面之下起作用的兴趣。知觉者与创造者一样，需要一种丰富而发展了的背景，它除了兴趣的持续滋养以外，不管是在诗歌领域里的绘画，还是音乐中，都不能实现。

我在前面没有谈到想象。“想象”像“美”一样，具有成为关于
267 热情而无知的审美写作主题的可疑的荣耀。比起人的贡献的其他方面来说，它也许被当作一种特殊而自足的官能，以其拥有神秘的潜力而与其他官能不同。然而，如果我们从艺术作品创造的性质来评价，它表示了一种弥漫在制作与观察的全部过程之中，使之充满生机的性质。它是一种观看与感受事物，仿佛它们构成一种综合整体的**方式**。它是巨大而普遍的心灵与世界接触之时兴趣的混合。当老的与熟悉的事物在经验中翻新时，就有了想象。当新的被创造之时，遥远而奇特的东西成了世界中最自然而不可避免的东西。在心灵与宇宙相会之时，总是存在着某种程度上的探险，而这种探险就在此程度上成为想象。

柯尔律治使用“融为一体”(esemplastic)这个术语来表示艺术想象作用的特征。如果我的理解不错的话，他指的是将各种成分，不管它们在普通的经验中是多么的不同，结合成一个新的、完全统一的经验。他说：“诗人将一种统一的语调和精神扩展开来，(仿佛是)将灵魂的各种官能融合在一起，按照相对的地位与价值而相互从属，我将这种综合而神奇的力量专门称之为想象。”柯尔律治使

用了他那一代人的哲学词汇。他将官能说成是融合而成的，而将想象说成是另一种将它们拉到一道的力量。

但是，一个人可以忽视他的语气方式，而在他所说的事中找到一种暗示，不是说想象是一种做某些事的力量，而是说，一种想象的经验是在各种各样的感性材料、情感与意义集合到一起，成为一个标志了世界新生的联合时发生的。我并不宣称对柯尔律治在想象与幻想之间作出区分的意义有准确的理解。但是，前面所表示的那种经验与那种就像一个超自然的幽灵所做的那样，故意穿上异乎寻常的袍子，从而给熟悉的经验以奇特的伪装之间的差异，无疑是存在的。在这种情况下，心灵与材料并不直接相会和相互渗透。心灵的绝大部分都保持超然的状态，它玩弄材料，而不是大胆 268
地把握它。材料变得太微不足道，以至于不能唤起体现了价值与意义的能量的完全配置；它没有提供足够的抵抗，因此心灵可以任意地玩弄它。最多，幻想被局限于文学之中，在那里，想象力很容易变成虚构。人们只要想一想绘画——更不用说建筑——就可发现它与理想中的艺术离得是多么遥远。可能性只在艺术作品之中，而不在其他地方体现；这种**体现**是想象的真正性质能够被发现的最好的证据。

一个艺术家们自身经历的冲突对理解想象性经验的本性具有启示性。这种冲突被人们以多种方式阐释。其中的一种是宣布它与内在和外在视觉的对立有关。存在着这样一个阶段，其中内在的视觉似乎比任何外在的展现更为丰富与精美。它具有一个巨大而诱人的暗示气氛，这是外在的视觉对象所没有的。它似乎把握了比后者所传达的要多得多的东西。然而，这导致了一种反弹；内

在视觉的内容与所呈现景观的坚实性与能量相比，就显得像幽灵一样虚幻。对象使人感到是更为简洁而有力地说了那些内在视觉，不是有机的，而是以弥散的感觉模糊地表述了的东西。艺术家受到驱使谦卑地服从于客观视觉的规定。但是，内在的视觉并没有被抛弃。它仍作为控制外在视觉的器官而存在，并且它在外在视觉被吸收进来时，显现出自身的结构。这两种视觉的相互作用就成了想象；当想象获得形式之时，艺术作品就诞生了。哲学上的思想者也是如此。有这样的时刻，他感到他的思想与理想比任何现存的一切都更精美。但是，他发现，如果他的思辨要具有实体、分量和视角的话，就不得不回到对象。然而，他在屈服于客观的材料之时，并非放弃他的视觉；只是作为对象的对象并不能为他所关注。它被置放在了思想语境之中，并且由于这样的置放，思想语境获得了坚实性，并参与到了对象的性质之中。

269 被谦虚地称之为思想的东西的系列成了机械性的。它们很容易被理解，太容易了。不仅明显的行动，而且观察也服从于惰性，走着一条阻力最小的路。一个群体是由习惯于以某种方式观察与思考的人组成的。这与回忆某种熟悉的东西相似。出乎意料的转折就会激起恼怒，而不是增加经验的刺激性。语词特别服从于这种通向自动性的倾向。如果它们的几乎机械的结果不是过于平淡的话，一位作家获得表述清楚的名声，是由于他所表达的意义非常熟悉，不要求读者进行思考。在任何艺术门类中，其结果都会导致学院派与折中派。想象性的独特性质只有在与狭义的被动适应构成对立时，才能获得最好的理解。时间对想象与虚构的区分是一个考验。后者消失的原因在于它是主观武断的。想象保存了下来

的原因在于，尽管它在一开始使我们感到奇特，最终会由于它符合事物的本性而为我们所熟悉。

不仅美的艺术，而且科学与哲学的历史，都记载了这样的事实：想象性作品在一开始受到公众的谴责的程度与它的范围和深度成正比。先知们先是被石头砸死（至少在比喻意义上），而后来，人们又为他们建纪念碑，这种情况并非只是在宗教中才出现。关于绘画，康斯太布尔以一种几乎是过分的节制陈述了一个普遍的事实："在艺术中，存在着两种人们进行区分的方式。一种是通过小心地运用其他人已实现的，艺术家摹仿他们的作品，或者选择与综合这些作品的不同的美；另一种是他从原初的自然中寻找其优秀之处。在第一种情况下，他形成了一种研究图画的风格，并且生产摹仿或折中的艺术；在第二种情况下，通过对自然的密切观察，他发现存在于自然中、过去从来没有被描绘过的性质，并因此而形成一种独创的风格。一种方式的结果，由于它们是重复眼睛已经熟悉的东西，会很快被认出和评价，而艺术家在一条新的路上前进的话，必然会很慢，因为很少有人能评价哪一个背离了通常的路线，或者有资格判断独创性研究。"[1]这是一个习惯的惰性与想象 270
性的对照；那是寻求与欢迎知觉中新的东西，但也耐受着自然的可能性。艺术中的"启示"加速了经验的膨胀。哲学据说是始于惊奇而终于理解。艺术开始于所理解的东西，而最终达到惊奇。在到达这个结局时，艺术中人的贡献也是人身上受到鼓舞的自然的作品。

① 很可能康斯太布尔这里是在一个有点带局限性的意义上来使用"自然"一词，这与他作为一个风景画家的兴趣相一致。但是，当"自然"一词扩大到包括存在的所有阶段、方面和结构时，第一手的经验与第二手的、摹仿性经验的差异仍然存在。

任何将人从环境中孤立开来的心理学，也使他与同伴隔绝开来，除了保留外在的接触之外。然而，个人的欲望是在人的环境影响下形成的。他的思想与信仰的材料来自与他生活在一道的人。如果不是那成为他的心灵一部分的传统，不是那渗透到他的外在行动之下，进入到他的目的与满足之中的体制，他就会比田野中的野兽还要可怜。经验的表现是公共与交流性的，因为所表现的经验是处于所构成的生与死的经验影响之下。交流不必是艺术家有深思熟虑的意图的一部分，尽管他绝不能逃脱对潜在观众的考虑。但是，交流的功能与结果会对交流本身产生影响，这不是由外在的偶然事件，而是来自他与其他人所共有的本性。

表现打破了将人与人隔开的障碍。由于艺术是最普遍的语言形式，由于它由公众世界中普通的性质构成，甚至非文学的艺术也是如此，因而它是最普遍而最自由的交流形式。每一个强烈的友谊与感情的经验都艺术地完成自身。由艺术品所产生的共享感可以带上一种明确的宗教性质。人与人相互的联合是从古到今人们
271 纪念出生、死亡与婚姻的仪式的源泉。艺术是仪式与典礼的力量的延长，这些仪式与典礼通过一种共享的庆典，将人们与所有生活的事件与景观结合起来。这一功能是艺术的回报与印记。艺术也使人们意识到他们在起源与命运上的相互联合。

第十二章 对哲学的挑战 272

审美经验是想象性的。这一事实，与一种虚假的关于想象性质的观念联系在一起，掩盖了一个更大的事实，即所有有意识的经验都必然在某种程度上具有想象性。这是因为，尽管每一个经验之根都可在一活的生物与其环境的相互作用之中找到，经验成为有意识的，成为与知觉有关，却有待于那源于先前经验的意义进入到经验之中。想象是仅有的大门，通过它这些意义能够进入到当下的相互作用之中；或者，正像我们所见到的那样，新与旧在意识中的调适就是想象。生命体与环境的相互作用可以在植物与动物的生命中发现。但是，只有在此时此地所给予的是来自事实上缺席而仅仅在想象中呈现的东西的意识与价值之时，所提供的经验才是人性的和有意识的。[①]

在此时此地直接的相互作用与过去的相互作用之间，总是存在着一条鸿沟。过去积累的结果构成了意义，我们以此掌握与理解现在发生的事物。由于这条鸿沟，所有有意识的知觉都会遇到风险；它是对未知的一个冒险，因为它将现在吸收到过去之中，并

---

① “心灵表示一个完整的意义体系，而这些意义体现在有机体生命的运作之中。……心灵是持久的发光体；而意识只是间歇的，是一系列具有不同强度的闪烁而已。”《经验与自然》，第 303 页。

导致某种对过去的重构。如果过去与现在严格地相互适应，如果只存在着重现，只存在完全一致，所导致的经验就是常规与机械性的；它不会出现在知觉意识之中。习惯的惰性在此时此地抑制了经验对意义的适应，没有它就没有作为经验的想象阶段的意识。

273 心灵是有组织之意义的集合，通过它当下的事件形成对我们的价值。它并非总是进入到此时此地发生着的活动与经历之中。有时，它受到迷惑与阻碍。这时，由当下的接触而激起活动的意义之流就保持超然的状态。然后，它形成了幻想与梦一类的东西；思想在漂浮，没有作为它的特性与它所拥有的意义而停靠在任何存在之上。同样松散而漂浮的情感也附着在这些思想之上。它们所提供的快乐是为什么它们被欣赏和被允许存在于心中的理由；它们只以一种方式获得其存在，即只要人的心智健全，就会将它们当作只是幻想而非真实来感觉。

然而，在每一件艺术作品中，这些意义实际体现在某种材料之中，该材料因此成为意义表现的媒介。这一事实构成了所有无疑是审美的经验的独特性。它的想象性占据着主导地位，因为比它们所依附的此时此地的特殊事物更广与更深的意义与价值是通过表现来实现的，尽管不是通过一个与其他对象相比在物质上有效的对象。没有想象的干预，甚至实用的对象也不能生产出来。人们在对某些现存的材料知觉时借助了直到蒸汽机发明才被理解的关系与可能性。但是，当所想象的可能性体现在一个新的自然材料的集合之中时，蒸汽机就在自然中占据了它的位置，就像一个对象具有与属于任何其他的物质对象一样的物理效果一样。蒸汽起了物质的作用，并产生了所有在确定的物理条件下气体膨胀所伴

随的后果。唯一的区别在于它在其中起作用的条件是由人的发明所安排的。

然而，艺术作品与机器不同，不仅是想象的结果，而且在想象性的而非物质存在的领域中起着作用。它所做的是集中与扩大一种直接的经验。换句话说，所形成的审美经验的质料直接地表现那想象性地唤起的意义；它不是像材料在一种机器中被引入到一种新关系之中，仅仅提供手段，通过它，对象存在之上与之外的意图可以得到处理。想象性地被召唤、集合与综合的意义体现在此 274
时此地与自我相互作用的物质存在之中。因此，艺术作品在那经验到它的人那里是对一个同样通过想象而进行的召唤与组织动作的表现的挑战，而不只是对外在活动过程的刺激和产生它的手段。

这一事实构成了审美经验的独特性，而这种独特性相应地成为对思想的挑战。它特别对那种称之为哲学的系统性思想构成挑战。审美经验是一种处于完整性状态的经验。如果“纯粹”这个术语不是像哲学文献中那样被滥用的话，如果它不是这样经常地被用于表示某种混成与不纯之物，从其经验的性质本身，或者表示某种经验之外的东西，我们也许会说审美经验是纯粹的经验。它是摆脱了阻碍与搅乱其发展的力量的，作为经验的经验；也就是说，摆脱了那些使一个经验处于从属地位，仿佛它指向某种它本身之外的东西。那么，对于审美经验，哲学家必须去理解经验究竟是什么。

由于这个原因，尽管某位哲学家所提出的美学理论也附带成为对其作者拥有成为他所分析对象的经验的能力测试，其功能却远不只如此。这种理论是对他提出以把握经验性质本身体系的能力的测试。任何测试也比不上对艺术与审美经验的处理那样可以明确地看出一种哲学的片面性。想象性视觉是将一艺术品的所有组成要素都统一起来,使这些多种多样的要素成为一个整体的力量。然而,那些在其他的经验中展现时得到特殊强调和部分实现的我们所具有的诸成分在审美经验中融合到一起。并且,它们在经验的直接整体中的融合极其彻底,从而使各成分本身被掩盖了:它们在意识中不再呈现为单独的成分。

然而,各种哲学美学常常从在经验的构成中起作用的一个因素出发,试图用单一的成分阐释或"解释"审美经验;用感觉、情感、理性,用活动来阐释;想象力本身不被看成是在变化中将所有其他
275 的因素集合在一道,而被看成是一种特殊的官能。这些哲学美学多种多样,五花八门。在这一章中,即使对它们作一简要的介绍也是不可能的。但是,批评具有一个线索,只要跟着它走,就能走出迷宫。[*] 我们可以考察,在经验的形成过程中,各体系是取哪一种成分作为其核心与独特的成分。如果我们从这一点出发,我们就会发现,这些理论可被划分为一些类型,而所提供的经验的特殊线索,在被放在与审美经验本身相对立的位置时,就暴露出了它们的弱点。这是因为,它显示出这里的体系将某种预定的思想添加在经验之上,而不是鼓励或者甚至是允许审美经验讲述它自身的故事。

既然经验是通过旧的意义与新的情境的融合,并因而两者都

* "线索"一词原文是 clew,也可以译成"线团"。这里用了希腊英雄忒修斯闯克里特迷宫的典故。——译者

改变形态（这种变化就是想象），以艺术是一种虚拟（make-believe）的理论作为我们的出发点，就是一件很自然的事。这种理论来自于，并依赖于作为一个经验的艺术品与“真正的”经验之间的对比。既然，由于具有想象的性质而使审美经验无疑占据着主导地位，它就存在于一种大地和海洋之外的光的媒介之中。甚至最“现实主义”的作品，如果它是艺术作品的话，也不是那种如此熟悉，有规律，而具有迫切性，从而使我们将之称为真实东西的摹仿性复制。虚拟理论与种种将艺术定义为“摹仿”的理论不同，不将与此相伴的快感看成是来自认识，这是抓住了审美的一条真正线索。

此外，我并不认为可以否认，一种幻想的因素，一种趋向于梦的状态，可以进入到艺术品的创造之中；我也不否认，对该作品的经验在变得强烈之时，也会进入到一种类似的状态。确实，哲学与科学中的“创造性”概念仅仅在一个人放松而耽于幻想之时才来临。意义的下意识储备贮藏于我们的态度之中，在我们实践上或
精神上紧张之时，就没有机会释放出来。这时，这一贮藏的更大部 276
分就受到了抑制，因为对特殊问题与特殊目的的要求阻碍了除直接相关成分以外的所有成分的作用的发挥。意象与想法并非由于固定的目的，而是闪现在我们的心中。只有当我们从特殊的关注中摆脱出来时，这种闪光才强烈而富有启示性，像火花一样在我们心中点燃。

艺术的虚拟或幻觉理论的错误并非开始于缺乏建构审美经验理论的成分。它的虚假之处源于，在将一个要素孤立起来之时，公开或暗地里否定了其他同样重要的要素。不管**适合于**一件艺术作品的材料是如何具有想象性，它来自于一种幻想状态，只有在它有

秩序与组织之时，才成为一件艺术品的质料，并且，只有在**目的**控制材料的选择与发展时，才产生这种效果。

梦与幻想的特征在于缺乏目的的控制。意象与想法按照它们自身的甜蜜愿望而轮流出现，而这种轮换在感觉上的甜蜜性作为仅有的控制而起作用。用哲学的术语说，材料是主体性的。只有在想法不再处于漂浮状态，而体现在一个对象上，并且，经验到艺术品的人除非在将自己沉浸在无关的幻想中的同时还将自己的意象和情感与对象联系在一起，这种联系达到与**对象**融为一体的程度，一件审美的产品才会出现。单单是由对象所产生是远远不够的：为了成为对象的一个经验，这些想法必须渗透其性质。渗透意味着完全沉浸在对象的性质与它所激起的情感之中，以致没有单独的存在。艺术作品常常启动了一个本身令人愉快的经验，并且，这个经验有时是值得拥有的，而不仅仅是对一种无关紧要的感伤情绪的沉溺。但是，这样的一个经验并不只是由于被它激起而成为一个给人以愉悦的对象的知觉。

由于被等同于虔诚愿望以及那有时被称之为动机的东西，目的作为一个控制性因素在生产和欣赏中的意义常常失去。一个目的仅仅由于题材而存在。产生像马蒂斯的《生之愉悦》一类作品的
277 经验是高度想象性的；这样的景象从未出现过。这是一个所能见到的对梦幻理论的最有利的例子。但是，想象性的材料并不会，也不能保持梦幻性，而不管它的来源是什么。要成为一件艺术品，它必须根据作为一个表现媒介的色彩来构思。浮动的意象与舞蹈的感觉必须被翻译成空间、线条和光与色分布的节奏。**对象**，作为得到表现的材料，不仅仅**是**所实现的目的，而且，它**作为对象**，从一开

始就是目的。甚至在我们设想意象首先在实际的梦中呈现出来之时，其材料仍不得不根据客观的材料与操作组织起来，像在一个共同世界中的公共对象一样连贯而非间断地朝向完满发展。

同时，目的之中以最为有机的方式隐藏着一个个体的自我。正是在他所欣赏与行动的目的之中，一个个体最为完全地展示与实现了他最为隐秘的自我性。对于一个自我的材料的控制并不只是“心灵”的控制；它是对心灵融入其中的个性的控制。所有的兴趣都是将一个自我等同于某些客观世界的，包括人在内的自然的，某些材料方面。目的正是这种活动着的身份。它在客观条件，并通过客观条件中的运作，是对其真诚性的检验；目的克服与利用抵抗和管理材料的能力，是对目的的结构与性质的揭示。这是因为，正如我已经说过的，最终创造的对象既具有有意识的客观性，也具有所实现的现实性。哲学上所区分的“主体”与“对象”（用更为直接的语言来说，就是有机体与环境）两者之间的彻底的结合，是每一件艺术作品都具有的特征。这种结合的完善性是其审美地位的尺度。一件作品的缺陷总是可以最终追溯于这方面或那方面的过剩，对质料和形式的某个方面构成了伤害。对虚拟理论的详细的批评是不需要的，因为它以违背艺术作品的完整性为基础。它公开地否定或实质上忽视对客观性材料与构造性活动的认可，而这正是艺术的本质。

艺术是游戏的理论与艺术是梦幻的理论相类似。但是，由于
它承认行动，承认做什么事的必要性，因而离审美经验的现实接近 278
了一步。人们常常说，儿童在游戏时虚拟。但是，游戏的儿童至少要通过行动给他们的想象物一个外在的显示；在游戏时，他们的思

想与行动完全融合在一起了。这种理论的有力量与虚弱的成分可通过关注一种标志着游戏形式的进展秩序而看出。一只小猫玩线轴或球。这种游戏并非完全随意而无目的。它尽管也许不是由一个有意识目的,也是由动物的结构组织控制的,这是因为,小猫在预习一种成年猫用来捕猎的活动。但是,小猫的游戏,尽管作为一个活动具有一种秩序,却除了改变它的空间位置这一或多或少外在的性质以外,并不改变对象。作为对象的线团是刺激物,是机缘,而除了以某种外在的方式以外,不是它们的质料。

儿童游戏的最初表现与小猫的游戏没有多大的区别。但是,随着经验的成熟,活动就越来越受到所要达到的结果的限制;目的成为一根贯穿一系列活动的线索;它将这些活动变成一个真正的系列,一个活动过程,它具有明确的开端和稳定的朝向目标的运动。在对秩序的需要被认识到以后,游戏(play)就成了一种游戏活动(game);它具有"规则"。* 这里也存在着一种逐渐的变化,如游戏不仅涉及一种朝向一个结果的活动的秩序,而且涉及一种材料的秩序。在玩积木时,儿童建起了一个房子和一座塔。他意识到他的冲动的意义,并根据这些冲动在客观材料中的形成的差异而行动。过去的经验向所做的事提供越来越多的意义。将要建的塔与城堡不仅对所要进行的活动的选择与安排起了规范作用,而

* play与game汉语都译为"游戏",作者在这里将这两个词对举,表明前者只是为了愉悦而进行的活动,而后者具有一系列的规则。一般说来,当我们说"艺术起源于游戏"时,这个游戏是指play,而表示体育比赛和例如纸牌、棋类的活动时,英文都用game。数学上的博弈论英文原文就是game theory,表明一组局内人按照规则进行抉择。——译者

且表现了经验的价值。作为一个事件的游戏仍是直接的。但是，它的内容是由一种用来自过去经验的想法对当下材料的干预构成的。

如果工作不同于辛苦的劳作的话，这种转换就导致了一种游戏向工作的转化。这是由于，任何活动在受完成一个明确的物质结果指导之时，就成了工作；而仅仅在活动是繁重的，**仅仅**作为保 279
证一个结果的手段而忍受之时，它才成了劳作。艺术活动的产物被称为艺术**作品**[*]，这是意味深长的。艺术的游戏理论的真实含义在于强调审美经验的不受限制性，而不在于暗示一种活动中的客体方面的无节制性。它的虚假之处在于没有认识到审美经验涉及一种明确的对客观材料的重构；这种重构不仅是造形艺术[**]，而且是舞蹈与歌唱艺术的特征。例如，舞蹈涉及以改变其“自然”状态的方式对身体及其运动的运用。艺术家要进行一种具有明确的客观性参照的活动；对材料施加影响，从而使之转变为表现的媒介。游戏仍保留着一种从对由外在必要性强加的从属性摆脱出来的态度，这与劳动相反；但是，在它转变为工作时，活动就从属于对一个客观结果的**生产**。没有人在看到小孩子游戏意图时，不意识到游戏性与严肃性完全融合。

游戏理论的哲学含义可在自然与必然、自发性与秩序的对立

* “作品”与“工作”这两个词都是 work 这个英语的汉语翻译，分别表示两个不同但却有联系的意思，作者在这里故意将两个意思连用，使它们起相互阐发的作用。——译者

** 这里将 shaping arts 译为“造形艺术”，以区别于“造型艺术”(plastic arts)。一般说来，两者间的区别在于前者强调改变物质的形态，而后者强调创造物质性的空间形象。——译者

中找到。这种对立可追溯到对虚拟理论产生影响的主体与客体对立。它所包含的值得注意点在于审美经验是从“现实”的压力中释放与逃脱出来的思想。存在着一种假设，认为只有个人的活动从客观因素的控制中解放出来时才会有自由。艺术作品存在的本身证明，没有这种自我的自发性与客体的秩序和规律之间的对立。在艺术中，**游戏**的态度转变为对使材料改变，以服从于一个发展着的经验的目的感兴趣的态度。欲望与需要只有通过客体材料才能实现，因此，游戏性也是一种对客体的兴趣。

有一种艺术是游戏的学说将游戏归结为有机体存在着过剩精力需要释放。这一思想忽略了一个需要解决的问题：怎样衡量精力的过剩？相对于什么而过剩？游戏理论假定，精力是相对于实

280 际环境的要求得到满足必须采取的活动而言过剩。但是，儿童并不意识到任何游戏与必须的工作之间的对立。这种对比的思想是成年生活的产物，这时，某些活动具有消遣与娱乐性，不同于那些需要辛苦努力的工作。艺术的自发性并非与任何事物相对，而表示完全专注于一种有秩序的发展。这种专注是审美经验的特征；但是，这也是所有经验的理想状态，并且，这种理想也在科学研究者与专业人士的活动中实现，这时，自我的欲望与要求就完全参与到客观所做的事之中。

自由的与外在强加的活动的对比是一个经验的事实。但是，它主要是由社会条件造成的，并且是某种要尽可能消除的东西，而不是为定义艺术而树立起来的差异。在经验中，有着闹剧与消遣的一席之地；“一些无伤大雅的胡言乱语时常为最优秀人所喜爱。”喜剧之外的艺术作品也常常具有消遣性。但是，这些事实并非根

据消遣来**定义**艺术的理由。这些观念的根源在于，存在着这样一种内在而根深蒂固的个人与世界（个人在其中生存和发展）的对抗，只有通过逃逸，才能达到自由。

既然在自我的需要和欲望与世界的状况之间存在着足够的冲突，逃逸的理论就被赋予了某种意义。斯宾塞将诗歌说成是“避开痛苦与动乱的世间温馨客栈”。在所有的艺术门类中，问题都不是由于这个特征，但却必须与艺术所起的解放与释放作用的方式有关。关键在于这种释放是以镇痛剂的方式，还是以过渡到一个根本不同的事物的领域方式出现，或者是否它是通过展示实际存在所实际地形成的东西而达到，而这时它的可能性得到完全的表现。从这后一个意思出发，艺术是**生产**，而此生产只有通过必须按照它**自身**可能性处理与规范的客观材料才能实现这个事实，似乎是无可置疑的。正如歌德所说：“艺术在它成为美的以前很久，就是造 281
型的了。人在自身中有着一种造型的本性，它一旦在存在得到保证时，就在行动中展现出来。……当造型的活动按照单一、个别、独立的感情而对周围的事物起作用，不顾所有外在于它的事物时，不管产生于粗野的还是有教养的情感，它都是完整而生动的。”从自我的立场摆脱出来的活动受到来自经受着变化的客观材料方面的规范与制约。

就这种对比所提供的喜悦而言，正向我们从自然转向艺术一样，我们愉悦的对象从艺术品转向了自然物。有时，我们快乐地从美的艺术转向工业、科学、政治，以及家庭生活。正如布朗宁所说：

> 而那就是你的维纳斯——从那里

我们转向远处涉过小溪的姑娘。

士兵享受着战斗的快乐，哲学家愉快地进行哲学思考，而诗人则与他的同伴分享精神的盛宴。想象的经验比起其他任何种类的经验来，都更加完满地显示出经验的运动与结构本身。但是，我们也想要公开冲突的刺激和严酷条件的冲击。不仅如此，没有这些，艺术就没有素材；对于审美理论来说，这一事实比任何被认为存在于游戏与工作、自发性与必然性、自然与规则之间的对比更加重要。这是因为，艺术是必然条件施加在自我身上的压力与个性的自发性和新异性在一个经验之中的融合。[①]

个性本身原本只是一个可能性，而且只有在与环境条件的相互作用中才能实现。在这一交流的过程中，天生的能力，其中包含

282 着一种独特性成分，得到了转变，成为一个自我。此外，通过所遭遇的抵抗，自我的性质得到发现。自我是在与环境的相互作用中形成和被意识到的。艺术家的个性也不例外。如果他的活动仅仅停留在游戏与自发阶段，如果自由的活动不被用来与实际状况的抵抗力相碰撞，就不会产生出艺术**作品**。从儿童初次画图冲动的显示到伦勃朗的创作，自我都是在对象的创造中被创造的，这种创造要求积极地适应外在的材料，包括修正自我，从而利用并克服外

---

① 对游戏理论含义最为明确的哲学陈述是由席勒在他的《审美教育书简》中作出的。康德曾将自由限制在由关于责任(Duty)的理性(超经验)观念所控制的道德行动中。席勒提出了这样的思想，即游戏与艺术占据着处于必然的现象与超越的自由之间的一个中介的过渡位置，教育人去认识和承担自由的责任。他的观点代表着艺术家要逃脱康德哲学的严格的二元论，而又停留在它的构架之内的勇敢的尝试。

在的必然性，将它们结合进个性的视野与表现之中。

从哲学的观点看，除了将它们看成标志每一件真正艺术作品的**倾向**以外，我看不出有任何解决艺术理论与批评中存在着的古典与浪漫的持续纷争的途径。所谓“古典”代表的是体现在作品中的客观秩序与关系；而所谓“浪漫”代表的来自个性的清新性与自发性。在不同的时期，在不同的艺术家那里，此种或彼种倾向被贯彻到了极端。如果出现了明显的失去平衡，倒向这一边或那一边，该作品就失败了；古典成为死的、单调或做作的；浪漫成了荒唐古怪的。但是，真正的浪漫性因素终将作为一个在经验中被认可的成分而得到确立，因此，经典性毕竟不过是意味着一件艺术作品赢得了一种已经确立的承认的说法是有力的。

对奇特、异乎寻常，在空间与时间上遥远的事物的欲望，是浪漫艺术的特征。然而，从熟悉的环境逃到异域，常常是一个扩大相应的经验的手段，因为这种艺术的远游会创造出新的感受，那终将会把外在的东西吸收进来，将之归化为直接的经验。作为一个过于浪漫式的画家，德拉克洛瓦至少成为以后两代艺术家的先驱。这些艺术家使阿拉伯式场景成为绘画的共同素材的一部分，并且，由于他们的形式适合于其题材，从而与德拉克洛瓦相比，并不激起任何一种遥远而似乎存在于经验的自然范围之外事物的感受。斯各特爵士被归为文学上的一位浪漫主义者。然而，甚至在他生活
的时代，那位曾粗暴地攻击斯各特反动政治观点的哈兹利特，说他 283
的小说“通过回溯到一个多世纪以前，将背景放在一个遥远而未开化的地区，一切都在**现今发达时期**变得新鲜而令人惊奇”。这里加了着重号的几个词，加上另一段话，“一切都像来自自然之手那样

新鲜,”表示了一种将浪漫性的奇特结合进当下环境的意义的可能性。确实,由于所有的审美经验都是想象性的,想象性可提升到,却不变得过分和古怪的强烈性程度仅仅是由所做的行动决定的,而不是伪古典主义的先验规则所决定的。正如哈兹利特所言,查尔斯·兰姆“厌恶新的面孔,新的书籍,新的建筑,新的风俗”并“固守晦涩与冷僻”。然而,佩特在引用这些词语时说,兰姆确实从老的东西中感到诗意,但这是,“作为现今生活的一个实际部分存活下来的东西,完全不同于离我们而去,变得过时的事物的诗意。”

这里所批评的两种理论(加上在“表现的动作”一章中所批评的自我表现理论)被讨论的原因,在于它们都是将个人,将“主体”孤立起来的哲学的典型代表;其中的一个选择像一个梦这样的私人素材,而另一个选择完全个人的活动。这些理论相比之下是比较现代的;它们与过分强调个人和主体性的现代哲学相对应。走向另一个极端的是那种在历史上长期流行的艺术理论,它直至今天仍受着严密保护,使许多批评家将艺术中的个人主义看成是异端的变异。它将个人仅仅看成是一个渠道,越透明越好,透过它客观的材料得到了传达。这种古老的理论将艺术当作再现,当作摹仿。这种理论的追随者将亚里士多德当作最高权威。然而,正像每一个研究这位哲学家的人所知道的,亚里士多德指的是某种与摹仿特殊事件与景色完全不同的东西——完全不同于对当下感觉
284 的“真实”再现。

对于亚里士多德来说,普遍比特殊在形而上学上更为真实。

他的理论的这个要旨至少从他认为诗比历史更具哲学性的理由中可以看出。“诗人的职责不在于描述已经发生的事，而在于描述可能发生的事，即根据可然或必然的原则可能发生的事。”* ……这是由于诗告诉我们普遍的事，而历史则告诉我们特殊的事。

由于没有人能够否认，艺术所处理的是可能的事，亚里士多德在处理必然或可然时对它的阐释需要根据他的体系来作说明。在他看来，事物是由于其类别或种类而不是由于其具体性而具有必然性或可然性的。按照其本性，某些种类是必然与永恒的，而其他种类则只是可然的。前者表示总是如此，而后者则表示常常，按照规则，一般如此。两者都是普遍性，因为它们是根据一种天生的形而上的本质而这样形成的。因此，亚里士多德在完成上面引用的一段话时说，“所谓‘带普遍性的事’，指根据可然或必然的原则具有某种性格的人可能会说的话或会做的那一类的事——诗要表现的就是这种普遍性，虽然其中的人物都有名字。所谓‘具体事件’指阿尔基比阿得斯做过或遭遇过的事。”**

这里所翻译的“性格”(character)一词很可能给现代人一个完全错误的印象。他会赞同小说、戏剧或诗中一个人物的行为与言论应是像从那个人的性格中必然或具有极大可然性地流出来的。但是，他将性格想象成是极其个性化的，而在这段话中，“性格”表示一种普遍的性质或本质。对于亚里士多德来说，麦克佩斯***、彭

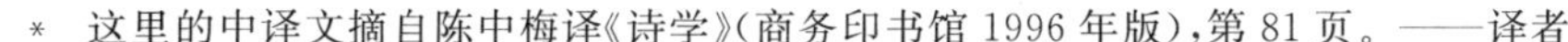

* 这里的中译文摘自陈中梅译《诗学》(商务印书馆 1996 年版)，第 81 页。——译者

** 同上。参照英译作了一些修改，译者作这些修改的原因在于，作者在后面依照英译作了评述。——译者

*** 莎士比亚的著名悲剧《麦克佩斯》(又译麦克白)中的主人公。——译者

登尼斯[*],或者菲利克斯·霍尔特[**]的审美意义在于忠实描绘了在一个阶级或一个类别中所发现的本性。对于现在的读者来说,它表示一种对个性的忠实,他的生涯得到了展示;所做、所经受与所说的事情从属于他这个具有独特个性的人。这里存在着根本的差别。

亚里士多德对后世的艺术思想的影响,可在从一段来自乔舒亚·雷诺兹爵士的讲演集的简短引文中得到集中体现。他说,绘画的功能是"展示事物的一般形式",因为,"在对象的每一门类中,
285 存在着一个共同的思想与中心形式,这是从属于这个门类的各种个别形式的抽象。"这种一般的形式预先存在于自然中,确实是当自然忠实于自身时的自然,在艺术中得到再造或"摹仿"。"在事物的每一个种类中,美的思想是不变的。"

从某种相对的意义上讲,乔舒亚·雷诺兹爵士的弱点无疑被归结为他艺术能力上的缺陷,而不是接受了他所解释的理论的结果。无论是在造型艺术中还是有文学中,都有许多人持同样的理论,并进而超越它。在一定程度上,这种理论只是艺术作品在很长时间里实际状态的反映,因为他们的探索典型的,他们避免任何可能会被认为是偶然和暂时的东西。它在18世纪的流行反映的不仅是在那个世纪艺术中所遵循的法则(贯穿该世纪前期法国绘画以外的领域),也是对巴洛克与哥特式的普遍谴责。[①]

---

* 彭登尼斯即1848年至1850年英国小说家萨克雷发表的自传性连载小说《彭登尼斯的身世》(*The History of Pendennis*)中主人公阿瑟·彭登尼斯。——译者

** 艾略特的小说《激进分子菲利克斯·霍尔特》中的主人公,一个简朴、理想化,内心充满热情的人物形象。——译者

① 在这里提一下贝克莱主教这位大好人也许是有趣的,当他想谴责任何阻碍他的观点、行动,包括艺术中的观点与行动时,就夸张与怪诞地将之称为"哥特式"的。

但是，这里所提出的是一个一般性的问题。它不能仅仅通过指出形形色色的现代倾向于搜寻与表现对象与场景的独特的个性特征来打发掉，也不能通过一句武断的话，说这些现代精神的展示是故意背离真正的艺术，仅仅是想标新立异，并由此成名来解决。这是因为，正像我们已经看到的，一件艺术作品越是体现许多个人所共有的经验，它就越具有表现性。确实，没有考虑客观的题材所施加的控制，正是近年来所讨论的对主观主义理论的批评的基础。那么，哲学思考所关注的并非这类的客观材料是否存在，而是这些材料在一个审美经验的发展运动中的起作用的性质与方式。

进入一件艺术作品的客观材料的性质，与这种材料所起作用 286
的方式并不能分开。在真正的意义上，其他经验的材料进入审美经验的方式正是其相对于艺术而言的本性。但是，需要指出的是，一般与共同这一类的术语的意思是模棱两可的。它们的对于亚里士多德和雷诺兹的意义，并不是那种最为自然地出现在当代读者心灵之中的意义。亚氏与雷氏指的是对象的一个种类与类别，此外，它还指由于其自然构造而已有的存在。对于一个并不知道存在于它背后的形而上学的人，这些术语具有一个更为简单的、更为直接而更具实验性的意味。“共同”是指可在许多人的经验中找到；许多人参与这一事实本身就是共同。在形成经验的做与受中介入越深，就越一般与共同。我们生活在共同的世界中；自然的该方面是我们所共有的。存在着对所有人性都共同的冲动与需要。“普遍”并非某种在形而上学上先于所有经验的东西，而是事物在经验中作为一个将各特殊事件与场景联系起来的纽带而起作用的方式。任何存在于自然或人的联想中的东西都潜在地“共同”；它

是否实际上共同，依赖于多样的条件，特别那些影响了交流过程的条件。

由于通过所共有的活动和通过语言及其他的交流手段，性质与价值在人类的一个群体中成为共同的东西。既然艺术是现存的最有效的交流手段，那么，由于这个原因，在意识到的经验中共同或一般因素的存在就是艺术的一个*效果*。世上任何东西，不管在其自身的存在中是如何独特，正如我前面所说，都具有潜在的共同性，这是因为，它是某种正由于是环境的一部分而可与任何活的存在物相互作用的东西。但是，比起其他的手段来，它通过艺术作品而更加成为一个有意识的共同所有物，或者被共享。此外，那种一般是由固定的事物种类的存在而构成的思想，已经被物理学与生物学等科学的进步摧毁了。思想是文化状况的产物，既与知识的
287 状态，也与使个人不仅从属于艺术与哲学，而且从属于政治的社会组织有关。

潜在的共同材料进入艺术的方式问题是被人们与其他质料，特别是表现性对象与媒介的性质问题联系起来处理的。与生糙的材料不同，媒介总是一种语言的方式，因此是一种表现与传达的方式。色彩、大理石与青铜、声音本身并非是媒介。只有在与某一个人的心灵与技艺相互作用之时，它们才进入到一个媒介的构造之中。有时，我们在绘画中意识到色彩；物理手段显得突出；这些手段没有被吸收并与艺术家的贡献结合在一起，没有使我们清晰地看到对象的组织，衣褶、人的肉体、天空，或其他任何东西。甚至伟大的画家也并非总是获得一种完全的结合，塞尚就是一个值得注意的例子。另一方面，在一些次要艺术家的作品中，我们并没有意

识到所使用的材料手段。但是,既然人的相互作用的意义所提供的只是不足的材料,作品的表现性也就是微不足道的。

上述事实提供了令人信服的证据,表明艺术中的表现媒介既不是客观的,也不是主观的。这是一种新的经验,其中主观与客观密切合作,两者自身都不再具有独立存在。再现理论的致命缺陷在于它只是将艺术品的质料等同于客观对象。它忽视了客观材料只有在它被转化,进入到具有其所有性格特征、特殊的视觉方式与独特的经验的个人的做与受关系时才形成艺术质料的事实。甚至在假如存在着(实际上并不存在)特殊的、所有的特例都从属于它的固定存在物种类之时,它们也仍然不是艺术的质料。只有在它们经历了与单个活的生物结合的材料融合而得到变化之后,它们才至多不过是**为**艺术品的材料,以及会成为艺术品**的**质料。由于用于艺术品生产的物理材料本身并不是媒介,也不可能先验地为它的恰当使用制定出规则。审美潜力的限制只能在实验中,在艺 288
术家实践的摸索中得到确定;这是表现的**媒介**既不是主观的,也不是客观的,而是在其中两者结合为关于**新的**客体的一个经验的另一条证据。

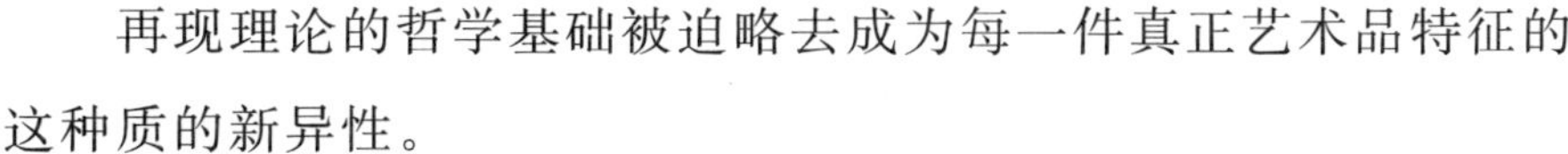

再现理论的哲学基础被迫略去成为每一件真正艺术品特征的这种质的新异性。

这种忽视是在实际上否定个性在艺术品质料中固有地位的逻辑结果。根据固定的种类来为真实下定义的现实理论,注定要将所有新异性因素看成是偶然的和审美上无关的,尽管它们在实际上是不可避免的。此外,那些倾向于普遍的本性与“特征”的哲学派别总是将永恒性与不变性看成是真正的真实。然而,从来没有一件真正的作品是以前存在的任何事物的重复。确实有一些作品往往只是从以前的作品中选择出来的因素的重新结合。但是，它们是学院派的——也就是说是机械的——而不是审美的。不仅批评家，而且艺术史家也为固定不变的概念的人为影响力所误导。他们往往将各时期的艺术品解释为仅仅是以前作品的重新组合，将新异性当作仅仅是一个新的“风格”出现，即使这时，他们也只是不情愿地承认这一点。旧与新的相互渗透，它们在一件艺术品中的完全混合，是艺术向哲学思想提出的另一个挑战。它为事物的本性提供了一个线索，而那些哲学体系却很少能遵循这个线索。

理解的增长，一种来自于审美经验的对自然与人的对象的深化了的可理解性的感觉，导致哲学理论家们将艺术当作知识的一种方式来对待，并引导艺术家，尤其是诗人，将艺术当作一种对事物内在性质揭示的样式，这种性质不能以其他的方式被揭示。它导致将艺术当作一种不仅高于普通的生活，而且高于科学本身的
289 一种知识形式。艺术是一种知识形式（尽管不是一种高于科学的形式）的观念也隐含在亚里士多德所说诗比历史更具哲学性的陈述之中。许多哲学家都极具表现力地说明了这样的主张。然而，将这些哲学家的主张相互联系起来阅读，就显示出，他们或者是没有获得审美经验，或者容忍偏见决定对它们的阐释。这是因为，举几个最突出的哲学的例子，所谓的知识几乎不可能同时像亚里士多德所说的那样是固定的类的知识，也不能像叔本华所说的那样，是柏拉图式的理念，不像黑格尔笔下的宇宙的理性结构，也不像克罗齐所说的那样是心灵的状态。这里所提出的多种多样、互不相

容的观念证明，这些哲学家们焦急地要将一种在其构成时与艺术无关的观念的辩证的发展带入审美经验，而不愿让这种经验自己表述自身。

然而，对世界的揭示与突出的可理解性的意义，仍需要说明。知识深刻而密切地进入到一件艺术品的生产之中，可由作品本身得到证明。从理论上讲，随心灵所起的作用而来的，必然是从预先存在的、积极参与到审美的生产与知觉中的经验所提供的意义。有些艺术家的作品明显受到他们时代的科学的影响——例如卢克莱修、但丁、弥尔顿、雪莱。列奥纳多与丢勒的绘画中也有着大量的科学成分，尽管这并不给他们的绘画带来什么好处。但是，在想象和情感视觉中产生影响的知识的转变，与通过联合感觉-材料和知识而形成的表现中所产生的转变之间，存在着一个巨大的差别。华兹华斯宣布，“诗是所有知识的气息与精华；它的热情洋溢的表现是在所有科学的赞许之下进行的。”雪莱说：“诗……既处在所有知识的中心，也处在它们的边缘；它是一种理解所有的科学，而所有的科学又必须指向它的东西。”

但是，这些人是诗人，用想象的语言说话。知识的“气息与精华”从任何字面意义上讲，都不是知识，华兹华斯接着说，诗“将感觉带入到科学的对象之中”。雪莱也说，“诗歌通过将成千上万种 290
无法理解的思想的结合变得可接受而使心灵清醒与充实。”在这样一些言论中，我并不能发现任何宣称审美经验被**定义为**一种知识方式的意图。在我的心目中，不管是在艺术品的生产还是在欣赏性知觉中，知识都得到了改变；它成了某种由于与非理性因素的融合而形成值得作为经验存在的一个经验的、超越知识的东西。我

时常提出知识的观念是“工具性的”。批评家们将奇特的意义放入到这一观念之中。它的实际内容很简单:知识是通过控制直接经验活动而使这种经验得到丰富的工具。我将不仿效我所批评的这些哲学家,并将这一解释塞进华兹华斯与雪莱所提出的思想之中。但是,一个与我刚刚说过的话相类似的思想,在我看来是他们的意图的最自然的翻译。

混乱的生活场景在审美经验中变得可以理解,但是,这不是作为通过归结为概念的形式的思辨与科学而使事物变得可以理解,而是将它们的意义呈现为一种清晰、连贯、强烈或“热情洋溢”的经验。我认为,审美中的再现与认识理论的问题在于,它们与游戏和幻觉理论一样,将整体经验中的一条线索孤立开来。这一条线索之所以成立,是由于整体的存在和它被吸收进整体之中。这些理论将之就看成是整体。这些理论或者在拥有审美经验的人一方是一个中止的标志,一种由所产生的大脑幻想造成的中止,或者是忘却实际经验的性质,从而接受某种先在的、他们的作者所信奉的哲学观念的强力影响的证明。

存在着第三种一般类型的理论,这种理论结合了所考虑到的
291 第一种类型的逃逸方面与作为第二种类型的过分理智化的艺术观念。这第三种类型在西方思想中的起源可以追溯到柏拉图。他从摹仿的观念出发,但对他来说,在每一个摹仿中,都有着一种虚伪与欺骗的成分,每一自然或艺术的对象之中的美的真正功能,是将我们从感觉与现象领向某种处于它们之外的东西。柏拉图在一段更具温情的论述中说,“……艺术成分的节奏与和谐,就像和风吹

拂美景一样，也许从童年起就使我们安详地与通达情理之美融洽共存；一个受到这样滋养而成长起来的人，在理性的时代到来时将会比别人更加欢迎它，将它当作自身的理性来理解。”以这一见解为基础，艺术对象教育我们离开艺术而去知觉纯粹的理性本质。存在着一种从感觉向上发展，由连续的台阶组成的阶梯。最低的一级是由可感对象的美所组成的；这一级的美在道德上是危险的，因为我们受到诱惑，要停留在那里。从那里，我们受到鼓励，要攀登心灵的美，再从那里接近法律与制度的美，再上升到科学的美，然后，我们再继续发展到对绝对美的直觉的知识。不仅如此，柏拉图的阶梯是单向上升的；没有从最高的美到知觉经验的回头之路。

那么，变化中的事物的美——所有经验中的事物都是如此——被认为仅仅是一个潜能，它成为理解永恒的美之图式的灵魂。甚至他们的直觉也不是最终的。“只要回想一下那样的场合，通过用心灵之眼注视美，一个人将能够展示不仅美的意象，而且现实本身。因此，通过展示并滋养真正的杰出，一个人将能够成为上帝之友，具有凡人所能具有的一切神性。”在柏拉图以后的一段被吉尔伯特·默里[*]恰当地称之为“失去勇气”的时代之后，普罗提诺推进了这一说法的逻辑含义。比例、对称，以及各部分的和谐适应，不再像它们的感性魅力一样构成自然与艺术对象的美。这些事物的美是由普照在它们之上的永恒的本质或特征所赋予的。万物的创造者是指最高的艺术家通过这些本质或特征“赋予生物”，

* 吉尔伯特·默里(Gilbert Murray，1866—1957)，生于澳大利亚悉尼，死于牛津，古典文学学者，因翻译希腊悲剧和喜剧，并在现代舞台上演出而具有广泛影响。——译者

亦即使它们成为美的。普罗提诺认为此生物不值得成为绝对的存
292 在物，而将它设想成是个人的。基督教则并不像这样顾虑重重，在新柏拉图主义的基督教之中，自然与艺术的美被构想成在有限的可感知世界之中圣灵的体现，而这种圣灵是在自然之上和超越感觉的。

对这一哲学的反应出现在卡莱尔那里，他说，在艺术中，“无限被用来与有限混合在一起；它处于可见状态仿佛它能够做到如此一样。所有的真正艺术作品都是如此；在它们中（如果我们能将真正作品与胡乱涂鸦区分开来的话），我们分辨出从时间显露出的永恒，神圣变得可见。”鲍桑葵这位具有德国传统的现代唯心主义者对此说得很明确，他断言，艺术精神是对“生活与神性”的信心，“它充满与启示着外在的世界。因此，‘理想化’是艺术的特征，它与其说是背离现实的想象的产物，不如说是其本身就具有终极真实性的生活与神性的显示。”

已经放弃了神学传统的当代形而上学家们看到，逻辑本质可以独立存在，而不需要任何心灵与精神居住在它们之内并支持它们。当代哲学家桑塔亚那写道：“本质的性质在美的事物中得到最好的显现，这时，它是一个精神的正面显现，而不是按照惯例加上的一个模糊的名称。在一个被人们感到美的形式中，一种明显的复杂性构成了一种明显的统一；一种显著的强烈性与个性被看成是属于一种具有极端非物质性，除了其外观之外不可能存在的现实。这种神性美在一个物质事实的世界中是显而易见、转瞬即逝、不可捉摸，而又无家可归的；然而，它无疑具有个性，自我充实，并且，尽管它也许会很快消失，但绝不真正消灭；它的访问需要时机，

但它却属于永恒。”他又写道：“最为物质性的东西，只要它被感觉到是美的，就立刻被非物质化，被提升到外在的个人关系之上，集中与深入到它的合适存在中，在一个词中升华为一种本质。”这个观点的含义包含在这样的本质中，即“价值存在于意义，而不是质料之中；**在事物所接近的理想中**，而不在它们所体现的能量中。”（着重号不是原有的。）

甚至在这种审美经验的观念中，我想也存在着一种经验的事实。我曾有机会不止一次地说到一种强烈的审美经验的性质，它 293
是如此的直接，以至成为无法言说的、神秘的。这种经验的直接性质的一种理智化的显现，将它翻译成为一种梦-形而上学的术语。无论如何，当这种最终本质的观念与具体的审美经验对比之时，两个致命的缺陷就暴露了出来。所有的直接经验都是性质性的，而性质是使生活经验本身直接得到珍视的东西。然而，**反思**探究直接的性质之后的东西，因为它对关系感兴趣，而忽视性质上的安排。哲学上的反思将这种对性质的漠不关心发展到对它厌恶的地步。它被当作是对真理的遮蔽，是感觉罩在现实之上的薄纱。背离直接的感觉性质的欲望——所有的性质都通过某种感觉方式的中介——由于起因于道德主义的对感觉的害怕而得到了加强。感觉似乎像柏拉图所说的那样是一个诱惑，它引导人们离开精神。它被人们所容忍，是因为它成了人们可以用来对非物质与非感觉的本质进行直觉的手段。考虑到艺术作品蕴涵着注入了想象的价值的感觉材料这一事实，我除了说它是一种幽灵的形而上学，与实际的审美经验无关之外，无法对这种理论进行批评。

“本质”是一个极其含混的术语。在普通的言论中，它表示一

物之**要旨**；我们将一系列的谈话浓缩，将一系列的事务精简，其结果就是本质的。我们去除无关紧要的，保留下来的就是不可缺少的。在这个意义上，所有的真正表现都走向“本质”。在这里，本质所指的是一种本来是分散的，被伴随着的多种多样的经验的事件弄得多少有点模糊的意义的组织。本质的或不可缺少东西也都与一个目的有关。究竟是什么原因使某些考虑，而不是其他的考虑不可缺少？多种多样的事务的要旨对律师、科学研究者和诗人来说并不相同。一件艺术品也许确实传达了众多经验的本质，并且有时会以密集而惊人的方式来传达。选择与简单化只有在以表现本质性为目的时才会出现。库尔贝常常传达渗透在风景之中的流

294 动性本质；克劳德则传达地方特色与田园牧歌式的景色中的本质；康斯太布尔传达的是简朴的英国乡村景色中的本质；而郁特里洛传达的是巴黎街道建筑的本质。戏剧家与小说家塑造人物，从偶然中抽取本质的东西。

既然一件艺术品是提升与强化了的经验的主体质料，对什么是审美上的本质性起决定作用的目的恰恰是**作为**一个经验的经验的构造。经验的材料不是从经验逃脱到一个形而上学的王国之中，而是呈现为蕴涵新经验的质料。不仅如此，我们当下对人与物的本质特征的感觉在很大程度上是艺术的**结果**，而这里所讨论的理论则持艺术依赖于，并指向已经存在着的本质的观点，因而是颠倒了实际的过程。假如我们现在知道本质的意义的话，那主要是因为各不同门类的艺术家们将之抽取出来，用生动与突出的知觉中的题材将它们表现出来。柏拉图所提出的形式与理念成为现存事物的模式与样式的思想实际上源于希腊艺术，因此，他对待艺术

家的态度是在思想上不知恩图报的最典型的例证。

“直觉”是整个思想范围中的最为野心勃勃的术语。在前面所考虑的理论中，它被假定具有本质作为它的恰当对象。克罗齐将直觉与表现的观念结合起来。这两者的相互等同，以及将此两者等同于艺术，给读者带来了很大的麻烦。然而，以他的哲学背景为基础，这却是可以理解的，并且，当这位理论家将哲学偏见加在停滞的审美经验之上时，它就为所产生的结果提供了一个出色的例证。克罗齐是这样一位哲学家，他相信仅有的真实存在是心灵，“对象在它被知道之前并不存在，它无法与一个感知着的精神分开。”在普通的知觉中，对象被当作仿佛是外在于心灵。因此，意识到艺术对象与自然美并非是知觉的例证，对于对象的感知本身就是心灵的状态。“我们在一件艺术品中所欣赏的是完善的想象形式，在其中一种心灵状态穿上了外衣。”“直觉由于它们再现情感而真实地成为自身。”因此，构成一件艺术品的心灵状态是作为一个心灵状态显示的表现，也是作为一种心灵状态知识的直觉。我这 295
里提到这个理论的目的，不是为了反对它，而是指出，哲学可以走到如此极端的状态，将一种预想的理论强加在审美经验之上，从而导致一种武断的扭曲。

叔本华也像克罗齐一样，在许多附带说明中，显示出比绝大多数哲学家对艺术作品具有更多的，而不是更少的敏感性。但是，他的版本的审美直觉是另一个值得一提的、面对艺术向反思性思想提出的挑战在哲学上完全失败的例证。在他写作时，康德已经通过设置感觉与现象、理性与现象之间的明确的区分而提出了哲学的问题，并且以最有效地影响后世思想的方式提出了问题。叔本

华的艺术理论中尽管有许多的敏锐的言论，却只不过是他对康德式知识与现实，以及现象与最终现实之间关系问题的解决的一种辩证发展而已。

康德使超越感觉与经验的责任意识所控制的道德意欲成为达到最终现实的唯一途径。对于叔本华来说，一种他命名为“意志”(Will)的积极原则成为不仅是自然，而且是道德生活所有现实的创造性源泉，而意欲(will)是一种不安分与不知足的抗争，它注定会不断遭受挫折。仅有的达到平和与持久满足的途径是逃脱意欲及所有它的作品。叔本华宣布，观照是唯一逃脱的方式，并且，在观照艺术作品之时，我们观照了意欲的客观化，并因此而使我们从所有其他方式的经验里的意欲的掌控中解放出来。意志的客观化是共相；它们与柏拉图的永恒的形式与图式相似。因此，在对它们作纯粹的观照时，我们在共相之中丧失自身，获得“无欲知觉的福分”。

对叔本华理论的最有效的批评来自他自己对这种理论的发展。他将魅力排除在艺术之外，原因是魅力意味着吸引，而吸引是以意欲来反应的一种方式，本来确实是一种欲望与对象的肯定性
296 关系，却通过厌恶表现为否定性关系。更为重要的是，他设置了固定的等级安排。不仅自然的美低于艺术美，原因是意欲在人身上获得了比在自然中更高程度的客观化，而且，不管在自然还是在艺术中，都有着一种从低到高的秩序。我们从观照草、树、花时获得的解放，小于我们从观照动物生命形式时所获得的解放，而人类的美则处于最高的地位，因为意志在它后来的显现方式中将脱离奴役状态。

在艺术作品中，建筑被放在最低的地位。其原因也是从他的体系推导出来的。它所依赖的意志的力量处于最低的等级，即由固体的坚实性与巨大的重力所显示的凝固力与重力。因此，木头建筑不可能是真正美的，并且，人的装饰品必须被排除在审美效果之外，因为它们与欲望联系在一起。雕塑高于建筑，因为尽管它仍与低级形式的意志力联系在一起，它却是在人的形象的展示中处理这些形式的。绘画涉及形状与轮廓，因此更接近形而上学的形式。在文学中，尤其在诗歌中，我们上升到了人本身的本质性理念，并因此而接近了意志**结果**的顶点。

音乐在诸艺术门类中处于最高的地位，因为它不仅仅是给我们意志的外在客观化，而且将意志的**过程**本身放在面前供我们去观照。此外，“一定的、有比例的间隔与一定的意志客观化的级别相类似，对应于一定的自然中的物种。”低音音符代表着最低级的力量在活动，而高一点的音符代表对动物生命力量的认识，而旋律代表着人的理智生活，这是客观存在的最高的事物。

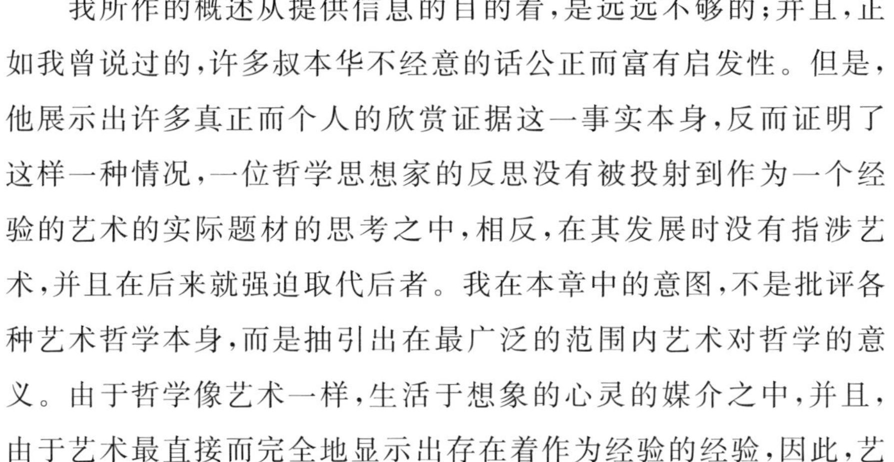

我所作的概述从提供信息的目的看，是远远不够的；并且，正如我曾说过的，许多叔本华不经意的话公正而富有启发性。但是，他展示出许多真正而个人的欣赏证据这一事实本身，反而证明了这样一种情况，一位哲学思想家的反思没有被投射到作为一个经验的艺术的实际题材的思考之中，相反，在其发展时没有指涉艺术，并且在后来就强迫取代后者。我在本章中的意图，不是批评各种艺术哲学本身，而是抽引出在最广泛的范围内艺术对哲学的意义。由于哲学像艺术一样，生活于想象的心灵的媒介之中，并且， 297
由于艺术最直接而完全地显示出存在着**作为**经验的经验，因此，艺

术提供了一种对哲学的想象性冒险的独特掌控。

在作为一个经验的艺术之中,实际性与可能性或理想性,新与旧,客观的材料与个人的反应,个体与全体,表层与深层,感觉与意义,都综合进了一个经验,其中所有因素都从在孤立思考时从属于它们的意义中得到了变化。歌德说:“自然既没有核,也没有壳。”只有在审美经验中,这一命题才完全正确。在作为经验的艺术中,自然既不是主观的,也不是客观的存在物;它既不是个人的,也不是普遍的;既不是感性的,也不是理性的。因此,艺术即经验的意义与哲学思想的漫游是无法比较的。

第十三章　批评与知觉 298

批评就是判断，无论在语源学上的还是在观念上，都是如此。因此，对判断的理解是关于批评性质的理论的首要条件。知觉向判断提供材料，不管这些判断涉及物质性、政治学，还是涉及传记。只有知觉的题材是唯一能带来不同判断的东西。控制知觉题材，以保证合适的判断资料，是野蛮人经历自然事件与像牛顿或爱因斯坦那样的人经历这些事件后作出的判断间巨大区别的关键。由于审美批评的质料就是对审美对象的知觉，自然与艺术批评总是由第一手知觉的性质所决定；知觉上的迟钝绝不能由无论多么广泛而大量的学习，也不能由对无论多么正确的抽象理论的掌握而得到补偿。这也不可能将判断排除在审美的知觉以外，或至少不让判断附加在一个原初完全未分析的质的印象之上。

因此，从理论上讲，立刻从直接的审美经验进入到与判断有关的领域是可能的，这里所提供的线索一方面是来自存在于知觉之中的、艺术作品的有形式的质料，另一方面，与根据其自身结构的性质所作的判断有关。但是，在实际上，首先要做的是清理场地。关于判断性质的不可调和的差异反映在各种批评理论之中，而不同艺术门类中的多种多样的倾向，为着肯定一种运动而谴责另一种运动的目的而发展出相互对立的理论。确实，我们有理由认为，

审美理论中最具生命力的问题，一般都可在与某种艺术的特殊运动相关的论争中找到，例如建筑中的“功能主义”，文学中的“纯”诗
299 与自由诗体，戏剧中的“表现主义”，小说中的“意识流”、“无产阶级艺术”以及艺术家与经济条件及革命的社会活动间的关系。参与这些论争的人也许会带着激动与偏见。但是，这些论争更可能是在考虑到具体的艺术作品，而不是抽象的关于审美理论的专门著作的情况下进行的。它们由于其来自外在的派别运动所形成的观念与目的而使批评理论复杂化了。

判断并不能从一开始就被安全地假定为一种对直接的知觉质料所施行的、有利于更加充分的知觉的理智的行动。这是由于，判断还有一种严守法规的意思与味道，正如莎士比亚的一句成语所说，是“批评家，不，巡夜人”。遵循这种由法律实践所提供的含义，一位法官，一位批评家，是宣布权威判决的人。我们常常听到对艺术作品所宣布的批评家们的判决和历史的判决。批评被想象成不是说明关于一个对象的实质与形式的内容的工作，而是一个以其优缺点而宣布无罪或有罪的过程。

司法意义上的法官占据着一席社会权威的位置。他的判决决定了一个人，也许一项事业的命运，并且在一定的情况下，决定了未来行动方针的合法性。获得权威的欲望（以及被敬仰的欲望）激励着人的胸怀。我们的存在中的绝大部分都应和着称赞与责备、辩解与否定而进行调节。因此，一种赋予批评以某种“司法性”的活动出现在理论中，并反映了实践中的广泛倾向。在广泛阅读了这一批评学派的公开声明之后，人们无法不看到这里面有着太多的补偿性——即在人们嘲笑批评家没有创造性后所产生的情况。

许多这种严守法规的批评开始于下意识的自我不信任，其结果是求得当局的保护。知觉由于回忆起一种有影响的规则，由于惯例与权威取代直接经验而受到阻碍，被打断。获得权威地位的欲望使得批评家们说起话来就像是拥有无可争议权威的既定原则的化身一样。

不幸的是，这种活动影响了批评观念本身。最终的、解决某一
事务的判断更适合于罪孽深重的人的本性，而不是一种作为深刻 300
实现了的知觉在思想上发展的判断。原创的充足经验并不容易得到；它的获得是对天生的感受力与通过广泛接触而成熟的经验的一种检验。作为一个受控研究行动的判断要求一个丰富的背景与一个受到训练的洞察力。“告诉”人们他们应该相信什么，比分辨与结合要容易得多。并且，一群本身已经习惯于被告诉，而不是被训练去作富有思想性的研究的观众，喜欢被告诉。

司法的决定只有在以被认为可适用于所有例证的一般规则基础之上才能做出。特殊的司法判决的实例，就其作为特殊而言，所产生的伤害，比起发展该观念与先行的权威标准与用现成的先例去作判断所产生的纯粹的结果来，要轻得多。所谓的18世纪古典主义声称古代人提供了典范，从中可引申出规则来。这一信念的影响从文学扩展到其他的艺术分支之中。雷诺兹推荐学生遵循翁布里亚与罗马画家的艺术形式，并且，警告他们不要学习其他人，说丁托列托的发明是“野蛮的、反复无常的、放纵的与怪异的”。

一种关于过去所提供模式重要性的稳健的观念是由马修·阿诺德提出的。他说，发现“什么样的诗属于真正优秀的等级，并**因此能对我们起好的作用**”的最好的方式，“是牢牢记住一些大师们

的诗句与措辞，并且像试金石一样将它们用于其他的诗。”他否认其他的诗应该被贬低为摹仿，但是，他说大师们的诗句是“考察崇高的诗的性质是否存在的可靠的试金石”。除了我有意用着重号标出的词中所包含的道德因素之外，这种“可靠的”检验的思想，如果照此办理的话，会限制知觉中的直接反应，会引入自我意识并依赖外在因素，所有这些对生机勃勃的欣赏活动都是有害的。此外，
301 这里还涉及是否过去的杰作被接受本身就由于个人的反应或以传统与惯例的权威为基础。马修·阿诺德确实在假定对某种获得正确知觉的个人力量的最终依赖。

司法式批评学派的代表们对一位大师是由于遵守了某些规则而伟大，还是由于现在所遵守的规则是来自伟大人物的实践这一点似乎并不很清楚。一般说来，我想采取这样一个观点更为保险，对规则的依赖是先前对杰出人物的作品的更为直接的赞赏的弱化与缓和，最终变成了奴隶式服从。但是，不管它们是按照自身原因所建立的，还是来自于大师的杰作，标准、规定、规则都是一般，而艺术对象是个别。前者不具备时间上的点，被人们天真地称为永恒。它们既不属于此地，也不属于彼地。它们可适用于一切，又不特别适用于某对象。为了获得具体性，“大师”的作品被用来作说明。因此，实际上，这些规则在鼓励摹仿。大师本身通常也当学徒，但当他们成熟时，他们就将所学到的东西吸收进了个人的经验、视野与风格之中。他们是大师的原因，恰恰在于他们既不追随某种模式，也不遵循某种规则，而是克服了这二者，让它们服务于个人经验扩大的目的。“没有什么像由批评来确定权威那样对艺术产生如此大的扭曲了。”托尔斯泰是以一位艺术家的身份说这话

的。一旦一位艺术家被宣布为伟大，"所有他的作品都被看成值得赞美与摹仿的。……每一件受到赞美的虚假作品都是一扇艺术的伪君子爬进来的门。"

如果司法式批评家没有从他们宣称尊重的过去中学会谦逊的话，这不是由于缺乏材料。他们的历史主要是异乎寻常的重大错误的记录。1933 年夏在巴黎举办的具有纪念意义的雷诺阿画展是发掘 50 年前某些官方批评家判决的一次机会。从断言那些绘画引起像晕船一样的呕吐感，是病态心灵的产物（一种受欢迎的说法），他们胡乱地混合最猛烈的色彩，到断言他们"否认绘画中所有可允许的[独特的词]，否认一切称为光、透明与阴影、明晰与有目
的的东西。"晚至 1897 年，一批学院派人士（总是赞同司法式批评） 302
抗议卢森堡博物馆接受一组雷诺阿、塞尚和莫奈的画，其中的一人宣称，该机构面对接受一组疯子的作品而保持沉默，这是不可能的，因为它是传统的卫士——这是另一个关于司法式批评的独特观念。①

然而，与法国批评联系在一起的通常是某种格调的轻巧。要看到宣言的真正权威，我们可以转向一位美国批评家关于 1913 年纽约军械库展览会[*]发表的公开声明。在塞尚无能的标题下，这位画家被说成是"一位二流的印象派画家，他偶尔在交好运时，会

① 现在，这批收藏品的更大部分是在卢浮宫——这是对官方批评能力的一个充分的评注。

* 军械库展览会（Armory Show），正式名称是国际现代艺术展览会，1913 年在纽约一军械库举行，共展出约 1600 幅作品，其中三分之一为欧洲画家作品。这次展览会首次向美国公众揭示了现代派的欧洲艺术，对于美国艺术的发展具有决定性意义。——译者

画出差强人意的作品”。凡·高的“粗野”被用下面的词句来打发:“一个还算有能力的印象主义者,笨拙(!),对美知道得很少,用他的粗野与不重要的图画弄脏了大量的画布。”马蒂斯被说成是这样的人中的一个,他们“放弃了所有对技巧的尊重,所有对媒介的感觉;满足于用粗糙的线与色调来涂抹画布。它们对所有真正艺术的含义的否定对于一种自鸣得意的满足是至关重要的。……它们不是艺术作品,而是软弱无力的傲慢而已”。这里所说的“真正艺术”是司法式批评的典型特征。这里,没有什么比对前面提到的艺术家的重要之处更严重的颠倒了:凡·高是爆发性的,而不是笨拙的;马蒂斯以过分注重技巧而闻名,并不粗糙,而天生具有装饰性;而将“二流的”一词用于塞尚,则更是不言而喻。然而,这位批评家在这时就接受了马奈与莫奈的印象主义绘画——这发生在1913年,而不是20年前;而他的精神上的后代无疑会将塞尚与马蒂斯当作标准,并谴责绘画艺术中的某些未来的运动。

在前面所提到的“批评”之前,存在着其他的表明总是与墨守法规的批评相关的谬误性质的言论:将特殊的技巧与审美的形式
303 混淆起来。这里所谈到的批评家从一位并非一位职业批评家的访问者所发表的评论中,引用了一段话。后者说,“我从未听说一群人谈论这么多关于意义和关于生活的话,而很少谈论技巧、价值、色调、素描、透视、对蓝色与白色的研究,等等。”然后,这位司法式批评家补充道:“我们很感谢这段关于谬误的具体证据,它比其他证据对过于轻信的观察者更容易构成误导和完全迷惑的威胁。带着对‘意义’与对‘生活’的关心去看这个展览,而以牺牲技巧问题为代价,不只是回避问题的实质,而是用双手放弃它。在艺术中,

艺术家掌握那些技术过程，借此他是否具有天才呼唤它们[原文如此]出现之前，‘意义’与‘生活’的成分并不存在。”

这段评论的作者企图将技巧问题排除在外的含义的不公正性是所谓的司法式批评的典型特征，它之所以重要，只是因为它表明，批评家只有在技巧等同于某一个程序模式时可以如何完全地对它进行思考。这一事实极其重要。它表示了甚至最好的司法式批评的失败的根源：不能应付新的生活模式的出现——要求新的表现模式的经验的出现。所有后印象主义画家（塞尚是部分例外）在他们的早期作品中都显示出对前一辈的大师们的技巧的掌握。库尔贝、德拉克洛瓦，甚至安格尔的影响在他们身上到处可见。但是，这些技巧适合于老的主题的表现。当这些画家成熟之时，他们就有了新的视野；他们以一些新的方式看世界，对此老一辈的画家不敏感。他们的新题材要求一种新的形式。并且，由于技巧对形式的相对性，他们被迫实验，从而发展新的技术程序。[①] 一种在物质上与精神上都变化了的环境要求新的表现形式。

我再重复一遍，在这里，我们揭露了甚至最好的司法式批评的固有缺陷。在任何艺术中，一个重要的新运动的意义本身，在于它表现了人的经验中的某种新的东西，某种新的活的生物与他的环 304
境之间的互动关系，以及由此而来的先前受钳制或迟滞的力量的释放。因此，运动的显示得不到评判，而只有在将形式等同于某种熟悉的技法时所产生的误判。除非批评家首先对“意义与生活”作为要求自己的形式的质料感到敏感，否则的话，他就会在具有独特

---

① 参见本书第142页。

的新的性质的经验出现面前无能为力。每一位专业人士都受着习惯与惯性的影响，并且必须保护自身，免受一种有意面向生活本身的开放性影响。这位司法式批评家树立起的事物本身对他要求遵从原则与范例构成了威胁。

许多所谓的司法式批评的笨拙无能，呼唤着一种处于另一极端的反应。这种主张取"印象主义"批评的形式。它在实际上，如果不是在词句上的话，否定判断意义上的批评的可能性，并断言，判断应该为对艺术对象所激发的感觉与想象反应所作的陈述取代。在理论上，尽管并不总是在实践中，这种批评是从现成的规则与先例的标准化的"客观性"到一种缺乏客观性的主观性混乱的反抗，并且，如果在逻辑上得到贯彻的话，就可能会导致各种互不相关事物的混杂一片——有时事实上已如此。朱尔·勒梅特*曾对印象主义的观点给过一个经典的陈述。他说："不管它的要求如何，批评都绝不能超出对印象的说明，这种印象在一个特定的时刻，由一件艺术作品制造出来，对我们起作用，而这件艺术品也是艺术家本身对他在某一时间里从世界接受的印象的记录。"

这里的陈述包含了一个暗示，如果将此公开的话，就远远地处于印象主义理论的意图之外了。为一个印象下定义，所包含的意思要远远超过只是说出它来。作为事物与事件作用于我们的完全在性质上未分析效果的印象，是所有判断的前身与开始。[①] 一个

---

* 朱尔·勒梅特(Jules Lemaître)，法国评论家、小说家及剧作家。他反对评论的教条主义，主张印象派评论，主张评论者对作品的富于人情的见解。——译者

① 参见本书第191页。

新的思想在进行广泛研究之后也许会终止于精细的判断，但在开始时只是一个印象，甚至对于一位科学家或哲学家来说，也是如此。但是，要定义一个印象，就要对它进行分析，而分析只有在超 305
越印象，求助于它所依赖的基础和它所导致的后果时，才有可能进行。而这一过程就是判断。甚至传达其印象的人将他的对此所作的说明，他的区分与界定限制在他的气质与个人历史的基础之上，向读者坦露心迹，他仍超出了单纯的印象，走向了某种对它具有客体性的东西。因此，他从他的角度向读者提供了一个“印象”的基础，比起那种仅仅是“我似乎感到”的印象来说，它更具有客观性。那么，有经验的读者就具有了在不同人的不同印象间，根据拥有此印象的人的偏爱与经验来进行区分的手段。

对客观基础的指涉开始于对个人历史的陈述，却不是在此中止。为自己的印象下定义的人的传记并不存在于他的身体与心灵之内，而是由于与外部世界——一个在其某些方面和阶段与他人共有的世界——相互作用才产生的。如果批评家明智的话，他就会通过考虑进入到他自身历史的客观原因来评判此历史的某一时刻出现的印象。除非他这么做，至少是暗中这么做，具有鉴识力的读者必须为他而完成任务——除非他盲目地沉醉在印象本身的“权威”之中。在后一种情况下，印象之间就没有什么区别；一位有教养的心灵与一位不成熟的狂热之徒的冲动就处在同样的水平之上。

我们所引用的勒梅特的话还有另一层含义。它提出一种客观的比例：题材之于艺术家，就像艺术作品之于批评家一样。如果艺术家麻木不仁，如果他没有在某些直接的印象中蕴涵着从先前丰富积累的经验发展出来的意识，他的产品就是贫弱的，其形式就是

机械的。批评家的情况也没有什么两样。说艺术家的印象出现于
306 “某时”，以及批评家的印象发生在“某刻”，这里面包含着一种不合法的暗示。这就是说，由于印象存在于一个特定的时刻，它的意味就局限于那个狭小的时空之中了。这个暗示是印象主义批评的一个根本的谬误。每一个经验，甚至那包含着由于长时间研究与反思而得出的结论的经验，也存在于一个特定的“某刻”之中。从这一事实推断出它的意味与有效性是偶然的事件，就是将所有的经验化约为一种变化着的无意义事件的万花筒。

此外，将批评家对一件艺术作品的态度与艺术家对他的题材的态度作比较的做法是恰当的，但这对于印象主义理论却是致命的。艺术家所具有的印象，并不是由印象构成的；它由通过想象性视觉所显示出来的客观材料构成。题材充实着来自与一个共同世界的交流而产生的意义。艺术家在最自由地表现他自身的反应时，也是处于客观强迫的重压之下。许多批评的问题，除了它们的印象主义标签以外，在于批评家**没有**对所批评的作品取一种艺术家对“他从世界接受的印象”所取的态度。批评家比起艺术家来说，更可能说出不着边际而武断的警句，同时，对于眼与耳来说，未能很好为题材所控制，要比批评家们的相应的失败更加明显得多。无论如何，批评家生活在另一个世界已经是一个足够大的倾向，这无须得到一个特别的理论的批准。

如果不是司法式批评家犯下的错误，如果这些错误不是源于他们所持的理论，就几乎不会出现对印象主义理论的反应。由于前者建立了虚假的客观价值与客观标准的观念，印象主义批评家就很容易完全否认客观价值的存在。由于前者实际上采用了一种

具有外在性的标准的观念，这个标准是为着实际的目的而在使用中发展起来的，得到了法律的认可，后者则假定不存在着任何种类的标准。就其精确的含义而言，一个“标准”的意思是明确的。它是一个量的尺度。码是长度的标准，而加仑是液体容量的标准，它们精确到可作法律规定。例如在英国，1825 年由议会作出法案规 307
定液体量度标准，即一个容器中装入处于空气中、气压表指向 30 英寸、华氏温度表 62 度时的 10 磅蒸馏水所占的体积。

标准具有三个特征。它是一个特别物质性的事物，存在于具体的物理条件之下；它*不*是一个价值。码是一个码尺，而米是一根保存在巴黎的棍子。第二，标准是由具体的事物，由长度、重量与容量来衡量的。所衡量的事物不是价值，尽管能够对它们衡量是具有巨大的社会价值的，因为事物以尺寸、体积、重量的方式出现的属性对于商业交换来说是重要的。最后，作为尺度的标准，它按照*量*来为事物界定。能够对量进行衡量对于进一步的判断来说是一个很大的帮助，但它本身仍不是判断的一种。作为一个外在的与公共的东西，标准被*物质性*地运用着。码尺被物质性地放在所衡量的东西之上，以决定它们的长度。

因此，除非注意到“标准”在今天所赋予的意义与它被当作尺度时的意义的根本不同，“标准”一词被用在有关艺术品的判断的场合之时，所产生的只是混乱。批评家所做的只是判断，而不是测量物理事实。他关注某种个体的东西，而不是比较——像所有测量所做的那样。他的题材是定性的，而不是定量的。没有对所有相互作用都一视同仁的规律所规定的外在与公共的事物，可被物质性地应用。能使用码尺的孩子就能像最有经验与最成熟的人一

样进行测量，只要他能操纵这根尺子就行。这是由于测量不是判断，而是一种为着决定价值而进行的物理运作，其目的是为了换取或有利于某种进一步的物理运作——一位木匠测量他用以进行建筑的木板就是如此。同样，对一个想法的价值，或者一件艺术品的价值的判断也不能说是测量。

由于批评家们没有意识到用于测量与用于判断或批评的标准的意义之间的区别，格鲁丁(Grudin)先生可以谈论艺术作品固定
308 标准的信仰者："他的做法是，寻找一种语词与观念的偏离来支持他的主张；并且，他不得不相信他在所有可得到的零碎的，属于各种学科，并被聚集来以临时充当批评原理的东西的意义。"而且，他以不太严肃的口吻补充道，这是文学批评的通常做法。

然而，这不是说，由于缺少一种统一而可由公众决定的外在对象，对艺术的客观批评就不再可能。随之而来的是，批评是判断；像每一个判断一样，这里面有冒险即假设的成分；它被导向性质，然而这却是**对象**的性质；并且，它涉及个别的对象，而不是通过外在的、预定的规则在不同事物之间进行比较。由于这种冒险的性质，批评家在他的批评中展示自身。当离开所判断的对象之时，他漫游到另一个领域，并将价值搞乱了。没有什么地方像在美的艺术中那样，比较变得如此面目可憎。

欣赏被说成是与价值有关，而批评则通常被当作是一个评价过程。当然，这个观念中当然存在着真理。但是，依据流行的解释，模棱两可的语言充斥其中。毕竟，人们关心一首诗、一出舞台剧、一幅画的价值。人们意识到它们是定性关系中的性质。这时，人们没有将它们**当作**价值来分类。人们可以宣布一出戏好或

“糟”。如果一个术语这样直截了当地作评价的话，那么，批评就不是评价。批评与直接说出具有完全不同的性质。批评是搜寻对象的、可对这种直接的反应作出说明的性质。然而，如果这种搜寻真诚可靠的话，那么，它在进行时所关注的就不是价值而是正在考虑的对象的客观性质——如果是一幅画的话，所关注的就是处于相互关系中的色彩、光线、位置、体积。这是一次考察。最终，批评家也许会，也许不会明确宣布对象的总体“价值”。如果宣布，他的声明就会比未考察时更为明智，因为这时，他的知觉性欣赏得到了更多的指导。但是，当他确实对对象的判断作总结时，如果他小心谨慎的话，他就会以客观检查结果的报告的形式来做。他会意识到，309
他在不同程度上所断言的“好”与“坏”，说的是某种好的或坏的性质，它本身会在其他人在他们与对象进行直接的感知性交流时得到检验。他的批评就像一份社会记录一样，可由其他人在接触到同样的客观材料时进行核对。因此，如果批评家明智的话，甚至在声明某对象好或坏，价值大小之时，也会强调支持他判断的客观特点，而不是价值本身的出色与贫乏。他的考察也许会对其他人的直接经验有帮助，正像对一个国家的考察对在这个国家旅游的人有帮助一样，而关于价值的论断只起着限制个人经验的作用。

如果并不存在艺术作品的标准，因而也不存在批评的标准（这里的标准取其度量衡的意义）的话，却存在着判断准则，因而批评并不仅只是属于印象主义范畴。* 对形式与质料关系、艺术中媒

* 在这里，作者区分了两个词，一是 standard，译为“标准”，一是 criterion，译为“准则”。作者认为，艺术作品与批评不存在标准，但却受准则的制约。——译者

介的意义，以及表现性对象的性质的讨论，是论述者试图发现这些准则的努力的一部分。但是，这些准则不是规则或规定。它们是寻找作为一个经验（构成此结果的那种经验）的艺术作品是什么的努力的结果。只要此结论有效，它们对于个人经验具有手段的作用，而不是命令任何人应该取某种态度。陈述作为一个经验的艺术品是什么，可以使对特殊艺术作品的特殊经验更切合于所经验到的对象，更了解自身的内容与意图。这是任何的准则可以做的；假如，并且只要结论是无效的，更好的准则就会通过改进了的对一般艺术品作为一种人类经验形式的性质的考查而提出来。

批评就是判断。判断从中生长出来的材料是作品，是对象，但
310 是，这一对象进入到批评家的经验之中，经过了与批评家自己的感受性与知识的相互作用，并得到了所保存的过去经验的支持。因此，涉及其内容，判断将随着引起判断的具体材料的变化而变化，并且要想使判断中肯有效，就必须始终得到材料的支持。然而，判断由于要实现某种功能，因此具有一个共同的形式。这些功能就是区分与结合。判断必须唤起一种对组成部分的更清楚的意识，并发现这些部分是如何连贯地相互作用，以形成一个整体的。理论将这些功能的施行称为分析与综合。

这两者不能相互分开，因为分析所揭示的部分是作为一个整体的部分；是从属于整体情境，即一个整体论述的细节与个别之处。这一活动与切成碎片或解剖活动是对立的，甚至在需要这后一种活动的一些成分而使判断成为可能时也是如此。对于这样一个复杂的、决定整体的关键部分，及其相关的在整体中的位置与分量的动作，在施行时并不能将什么规则加于其中。也许，这正是讨论文学的学术论文常常只是经院式地列举细节，而所谓的绘画批评则属于专门家所进行的类似于笔迹的分析的原因。

分析判断对批评家的心灵是一个测试，因为心灵在组织到来自过去与对象的交流所得到的意义的知觉之中时，是区分的器官。因此，对批评家起保护作用的是一种莫大的、有见识的兴趣。我说“莫大的”，是因为没有一种与强烈的对某些题材的爱好联系在一起的自然的敏感，一位批评家即使具有广泛学识，也会变得冷漠，不能深入到一件艺术作品的内心之中。他会停留作品之外。然而，如果感情中没有活跃着作为丰富而充实的经验产物的洞察力，判断就将是片面的，或者不能超出滥情的水平。学识必须成为兴趣之温暖的燃料。对艺术领域的批评家来说，这种有见识的兴趣意味着熟悉这门独特艺术的传统；这种熟悉并不仅限于关于对象的知识，因为它来自于个人与那些构成了传统的对象的亲密接触。从这个意义上说，对名著，以及次名著的熟知，尽管不是作评价的 311
权威，也是敏感性的“试金石”。这是由于名著只有在被放在它们所从属的传统中时，才能被批判地欣赏。

不存在什么艺术，在其中只有单一的传统。那些不熟知多种多样传统的批评家必然具有局限性，他的批评将是片面的，以至扭曲的。前面所引用的有关后印象主义绘画的批评来自于那些将他们想象成由于专门接受某单一传统的训练而成为专门家的人。在造型艺术中，不仅存在着佛罗伦萨与威尼斯传统，而且存在着黑人、波斯人、埃及人、中国人与日本人的艺术传统——这里只列举几个突出的例子。正是由于缺乏对多种多样传统的感受，样式上

的不稳定摆动成为不同时期对艺术作品态度的标志——例如，对拉菲尔与罗马学派过高估计，是以牺牲一度流行的丁托列托与格列柯为代价的。专门追随“古典主义”与“浪漫主义”的批评家们的许多无休无止而毫无意义的争吵，都具有类似的起源。在艺术的领域中，存在着许多大厦，艺术家们已经建造出它们。

通过对多种状态的知识，批评家们了解到大量的可在艺术中使用的材料（因为它们已经被使用了）。由于作品中具有他所不熟悉的质料，他避免这个或那个作品在审美上是错误的这样仓促的结论，并且，当他碰到一件作品，一件过去没有发现过先例之时，他会小心谨慎，避免立刻就作出谴责。既然形式总是与质料结合在一起，如果他自己的经验具有真正审美性的话，他也会欣赏所存在的多种特殊形式，提防将形式等同于他逐渐变得喜欢的某些技巧。简言之，不仅他的一般背景得到扩大，而且他将彻头彻尾地熟悉一个更为根本的质料，即多种经验方式的题材走向实现的条件。而这种经验实现过程构成了所有艺术作品的客观的与公众可理解的内容。

这种关于许多传统的知识与区分本身并不对立。尽管我曾在对司法式批评的忽略所作的谴责的绝大部分篇幅中都说到这一
312 点，在一些错位的赞美中，它仍有可能被作为一个异乎寻常的错误来被引用。缺乏对许多传统的同情的了解，导致批评家更愿意欣赏那些技巧熟练的学院派的艺术作品。17 世纪意大利绘画赢得了远超过它们应得到的喝彩，原因就在于它以高度的技艺，将此前意大利艺术有所限制的因素推向了极致。对各种传统的广泛知识是严格与严厉的区分的条件。只有通过这种知识，批评家才能识

别艺术家的意图，以及他对意图处理的充分性。批评的历史充斥着粗疏与任性，对那些除了以熟练的技术来使用材料以外没有长处可言的作品，充满着赞美之词；如果有了充分的关于传统的知识的话，就不会如此了。

在绝大多数情况，一位批评家所作的区分必须得到对一位艺术家发展情况的知识的帮助，而那是通过他的一系列作品显示出来的。只有在很少的情况下，才能够根据一位艺术家的活动的单一样本而作批评。批评家不能这么做的原因，不仅在于荷马有时也会打瞌睡，而且在于对一位艺术家发展逻辑的理解对于区分他在任何单一的作品之中的意图是必要的。这种理解的拥有是对背景的扩展与提炼，没有它的话，判断就是盲目与武断的。塞尚关于传统的典范与艺术家关系的话，对于批评家也是适用的。“对威尼斯派画家，特别是丁托列托的研究，使人们处于一种对表现手段的持续寻找之中，它将肯定会将人引导向来自一个人自身表现手段之本性的经验。……卢浮宫是一本很好的可供参考的书，但也只是一个中间物。丰富多彩的大自然的景色才是真正要从事的最重要的研究。……卢浮宫是一本我们从中学习怎样阅读的书。但是，我们不应满足于保持我们杰出的前辈的公式。让我们离开它们，从而研究美的自然，并按照我们个人的气质来寻求表现吧。时间与思考逐渐地改变着视觉，最终就有了理解。”改变需要改变的术语，批评家所使用的方法就凸显了出来。

批评家与艺术家一样，具有他们的偏爱。自然与生活在有些 313
方面是硬的，有些方面是软的；有些艰苦而令人沮丧，有些则妩媚诱人；有些令人激动，有些使人平静；如此等等，以至无穷。绝大多

数的艺术"流派"都是在展示朝向一个或另一个方向的倾向。然后，某些独创的视觉形式捕捉住了这种倾向，并将之发挥到极致。例如，存在着"抽象"与"具体"（即更为熟悉）之间的对比。某些艺术家努力实现最简化，感到内在复杂性的过分发展会导致注意力的分散；而另一些人则对内在分类多样性中最符合组织性的情况进行了思考。[①] 另外，也存在着在坦白与公开的方法和以象征主义的名称出现的、针对含糊不清的质料的间接的与暗示的方法之间的区别。有些艺术家倾向于托马斯·曼所谓的黑暗与死亡，另一些人则因阳光与空气而感到高兴。

不用说，每一个方面都具有困难与危险，随着它们达到自身的限制点时，困难与危险就增加。象征性也许会在非理智性与平庸的直接方法中失去自身。"具体的"方法以单纯的描画告终，而"抽象的"方法终止于科学的训练，如此等等。但是，当形式与质料达到平衡之时，两者都被证明是正当的。危险在于，批评家在个人的偏见或更常见的是在党派的陈规旧习的引导下，将采用某种步骤作为他的判断准则，而将所有的偏离都谴责为背离艺术本身。他然后就会失去所有艺术的关键，即形式与质料的统一，而失去的原因在于由于他的本身的与接受到的片面性，他对于活的生物与他的世界之间相互作用的巨大的多样性缺乏足够的同情。

在判断中，不仅存在着一个区分的阶段，也存在着一个统一的阶段——技术上讲，这是综合，以区别于分析。这种统一的阶段，

① 尽管关于动物艺术的两个例证主要用来表示艺术中"本质"的性质，它们也对这两种方法构成了说明。

甚至比起分析来更是作判断的个人的创造性反应的功能。这是洞察。不可以为它的活动制定什么规则。正是在这一点上，批评自身成了一门艺术——否则的话，就会是一种按照现成的蓝图所制定的规则而起作用的机制。分析、区别，都必须导致统一。要想展示判断，就必须按照其在形成一种综合经验中的分量与功能而区 314
分其细节与部分。批评家的工作方式就像是鲁滨逊坐下来列出一张有利因素与会遇到麻烦的借贷表一样。批评家指出许许多多的缺陷，许许多多的优点，最后达到一个平衡。由于对象，如果它毕竟是一件艺术作品的话，是一个综合的整体，这种方法就不着边际，令人厌烦。

批评家必须发现某种贯穿所有细节的统一的线索或样式这一事实，并不表示他必须自己生产出一个完整的整体。有时，有一类批评家干脆用自己的作品取代了他们说是要评论的作品。其结果也许是艺术，但却不是批评。批评家所追寻的统一，必须作为其特征而存在于艺术品之中。这一陈述并不是说，在一件艺术作品中，只有一个统一的思想或形式。这里的意思是，批评家应捕捉住某种实际存在着的谱系或线索，将之清楚地展示出来，使读者有了一个新的提示，从而对他自己的经验起引导作用。

一幅画可以通过光、平面、色彩的有结构的使用关系而带来统一，而一首诗则通过占支配地位的抒情性或戏剧性。并且，同样的一件艺术作品向不同的观察者呈现出不同的样式与侧面——正像一位雕塑家也许会从一块石头中看出不同的形象一样。从批评家一方看，一种统一的样式与另一种具有同样的合法性——假如两个条件都符合的话。其中的一个条件是，由兴趣所选择的主题与构思被真正地呈现在作品之中，而另一条则是这一最高的条件的具体展示：主导的论题必须表现为在作品的各部分始终连贯地保持着。

例如，歌德在说明哈姆雷特的性格时，对“综合”批评作出了一个著名的展示。他对哈姆雷特的基本性格的观念使许多读者看到了该剧中一些否则的话就不会注意到的事物。这成了一个线索，
315 或更确切地说一种凝聚力。然而，他的观念并非仅有的一种各戏剧成分可被带入到焦点之中的方式。那些看到过埃德温·布思[*]对这个人物刻画的人，都会沉醉于这样的思想，即哈姆雷特在盖登思邓没有能吹木箫之后对他说的一段话可以看出他作为一个人的关键之处。“怎么啦，你看，你是如何的小觑了我！你想玩弄我，仿佛你早已熟悉了我的音调变化；你想挖掘我心灵深处之奥秘，想教我奏出我的整幅音阶；可是，在此区区一支小木箫，虽然它拥有无限的音乐，美妙的声音，你却无法使它发出来。混账！难道你觉得我比一根木管还容易玩弄吗？你可把我当作任何乐器，不过，你是玩弄不了我的！”

人们习惯于将判断与谬误紧密地联系在一起来对待。审美批评的两大谬误是约简与范畴的混淆。约简谬误是过分简单化的结果。它在艺术作品的某个要素被孤立，然后整体被约简以符合这个单一而孤立的要素时存在。这一谬误的一般化例证在前一章已

[*] 埃德温·布思(Edwin Booth，1833—1893)，美国演员，哈姆雷特的最杰出扮演者之一。——译者

经考察过了：例如，将一种感觉的性质，例如色彩或音调从关系中孤立开来；孤立出纯形式成分；还有，一件艺术品被约简为专门的再现价值。同样的原理适用于技巧被人们从它与形式的联系中分离之时。一个更为具体的例子可从历史、政治或经济观点出发所作的批评中找到。无疑，不仅在艺术作品之外，而且在艺术作品之中，都存在着文化环境。它作为一个真正的组成要素而进入，并承认它在公正的区分中是一个成分。威尼斯贵族阶层与商业富豪的奢华是提香绘画的一个真正的组成因素。但是，那种将他的画约简为经济文献的谬论，正像我曾经听到的一位列宁格勒冬宫博物馆中的“无产阶级”导游所说的那样，如果这种情况不是表现得非常巧妙，以致一般看不出来的话，就是粗俗得显然不值一提。另一方面，法国12世纪雕像与绘画的宗教的简朴性与严谨性在它们的文化氛围中构成，这些性质与这些作品对象的严格的造型性质一 316
道，成为作品的基本审美性质。

这种约简谬误的一个更为极端的例子是依照偶然存在于艺术作品之中的因素来对它们作“解释”或“阐释”。许多所谓的心理分析“批评”都具有这种性质。那些也许——或者也许没有——在一件艺术品的产生中起了作用的因素被当作似乎它们“解释”了艺术作品本身的审美内容。然而，这后者就等于说，是否一种对父亲或母亲的固恋，或者对于妻子敏感性的特别重视，进入到了艺术品的生产之中。如果这里所说的因素是真的，而不是猜测，那么，它们也只是与传记有关，而与作品本身的特征毫无关系。如果作品有缺陷的话，它们也只是在对象本身建构过程中所发现的瑕疵而已。如果俄狄浦斯情结是艺术作品的一部分的话，我们就可以独立发

现它。但是，心理分析批评并非是仅有一种落入到此谬误之中的批评。每当某种艺术家生活中的所谓机缘，某种传记性事件，被当作仿佛是由此而产生的对诗的欣赏的替代物时，这种情况就兴盛起来。[①]

另一个这种类型的约简谬误的主要样式在所谓的社会学批评中流行。霍桑的《带有七个尖角阁的房子》、梭罗的《瓦尔登湖》、爱默生的《文集》、马克·吐温的《哈克贝利·费恩历险记》与各自所产生的环境无疑具有一种关系。历史与文化的信息也许会有助于揭示它们产生的原因。但是，当所有都说了和做了之时，每一件作品就成了一个艺术上的存在，它的所有审美上的优缺点都存在于作品之中。关于它们产生的社会状况的知识，在它是真知识之时，具有真正的价值。但是，它不能替代对于对象的自身的性质与关系的理解。偏头痛、眼睛疲劳、消化不良，也许在产生某种文学作品中起过某种作用；它们甚至从因果关系的观点看可以说明某种所生产的文学作品的性质。但有关它们的知识，只是增加了一种
317 对原因与结果的医学学识，而不是对所生产的东西的判断，尽管这种知识引导作者倾向于否则的话我们就不会分享的道德上的仁慈。

我们由此而被引向审美判断的另一个大谬误，它确实与约简谬误混合在一道：范畴的混淆。历史学家、生理学家、传记作者、心理学家，都具有他们自身的问题，以及他们自己的、控制着他们所

---

① 马丁·舒尔兹在他的《学术幻觉》一书中，为这种谬误提供了中肯而详细的例证，显示出它们是审美阐释诸学派所共有的手段。

从事的研究的主要观念。艺术作品为他们的特殊研究提供了相关的资料。研究希腊人生活的历史学家如果没有将希腊艺术的典范作品考虑在内的话,就不能建构出他对希腊生活的报告;这些作品对他的目的来说,至少与雅典和斯巴达的政治制度一样重要和珍贵。柏拉图和亚里士多德所提供的对艺术的哲学阐释,对于记录雅典精神生活的历史学家来说是不可缺少的文献。但是,历史判断不是审美判断。有这样一些适用于历史的范畴——它们对研究观念起控制作用,当它们被用来控制也具有自己思想的艺术的研究时,就只能产生混乱。

对于历史研究适用的东西对于其他的领域也适用。雕塑与绘画,以及建筑都具有数学的方面。杰伊·汉比奇曾发表过一篇谈希腊花瓶中的数学的论文。一部天才的讨论诗的数学性形式成分的作品曾被创造出来。传记作者如果要构筑歌德或麦尔维尔*的一幅生活画面而不使用他们的文学作品的话,就是失职。建构艺术作品中的个人过程对于某种精神过程的研究来说是珍贵的资料,就像程序的记录对于从事精神活动研究的科学家来说非常重要一样。

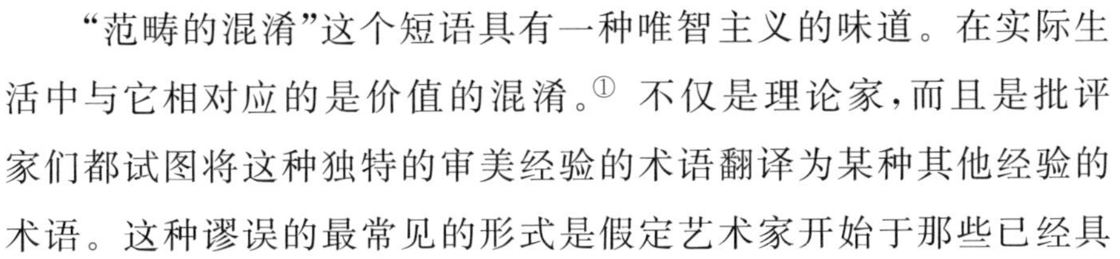

“范畴的混淆”这个短语具有一种唯智主义的味道。在实际生活中与它相对应的是价值的混淆。[①] 不仅是理论家,而且是批评家们都试图将这种独特的审美经验的术语翻译为某种其他经验的术语。这种谬误的最常见的形式是假定艺术家开始于那些已经具 318

* 麦尔维尔(Herman Melville,1819—1891),美国后期浪漫主义小说家和诗人。——译者

① 伯迈耶(Buermeyer)的《审美经验》一书有很重要的一章,用的就是这个题目。

有公认的道德的、哲学的、历史的或其他什么状态的原料，然后通过加上情感的香料、想象的调味汁，使它变得更加可口。艺术作品被当作是仿佛对已经在其他的经验领域通行着的价值的重新编辑。

例如，宗教价值无疑对艺术施加了无可比拟的影响。在欧洲历史上的一段很长时间里，希伯来与基督教的传说构成了所有艺术素材的来源。但是，这一事实本身对独特的审美价值并不构成任何说明。拜占庭人、俄罗斯人、哥特人，以及早期意大利人的绘画都同样是“宗教的”。但在审美上，各自都具有自己的性质。无疑，不同的形式与宗教的思想和实践的差异联系在一起。但是，镶嵌图案形式的影响在审美上是一个更相关的考虑因素。这里所涉及的问题是前面的讨论常常提到的材料与质料的区别。媒介与效果是重要质料。由于这个原因，后来的那些没有讲宗教故事的艺术作品具有深刻的宗教效果。我想，在新教神学对它们的主题的反对被淡化与遗忘之时，《失乐园》的伟大艺术成就会得到更多，而不是更少的承认，这部诗也会被更多的人阅读。这一观点并不意味着形式独立于质料之外。它意味着艺术的实质不同于主题——就像《古舟子咏》的形式不同于作为它的主题的故事本身一样。弥尔顿所描述的具有巨大力量的戏剧性行动的场景，不必成为审美上的麻烦，就像《伊利亚特》不会给现代读者带来麻烦一样。在一件艺术品的载体，即通过它一位艺术家接受他的题材并将它传达给直接的观众的精神负载物，与这件作品的质料与形式之间，存在着一个深刻的差别。

比起宗教来，科学对艺术价值的影响要小得多。一位批评家

如果能断言但丁或弥尔顿作品的艺术性受到他所接受的一种在今天已经没有科学基础的宇宙演化论的影响，他就将是一位勇敢的人。至于将来的情况，我想华兹华斯说得很对："……如果从事科学的人的劳动能以我们的条件或我们所习惯上接受的印象创造任 319
何物质革命（直接的或间接的），那么，诗人就不会比现在睡得更沉一点……他将会站在他的一边，将感觉带入到科学本身的对象之中。化学家、植物学家、矿物学家的最细微的发现，正像它们能被应用到自己的对象之上，到了一定的时间，这些事物会使我们感到熟悉一样，它们也将会成为诗人的艺术的合适的对象，并且，被这些各自科学的追随者所思考的关系也将成为我们这些享受着或经受着苦难的人的看得见、摸得着的材料。"但是，诗不能由于这个原因而变成只在做科学普及工作，它的独特的价值也不在科学上。

有些批评家将审美的价值与哲学价值，尤其是那些由哲学上的道德学家们所制定的价值混淆起来。例如，T. S. 艾略特说，"最真的哲学是最伟大的诗人的最好的素材，"他的意思是说，诗人所做的是使哲学上的内容通过加上感觉与情感的情质而更为通行。仅仅"最真的哲学"这个词就是可争议的。但是，这一派的批评家并不缺乏对这一点的明确的，更不用说独断的信服。由于记住了某种过去时代流行的人与宇宙的关系的观念，他们在没有任何独特而特殊的哲学思考的能力的情况下，就要宣布某些权威的判断。他们将这种关系的恢复看成是将社会从现今的邪恶状态赎回的关键。从根本上说，他们的批评只是道德药方。由于伟大的诗人都具有不同的哲学，接受他们的观点就导致这样一种情况，如果同意但丁的哲学，我们就必须谴责弥尔顿的诗，而如果接受卢克莱修的

诗的话，我们就必须认为，其他两人都不幸具有缺陷。并且，在这些哲学中的任何一种的基础之上，歌德的位置在哪里？然而，这些人都是我们伟大的“哲理”诗人。

所有的价值的混淆最终都是从同样的源泉开始的——忽视媒介的内在意义。使用一种独特的媒介，一种具有自己特征的特殊的语言，是每一种哲学的、科学的、技术的与审美的艺术的源泉。科学的、政治学的、历史学的，以及绘画与诗的艺术都最终具有同
320 样的材料：那种由活的生物与他的环境相互作用所构成的东西。它们在传达与表现这种材料时所用的媒介不同，而不是材料不同。每一种艺术都从某种生糙的经验材料的阶段按照其目的而转变为新的对象，每一个目的都要求一种作为其处理对象的独特的媒介。科学所使用的是那种适应于控制与预测，适应于力量的增长的目的的媒介；这是一种艺术。[①] 在特定的条件下，它的质料也可以是审美的。审美艺术的目的在于加强直接经验本身，它使用适合的媒介来达到这一点。批评家所需要装备的，首先是具有经验，其次是根据所使用的媒介抽引出其要素。这两方面中的任何一方的缺乏，都不可避免地会导致价值的混淆。由于其特别的材料而像一种哲学，甚至一种“真的”哲学一样对待诗，与假定文学由于其材料而具有语法是一回事。

当然，一位艺术家可以拥有一种哲学，并且这种哲学可以对他的艺术活动产生影响。由于词的媒介已经是社会艺术的产物，已经蕴涵着道德意义，从事文学的艺术家常常要比用造型媒介来工

---

① 我曾在《确定性寻求》一书中对这一点加以强调，见第四章。

作的艺术家受某种哲学的影响。桑塔亚那先生是一位诗人，也是一位哲学家和批评家。此外，他说出了他在批评中使用的标准，而这个标准是绝大多数批评家没有说，甚至不知道的。关于莎士比亚，他说，“……他看不到整个宇宙；他似乎没有感到形成那种思想的需要。他描绘了人的生活的丰富性和多样性，但没有为此生活提供一个背景，从而没有为它提供意义。”由于莎士比亚所表现的场景与人物都各有其背景，因此，这段话的意思显然是缺少一个特殊的背景，即总的宇宙背景。这种缺乏不是通过暗示的方式表述出来，留给人们去猜测；它得到了明确的表述。“不存在任何主宰与超越我们属于人的能量的，自然的或道德的力量的固定观念。”这里所抱怨的是缺乏“总体性”；完满性不是完整性。“理论的完整性所要求的不是这个或那个体系，而是某种体系。” 321

与莎士比亚不同，荷马与但丁都具有一种信心，要“将经验的世界包裹进一个想象的世界之中，在其中理性的理想，幻想与心灵的理想都具有一个自然的表现”。（这里着重号都不是原来就有的。）他的哲学观点也许可以在一句出现在对布朗宁批评的话中得到最好的概括：“经验的价值不是在经验之中，而是在它所揭示的理想之中。”对于布朗宁，据说他的“方法是用同情来渗透而不是用理智来描绘”——这句话人们也许会当作是对一位富有表现力的诗人的赞美性描绘，而它本来所要达到的是敌意批评的目的。

存在着各种各样的批评，也存在着各种各样的哲学。有观点认为，莎士比亚有一种哲学，这种哲学，比起那种将哲学的理想构想成将经验封闭于其中，并用一种超越的，只有超出经验之外才能构想的理性来主宰多样的丰富性，对艺术家的作品更为贴切。存在着这样一种哲学，它认为自然与生活以其充分性提供了许多的意义，并且能通过想象得到多种显现。尽管伟大的历史哲学体系具有广大的范围和崇高的地位，一位艺术家却会本能地对接受任何体系都需要具有的限制持反感的态度。既然重要的“不是这个或那个体系，而是某种体系”，为什么不像莎士比亚那样，接受自由而多样的自然本身的体系，仿佛经验的活动与运动处于价值的多种多样组织之中呢？与自然的运动和变化作比较，“理性”所规定的形式也许会具有独特的传统，它是根据单一与狭隘的经验而构成的一种早熟而片面的综合。符合于多种组织潜力的艺术，集中于多种多样的趣味与目的，自然所提供的——像莎士比亚的作品中那样——也许不仅仅是一种完满性，而是一种完整性和精神上的健全，从而脱离封闭性、超越性和不变性的哲学。批评家的问题
322 是相对于质料的形式的充分性，而不是有没有任何特定的形式。经验的价值不仅仅在于它所揭示的理想，而是在于它揭示许多理想的力量；力量本身比所揭示的理想更根本、更重要，因为它将理想包含在自身的行进之中，打碎它们，又再造它们。人们甚至可以将这个命题颠倒过来，说理想的价值存在于它们所引导的经验之中。

艺术家、哲学家与批评家同样需要面对一个问题：永恒与变化的关系。哲学的偏见在历代的更为正统的状态下，都趋向于无变化，这种偏见对更为严肃的批评家产生了影响——也许正是这种偏见产生了司法式批评。人们忽视了这一事实，在艺术中——以及在自然中，只要我们能够通过艺术的媒介来判断它——永恒是

它们相互支撑关系变化的一种功能，一种结果，而不是一种先在的原则。在布朗宁论雪莱的文章中，可找到一种我感到似乎与批评最接近的东西，对统一的与“全体的”、多样的与运动着的、“个人”与“普遍”之间的关系作出公正说明，因此我将长篇引用该文。“如果说主体性似乎是每一个时代的最终目标，客体性则在其最严格的意义上必须保持其原初的价值。这是由于在这个世界中，不管是作为起点还是作为基础，我们都总是要关注自身；世界不应是被我们了解，然后就扔到一边的东西，而应是回归和再了解的东西。精神上的领悟也许是无限精妙的，但其原材料必须保持不变。”

“存在着这样一个时期，一般性的眼睛可谓是吸收了周围全部的现象，精神的或物质的，怀着了解它所拥有的意义本身，而不是去接受它所具有的观点的欲望。这时，具有崇高视野的诗人就有了通过强化细节的含义与使普遍意义得到丰满，将他具有半领悟性的同伴提到了他自身境界的能力。一个在多少相似的精神下工作的继承者的部落（荷马氏族*）关注于他的发现，并强化他的原理，直到不知不觉地发现世界完全依存于一种现实的阴影，一种冲 323
淡了的激情，一种事实的传统，一种道德的惯例，一种陈年的干草之上。后来就有了对另一种类型的诗人的急切的呼唤，他们将立即用一把新鲜的草取代那种对很久前吞咽下的食物的精神上的反刍；当肯定然而却冲突的事实将再次落入到一种和谐化的规律之时，通过将假定的整体打碎成独立而不分类别价值，而不顾重新组

* 荷马氏族，一个自称是古希腊诗人荷马后裔的氏族，他们是一批吟游诗人，专门吟诵荷马史诗，后成为史诗吟诵比赛会的评判人员。——译者

合它们所需要的未知的规律（这是此后另一位诗人的事），在人的外在而非内在的视像上极尽奢华，为它们的使用形成一种新异而与以前不同的创造，用一种生战胜死的权利来取代它们——去忍受，直到通过不可避免的过程，它的自满自足本身最终要求展示一种它与某种更高的东西的类似。”……

“世上所有的坏的诗（根据类似性而被当成诗）将会被发现来自于在诗人的灵魂属性间的差异的无限的等级中的一个。这种差异造成一种在他的作品与多种多样的自然间的一致性的缺乏——这导致不管什么虚假的形式出现，在诗中显示为一种不是由于其作为人类一般，也不是作为特殊的描绘者，而是被当作是某种非真实的情绪，处于两者之间并对两者都无价值，并由于接受它的人懒惰而不能谴责一种欺骗而获得短暂的存在。”

自然与生活所显示的不是流动而是持续性，而持续性涉及通过变化而存在的力量与结构；至少，它们的变化比表面上的事件更慢，却相比起来更加长久。但是，变化是不可避免的，它尽管并不更好，却必须认真对待。此外，变化并非总是逐渐的；它们在高潮时就出现突变，这里，它就似乎表现为革命性的，尽管在后来的观察中可看出，它们在一个逻辑的发展中具有自己的位置。所有这些情况在艺术中都具有。批评家们对变化的符号并非像对重新与持续那样敏感，使用传统的标准，而不理解它的性质，从过去寻找
324 图式与模式，却不知道每一个过去都曾是其过去的直接未来，而现今的过去也不是绝对的，而是对现在起构建作用的变化的过去。

每一位批评家，就像每一位艺术家一样，都具有一种偏见与偏爱，它与个体的存在本身联系在一起。将之转化一种敏感的知觉

与理智的洞察的器官，并且在这么做的时候不放弃本能的爱好，这正是他的任务，而方向与真诚性正是从中引申出来。但是，尽管他的偏见将他引向事物，当听任他的特殊而具选择性的反应模式在一个固定的模式中变得僵化时，他就不能作出判断。因为它们必须在一个如此多样、如此完满的世界的视野中被观看，它们包含着具有吸引力的无限多样的其他性质和无限多样的其他反应方式。如果艺术的材料找到了它们实际上由此而表现出来的形式的话，甚至我们生活于其中的世界的令人困惑的方面也是这种材料。一种对作为经验的材料的数不清的相互作用特别敏感的经验的哲学，是批评家可以最肯定与最安全地从中汲取灵感的哲学。否则的话，一位批评家怎样才能被多种朝向不同整体经验的完成的运动所鼓舞，使他能够将其他人的知觉指向一个更为完满、更有秩序的对艺术作品客观内容的欣赏？

批评判断不仅仅从批评家对客观质料的经验中生长出来，它的有效性不仅依赖于此，而且还具有深化他人的同样经验的功能。对于所知觉到，并在日常与世界的接触中所处理的事物，科学判断不仅导致增强控制，而且，对那些具有理解力的人来说增添扩展了的意义。批评的功能是对艺术作品知觉的再教育；它对学会看与听这一过程，这一困难的过程，起着辅助作用。那种它的任务是去欣赏，去在法律与道德的意义上判断的观念，吸引了那些受到假定批评具有此任务的人的注意。批评的道德功能是在间接地施行的。具有扩展而迅捷经验的个人，是那种应自赏自得的人。帮助
他的方式是通过由艺术品来扩展他自己的经验，而批评只起辅助 325
作用。艺术的道德功能本身是要去除偏见，消除阻挡视线的污垢，

撕开风俗习惯的面纱，使感觉的力量得以完善。批评家的功能就是促进这种由艺术对象所起的作用。强制地将他自身的赞成与指责、赞美与责难强加在对象之上，标志着未能领悟与实现成为真实的个人经验发展中一个因素的功能。只有在我们自身经历了艺术家在生产作品时所经历的生命过程，我们才能掌握一件艺术作品的全部含义。促进这一积极的过程是批评家的特权。他们也常常由于阻碍这一过程而受到指责。

第十四章　艺术与文明 326

艺术是一种性质，它渗透在一个经验之中；除了比喻的说法以外，它不是经验本身。审美经验总是超过审美。在它之中，一个内容与意义的实体，本身并非是审美的，却在它们进入到朝向其圆满的有规则的有节奏的运动之时，才**成为**审美的。物质本身在很大的程度上具有人性。由此我们回到第一章的主题。审美经验的材料由于其人性——与自然联系在一起，并作为自然一部分的人——而具有社会性。审美经验是一个文明的生活的显示、记录与赞颂，是推动它发展的一个手段，也是对一个文明质量的最终的评判。这是因为，尽管它为个人所生产与欣赏，这些个人的经验内容却是由他们参与其中的文化所决定的。

《英国大宪章》被列为盎格鲁-撒克逊文明伟大的政治稳定器。即使如此，它是在想象中，而不是在字面内容所赋予的意义上起作用。持续不断的力量并非分开的；它们是多种多样的过往事件的功能，而这些事件被组织成意义，形成心灵。艺术是实现这种结合的伟大力量。拥有心灵的个人一位接一位地逝去了，意义在其中得到客观表现的作品保存了下来。它们成为环境的组成部分，而与环境的这个状态相互作用成为文明生活中持续性的轴心。宗教仪式与法律的力量在披上想象所造就的华美、高贵与庄严的外衣

时，就更加有效。如果社会习俗有什么超出一致的外在行动模式之处的话，那是因为它们渗透着故事，并传递着意义。每一艺术门类都以某种方式成为这种传递的一个媒介，而它的产品并非这种
327 渗透着的内容的微不足道的部分。

“希腊的辉煌和罗马的伟大”对我们绝大多数人，很可能对几乎所有历史学者来说，都是对这些文明的总结；辉煌和伟大是审美。对于几乎所有古物研究者来说，古埃及就是它的纪念碑、庙宇与文学。文化从一个文明到另一个文明，以及在该文化之中传递的连续性，更是由艺术而不是由其他某事物所决定的。特洛伊对我们来说，只是在诗歌中，在从废墟中恢复的艺术物品中活着。米诺斯文明在今天就是它的艺术产品。异教的神与异教的仪式一去不复返了，但却存在于今日的熏香、灯光、长袍与节日之中。假如字母只是为了方便商业活动而设计的，没有发展为文学，它们就仍是技术性设施，而我们自己就可能生活在比我们的野蛮祖先好不了多少的文化之中。如果没有仪式庆典，没有哑剧和舞蹈，以及由此而发展起来的戏剧，没有舞蹈、歌曲，以及伴随着的器乐，没有社群生活提供图样，打上印记的日常生活的器皿与物件（这与那些在其他艺术门类中的情况相似），远古的事件在今天就会湮没无闻了。

要想在给更为古老的文明中艺术的功能作出概要以外再做一点什么，是不可能的。但是，那些原始人用来铭记与传递他们的风俗与制度的艺术，那种公共的艺术是源泉，所有美的艺术从中发展起来。那些武器、垫子与毛毯、篮子与罐子特有的图案，成为部落联盟的标志。今天，人类学家依赖于刻在棍子上的，或者画在碗上

的图案来确定它的起源。仪式庆典以及传说将生与死联系在一个伙伴关系之中。它们是审美的，但又不只是审美的。服丧仪式所表示的不只是悲伤；战争与收获的舞蹈不只是聚集精力到要完成的任务之上；魔法不只有一种操纵自然力听从人的命令的方式；宴会也不只是使饥饿者得到满足。这些公共活动方式中每一个都将实践、社会与教育因素结合为一个具有审美形式的综合整体。它们以最使人印象深刻的方式将一些社会价值引入到经验之中。它们将那些显然重要的与显然与社群的实质性生活有关的东西联系 328
起来。艺术在它们**之中**，因为这些活动符合最强烈的、最容易把握的与记忆最长久的经验的需要与条件。但是，尽管审美的线索是到处存在的，它们却并不仅仅是艺术。

在雅典，这个被认为最优秀的史诗与抒情诗、最优秀的戏剧艺术、建筑与雕塑之乡，为艺术而艺术的思想，正像我所说过的那样，是无人能懂的。柏拉图对荷马和赫西俄德的态度似乎过分了一点。但是，他们是人民的道德教师。他对诗人的攻击，就像今天的一些批评家以邪恶的道德影响为由而指控基督教一部分经文一样。柏拉图要求对诗歌和音乐进行检查，是这些艺术所施加的社会的，甚至政治的影响的证明。戏剧是在神圣的日子/假日（holy-days）*演出的；出席演出是出于公民信仰活动的本性。所有建筑的有意义的形式都是公众的，而不是家庭的，更不是专用于工业、银行业或商业的。

---

* 今天的 holiday（假日）一词来源于 holy-day（神圣的日子）。作者在这里倒用词的本义，说明“假日”的宗教起源。——译者

亚历山大时期艺术的衰退，它退化为古代模式的可怜的摹仿，是伴随着城邦的消失和一种帝国集团的兴起而出现的公民意识普遍丧失的标志。关于语法与修辞的艺术与教养取代了创造。并且，关于艺术的理论表明在发生着伟大的社会变化。不是将各艺术门类与社群的生活表现联系在一起，自然与艺术的美被看成是某种来自上天的现实的回声与暗示，这种现实拥有一种社会生活之外的存在，拥有一种实际上处于宇宙本身之外的存在——这是此后所有将艺术当作某种从外部引到经验之中的东西的理论的最终源泉。

随着教会的发展，艺术再次被引入人类生活的联系之中，成为一条人们相互结合的纽带。通过礼拜与圣餐的仪式，教会以感人的形式复兴与改造了所有原有的仪式庆典中最动人的东西。

教会起着罗马陷落后解体过程中的凝聚点的作用，这种作用
329 的力量甚至比罗马帝国还要大。关于理智生活的历史学家将把重点放在教会的教义上；关于政治体制的历史学家将强调通过教会体制法律与权威所得到的发展。但是，作为一个可靠的猜测，对人民大众的日常生活有价值的、给他们某种统一感的影响，是由处于审美线索中的圣餐、歌声与绘画、仪式庆典，而不是由其他的某个东西所提供的。雕塑、绘画、音乐、文学出现在礼拜进行之中。对于聚集在教堂中的崇拜者来说，这些对象与行动起着比艺术品重要得多的作用。很有可能，它们在那些崇拜者心目中，比起在今天的信仰者与不信仰者心目中来说，艺术的因素要少得多。但是，由于这种审美的线索，宗教教导就更易传达，也更持久。通过艺术，它们就从教义转化成了活的经验。

教会对艺术的这种额外审美效果的充分意识，表现在它着手控制艺术努力上。因此，在公元 787 年，第二次尼西亚会议[*]正式颁布下述法令：

“宗教场景的实质内容并非归结为艺术家的主动性；它来自于天主教会与宗教传统所规定的原则。……只有艺术性才属于画家；它的组织与安排属于神职人员。”①这种柏拉图所期望的检查制度发展到了顶峰。

马基雅维里的一段话总是使我感到一种文艺复兴精神的象征。他说，当他完成了当代的事务以后，就会退回到研究之中，沉湎于对古代经典文学的吸收。这一命题具有双重的象征意义。一方面，古代文化将不再活着。它只能被研究。正如桑塔亚那所说，330
希腊文明在今天是一个被赞美的理想，而不是一个要被实现的现实。另一方面，希腊艺术的知识，特别是建筑与雕塑的知识，使包括绘画在内各艺术门类革命化。自然主义的对象形体以及它们在自然风景中的感觉被恢复了；在罗马画派中，绘画几乎是试图生产出一种由雕塑所引发的感受，而佛罗伦萨的学校发展线条中所固有的特殊价值。这种变化既对审美的形式，也对审美的实质产生

* 公元 787 年在尼西亚，即今土耳其境内伊兹尼克，举行的基督教会会议。因公元 325 年也曾在此地开过一次基督教会会议，因此将之称为第二次尼西亚会议。这次会议是基督教会的第七次普世会议，会议讨论了关于圣像崇拜方面的问题。——译者

① 引自李普曼的《道德序言》第 98 页。这里引述了一段话的这一章，提供了规范艺术家作品的具体规则的例证。“艺术”与“实质”间的区别类似于某些无产阶级专政的拥护者们在属于艺术家的技巧或工艺与服务于“党的路线”需要而决定的题材之间所划分的区别。这里树立了一种双重标准。有仅仅作为文学的好的或坏的文学，也有按照它对经济与政治革命的影响而决定的好的或坏的文学。

影响。教会艺术缺乏透视，扁平与轮廓线的性质，对黄金的使用，以及其他多种特征，并不只是表现为缺乏技法与技能。它们与所想要的作为艺术结果的人类经验中的特殊相互作用有着有机的联系。文艺复兴时期出现的世俗的经验，以及从古代文化中所汲取的营养，必然伴随着产生艺术中的新形式的要求。从圣经与圣人生活题材，到对希腊神话场景的描绘，再到在社会意义上引人注目的当代生活景象，不可避免地会出现实质的扩展。①

这些言论仅仅意在对每一种文化都有着自身的集体个性这一事实作一个朴素的描绘。正像制作出艺术作品的个人有个性一样，这种集体的个性在所生产出的艺术上留下了无法抹去的痕迹。像南太平洋岛屿上的、北美印第安人的、黑人的、中国人的、克里特人的、埃及人的、希腊人的、希腊化时期的、拜占庭人的、穆斯林人的、哥特式的、文艺复兴时期的艺术的表达方式，都具有真实的意味。这种集体的文化起源与作品含义的不可否认的事实，说明了一个前面提到的事实，艺术是一种经验的张力而不是实体本身。然而，一种近来出现的思想流派却提出了一个问题。这个流派主张，既然我们实际上不能再造在时间上遥远、在文化上陌生的民族
331 的经验，我们就不可能对在其中生产出来的艺术有真正的欣赏。甚至关于希腊人的艺术，该学派也说，希腊人对生活与世界的态度与我们有很大的不同，因此，希腊文化的艺术产物对于我们来说，在美学上是一本密封起来的书。

① 参见本书第141页。

我们已经给这个主张提供了部分的回答。希腊人在面对，例如希腊建筑、雕像，以及绘画时，总体经验与我们有很大的不同，这一点是确实无疑的。他们的文化特征是转瞬即逝的；他们今天已经不在世了，而这些特征是体现在他们对他们的艺术作品的经验之中。但是，经验是一种艺术作品与自我相互作用的东西。因此，即使在今天，两个不同的人的经验也不相同。同样的人在不同的时间里将某种不同的东西带入到同一个作品中时，它也会发生变化。但是，没有理由说，为了成为审美的，这些经验就必须相同。只要在各自的情况下存在着一种有秩序的经验内容的运动达到一种满足，就存在着一种占主导地位的审美状态。从根本上讲，这种审美性质对希腊人、中国人和美国人来说是相同的。

然而，这一回答并没有说明全部情况。这是因为它不适用于一种文化的艺术对人的总体影响。在被错误地与独特的审美性质联系起来时，这个问题就表示另一个民族的艺术可能对我们的总体经验意味着什么。泰纳及其学派关于我们必须根据“种族、环境、时代”来理解艺术的论点，触及到了这个问题，但也仅是触及而已。这种理解也许纯粹是理智的，因而处于它所伴随的地理学、人类学与历史学知识的水平之上。外来艺术对于现有文明的独特经验的意义问题，仍然没有解决。

休姆先生关于以拜占庭与穆斯林艺术为一方，而以希腊与文艺复兴艺术为另一方之间的基本差异的理论表明了问题的性质。他说，后者是有生命力的，自然主义的，而前者是几何性的。他进一步解释道，这种不同与技术能力的不同没有关系。这种鸿沟是由根本的态度、欲望与目的的不同造成的。我们现在习惯于一种 332

满足方式，而将我们自己的对欲望与目的的态度当作是所有人的本性所固有的，从而当作所有艺术作品的尺度，当作构成了所有艺术作品应该符合与满足的要求。我们具有一种通过与“自然”的形式与运动的愉快交流而植根于渴望增加所经验到的生命力的欲望。拜占庭艺术，以及一些其他形式的东方艺术，来自于一种没有对自然感到喜悦，没有对生命力追求的经验。他们“表示一种面对着外在自然的分离的感情”。这种态度与造就具有埃及金字塔和拜占庭镶嵌图画特征的对象的态度完全不同。这种艺术与西方世界独特的艺术之间的差别不能解释为对抽象的兴趣。它所显示的是人与自然的分离与不和谐。[①]

休姆先生以“艺术不能由自身来获得理解，而必须被当作人与外在世界的一般调适过程中的一个成分”这句话来作总结。如果不考虑休姆对许多东方艺术和西方艺术之间独特的区别的解释的真理性的话（它几乎完全不适用于中国艺术），他的表述方式，就我看来，是将这个一般性问题放在了合适的环境之中，并对解决办法作了暗示。从集体文化对创造与欣赏艺术作品的影响的角度说，正是由于艺术表现了深层的调适态度，一种潜在的一般人类态度的观念与理想，作为一个文明特征的艺术是同情地进入到遥远而陌生文明的经验中最深层的成分的手段。通过这一事实他们的艺术对于我们自身的人性含义也得到了解释。它们形成了一种对我们的经验的扩大与深化，在我们据此所把握的在其他形式经验中的基本态度的范围内使它们变得更少地方性与局部性。如果我们

① 休姆，《思索》，第 83—87 页，各处。

不能了解另一种文明的艺术中所表现的态度，该文明的产品就或者只是受到“审美家”* 关注，或者不在审美方面给我们留下什么印象。因此，中国艺术由于它异乎寻常的透视图式，看上去就是“奇怪的”；拜占庭艺术就僵硬而笨拙；黑人艺术则是怪异的。 333

在谈到拜占庭艺术时，我给自然这个术语加上了引号。我这么做的原因在于“自然”这个词在美学文献中具有特殊的意义，这特别通过它的形容词形式“自然主义的”使用而显示出来。但是，“自然”也具有一个意义，其中包含了事物的整体组织的意思——其中具有想象性与情感性的“宇宙”一词的力量。在经验中，人的关系，体制和传统，与物质世界一样，是我们在它们之中，并通过它们而生活的自然的一部分。这个意义的自然不是“外在的”。它在我们之中，我们在它之中，与它相关。但是，参与到它之中的方式是多种多样的，这些方式不仅以同一个人的不同经验为特征，而且包括属于文明的集体性一面的对渴望、需要与成就的态度。艺术作品是手段，借助于它们，通过它们所唤起的想象与情感，我们进入到我们自身以外的其他关系和参与形式之中。

19 世纪晚期的艺术显示出了严格意义上的“自然主义”的特征。20 世纪早期作品的特征以埃及人、拜占庭人、波斯人、中国人、日本人和黑人的艺术影响为其标志。这种影响表现在绘画、雕塑、音乐和文学之上。“原始的”与中世纪早期的效果同样是这个

---

* “esthete”一般被译为“美学家”，意思是对美与艺术敏感的人，但由于“美学家”一词在汉语里常被用于指进行美学的理论研究的人，并与英文词 aesthetician 相对应，因此，这里将“esthete”或该词的另一个拼法“aesthete”译为“审美家”，以示区别。——译者

一般运动的一部分。18 世纪将高贵的野蛮人和遥远民族的文明理想化。但是，除了中国式装饰风格与一些浪漫主义文学的形态以外，对外来民族艺术的背后的东西的**感觉**并没有对实际的艺术产生影响。客观地说，所谓英国前拉斐尔艺术在当时所有绘画中具有最典型的维多利亚艺术的风格。但是，在近几十年来，从 19 世纪 90 年代开始，远方文化对艺术的影响内在地进入到艺术创造之中了。

对于许多人来说，这种效果无疑是肤浅的，仅仅提供了一种部分是由于它们独特的新异性，部分是由于它们所增添的装饰性而出现的可欣赏性效果。但是，那种认为当代艺术生产仅仅是渴望异乎寻常、古怪，或者甚至魅惑力的观点，则比这种欣赏更为肤浅。
334 从某种程度与方面讲，动力来源于真正参与到这种经验类型之中，而原始的、东方的与中世纪早期的艺术对象就是这种经验的表现。如果这些作品仅仅是对外来作品的摹仿，它们就是短暂而微不足道的。但是，当它们处在一种最好状态时，可以导致一种将我们自己时代独特的经验态度与远方民族的态度的有机混合。这是由于，新的特性不仅仅是装饰性的增加，而是进入到了艺术作品的**结构**之中，从而引发了一种更广泛，更完满的经验。它们对那些在进行知觉与欣赏的人身上的持久效果，对**这些人**的同情、想象与感觉将会是一种扩展。

这种艺术中的新的运动说明了所有真正与其他民族所创造的艺术接触时所产生的效果。我们在什么程度上使之成为我们自身态度的一部分，就在什么程度上达到了对它的理解，而不是仅仅通过关于它所产生条件的汇集到的知识来了解它。借用柏格森的话

说，我们将自己安置在一种对那起初使我们感到陌生的自然的领会理解方式之中时，我们就达到了这种结果。在某种程度上，在进行这种综合时，我们自己成了艺术家，并且，通过它的施行，我们自身的经验得到了调整。当我们进入到黑人和玻利尼西亚人的艺术精神中时，障碍被清除了，限制性的偏见消解了。这种感觉不到的消融比推理所产生的变化要有效得多，因为它直接进入到态度之中。

出现真正交流的可能性是一个范围广泛的问题，前面所涉及的只是其中的一个类型而已。它的发生是一个事实，但是，经验的共有性质是哲学的最严重的问题——它严重到使一些思想家否认这个事实。交流的存在完全不同于我们在物质上相互分离，不同于个人的内在精神生活，以至于语言被赋予超自然的力量，社群团体被罩上圣典仪式的价值，这就毫不奇怪了。

不仅如此，熟悉与习惯的事件是我们最少有可能去思考的对象；我们将之视为是当然发生的。由于它们通过手势与哑剧的性质而与我们最接近，最难被注意到。通过口头的与书面的言论，交流成了社会生活的最熟悉与经常的特征。因此，我们倾向于将之
认为仅是诸种现象的一种，对此我们只能毫不质疑地接受。我们 335
忽略了这一事实，它是所有活动与关系的基础与源泉，这些活动与关系是人类相互间内在联系的独特特征。我们相互间的大量的接触都是外在的与机械的。存在着一个它们发生的“场”，这个场由法律与政治的体制来确认与维持。但是，对这种场的意识并非进入到作为其综合与控制力量的共同行动之中。国家间的相互关系，投资者与劳动者、生产者与消费者之间的关系，仅仅在一个较

小的程度上形成交流的相互作用。它们是相关各方之间的相互作用,但是,它们是外在与褊狭的,我们经受着它们的结果,却没有将之综合成一个经验。

我们听到言语,但仿佛我们在听着一片嘈杂的说话声一样。意义与价值没有被我们真正理解。存在着这样的情况:没有交流,也没有经验的共同体所产生的结果——这样的结果只有在语言以其全部含义打破物质的孤立与外在的联系时才出现。艺术是一个比言语更为普遍的语言样式,它存在于许许多多相互无法理解的形式之中。艺术的语言必须通过习得才能具有,但是语言的艺术并不受区分不同样式的人的言语的历史偶然性影响。特别是音乐的力量,将不同的个人融合在一个共同的沉湎、忠诚与灵感之中,一种既可用于宗教,也可用于战争的力量,证明了艺术语言的相对普遍性。英语、法语与德语之间的言语差别造成了障碍,当艺术来说话时,这种障碍就被淹没了。

从哲学上讲,我们所面临的是分离与连续的关系问题。两者都是顽强的事实,然而它们也都必须在任何超越动物性交往的人性的联系中相会与相混合。为了证明连续性,历史学家们常常诉诸一种由于将一切都归结为过去而被错误地称为“发生学”的方法,而这里并不存在真正的起源。然而,埃及文明与艺术并不只是为希腊人做了准备,而希腊思想与艺术也不仅仅是它们所自由地借用其因素的那些文明的改编本。每一种文化都具有自己的个
336 性,也具有一种将其各部分结合在一起的图式。

然而,当另一个文化的艺术进入到决定我们经验的态度之中时,真正的连续性就产生了。我们自身的经验并不因此失去其个

性，但是，它将那些扩大其意义的因素吸收进自身，并与之结合。那种并非具有物质性存在的共同性与连续性是被创造出来的。那种通过将一套事件与一种体制归结为在时间上先于它的事件与体制的方法来建立连续性的企图，是注定要失败的。只有吸收了来自于与我们自己的人文环境不同的生活态度而经验到的价值，从而使经验得到了扩展，不连续的效果才能被消解。

这里的话题与我们日常生活中努力了解我们惯常与之交往的另一个人时的情形没有什么不同。这个问题的解决全靠友谊。友谊与亲密的感情并非是关于另一人的信息了解的结果，尽管对这个人的知识会促进这种友谊的形成。但是，这只是在知识成为一个通过想象形成的同情的一个组成部分时，才是如此。只有在另一个人的欲望与目标、兴趣与反应方式成为我们自身存在的扩展时，我们才理解他。我们学会用他的眼睛来看，用他的耳朵来听，其结果构成了真正的指导，因为这些结果构筑进了我们自身的结构之中。我发现，甚至词典也没有给“文明”下一个定义。词典给文明下的定义是被文明化的，而给“文明化的”下的定义是“处在一种文明的状态”。然而，作为动词的“文明化”却被定义为“用生活的艺术作指导，从而使文明的程度得到提高”。用生活的艺术作指导，与传达关于这种艺术的信息是不同的。这与通过想象来交流和参与生活的价值有关，而艺术作品是最为恰当与有力的帮助个人分享生活的艺术的手段。文明是不文明的，因为人类被划分不相沟通的派别、种族、民族、阶级和集团。

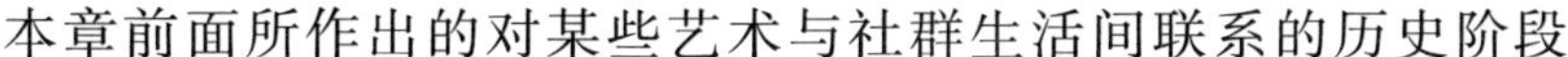

本章前面所作出的对某些艺术与社群生活间联系的历史阶段

337 的简短概述，表示出与现有条件不同的情况。仅仅说艺术与文化的其他形式之间缺少明显的有机联系可以由现代生活的复杂性，由许多的专门化，以及由同时存在许多尽管它们之间相互交换产品，但没有成为一个包罗万象的社会整体的，多国家中多文化中心来得到解释，是远远不够的。这些事实都是真实的，它们对与文明相关的艺术状况的效果很容易被发现。但是，普遍存在的分裂却是重要的事实。

我们从过去的文化中继承了许多东西。希腊科学与哲学、罗马法、具有犹太教根源的宗教，对我们的现代体制、信仰和思维与感受方式的影响，这些我们已经太熟悉了，只要提一下就知道。有两股起源很晚的力量加入到上述因素里进行运作，这些力量构成了我们今天这个时代的“现代”。这两股力量就是自然科学和它通过机器并使用非人力的能量而运用于工商业之中。其结果是，艺术在当代文明中的位置与作用问题要求关注它与科学的关系，以及与机器工业的社会后果的关系。艺术的孤立在今天不应被当作一个孤立的现象来看待。它是由新的动力所造成的我们的文明缺乏内聚力的一种表现；这些动力由于是新出现的，与它们相关的态度和它们所产生的后果还没有被结合进，并消化吸收为一种综合经验的成分。

科学带来了一种全新的关于物质的自然以及我们与它的关系的观念。这种新的观点与那种来自过去遗产的，特别是那种典型的欧洲人的社会想象力所赖以形成的基督教传统中关于世界和人的观念比肩而立。物质世界与道德王国的事物被分离开来了，而在希腊传统与中世纪传统中，它们保持着亲密的结合关系——尽

管在不同的时期,是通过不同的手段完成的。现存的我们的历史遗产中的精神和理想成分与科学所揭示的物质自然的结构之间的 338 对立,是自笛卡尔和洛克以来哲学上二元论公式的最终根源。这种公式相应地反映出一种现代文明无处不在地活跃着的冲突。从一种观点看,恢复艺术在文明中的有机位置问题,与将我们的来自过去的遗产和关于现在知识的洞察力重新组合进一个连贯而综合的想象性结合之中的问题是相似的。

这一问题是如此尖锐,如此影响广泛,任何可能提出的解决办法都是一种至多只能随着事件的进程得以实现的预见而已。现在所实践着的科学方法太新了,无法接纳到经验之中。它要经历很长的时间才能沉入到心灵的底层,成为共同信仰与态度的组成部分。在这种情况发生之前,不管是方法还是结论都仍然为专家所拥有,并且只是通过外在而或多或少是零碎的对信仰的冲击,以及同样外在的实际使用,而产生一般影响。但是,即使在这时,科学与想象力的有害影响也有可能被夸大。确实,自然科学剥去了那种赋予普通的经验对象与场景的强烈性与珍贵性,在其科学表述的范围之内,它使世界失去了构成其直接价值的特征。但是,艺术在其中起作用的直接经验的世界仍保持原来的样子。自然科学向我们呈现的完全忽视人的欲望与抱负的对象这一事实并不预示着诗歌即将死亡。人们总是意识到,他们所置于其中的场景里,有着许多与人的目的相敌对的东西。那些被剥夺了权利的大众也永远不会对那种周围世界的与他们的希望无关的声明感到惊讶。

科学倾向于显示出人是自然的一部分这一事实,当它的内在意义得到实现,当它的意义不再通过与来自过去的信仰对比的方

339 式进行阐释时，就有一种有利于，而非不利于艺术的效果。这是因为，人越是接近于自然界，就越是清楚他的冲动与想法是由他的内在自然作用的结果。人性在其重大运作中，总是依照这一原则行事。科学给予这一行动以智力支持。对自然与人之间关系的感受，总是以某种形式成为对艺术起触发作用的精神。

不仅如此，抵抗与冲突总是产生艺术的因素；并且，正如我们所见到的，它们总是艺术形式的必不可少的组成部分。不管是对人来说完全冷酷阴森的世界，还是合乎人意，满足人的一切欲望的世界，艺术都不能从中产生。讲述这种情况的童话故事如果不再是童话的话，就不再令人愉快了。为了产生审美的能量，摩擦是必要的，就像为开动机器而提供能量一样。当旧的信仰失去了对想象的控制以后——并且这些信仰的控制总是现成的，而不是依赖于理性——科学所揭示的环境对人的抵抗就会对美的艺术提供新的材料。甚至现在，我们也将一种人的精神的解放归功于科学。它激起了一种更为热切的好奇心，并至少在一些人身上极大地提高了对那些我们过去并不知道其存在的事物的敏感性。科学的方法往往产生一种对经验的敬意，并且，尽管这种新的尊重仅仅局限于很少的人，它却包含了一种对要求得到表现的新的经验种类的允诺。

一旦实验的前景彻底地与一个共同文化相适应之时，谁又能预见会发生什么事情呢？获得关于未来的见解是一个最困难的任务。我们注定要取一个时期最突出和最使我们困扰的特征，仿佛它们是未来的线索。因此，我们根据当下科学所具有的与西方世界伟大传统的矛盾与决裂的情况来思考科学在未来的影响，仿佛

这些条件必然而永恒地规定了科学的地位。但是，在实验的态度被彻底地采用之后，为了进行公正的判断，我们必须将科学看成是事物将会有的状况。并且，特别是艺术，当缺乏其熟悉的事物作为其材料时，就会转向，否则的话，就变得软弱或过分精巧。 340

到现在为止，就绘画、诗歌和小说而言，科学的影响在于使材料与形式多样化，而不是创造一个有机的综合体。我怀疑，是否会在任何时间里，有一大群人“稳固地看待生活并看到它的整体”。并且，在最坏的情况下，它是某种从想象的综合中摆脱出来的东西，与事物的本质是正好相反。拥有一种对许多过去被排除在外之物的审美经验价值的迅速感受，是对当下艺术对象的混杂状况的一种补偿。毕竟，当代绘画中的海边浴场、街角、花与水果、婴儿与银行家，并非仅仅是分散而无联系的对象。它们是一种新视觉的成果。[1]

我想，在所有的时间里，许许多多的已经生产出的“艺术”是琐细而趣闻轶事性的。时间之手将其中的绝大部分扬弃了，而我们今天在展览中看到了它的整体性出现。然而，将绘画和其他的艺术门类扩展到将那些曾经被认为或者是太平常，或者是毫不相关，从而不值得艺术认识的范围包括进去，是一个永恒的收获。这一扩展不是科学兴起的直接结果。但是，它是与那导致了科学过程

① 李普曼先生写了下面一段话：“一个人走进一所博物馆，出来时具有这样一种感觉，他看到了各种各样奇特的藏品：裸体、铜壶、橘子、西红柿，以及鱼尾菊、婴儿、街角与海滨浴场、银行家与时髦女郎。我不是说，这个或那个人也许没有发现一幅对他具有极重大意义的画。但是，我想对任何人来说，一般的印象都是一组混乱的奇闻轶事、知觉、幻想与很少的评论，它们本身也许看上去也不错，但却没有持久力，随时可以去掉。”(《道德序言》，第 103—104 页。)

革命的同样条件的产物。

存在于今日艺术之中的弥散性与非凝聚性，是信仰一致的被破坏的体现。因此，更大的艺术中形式与内容的结合依赖于文化朝着一种态度的变化，这种态度被认为是文明的基础所固有，构成了有意识的信仰与努力的根基。有一件事是确实无疑的：这种统
341 一不能通过宣扬需要回到过去而得到。科学是摆在我们面前的事实，一种新的综合必须考虑它，将它包括在内。

在现今文明中，科学的最直接而最普遍深入的存在出现于它在工业中的运用之中。这里，我们找到了一个比科学本身更为严重的有关艺术与现今文明及其前景展望间关系的问题。实用的与美的艺术的分离比科学脱离过去传统具有更为重大的意义。它们两者间的区分并非在现代才被制定。这种区分可以远溯到希腊人那里，当时实用艺术是由奴隶来从事的，是“低下的机械工作”，与奴隶一样，都不受到尊敬。建筑设计者与建造者、雕塑家、画家，以及音乐演奏者，都是工匠。只有那些以语词为媒介工作的人才是受到尊敬的艺术家，因为他们的工作不用手、工具和物质材料。但是，由机械手段所以事的大生产给予古老的实用与美的艺术的区分带来了一个决定性的新的转向。这种分裂今天由于工商业在整个社会组织中变得更加重要而得到加强。

机械性立于与审美性正相对立的另一极，这时，商品的生产成为机械的。使从事手工劳动的手工艺人所具有的选择的自由，随着机器的普遍使用而几乎消失殆尽了。那些拥有在一定程度上生产表现个人价值的有用商品的能力的人，在直接经验中所欣赏的对象的生产，成为一种背离了一般生产趋向的专门化的事情。这

一事实也许是当今文明中艺术地位的最重要的因素。

然而，某些考虑将阻碍人们得出这样的结论，工业状况使得一种艺术在文明中的综合变得不可能。我不能同意这样的一种意见，即在认为有效与经济地使一个对象的各部分间形成一种与使用有关的相互适应会自动产生“美”或审美效果。每一个结构完善的对象与机器都具有形式，但只有在该对象使这种外在的形式适合于一个更大的经验时，审美形式才存在。这种经验的材料与器具或机器的相互作用是不能忽视的东西。但是，与最有效的使用相关的部分间充分客观的关系至少会导致一种状况，它有利于审 342
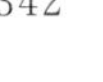
美欣赏。它去掉了外在的与多余的东西。一架具有适合于其作用的逻辑结构的机器存在着某种审美意义上的干净，并且对于良好地起作用至关重要的钢与铜的光洁，在知觉上也内在地使人愉悦。如果人们将现今的商业产品与甚至20年前作一比较，就会对形式与色彩上的巨大进步感到惊讶。从古老的、带着愚蠢累赘的装饰的木制普尔曼车厢，到现今的钢制车厢的变化，典型地表达了我的意思。城市公寓的外在建筑仍是火柴盒式的，但在其内部，为了更好地适应需要，出现了一场几乎不亚于审美革命的变化。

一个更为重要的考虑是，工业环境在起作用，创造特殊产品所适应的更大的经验，从而获得审美性质。当然，这句话不是指丑陋的工厂及工厂周围的肮脏的环境对自然美的破坏，也不是指机器生产所带来的城市贫民窟。我所指的是，作为知觉媒介的眼睛的习惯被慢慢地改变，以熟悉那些典型的工业产品的形体，以及典型的属于城市而不同于乡村的对象。有机体习惯于作出反应的色彩与平面发展出了新的兴趣材料。潺潺小溪、绿色的草坪、与乡村环

境联系在一起的形式，都在失去它们作为首要经验材料的位置。至少，过去几十年对绘画中“现代主义”图像的态度的变化，部分是这种变化的结果。甚至自然风景中的物件，如房子、家具和器皿等，也逐渐根据对象所特有的、其设计要归功于机器生产方式的对象的空间关系而被“统觉”。这些价值渗透进一个经验之中，进行了其内在功能性调整的对象，将高度适应而产生审美性的结果。

但是，由于有机体自然要渴求在经验材料中满足自身，并且，
343 既然人所造成的环境，在现代工业的影响之下，提供的是比任何以前的时代所提供的更少的满足、更多的厌恶，因此，显而易见，一个问题仍未解决。有机体通过眼睛来满足的渴望并不低于它对食物的紧迫的冲动。确实，许多农民对花圃的耕作比对用作食物的蔬菜的生产给予更多的关照。必须有着某种力量在起作用，对处于机器运转本身之外的机械性生产手段产生影响。当然，这些力量存在于以私人收入为目的的生产的经济制度之中。

我们深刻地意识到的劳动与雇佣问题并不能仅仅通过改变工资、工作时间与卫生条件而解决。除了彻底的社会改造以外，不可能有持久的解决办法，而这种改造影响到工人对他的生产和他所生产的产品的社会分配的参与程度与类型。只有这样一种改变才能对实用物品的创造所进入的经验的内容作重大修正。而这一对经验性质的修正，是所生产东西的经验的审美性质的最终决定因素。那种认为仅通过增加休闲时间就能解决根本问题的想法是荒谬的。这种想法仅仅保留了古老的劳动与休闲的二元论区分而已。

重要的是，一种改变将会减少外在压力，并增加一种生产进行

中的自由感与个人的兴趣的力量。来自这一过程和该过程作用的产品之外的寡头控制，是阻止工人从他所从事与所制造的东西之中获得深刻兴趣的主要力量，而这种兴趣是审美满足必备的基本条件。机器生产本身的本性之中并不存在什么不可克服的障碍，阻挡工人意识他们所做的事的意义，欣赏伙伴关系带来的满足感，以及有用的作品的做工精良。来自于为了私人所得而对其他人的劳动的私人控制的心理状况，而不是任何固定的心理或经济规律，成为对伴随着生产过程的经验中的审美性质进行压抑与限制的力量。 344

只要艺术是文明的美容院，不管是艺术，还是文明，都不是可靠的。为什么我们的大城市里的建筑对于一个完美文明来说是如此的毫无价值？这既不是由于缺乏材料，也不是由于缺少技术能力。然而，不只是贫民窟，富裕阶层的公寓也由于缺乏想象力而在审美上使人厌恶。他们的特性是由这样的经济制度决定的，在其中土地为着增加利润的目的而被使用或不被使用。在土地摆脱这种经济负担之前，美的建筑物也许偶尔也会被盖起来，但是，配得上一种高贵文明的一般建筑结构是很少会有希望出现的。对建筑物构成的限制也会间接地影响到许多相联的艺术门类，而对我们在其中生存和工作的建筑物构成影响的社会力量在所有的艺术门类中都起着作用。

奥古斯都·孔德说，我们时代的巨大问题是将无产阶级组织进社会制度之中。这句话在今天，甚至比孔德说这句话之时更加真实。任何不对人的想象力与情感产生影响的革命是不可能存在的。那种导致对艺术的生产与睿智的欣赏价值必须结合进社会关系的体系之中。我感到，对无产阶级艺术的许多讨论都偏离了要

点，因为它们将一位艺术家的个人的、深思熟虑的意图与艺术在社会中的位置与作用混淆起来了。真实的情况是，在现代条件下，如果从事世间实用性工作的男女大众没有机会从生产过程行为中摆脱出来，不赋有丰富的欣赏集体劳动果实的能力，艺术本身就没有可靠保证。所要求的是，艺术的材料应从不管什么样的所有的源泉中汲取营养，艺术的产品应为所有的人所接受，与它相比，艺术家个人的政治意图是微不足道的。

艺术的道德职责与人性功能，只有在文化的语境中才能得到明智的讨论。一件特殊的艺术作品也许会对某一个特殊的人或一
345 些人有某种确定的影响。狄更斯或者刘易斯[*]的小说的社会影响是不容忽视的。但是，一种较少意识到，但却更大量而经常的经验的调整，来自于由一个时代的艺术整体所创造的总体环境。正像物质生活不能在没有物质环境支持的情况下存在一样，道德生活也不能在没有道德环境支持的情况下进行。甚至技术性的艺术，就总体上而言，所起的作用也不仅仅是提供一些单独的方便与便利。它们构成一种整体的占有状态，决定了兴趣与注意力的方向，从而影响了欲望与目的。

住在沙漠里的最高贵的人从沙漠的严酷与贫瘠中吸取到某种东西，山里人离开自己的环境时的怀念之情，成了环境是如何成为他的存在的一部分的深刻证明。不管是野蛮人，还是文明人，都不

[*] 刘易斯（Harry Sinclair Lewis，1885—1951），美国小说家和社会批评家，著有《大街》和《巴比特》等小说，是第一位获得诺贝尔文学奖的美国小说家。——译者

是由于本身的身体特征，而是由于他所参与的文化，才获得其存在的。艺术的繁盛是文化性质的最后尺度。与艺术的影响相比，直接通过语词和规则所教导的东西是苍白无力的。雪莱说，道德科学只是“安排诗人已经创造了的成分”，如果我们将“诗”扩展为包括所有的想象性经验的产品之时，就会发现他并没有夸大其词。所有反思性论述对道德影响的总和，与建筑、小说、戏剧对生活的影响相比，是微不足道的。它们的重要性体现在当“理智”的产品阐述了这些艺术的倾向，为它们提供了智力的基础之时。除了它是实际外界力量的反映以外，一种“内在”的理性控制是从现实撤退的标志。也许会提供安全与力量的政治上与经济上的艺术，假如没有伴随着对文化起决定作用的艺术的繁荣的话，就不是人的生活富足充裕的证明。

语词为已发生的事提供记录，通过要求和命令为特殊的未来行动提供指示。文学传达对现代的经验有影响、对未来的更大运动提供预言的过去的意义。只有想象性视觉引发与现实交织在一起的可能性。最初的不满的骚动和最初的对更好的未来的暗示， 346
总是出现在艺术作品之中。具有不同于流行价值的价值观念的一个时期独特的新艺术的孕育，是为什么保守派感到这种艺术淫荡污秽的原因，也是他们诉诸过去的作品以求得审美满足的原因。事实的科学也许会搜集统计数字，并作出图表。但是，它所作出的预言，正如人们常说的，仅仅是颠倒过来的过去历史而已。想象中的趋势变化，是对生活的极细微处的变化产生影响的前兆。

那些将直接的道德效果与意图归结于艺术的理论是失败的，

因为它们没有将作为艺术作品在其中生产与欣赏的语境的集体文明考虑在内。我不是说，它们倾向于将艺术作品当作一种升华了的伊索寓言来对待。但是，它们往往把特殊作品当作具有一种特别的教训意味，将之从它们的环境中抽取出来，并根据所选作品与特殊个性之间的严格的个人关系来考虑艺术的道德功能。它们的全部关于艺术的观念都极其个性化，从而失去了一种艺术实施其人道功能的**方式**感。

马修·阿诺德的格言“诗是生活的批评”在这里是一个恰当的例子。它向读者提示，在诗人那里有一种道德意图，而在读者那里有一种道德判断。它没有看到，至少没有说出诗是**怎样**成为对生活的批判的；也就是说，没有直接的，而是运用揭示，通过针对与实际的状况相对照的、关于可能性的、想象性经验（而不是固定的判断）的想象性视野来批评。一种未实现而可能实现的可能感，当它们与实际的状况相对照之时，就成为所能给予的对后者最锐利的“批评”。正是由于摆在我们面前的可能性，使我们意识到我们所受的限制和所承受的负担。

加罗德先生——这位在许多意义上的马修·阿诺德的追随者——曾机智地说，我们对说教诗的抱怨之处不在于它教导了什么，而在于它没有教导什么，在于它的不足。他还表示了这样的意思，诗的教导不是通过表达意图，而是通过人以其自身作为朋友与
347 生活导师一样来教导。在另一处，他说到，“毕竟，诗的价值就是人的生命价值。你不能将它与其他价值分开，仿佛人的本性是在密封舱里构建出来的一样。”我觉得，没有什么比济慈在一封信里所说的关于诗歌起作用的方式的话更精彩了。他问道，如果每一个

人都像蜘蛛织网一样，从他的想象的经验虚构一个“空中楼阁”，“在虚空中填进美丽的光环”的话，会有什么样的结果。对此，他说，“人们不应该争论或发出声明，而是把结果低声告诉邻居。通过每一粒精神的种子从虚无缥缈的沃土中汲取汁液，每一个人都会变得伟大。人性不是在或此或彼的某个偏僻处点缀着一两棵松树或橡树的一丛荆棘石南，而是在森林之国中实现树与树之间的平等共处！”

正是通过交流，艺术变成了无可比拟的指导工具，但是，它所使用的方式与我们通常所理解的教育相距甚远，它将艺术远远地提升到我们所熟悉的指导性观念之上，从而使我们对任何将艺术与教学联系起来的提法都感到不愉快。但是，我们的反感实际上是对那些拘泥地排斥想象，并且不触及人的欲望与情感的教育方式的反思。雪莱说，“想象是道德上的善的伟大工具，而诗是依照这个目标促进它的效果的发挥。”因此，他继续说到，“诗人将他自己的，通常属于他自己的时空中的，关于正确与错误的观念体现在他的诗意创造中，是一件不好的事。……通过承担这个低级的功能……他将放弃对这个目标的参与”——即放弃对想象的参与。那些“常常假装有一个道德目的”的诗人是比较差的诗人，“他们的诗的效果，正好与他们强迫留意这个目标的程度呈反比关系。”但是，想象的投射力是如此巨大，以至于他将诗人称为“市民社会的奠基者”。

艺术与道德的关系问题常常被当作只在存在于艺术这一方的问题。这实际上假定道德如果不是在实际上，那也是在思想上令人满意的，而唯一的问题在于艺术是否并以何种方式，符合于已经发展起来的道德体系。但是，雪莱的陈述进入到这个问题的核心。348

想象力是善的主要工具。一个人对他的同伴的想法和态度,依赖于他将自己想象性地放在同伴的位置上的力量,这多少有点是老生常谈了。但是,想象的优先性远远超出于直接的个人关系的范围。除了"理想"被用于常见的差别,或者作为一个感伤性幻想的名称之外,在每一个道德观与人的忠诚之中,理想的因素都是想象性的。宗教与艺术的历史联姻关系,就植根于这种共同的性质之中。因此,艺术比道德更具道德性。这是由于后者或者是,或者倾向于成为现状的仪式、习俗的反映、既定秩序的强化。关于人性的道德预言家总是诗人,尽管他们用自由体,或者用寓言来说话。然而,他们对可能性的先见之明无一例外地变成了宣布既存的事实,并将之凝固为半政治性的体制。他们对那应对思想与欲望构成控制的理想的想象性呈现,被当作政治的规则来对待。艺术成了逃避证据,使目标感保持鲜活的手段,具有超越僵硬的习惯的意义。

各种道德被分派进理论与实践中的一个特殊区域,因为它们反映了一种体现在经济与政治体制之中的区分。只要有社会的区分与障碍存在,与它们相应的实践和思想就定下边界与范围,从而自由的行动就受到限制。创造性的智能受到不信任;作为个性本质的创新使人感到恐惧,慷慨的冲动被控制住,以免扰乱了平和的状态。如果艺术是一种公认的人与人之间联系的力量,而不被当作空闲时的娱乐,或者一种卖弄的表演的手段,并且道德被理解为等同于在经验中所共享的每一个方面的价值,那么,艺术与道德间的关系"问题"就不会存在。

道德性的思想与实践充满着来自赞扬与责备、酬谢与惩罚的观念。人类被区分为绵羊与山羊、道德与邪恶、遵守道德与犯罪、好与坏。对于人来说,超越善与恶是不可能的,然而,只要善仅仅表示受赞美与酬谢的东西,而恶表示普遍受谴责或被宣布为非法 349
的东西,道德性的理想因素就无时无处不处于善恶之外。由于艺术完全超脱于来自称赞与责备的思想之外,旧习惯的守护者们对它投以怀疑的目光,只有那些本身古老而"古典",按照惯例受到赞扬的艺术,才能被勉强接受。莎士比亚就是一个例子,关于惯例性道德的符号可以巧妙地从他的作品中抽取出来。然而,这种由于专注于想象性经验而荣辱不惊的态度构成艺术的道德潜力的核心。艺术的解放与统一的力量,就是从这里开始的。

雪莱说,"道德的最大秘密在于爱,或者是一种出于我们的本性的、我们自己对存在于思想、行动或人物之中的美好事物的认同,而不是我们自身。一个非常好的人,必须是具有丰富而广泛的想象力的人。"对个人适用的道理,对思想与行动的整个道德体系也适用。尽管对可能与实际在一件艺术作品之中结合的知觉本身是一个大的善,这个善却没有终止于获得它的直接而特别的场合。这种呈现在知觉中的结合会在冲动与思想的再造中持续下去。欲望与目标广泛而大规模地调整的初次暗示必须是想象性的。艺术并非是一种见诸图表与统计数字的预见方式,而他所暗示的可能性也不能在规章与准则、告诫与管理中找到。

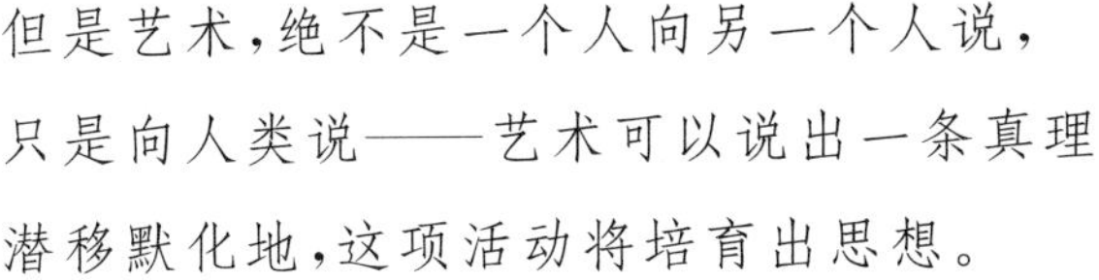

但是艺术,绝不是一个人向另一个人说,
只是向人类说——艺术可以说出一条真理
潜移默化地,这项活动将培育出思想。

索　引

本索引所标页码为原书页码，参见本书边码